中央民族大学国家"十一五""211工程"建设项目

民族自治地方经济管理自治权研究

MINZU ZIZHI DIFANG
JINGJI GUANLI ZIZHIQUAN YANJIU

主　编　田　艳
副主编　沈寿文　傅智文　李云芝

图书在版编目（CIP）数据

民族自治地方经济管理自治权研究/田艳主编．—北京：中央民族大学出版社，2012.8
ISBN 978 - 7 - 5660 - 0253 - 2

Ⅰ.①民… Ⅱ.①田… Ⅲ.①民族自治地方—地方经济—经济管理—经济法—研究—中国 Ⅳ.①D922.290.4

中国版本图书馆 CIP 数据核字（2012）第 193672 号

民族自治地方经济管理自治权研究

主　　编	田艳
责任编辑	黄修义
封面设计	汤建军
出 版 者	中央民族大学出版社
	北京市海淀区中关村南大街27号　邮编：100081
	电话：68472815（发行部）传真：68932751（发行部）
	68932218（总编室）　　　68932447（办公室）
发 行 者	全国各地新华书店
印 刷 厂	北京宏伟双华印刷有限公司
开　　本	880×1230（毫米）　1/32　印张：16.375
字　　数	410 千字
版　　次	2012 年 8 月第 1 版　2012 年 8 月第 1 次印刷
书　　号	ISBN 978 - 7 - 5660 - 0253 - 2
定　　价	42.00 元

版权所有　翻印必究

目 录

导 论 …………………………………………………………… 1
  一、我国少数民族发展简况 ………………………………… 1
  二、制约民族地区经济发展的主要因素 …………………… 4
  三、赋予民族地区经济管理自治权的意义 ………………… 8
第一章　经济管理自治权概述 ………………………………… 11
  第一节　民族区域自治权概述 ………………………………… 11
    一、民族区域自治权的含义 ………………………………… 11
    二、民族区域自治权的分类 ………………………………… 13
  第二节　经济管理自治权的界定 ……………………………… 19
    一、经济管理自治权的定义 ………………………………… 19
    二、经济管理自治权的种类 ………………………………… 20
  第三节　经济管理自治权的实施主体 ………………………… 28
    一、自治机关 ………………………………………………… 28
    二、上级国家机关 …………………………………………… 29
第二章　上级国家机关的职责 ………………………………… 32
  第一节　肯定性行动政策对我国民族法制的影响 …………… 32
    一、肯定性行动计划的历史发展进程 ……………………… 32
    二、肯定性行动计划的价值 ………………………………… 44
    三、肯定性行动计划对中国的启示 ………………………… 48
  第二节　上级国家机关履行职责的基本原则 ………………… 58
    一、坚持从民族自治地方的实际情况和特点出发的原则…… 58
    二、坚持上级国家机关帮助与民族地区自力更生相结
        合的原则 ………………………………………………… 60

三、坚持立足全局、统筹兼顾的原则 …… 61
　　四、坚持检查和监督上级国家机关履行职责的原则 …… 63
　第三节　上级国家机关履行职责的方式 …… 64
　　一、政策优惠 …… 64
　　二、经济扶持 …… 66
　　三、技术支援 …… 69
　　四、人才培养 …… 69
第三章　对口支援民族地区法律制度 …… 78
　第一节　对口支援制度的沿革 …… 78
　　一、对口支援制度的产生 …… 78
　　二、对口支援制度的演进过程 …… 81
　第二节　对口支援制度的现状分析 …… 84
　　一、对口支援制度的优势与特点 …… 84
　　二、对口支援制度的理论基础 …… 87
　　三、对口支援制度的实施 …… 91
　　四、当前对口支援制度存在的主要问题分析 …… 94
　第三节　对口支援制度法治化的路径选择 …… 97
　　一、立法方面 …… 97
　　二、执法方面 …… 101
　　三、特别制度 …… 104
第四章　民族地区反贫困法制 …… 109
　第一节　贫困与贫困线 …… 109
　　一、贫困的定义 …… 109
　　二、贫困、风险与脆弱性 …… 112
　　三、贫困的界定标准——贫困线 …… 114
　第二节　民族地区的贫困问题 …… 120
　　一、民族地区的概念 …… 120
　　二、民族地区贫困现状 …… 123

三、民族地区贫困的成因 …… 129
第三节 民族地区反贫困实践 …… 141
一、中国反贫困的历史实践 …… 142
二、民族地区反贫困的特殊政策 …… 146
第四节 民族地区反贫困的法制化 …… 155
一、法制化反贫困战略 …… 156
二、民族地区反贫困的法律法规 …… 160
三、民族地区反贫困的部门规章——以扶持人口较少
民族发展为例 …… 166
四、民族地区反贫困的地方性法规与规章——以广西
壮族自治区为例 …… 171

第五章 民族地区产业政策法制 …… 182
第一节 民族地区产业政策法制的背景 …… 182
一、产业区域转移概述 …… 182
二、东部地区的产业区域转移的现状 …… 185
三、民族地区调整产业政策的历史性机遇 …… 185
第二节 民族地区产业政策法的现状 …… 186
一、我国的产业政策法的现状 …… 186
二、产业政策法的实质 …… 188
三、民族地区应采取的产业政策法立法模式 …… 191
第三节 民族地区的产业政策立法 …… 193
一、产业结构政策立法 …… 193
二、民族特需用品生产企业促进法——以清真食品为例 …… 198
三、产业调整政策立法 …… 205
四、产业技术政策立法 …… 209

第六章 贸易管理自治权 …… 216
第一节 民族贸易管理自治权 …… 217
一、民族贸易的定义和特殊性 …… 217

二、民族贸易的作用 …………………………………… 219
    三、我国民族贸易优惠政策的演变 …………………… 221
    四、现行民族贸易优惠政策的主要内容 ……………… 225
    五、民族贸易政策存在的问题和调整方向 …………… 228
    六、加快民族贸易法治化的建议措施 ………………… 232
  第二节 边境贸易管理自治权 …………………………… 234
    一、我国边境贸易的现状 ……………………………… 235
    二、我国边境贸易法规政策体系及存在的问题 ……… 236
    三、加入 WTO 对我国边境贸易的影响 ……………… 239
    四、我国边境贸易制度法治化的路径 ………………… 241
第七章 财税管理自治权 …………………………………… 245
  第一节 民族自治地方财税管理自治权概说 …………… 245
    一、民族自治地方财税自治权的基本内涵 …………… 245
    二、民族自治地方财税自治权实施现状 ……………… 252
    三、民族自治地方财税自治权的完善 ………………… 257
  第二节 完善民族自治地方财政转移支付制度 ………… 258
    一、政府间财政转移支付的含义 ……………………… 258
    二、民族地区财政转移支付的现状分析 ……………… 259
    三、完善民族地区财政转移支付制度的对策建议 …… 265
  第三节 调整民族自治地方税收优惠政策的路径 ……… 268
    一、税收优惠政策的现状分析 ………………………… 268
    二、民族地区税收优惠政策存在的主要问题 ………… 272
    三、民族地区税收优惠政策的调整路径 ……………… 275
  第四节 加大中央经济扶持力度的对策 ………………… 278
    一、专项资金和补助专款 ……………………………… 278
    二、民族机动金 ………………………………………… 282
第八章 民族地区旅游资源法制 …………………………… 287
  第一节 民族旅游开发的现状分析 ……………………… 287

一、民族地区的旅游资源开发 …………………………… 288
　　二、民族地区以外的民族旅游开发 ……………………… 291
　　三、对民族旅游开发现状的思考 ………………………… 293
　第二节　民族地区现行的旅游法制 ………………………… 295
　　一、关于旅游的中央立法 ………………………………… 295
　　二、民族地区的地方旅游立法 …………………………… 298
　　三、关于民族地区旅游法制的思考 ……………………… 300
　第三节　民族地区旅游法制的完善措施 …………………… 301
　　一、民族地区旅游立法的完善 …………………………… 302
　　二、民族地区旅游执法的完善 …………………………… 303
　第四节　民族旅游法制中的利益补偿制度研究 …………… 305
　　一、民族地区旅游开发中利益补偿制度构建的必要性…… 305
　　二、民族村寨旅游开发中利益补偿制度构建的路径分析 … 309
　　三、民族村寨旅游开发中利益补偿制度的模式选择 …… 314
　　四、民族村寨旅游开发中利益补偿的具体措施 ………… 319
第九章　自然资源管理自治权 ……………………………… 323
　第一节　自然资源管理自治权 ……………………………… 324
　　一、自然资源管理自治权的实证研究 …………………… 324
　　二、民族自治地方自然资源管理自治权的现状 ………… 329
　　三、民族自治地方自然资源管理自治权的完善 ………… 332
　第二节　获得利益补偿的权利 ……………………………… 335
　　一、对民族自治地方进行利益补偿的必要性分析 ……… 336
　　二、对民族自治地方进行利益补偿的法律依据 ………… 342
　　三、国外关于利益补偿的法律规定 ……………………… 343
　　四、对民族自治地方进行利益补偿的具体措施 ………… 351
　　五、民族自治地方获得利益补偿的权利的完善 ………… 355
　第三节　民族地区的生物安全立法 ………………………… 364
　　一、西部民族地区生物安全问题的现状 ………………… 364

二、实施生物安全法律保护的可行性分析 ………… 367
　　三、生物安全法的适用范围和原则 ……………… 369
　　四、生物安全法的主要制度 …………………… 373
第十章　民族地区集体林权制度研究 ………………… 377
　第一节　民族地区林业资源的特点 ………………… 378
　　一、重要的绿色生态屏障 ……………………… 379
　　二、蕴涵巨大商业价值 ………………………… 380
　　三、森林文化多样 …………………………… 380
　第二节　民族地区集体林权制度的特点 …………… 381
　　一、集体林权属复杂 …………………………… 381
　　二、集体林公共管理的传统性较强 ……………… 382
　　三、森林资源传统管理方式受到冲击 …………… 383
　　四、传统民族文化正逐步流失 …………………… 384
　第三节　民族地区集体林权制度的现状 …………… 385
　　一、集体林权制度立法层面 …………………… 385
　　二、集体林权制度实施层面 …………………… 389
　　三、集体林权制度运行层面 …………………… 390
　第四节　民族地区集体林权制度改革的社会分析 …… 392
　　一、政治因素分析 …………………………… 392
　　二、经济因素分析 …………………………… 397
　　三、文化因素分析 …………………………… 402
　　四、其他因素分析 …………………………… 407
　第五节　民族地区集体林权法律保障机制的完善 …… 407
　　一、民族地区集体林权制度改革的应然价值目标 …… 407
　　二、民族地区集体林权制度保障机制之完善 ……… 412
　　三、习惯法在集体林权制度改革过程中的功能及其考量 … 421
　　四、完善民族地区集体林权制度的纠纷解决机制 …… 424

第十一章 企业管理自治权 ………………………………… 433
第一节 企业管理自治权概述 …………………………… 433
一、概念界定 ……………………………………………… 433
二、企业文化管理自治权 ………………………………… 435
三、技术创新管理自治权 ………………………………… 440
四、员工管理自治权 ……………………………………… 442
五、人力资源管理自治权 ………………………………… 446
第二节 企业管理自治权的运行 ………………………… 448
一、企业管理自治权的现状 ……………………………… 448
二、企业管理自治权的完善 ……………………………… 452
第三节 民族自治地方的企业社会责任 ………………… 455
一、企业社会责任概述 …………………………………… 455
二、企业社会责任的内容 ………………………………… 461
三、民族自治地方的企业社会责任 ……………………… 473
四、企业社会责任的实现方式 …………………………… 487

参考文献 ……………………………………………………… 497
后　记 ………………………………………………………… 510

导　论

一、我国少数民族发展简况

中国自古以来就是一个统一的多民族国家。新中国成立后，通过识别并经中央政府确认的民族共有56个。由于汉族以外的55个民族相对汉族人口较少，习惯上被称为"少数民族"。2011年4月28日，国家统计局局长马建堂发布2010年第六次人口普查登记（已上报户口）数据，大陆31个省、自治区、直辖市和现役军人的人口数为1339724852人，其中各少数民族人口为113792211人，占8.49%。同2000年第五次全国人口普查相比，汉族人口增加66537177人，增长5.74%；各少数民族人口增加7362627人，增长6.92%。[①] 我国宪法规定了民族区域自治制度的基本框架，又专门制定了《民族区域自治法》，规定了自治区、自治州和自治县的建立、自治权、自治机关等内容。截至目前，我国共设立了民族自治区5个，自治州30个，自治县120个，分布于全国20个省、直辖市、自治区，共有县级单位700个；另有1200多个少数民族聚居的民族乡。其中，内蒙古自治区、宁夏回族自治区、新疆维吾尔自治区、西藏自治区和广西壮族自治区五大少数民族自治区和少数民族分布集中的贵州、云南和青海三省，常合称为少数民族八省区。

新中国成立六十多年来，经过各族人民团结奋斗、艰苦努

[①] 《2010年第六次全国人口普查主要数据公报》，载《中国计划生育学杂志》2011年第3期。

力，少数民族地区经济建设、社会发展取得了举世瞩目的成就，经济社会面貌发生了翻天覆地的变化。农业畜牧业落后状况有了根本的改变，大批现代化工业企业建成投产，能源、交通、通信等基础设施大为改观和加强，对外贸易和边境贸易不断增长，教育科技、文化、卫生、体育等各项事业蓬勃发展，国民经济结构得到调整和优化，大多数群众基本解决了温饱问题，迈向小康。

2009年底，我国少数民族自治地方占国土总面积的64%，西部和陆地边疆大多数地区都是少数民族聚居区。民族自治地方拥有草原面积3亿公顷，占全国草原面积的75%，中国著名的五大天然牧区，都在少数民族地区；森林面积5648万公顷，占全国的42.2%，林木蓄积量52.49亿立方米，占全国的51.8%；水力资源蕴藏量4.46亿千瓦，占全国总量的66%。① 此外，还有大量的矿藏资源，以及丰富的动植物资源和旅游资源。这些数字充分显示了少数民族和民族地区的发展在我国国家安定统一、经济社会发展全局中占有极其重要的地位。加快少数民族和民族地区经济社会发展，是我国现阶段解决民族问题的根本任务，不仅关系我国区域发展总体战略的实施，关系全面建设小康社会奋斗目标的实现，而且关系民族团结、社会稳定和边防巩固，关系国家的长治久安。"十一五"以来，民族地区的地区生产总值、财政收入每年均以两位数的速度增长，高于全国平均增速，综合经济实力大幅提升。2009年，民族八省区地区生产总值达到34619亿元，年均增长13.1%；人均地区生产总值达到18014元，占全国的比重比2005年提高了5.1个百分点。②

---

① 《中国统计年鉴2010》，载http://www.stats.gov.cn/tjsj/ndsj/2010/indexch.htm，2011年12月26日最后访问。

② 杨晶：《国务院关于加快少数民族和民族地区经济社会发展工作情况的报告》，载中国人大网，2010年12月22日最后访问。

经过改革开放三十多年的发展，以及西部大开发等政策的实施，民族地区凭借自身的资源禀赋优势，获得了巨大的发展，尤其是能源产业位居全国前列，如新疆的石油、天然气产量，分别居全国第三位和第一位，棉花产量居全国首位。内蒙古的乳业和羊绒制品多年稳居全国第一位，同时已成为我国重要的煤电能源基地。广西是全国最大的蔗糖、蚕茧生产和综合利用基地，产糖量约占全国的60%，产蚕量占全国的30%，居全国之首。云南的花卉产业，年产值达200亿元，出口创汇1亿美元以上，成为亚洲最大的花卉生产基地。青海成为全国最大的钾肥生产基地。广西、贵州、宁夏已成为我国铝产业的重要省份。但是，民族地区与全国特别是发达地区的发展差距仍然明显存在，尤其是高附加值的加工业、金融业及其他服务业等。2009年，民族地区人均地区生产总值仅为全国平均水平的65.2%，城镇居民人均可支配收入仅为全国平均水平的82.9%，农民人均纯收入仅为全国平均水平的72.4%。① 党的十七大报告提出了要实现全面建设小康社会的奋斗目标，少数民族地区的小康社会建设步伐将直接影响着全面小康社会建设的步伐。西部大开发战略的切实落实，尤其是对特色高附加值加工业、民族特色产业、旅游业、服务业等的发展，给予更多、更实惠、更有导向的政策措施，更有效地支持少数民族地区加快发展显得尤为重要，避免其以破坏性的攫取自然资源造成生态灾难为代价粗犷式的发展。2009年，民族地区尚有1955万农村贫困人口，占全国农村贫困人口总数的54.3%。南疆三地州、四省藏区、六盘山区、秦巴山区等集中连片困难地区，都是少数民族贫困人口比较多的地区，生存条件差，贫困程度深，脱贫难度大，是我国扶贫攻坚最难啃的"硬骨头"。加快少

---

① 杨晶：《国务院关于加快少数民族和民族地区经济社会发展工作情况的报告》，载中国人大网，2010年12月22日最后访问。

数民族地区的经济发展，是改善少数民族群众民生、民权的必然要求，是实现民族平等、共同繁荣的必然要求。民族地区经济发展了，人民群众生活富裕了，才能有效地维护民族地区政治稳定、民族团结和边疆繁荣。

二、制约民族地区经济发展的主要因素

（一）区位、生态因素

我国少数民族聚居地区主要在中国中西部地区，距离国家的政治核心区和经济核心区较远，加上高原或者山区、沙漠、草原等阻隔，交通、信息设备缺乏和落后，造成民族地区生产部门转移成本增加，使生产部门和市场之间难以建立广泛的经济联系，进而造成民族地区的产品缺乏市场竞争力。但是，随着我国与邻国关系的持续改善，陆地边境的稳定，民族地区区位的劣势在不少地区已经迅速转变成区位优势，不断成为我国开发开放的前沿。我国现有的13个陆地边境对外开放城市、241个一类开放口岸、14个边境经济技术合作区中，绝大多数在民族地区。随着边境贸易的持续升温，不少民族地区的经济获得了快速的发展。

我国西部民族地区自身生态环境已经非常脆弱。由于人类活动持续加剧，民族地区水土流失、荒（石）漠化现象比较严重，自然灾害频发。这几年，汶川地震、玉树地震、舟曲特大山洪泥石流、贵州山体滑坡、云南持续干旱等几次大的自然灾害，都发生在民族地区，造成了极大损失。草场存在不同程度退化，牲畜超载现象普遍，荒漠化严重。

少数民族聚居地区自然资源非常丰富，也有不少地区利用资源优势获得了巨大的发展，但是广大少数民族聚居区的丰富自然资源的开发受到了脆弱的生态环境的制约。民族地区的矿产资源丰富，如新疆的石油和天然气、内蒙古的煤炭、稀土、铁等，国家在大力开发的同时，也给当地的生态环境带来了不小的影响，比如地面沉陷、水污染、占用草地等。2011年6月，内蒙古部分地区因为煤矿开发对当地草场造成污染引发了群体性事件。另外，西部地区是我国水源的发源地，我国主要的河流如长江、黄河、珠江、怒江等都发源于少数民族聚居区，如果大规模开发破坏当地生态环境，可能会给全国带来巨大的生态灾难。2011年7月四川涪江锰矿渣污染，2011年9月云南曲靖镉污染事件，2012年初广西龙江镉污染事件，给当地和下游人民群众生活带来了巨大的威胁。

我国在开发西部，鼓励民族地区经济发展的同时，必须坚持走可持续发展的道路，在经济功能区规划、环境保护、产业政策等方方面面要通盘考虑，绝不能在西部搞粗犷式发展，必须考虑西部的生态承受能力。全国生态建设规划中的四个重点地区和四项重点工程全部在民族地区，民族地区现有79个国家自然保护区，面积占全国自然保护区面积的85%以上。这必然会限制经济发展的选项，会在短期内影响经济增长的速度，但这是我国提出的转变经济发展方式的必然要求，是人与自然和谐的可持续发展的必然要求。

（二）基础设施建设仍显滞后

由于少数民族地区大多聚居在西部高原、西北沙漠化或者草原地带，人口密度低，基础设施建设、维护成本高，经济效益不显著，导致不少少数民族地区群众"行路难、上学难、看病难"现象仍较普遍，交通、通信、城镇等基础设施建设滞后，信息化建设也落后于东部地区。改革开放以来，中央和地方政府投入了巨额资金，实施了公路、电力、广播电视等村村通工程，修建大量铁路、公路、电网、电视网，基本完善了民族地区的路网、电网和信息网，但与发达地区相比仍有一定的差距，严重影响了经济社会的现代化发展。

一是交通设施依然偏落后、密度不高。根据交通运输部通报：民族八省区的公路通车里程由 2005 年的 53.2 万公里增加到 2009 年底的 88.6 万公里，但是，仅占全国公路总里程 386 万公里的 23%，与八省区占全国国土面积 58.9% 相比，民族地区公路网密度不到全国平均密度的一半。其中 2 级以上的高等级公路增长 1.5 倍，到去年年底 99.5% 的乡镇和 96.6% 的建制村通了公路。贵州、云南、广西等省区公路网和等级公路网密度已经超过全国平均水平，但是西藏、青海、新疆则远低于全国平均水平。青藏铁路、南疆铁路等一批重点工程相继建成并投入运营，新建铁路里程达到 1 万公里以上。① 但是，铁路密度除广西、宁夏、贵州之外都低于全国平均水平，总体铁路密度不足全国的一半。

二是水利基础设施条件差。2006 年以来，中央用于民族地区的水利建设投资 251 亿元，一批大型水利工程相继建成并发挥效益。其中，2007 年竣工的宁夏沙坡头水利枢纽工程，结束了当地灌区两千多年无坝引水的历史。但是民族八省区截至 2009 年底共建有水库 13472 座，库容 1538.29 亿立方米，分别占全国 87151 座的 15.46% 和 7063.66 亿立方米的 21.78%。

三是电网、通信网络建设依然滞后。通信基础设施和信息化建设跨越式发展。目前除西藏部分地区外，边疆省区已全部实现行政村通电话；实施邮政局所改造，邮政普遍服务能力有效改善。由于西部地区仍有一些边远山区的少数民族村庄由于居住分散、线路距离远、施工费用高，至今有些村没有实施农网改造，群众用电难的问题十分突出。

（三）人才匮乏问题仍然突出，科技开发实力薄弱

2009 年，民族八省区总共专利申请数 4512 件，占全国 168408 件的 2.77%；技术市场成交额 39 亿元，仅占全国 3039 亿

---

① 《中国统计年鉴 2010》，载 http://www.stats.gov.cn/tjsj/ndsj/2010/indexch.htm，2011 年 12 月 26 日最后访问。

元的1.29%。在影响科学技术革新和创新的诸因素中，人才是第一资源，人才的数量、质量、结构和作用的发挥，直接关系到民族地区的兴盛衰亡。民族地区未来经济社会发展的关键是要靠本地区的人才和整体劳动者素质的提高。而这一切都取决于教育的发展。

2009年，民族八省区举办的高等教育学校（机构）在办学数量、招生数、在校生数等方面与全国总数相比都低于其人口比重，其占比分别为12.32%、9.57%、9.15%；民族八省区每十万人口各级学校平均在校生数均低于全国平均数，有些省份甚至不到全国平均数的一半。中等职业学校专任教师数8.2万人，占全国的12%；中等职业学校在校生数222万人，占全国中等职业学校在校生数的12.5%，略低于民族八省区地区人口占全国的14%；民族八省区中职毕业生能够取得职业资格证的比例54.75%，略低于全国的61.43%。人才问题是关系党和国家事业发展的关键问题，也是民族地区经济发展繁荣的关键。目前民族地区人才流失现象比较普遍，外地人才不愿去、本地人才留不住的问题十分突出，严重影响了经济社会发展。特别是边远地区的县及县以下基层单位普遍缺乏教育、卫生、农业、畜牧等专业技术人才。

（四）历史积累薄弱，社会事业相对落后

少数民族地区由于历史原因，经济、科技相对落后，资本和技术的积累和再造能力比发达地区要差很多，仅靠自身的力量，要实现发展，甚至跨越式发展，存在诸多的困难。从上文论述也可以看出，快速发展起来的少数民族地区，主要是依赖当地丰富的自然资源，或者开放的边境贸易带来的繁荣，而广大不具备这些条件的地区依然落后。要使民族地区走上可持续发展的道路，除了消耗自然资源，必须投入或者引导资本，加强人才培养和基础工业设施建设。

截至2009年民族地区的公共图书馆数量建设已经超过了全国的平均水平（以万人拥有数量计算），民族八省区共有618个公共图书馆，占全国的21.68%，但藏书总量为6700余万册（件），仅占全国藏书总量的11.55%，而当年新购图书总量230万册，只占全国2938万册的7.83%，图书馆流通人数和外借册数均仅占10%左右，低于人口占比14%的4个百分点以上。图书是知识的载体，民族地区的公共图书馆藏书量和利用率显著低于全国平均水平，可以从另一个侧面反映出民族地区整体科学文化素质和科研力量储备的不足。

一些民族地区的医疗卫生机构基础设施不完善，卫生技术人员匮乏，邮政、电信、金融等经济服务部门匮乏等，都是阻碍经济快速发展的重要因素。

三、赋予民族地区经济管理自治权的意义

综观民族地区经济发展的现状和制约经济发展的因素，可以看出，推动民族地区经济发展的关键和着力点。首先，民族地区必须建立起基础设施和社会事业，为其经济发展奠定基础，在发展中消灭贫困；其次，国家应当给予民族地方经济方面充分的自主权，鼓励自治地方政府充分发挥地区资源禀赋，发展适合当地的优势产业；再次，国家在资金、科技、人才等要素全方位支持或者引导发达地方及民间资本流入民族地区，推动民族地区经济起步，逐步建立起自我发展能力；最后，国家在分配体系中尽量照顾民族地区，把自然资源开发产生的利润尽量留在当地，发展当地经济。不难看出，发展民族地区经济的关键在于中央给予地方的政策限度和民族自治地方的经济管理权限。中央的输血和地方的造血具有同等重要的功能，或者说，中央既要给钱又要给权，加大投入支持民族地区建设，同时放手搞活民族地区特色经济，也就是中央支持下的民族地区经济管理自主权。

经济管理自主权是指民族自治地方根据法律规定，结合本民族、本地区的经济情况和特点，通过当地的自治机关行使的自主地安排和管理本民族、本地区内部经济事务的各项权利。

除了经济原因，经济管理自主权，还可以从政治和法律视角加以阐释：

（一）民族地区经济管理自治权是民族平等的要求

民族平等是指各民族不论人口多少，经济社会发展程度高低，风俗习惯和宗教信仰异同，都是中华民族的一部分，具有同等的地位，在国家和社会生活的一切方面，依法享有相同的权利，履行相同的义务，反对一切形式的民族压迫和民族歧视。

经济发展是少数民族群体和个体发展的物质保障，民族地区经济事务也自然是重要的少数民族事务之一。赋予民族地区经济管理自主权是民族平等的表现。

另外，由于历史原因，导致少数民族地区经济发展水平落后于发达地区，为了保障民族之间的平等性，国家有必要采取必要措施，帮助落后地区快速发展，减少民族间发展差距，以达到民族之间的实质平等。我国宪法总纲规定了"国家根据各少数民族的特点和需要，帮助各少数民族地区加速经济和文化的发展"。

（二）民族地区经济管理自治权是实现各民族共同繁荣的需要

胡锦涛同志在 2003 年全国政协十届一次会议少数民族界委员联席讨论会上讲话指出"各民族共同团结奋斗、共同繁荣发展是新世纪新阶段民族工作的主题"。我国宪法序言中提到"国家尽一切努力，促进全国各民族的共同繁荣"。可见，各民族共同繁荣是党和国家对民族工作目标的简要概括，而实现的基本途径就是促进各民族共同团结奋斗。赋予民族自治地方经济管理自治权是最大限度发挥各民族奋斗潜力和能力的举措。赋予其经济管理自治权，也是充分信任少数民族能够充分发掘本民族、本地区特色经济，长远规划、合理开发，避免外来资本掠夺式开发、破坏式开发的重要保障。

(三) 民族区域自治视野下的经济管理自治权

实行民族区域自治，体现了国家充分尊重和保障各少数民族管理本民族内部事务权利的精神。经济管理自治权是民族区域自治权的题内之意。在《宪法》第三章第六节中具体规定了民族自治地方享有的经济管理自治权，其中享有不同于普通地方的自治权的规定主要集中在如下两个条款，第 117 条："民族自治地方的自治机关有管理地方财政的自治权。凡是依照国家财政体制属于民族自治地方的财政收入，都应当由民族自治地方的自治机关自主地安排使用。"第 118 条："民族自治地方的自治机关在国家计划的指导下，自主地安排和管理地方性的经济建设事业。国家在民族自治地方开发资源、建设企业的时候，应当照顾民族自治地方的利益。"

在《民族区域自治法》第 6 条中规定："民族自治地方的自治机关领导各族人民集中力量进行社会主义现代化建设。民族自治地方的自治机关根据本地方的情况，在不违背宪法和法律的原则下，有权采取特殊政策和灵活措施，加速民族自治地方经济、文化建设事业的发展。"同时在第三章规定了大量的经济管理自治权，涉及人才引进、科技、经济计划、经济体制、自然资源的所有与使用和管理、基本建设、贸易管理、财政、税收、金融等诸多方面；直接涉及经济及科技、人才等方面的条款占一半以上。

上述条款的规定，就是经济管理自治权的法律渊源，表明了经济管理自治权是民族区域自治权的重要组成部分。

第一章 经济管理自治权概述

第一节 民族区域自治权概述

一、民族区域自治权的含义

民族区域自治权是一种民族自治地方获得国家优惠和照顾的权利。[①]它在本质上不同于国际社会地方自治权，具体体现在以下几个方面：[②]

首先，国际社会地方自治权以"地方分权"（Decentralization）为前提，我国民族区域自治权不以"地方分权"为要件。换言之，从中央和地方的关系上看，国际社会地方自治当局（自治机关）在法律规定的自治权限范围内，不受中央和上级国家机关的干预，享有排他性自主管理权力；而民族自治地方的自治机关并不拥有不受中央和上级机关干预的排他性权力，民族自治地方自治机关是一级地方国家机关，必须接受中央和上级相应国家机关的指导、领导或者监督。

其次，以实施主体为视角，国际社会地方自治权大致分为"居民自治权"和"团体自治（机关自治）权"两大类；我国民

---

① 沈寿文：《重新认识民族区域自治权的性质——从〈民族区域自治法〉文本角度的分析》，载《云南大学学报》（法学版）2011年第6期。
② 沈寿文：《国际视野下的中国民族区域自治权》，载《云南大学学报》（法学版）2010第1期。

族区域自治权则可以划分为民族区域自治地方的自治权、民族区域自治地方自治机关的自治权和民族区域自治地方少数民族的自治权三大类。值得注意的是，国际社会地方自治权的"居民自治权"和"团体自治权"（地方自治机关自治权）并不是截然分开的两种自治权，而是关系密切、相互支撑的地方自治权的两个面相："居民自治权"是地方自治权的出发点和归宿，"团体自治权"（地方自治机关自治权）是地方自治权的手段和路径，二者互为依托。由此出发，国际社会地方自治权便具备了"权利"和"权力"的双重特性：就"居民自治权"而言，地方自治权是一种"权利"；就"团体自治权"而言，地方自治权是一种"权力"。我国民族区域自治权按照《宪法》和《民族区域自治法》的规定，无论是民族自治地方，还是民族自治地方的自治机关，或者是民族自治地方的自治权，均统一于它们（他们）有获得国家帮助和优惠权利这一核心内容中。

再次，从内容上看，国际社会地方自治权行使的内容主要集中在与地方关系密切的教育、文化、艺术、体育、卫生、治安、环保等领域，这些领域以国家法律所确定的自治范围为限度，它们在本质上是地方与中央的一种事权划分；我国宪法和法律所规定的民族区域自治权则涉及政治、经济、文化等宽泛的领域，它在本质上是一种一般地方所不拥有的，而民族自治地方所拥有的特殊帮助和优惠权，并不是一种中央与地方的事权划分。[①]

最后，从救济的角度看，国际社会地方自治权由于以分权为基础，在自治的权限范围内，具有完整性和排他性。因此，当地方当局认为地方自治权遭受中央或者上级机关的侵害时，可以诉

[①] 沈寿文：《两种不同性质的"地方自治权"——国际社会"地方自治权"与我国民族区域自治"自治权"内涵之比较》，载中国公法在线网 http://www.cplaw.org.cn/shownews.asp? id = 890，2011 年 10 月 25 日最后访问。

诸法律救济机制（在宪政国家，往往就是国家机关纵向权力纠纷的宪法案件）；而我国民族区域自治权由于不以分权为要件，因此不存在中央和上级机关不能干预民族自治地方的法律依据，相反，民族自治地方自治机关应当接受中央和上级机关的统一领导则是宪法和法律的一项基本要求。因此，也不存在通过法律途径解决所谓自治权受到侵害的途径。

二、民族区域自治权的分类[①]

对自治权的划分，可以从不同角度进行。从性质的角度进行划分，按照《民族区域自治法》第三章"自治机关的自治权"（第19条至第45条）的规定，所谓"自治机关的自治权"除了事实上规定"自治机关"履行相关职责（责任）外，就"自治权"而言，实际上包括了三个互有联系但却不同的主体享有的权利（或者应行使的职权），[②] 即"自治机关的权力"、"民族区域自治地方的权利"和"少数民族的权利"：

首先，就少数民族的权利而言，《民族区域自治法》第23条关于"民族自治地方的企业、事业单位依照国家规定招收人员时，优先招收少数民族人员，并且可以从农村和牧区少数民族人口中招收"的规定，事实上是规定了少数民族人员可以在民族自治地方的企业、事业招工中获得优先录用的权利。

其次，就民族自治地方的权利而言，主要有：（1）"在对外经济贸易活动中，享受国家的优惠政策"的权利（第31条第三款）；（2）"在全国统一的财政体制下，通过国家实行的规范的财

---

① 沈寿文：《重新认识民族区域自治权的性质——从〈民族区域自治法〉文本角度的分析》，载《云南大学学报》（法学版）2011年第6期。

② 沈寿文：《国际视野下的中国民族区域自治权》，载《云南大学学报》（法学版）2010年第1期。

政转移支付制度,享受上级财政的照顾"的权利、"财政预算支出,按照国家规定,设机动资金,预备费在预算中所占比例高于一般地区"的待遇(第32条第三、四款);(3)"依照法律规定设立地方商业银行和城乡信用合作组织"的权利(第35条);(4)"自治机关为少数民族牧区和经济困难、居住分散的少数民族山区,设立以寄宿为主和助学金为主的公办民族小学和民族中学,"办学经费和助学金当地财政困难的,有获得上级财政补助的权利(第37条第二款);(5)"少数民族文字的教材和出版物的编译和出版工作"有获得各级人民政府财政支持的权利(第37条第四款)。

　　再次,就民族自治地方自治机关的权力而言,主要有:(1)民族区域自治地方的人大制定自治条例的权力(第19条);(2)变通执行或者停止执行不适合民族自治地方实际情况的"上级国家机关的决议、决定、命令和指示"的权力(第20条);(3)"根据社会主义建设的需要,采取各种措施从当地民族中大量培养各级干部、各种科学技术、经营管理等专业人才和技术工人"、"可以采取特殊措施,优待、鼓励各种专业人员参加自治地方各项建设工作"(第22条);(4)经批准"组织本地方维护社会治安的公安部队"的权力(第24条);(5)"制定经济建设的方针、政策和计划,自主地安排和管理地方性的经济建设事业"的权力(第25条);(6)"确定本地方内草场和森林的所有权和使用权"的权力(第27条第一款);(7)"对可以由本地方开发的自然资源,优先合理开发利用"的权力(第28条);(8)"自主地安排地方基本建设项目"的权力(第29条);(9)"自主地管理隶属于本地方的企业、事业"的权力(第30条);(10)经国务院批准,"开辟对外贸易口岸"、"开展边境贸易"的权力(第31条第一、二款);(11)"管理地方财政的自治权"、"在执行财政预算过程中,自行安排使用收入的超收和支出的节余资金"的权力（第32条第二、五款）；（12）"对本地方的各项开支标准、定员、定额，根据国家规定的原则，结合本地方的实际情况，可以制定补充规定和具体办法"的权力（第33条）；（13）按规定"在执行国家税法的时候，除应由国家统一审批的减免税收项目以外，对属于地方财政收入的某些需要从税收上加以照顾和鼓励的，可以实行减税或者免税"的权力（第34条）；（14）"根据国家的教育方针，依照法律规定，决定本地方的教育规划，各级各类学校的设置、学制、办学形式、教学内容、教学用语和招生办法"的权力（第36条）；（15）"自主地发展民族教育，扫除文盲，举办各类学校，普及九年义务教育，采取多种形式发展普通高级中等教育和中等职业技术教育，根据条件和需要发展高等教育，培养各少数民族专业人才"的权力（第37条第一款）；（16）"自主地发展具有民族形式和民族特点的文学、艺术、新闻、出版、广播、电影、电视等民族文化事业"的权力（第38条第一款）；（17）"自主地决定本地方的科学技术发展规划，普及科学技术知识"的权力（第39条）；（18）"自主地决定本地方的医疗卫生事业的发展规划，发展现代医药和民族传统医药"的权力（第40条第一款）；（19）"自主地发展体育事业，开展民族传统体育活动，增强各族人民的体质"的权力（第41条）；（20）自治区、自治州的自治机关依照国家规定，"和国外进行教育、科学技术、文化艺术、卫生、体育等方面的交流"的权力（第42条第二款）；（21）"制定管理流动人口的办法"的权力（第43条）；（22）"制定实行计划生育的办法"的权力（第44条第二款）。

由于民族自治地方的自治机关是一级地方政权机关，负有贯彻执行中央和上级国家机关的立法、决议、决定、命令和指示的责任，因此，落实《宪法》和《民族区域自治法》以及其他法律和政策所规定的民族自治地方享有的权利便自然成为自治机关的重要职责；同时，由于民族自治地方和少数民族权利的实现，同样需要由自治机关来加以落实。因此，《民族区域自治法》第三章"自治机关的自治权"条文中规定了"自治机关"的责任，具体有：自治机关（1）"使用当地通用的一种或者几种语言文字"的责任（第 21 条）；（2）"充分发挥各类人才的作用"的责任，"并且注意在少数民族妇女中培养各级干部和各种专业技术人才"、"自治机关录用工作人员的时候，对实行区域自治的民族和其他少数民族的人员应当给予适当的照顾"的责任（第 22 条）；（3）"合理调整生产关系和经济结构，努力发展社会主义市场经济"、"坚持公有制为主体、多种所有制经济共同发展的基本经济制度，鼓励发展非公有制经济"的责任（第 26 条）；（4）"保护、建设草原和森林，组织和鼓励植树种草"的责任；（5）"管理和保护本地方的自然资源"的责任（第 28 条）；（6）"为少数民族牧区和经济困难、居住分散的少数民族山区，设立以寄宿为主和助学金为主的公办民族小学和民族中学，保障就读学生完成义务教育阶段的学业"的责任（第 37 条第二款）；（7）"加大对文化事业的投入，加强文化设施建设，加快各项文化事业的发展"的责任（第 38 条第一款）；（8）"组织、支持有关单位和部门收集、整理、翻译和出版民族历史文化书籍，保护民族的名胜古迹、珍贵文物和其他重要历史文化遗产，继承和发展优秀的民族传统文化"的责任（第 38 条第二款）；（9）"加强对传染病、地方病的预防控制工作和妇幼卫生保健，改善医疗卫生条件"的责任（第 40 条第二款）；（10）"积极开展和其他地方的教育、科学技术、文化艺术、卫生、体育等方面的交流和协作"的责任（第 42 条第一款）；（11）"保护和改善生活环境和生态环境，防治污染和其他公害，实现人口、资源和环境的协调发展"的责任（第 45 条）。

而《民族区域自治法》第三章"自治机关的自治权"涉及

"权利（权力）"的内容，被笼统地规定在一起，也正是因为立法者认为自治机关可以代表"民族自治地方"和"少数民族"来行使权力。事实上，无论是涉及"自治机关"责任的条款，还是涉及"自治权"的条款，均围绕着一个主题展开，即"国家"对民族区域自治地方利益的优惠和照顾。这种"国家"对民族区域自治地方利益的优惠和照顾，是相对于"国家"对一般地方的政策而言的，其着眼点是在中央统一领导下，根据民族自治地方的实际情况（特殊情况），采取特殊政策和灵活措施，赋予民族自治地方以一般地方所没有的特殊优惠政策和照顾措施，避免政策和法律执行上的"一刀切"，以促进民族自治地方的发展。这种立法意图贯穿于整部《民族区域自治法》的始终，特别在第六章"上级国家机关的职责"（第54—72条）上体现得淋漓尽致：该章的18个条文反复强调，上级国家机关应当关注民族自治地方的特殊性，"有关民族自治地方的决议、决定、命令和指示，应当适合民族自治地方的实际情况"（第54条）；应当采取必要措施帮助、指导民族自治地方经济、社会、文化的健康发展（第55—64条、第65条第二款、第66条、第69—71条）；"国家在民族自治地方开发资源、进行建设的时候，应当照顾民族自治地方的利益，作出有利于民族自治地方经济建设的安排，照顾当地少数民族的生产和生活"，"国家采取措施，对输出自然资源的民族自治地方给予一定的利益补偿"（第65条）。这种"国家"对民族区域自治地方利益的优惠和照顾，在2005年国务院办公厅发布的《中国的民族区域自治》白皮书得到集中体现，该白皮书以大量的数据证明民族区域自治得到有效的实施、民族区域自治权得到有效的保障，并特别指出："为贯彻落实《宪法》和《民族区域自治法》的规定，中国政府采取了一系列举措"，"把加快民族自治地方的发展摆到突出位置"、"优先合理安排民族自治地方基础设施建设项目"、"加大对民族自治地方财政支持力度"、

"重视民族自治地方的生态建设和环境保护"、"采取特殊措施帮助民族自治地方发展教育事业"、"加大对少数民族贫困地区的扶持力度"、"增加对民族自治地方社会事业的投入"、"扶持民族自治地方扩大对外开放"、"组织发达地区与民族自治地方开展对口支援"、"照顾少数民族特殊的生产生活需要"。[①]

此外,民族区域自治权还可以从其他角度进行划分:从实体权属上划分,民族区域自治权可以分为"应该享有的自治权"和"实际享有的自治权";从行使机关上划分,有自治区的自治机关的自治权、自治州的自治机关的自治权、自治县的自治机关的自治权;从法律层次上划分,有《宪法》规定的自治权、《民族区域自治法》规定的自治权、自治条例和单行条例规定的自治权等。如果根据自治机关的自治权内容及类别进行划分,结合《民族区域自治法》第三章的规定,可以归纳为四个方面:

(1) 政治性自治权

政治性自治权是指自治机关管理本地区的政治性事务的自治权,包括:立法自治权,即制定自治条例和单行条例的权力及对上级国家机关决议、决定、命令和指令,自治区人民政府有变通执行权;语言文字方面的自治权;人事管理方面的自治权;公安部队自治权。

(2) 经济性自治权

经济性自治权是指自治机关管理本地区的民族经济建设、财政税收等经济方面的自治权,包括:经济管理自治权、自然资源管理自治权、地方财税管理自治权等。

(3) 文化性自治权

文化性自治权指自治机关对本地区民族文化教育事业方面的

[①] 国务院新闻办公室:《中国的民族区域自治白皮书》(2005年2月),载http://www.gov.cn/zwgk/2005-05/27/content_1585.htm,2011年10月30日最后访问。

自治权，包括：民族教育管理自治权、民族文化管理自治权、科技管理自治权、民族体育管理自治权及对外文化交流自治权等。

（4）其他自治权

其他自治权主要包括流动人口管理自治权、计划生育管理自治权、环境管理自治权等。

第二节　经济管理自治权的界定

一、经济管理自治权的定义

（一）经济管理自治权的概念

对于经济管理自治权，不同的学者有不同的看法。学者刘亚丛认为，"经济自治权是指民族自治地方以自治民族为主体的各民族人民通过当地的人民代表大会和人民政府，依照宪法、民族区域自治法和其他法律规定的权限，根据本民族、本地区的情况和特点，自主地安排和管理本民族、本地区的经济建设事业的权力。"[1] 吴宗金先生称为"经济金融类自治权"[2] 或"财经类自治权"[3]。宋才发先生认为应当称为"少数民族自治地方经济发展自主权"。[4] 本书以为，"民族经济自治权"的提法是不恰当的，根据《民族区域自治法》第25—35条的规定精神，应称为"经济

---

[1] 刘亚丛：《如何认识民族自治地方的经济自治权》，载《广播电视大学学报》2006年第1期。

[2] 参见吴宗金主编：《中国民族区域自治法学》（第二版），法律出版社2004年版，第71页。

[3] 参见吴宗金主编：《中国民族区域自治法学》（第二版），法律出版社2004年版，第113页。

[4] 宋才发等：《中国少数民族经济法通论》，中央民族大学出版社2006年版，第129—130页。

管理自治权",是指民族自治地方根据法律规定,结合本民族、本地区的经济情况和特点,通过当地的自治机关行使的自主地安排和管理本民族、本地区内部经济事务、获得国家帮助和优惠的各项权利。

(二) 经济管理自治权的特征

经济管理自治权应包括如下一些特征:第一,经济管理自治权是民族自治地方自治机关的自治权的核心内容。如前所述,这是由自治机关在当前所面临的主要任务决定的。第二,经济管理自治权的内涵非常丰富,包括了与民族自治地方经济发展相关的方方面面,因而,"如何用好用活这些自治权"就成为自治机关需要结合本地方实际需要深刻思考和探索的重要问题。第三,经济管理自治权与立法自治权、政治方面的自治权、文化方面的自治权是相辅相成的,不是能够截然分开的,尤其是与立法自治权无法截然分开,在实施中需要加以通盘考虑,使自治权能够真正地造福一方群众。在实践中,各民族自治地方所制定的单行条例中的很多内容都是对经济管理自治权的落实。

二、经济管理自治权的种类

根据《民族区域自治法》第25—35条以及其他相关条款的规定,经济管理自治权应包括如下一些种类:

(一) 经济建设管理自治权

该项权利主要体现在《民族区域自治法》第25条的规定中,即"民族自治地方的自治机关在国家计划的指导下,根据本地方的特点和需要,制定经济建设的方针、政策和计划,自主地安排和管理地方性的经济建设事业"。与一般地方相比,民族自治地方的自治机关在组织和管理本地方的经济建设时,有很强的自主性和灵活性,并可以通过地方性法规、单行条例等法律形式将这些灵活、优惠的政策措施固定下来,作为推动本地方经济发展并创造良好的软环境的有力的动力源泉。

(二) 市场经济发展自治权

该项权利主要体现在《民族区域自治法》第 26 条的规定中,"民族自治地方的自治机关在坚持社会主义原则的前提下,根据法律规定和本地方经济发展的特点,合理调整生产关系和经济结构,努力发展社会主义市场经济。民族自治地方的自治机关坚持公有制为主体、多种所有制经济共同发展的基本经济制度,鼓励发展非公有制经济"。由于历史的原因以及自然条件的限制,很多民族自治地方的产业结构都存在一定的问题,目前急需用好该项权利,发展特色经济和优势项目,使整体工业结构能够适应市场经济发展的要求,切实、高效地发挥地方优势,实现经济社会的协调、可持续发展。

(三) 草场森林管理自治权

该项权利主要体现在《民族区域自治法》第 27 条的规定中,民族自治地方的自治机关根据法律规定,确定本地方内草场和森林的所有权和使用权。民族自治地方的自治机关保护、建设草原和森林,组织和鼓励植树种草。禁止任何组织或者个人利用任何手段破坏草原和森林。严禁在草原和森林毁草毁林开垦耕地。

例如,四川阿坝藏族羌族自治州充分发挥世界自然遗产九寨沟、黄龙的优势,把旅游资源转换为旅游产业,在保护中开发,在开发中保护。

但在草场森林管理自治权方面,同时也存在一些不和谐的现象。甘肃与青海交界地区历史遗留的草场纠纷有几十处,有些达成了协议,却得不到执行,有些根本达不成协议。甘肃省甘南藏族自治州玛曲县齐哈玛与四川省阿坝藏族羌族自治州阿坝县接壤地区的草山边界纠纷也是由来已久。藏族的齐哈玛部原在黄河以南居住和放牧,行政上属四川管辖,但群众的宗教活动在甘肃拉卜楞寺进行。由于部落头人之间斗争十分激烈,部落之间也发生械斗，最终齐哈玛部落的大部分群众被赶到黄河以北，寄居在甘南玛曲县卓格民玛和青海省河南蒙旗境内的黄河北沿线游牧，过着流离的生活，从而造成甘肃齐哈玛同四川阿坝县关于接壤地区草场边界纠纷问题。① 这些问题的解决就更需要我们用好用活草场森林管理自治权，深入调查研究，在充分征询争议双方意见的基础上，妥善处理这类纠纷，以促进民族地区经济的发展。

（四）自然资源管理自治权

该项权利主要体现在《民族区域自治法》第28条的规定中，民族自治地方的自治机关依照法律规定，管理和保护本地方的自然资源。民族自治地方的自治机关根据法律规定和国家的统一规划，对可以由本地方开发的自然资源，优先合理开发利用。《民族区域自治法》第65条规定，国家采取措施，对输出自然资源的民族自治地方给予一定的利益补偿。

《民族区域自治法》还规定，国家在民族自治地方开发资源，要照顾地方利益，同样由于没有与之配套的具体法规规定，尤其是没有规定相关的法律责任，在实际执行过程中，经常发生损害民族自治地方利益的行为。如国家在云南大理自治州修建的西洱河电站，大理白族自治州为了保证这一电站水源和总体修建需要，曾不惜拆掉了一座近一万千瓦的小水电站，9年来损失发电收入近700万元。另外，由于西洱河电站的修建导致洱海水位下降，使原建的环洱海各排灌站水位不够，给环洱海地区农业灌溉带来很大影响。由此可见，国家在大理白族自治州建设这一电站，没有给自治州带来多少经济效益，近几年（80年代后期）

---

① 王希恩主编：《当代中国民族问题解析》，民族出版社2002年版，第246—247页。

使自治州财政收入减少和增加群众负担上亿元。①

再比如,《青龙满族自治县矿产资源管理条例》于 1997 年 4 月 25 日批准生效,该条例第 9 条规定:"自治县地质矿产部门主要职责:负责国家规划矿区和对国家有重要价值的矿区之外的,储量规模为小型的,一般矿种的矿产资源的开采审批,并颁发相应的许可证。"《河北省矿产资源管理条例》于 1997 年 12 月 22 日修正,该条例规定:"开采小型储量规模矿产资源,由省地质矿产主管部门授权的市、县(市区)地质矿产主管部门审批,颁发采矿许可证,并报省地质矿产主管部门备案。"《河北省矿产资源管理条例》修正日期虽然比该县的《矿产资源管理条例》晚 8 个月,但根据前述《立法法》第 66 条、《矿产资源法》第 10 条的规定,民族自治地方的自治机关根据法律规定和国家的统一规划,对可以由本地开发的矿产资源,优先合理开发利用。因而,该县《矿产资源管理条例》不违背法律的基本原则,是有效的。

(五)基本建设项目管理自治权

该项权利主要体现在《民族区域自治法》第 29 条的规定中,即"民族自治地方的自治机关在国家计划的指导下,根据本地方的财力、物力和其他具体条件,自主地安排地方基本建设项目。"

截至 2003 年,民族自治地方全社会固定资产投资完成 4734 亿元人民币,比 1994 年增加了 2.7 倍,其中基本建设投资完成 2837 亿元人民币,比 1994 年增加了 3.2 倍。2003 年末,民族自治地方固定电话用户达到 2273 万户,其中城市电话用户 1532 万户;移动电话用户达到 2307 万户。2003 年,民族自治地方国有铁路营运里程 1.51 万公里,比 1952 年增加了近 3 倍;公路通车里程 54.78 万公里,比 1952 年增加了 20 倍。内蒙古、宁夏、新

---

① 吴宗金、陈曼蓉、廖明:《民族法学导论》,广西民族出版社 1990 年版,第 192 页。

疆等地城市化水平已高于全国平均水平。①

　　民族地区经济社会的全面发展是民族法实施的物质基础，国家加大力气促进民族地区经济社会全面发展的同时，也夯实了民族法实施的物质基础。国家加大对民族地区的投入，民族地区的经济实力迅速增强。目前已将 155 个民族自治地方全部纳入中央财政直接转移支付范围，2007 年对民族地区的转移支付额比去年增加 54 亿元，增长 34.6%。

　　在具体措施方面，国家发改委在批复"十一五"期间有关地方建设规划、安排投资计划时，适当减免了民族地区配套资金，在农业和电力设施等项目上对少数民族集中的中西部地区实行较低的地方配套资金。交通部已在"十一五"期间进一步加快少数民族地区交通建设步伐，民族地区境内的国道主干线已于 2007 年全部贯通，西部开发省际公路通道 2010 年将基本建成。

　　2006 年，国家安排中央预算内投资 2 亿元，专项用于扶持 22 个人口较少民族加快发展，此项投资将持续至 2010 年。国家发改委 2007 年继续安排 25 亿元以工代赈资金支持民族地区，安排民族地区易地扶贫搬迁资金约 7 亿元，搬迁贫困人口 14 万人。国务院扶贫办继续安排北京等实力较强的 10 省市对口帮扶民族省区，继续执行全国帮助西藏的政策。

　　此外，商务部已经于 2008 年 5 月制定了《关于加快民族贸易发展的指导意见》，提出了加快民族贸易发展所面临的主要任务，包括健全民族地区市场体系、保障民族地区生活必需品市场供应、培育民族贸易骨干企业、促进民族特色商品生产与流通、鼓励外商投资民族地区、加大民族地区贸易促进工作力度以及整顿和规范民族地区市场经济秩序，具体的促进民族贸易发展的措施包括落实民族贸易优惠政策、继续完善和实施重要商品储备政

---

① 《中国的民族区域自治白皮书》（2005 年 2 月）。

策、加大民族地区商务领域信息化支持力度、搞好民族贸易人才培训等多个方面。

在加强对民族地区经济发展的扶持力度的同时，更加重视对西部地区生态环境与资源的保护。财政部2007年继续安排西部地区退牧还草任务1.5亿亩，对退牧还草工程区给予围栏投资和饲料粮补助，加大对草原灭鼠、防火、飞播牧草等方面的支持力度。

（六）企业、事业管理自治权

《民族区域自治法》第30条规定，民族自治地方的自治机关自主地管理隶属于本地方的企业、事业。该法第68条中再次强调，上级国家机关非经民族自治地方自治机关同意，不得改变民族自治地方所属企业的隶属关系。

虽然法律中有明确的规定，但由于没有与之配套的具体法规，尤其是没有规定相关的法律责任，在实际执行过程中，经常发生损害民族自治地方利益的行为。如云南省楚雄自治州自筹资金创办的楚雄卷烟厂，这个企业从建厂初期年产5万大箱卷烟到扩建发展为40万大箱产量的规模，均是楚雄自治州自筹资金和在退税还贷中创办发展起来的，该企业是自治州唯一的民族工业大型企业，每年创税金上亿元。但在整顿烟草行业时，不顾自治州的强烈要求，硬是无偿地、毫无保留地把这个利税大户划归国家烟草总公司，使自治州财政收入骤然下降，大伤元气。① 由此可见，经济建设管理自治权对民族自治地方的经济发展是非常关键的。

（七）对外经济贸易管理自治权

《民族区域自治法》第31条规定，民族自治地方依照国家规

---

① 吴宗金、陈曼蓉、廖明：《民族法学导论》，广西民族出版社1990年版，第191页。

定,可以开展对外经济贸易活动,经国务院批准,可以开辟对外贸易口岸。与外国接壤的民族自治地方经国务院批准,开展边境贸易。民族自治地方在对外经济贸易活动中,享受国家的优惠政策。

国务院实施《民族区域自治法》若干规定中规定了与外国接壤的民族自治地方经过批准可以设立边境贸易区(第13条)。我国《对外贸易法》第42条规定,国家对边境城镇与接壤国家城镇之间的贸易以及边民互市贸易,采取灵活措施,给予优惠和便利。第37条规定,国家扶持和促进民族自治地方和经济不发达地区发展对外贸易。

目前,我国关于边境贸易的特别法规主要有《国务院关于边境贸易有关问题的通知》(国发[1996]2号)和原对外贸易经济合作部、海关总署《关于进一步发展边境贸易的补充规定的通知》([1998]外经贸政发第844号)这两个规定。我国的边境贸易有两种贸易方式:一种是边民互市贸易,由商务部、海关总署统一制定管理办法,由各边境省、自治区人民政府具体组织实施;另一种是边境小额贸易,管理办法由外经贸部和国务院有关部门制定。

(八) 地方财政管理自治权

《民族区域自治法》第32条规定,民族自治地方的财政是一级财政,是国家财政的组成部分。民族自治地方的自治机关有管理地方财政的自治权。凡是依照国家财政体制属于民族自治地方的财政收入,都应当由民族自治地方的自治机关自主地安排使用。民族自治地方在全国统一的财政体制下,通过国家实行的规范的财政转移支付制度,享受上级财政的照顾。民族自治地方的财政预算支出,按照国家规定,设机动资金,预备费在预算中所占比例高于一般地区。民族自治地方的自治机关在执行财政预算过程中,自行安排使用收入的超收和支出的节余资金。

《民族区域自治法》第 33 条规定，民族自治地方的自治机关对本地方的各项开支标准、定员、定额，根据国家规定的原则，结合本地方的实际情况，可以制定补充规定和具体办法。自治区制定的补充规定和具体办法，报国务院备案；自治州、自治县制定的补充规定和具体办法，须报省、自治区、直辖市人民政府批准。

设立专项性转移支付，是指中央政府对民族自治地方在农业综合开发、交通运输、邮电通信、能源、原材料工业、自然资源开发利用以及教育、卫生、科技等方面进行资助。在操作方法上，主要采用费用分摊的方法。根据不同的项目属性，确定不同的转移支付比例，并以立法形式加以规范化。专项性转移支付对于帮助民族自治地方履行政府资源配置职责和支持利益外溢性项目有着不可替代的作用。

中央政府对民族自治地方的资助还包括设立民族优惠政策和其他政策性转移支付。这些政策性转移支付的主要目的是体现对民族自治地方的特别照顾，以及为民族自治地方的宗教信仰、风俗习惯和特有的语言文字、教育、卫生、宣传等特殊支出需要提供资金保障，从而弥补其因特殊支出所引起的相对较高的公共服务成本。

（九）税收项目减免自治权

该项权利主要体现在《民族区域自治法》第 34 条的规定中，民族自治地方的自治机关在执行国家税法的时候，除应由国家统一审批的减免税收项目以外，对属于地方财政收入的某些需要从税收上加以照顾和鼓励的，可以实行减税或者免税。自治州、自治县决定减税或者免税，须报省、自治区、直辖市人民政府批准。

（十）金融建设管理自治权

该项权利主要体现在《民族区域自治法》第 35 条的规定中，

民族自治地方根据本地方经济和社会发展的需要，可以依照法律规定设立地方商业银行和城乡信用合作组织。

第三节 经济管理自治权的实施主体

一、自治机关

民族自治地方自治机关是指民族自治地方设立的国家权力机关和国家行政机关，即自治区、自治州和自治县的人大及人民政府。民族自治地方自治机关的组成和工作，由当地人大通过的自治条例和单行条例规定。民族自治地方的自治机关除具有一般地方国家机关的职权外，还拥有大于一般地方国家机关的自主权，体现在民族区域自治权的内容上。民族自治地方的人民代表大会和人民政府依照宪法、民族区域自治法和其他法律规定的权限，根据本地方实际情况贯彻执行国家的法律、法规、政策，自主管理本地方各民族内部事务和地方性事务的一种特定的权力。宪法规定，我国的法制是统一的，所以民族自治地方的司法机关（即法院和检察院）都不属于自治机关。

民族自治地方的自治机关和其他地方国家机关相同，都实行民主集中制。1982年宪法规定，自治区、自治州的人民代表大会由下一级人民代表大会选出的代表组成；自治县人民代表大会代表则由选民直接选举产生。在多民族共同居住的民族自治地方的人民代表大会代表中，除实行区域自治的民族的代表外，居住在本行政区域内的其他民族，也应当有适当名额的代表。民族自治地方的人民代表大会设常务委员会，由本级人民代表大会选举产生，向本级人民代表大会负责并报告工作。各级民族自治地方的人民代表大会及其常务委员会的工作方式主要是举行会议。会议的组织和工作程序和省、市、县的人民代表大会及其常务委员会基本相同。民族自治地方的人民代表大会代表的权利和义务,同样适用宪法和法律关于地方各级人民代表大会代表的各项规定。

在原则上,民族自治地方人大的组成和一般地方人大一样,都由当地人民选举产生。自治县的人大由选民直接选举的代表组成;自治区、自治州的人大由下一级人大间接选出的代表组成。但是,根据民族区域自治法的规定,民族自治地方人大中少数民族代表应占特定的名称和比例,即实行区域自治的民族和其他少数民族代表的名额和比例,应根据选举法等法律规定的原则,由省级人大常委会决定,并报全国人大常委会备案。民族自治地方人大常委会中应当有实行区域自治的民族的公民担任主任或者副主任。也就是说,常委会主任可以由实行自治的民族的公民担任,也可以由其他民族包括汉族的公民担任。如果主任是其他民族的公民担任,则副主任中必须有自治民族的公民;如果主任是自治民族的公民,则副主任中仍不能排斥自治民族的公民。

二、上级国家机关

《民族区域自治法》第六章以专章的形式规定了上级国家机关的职责,即民族自治地方的所有上级国家机关都有实施民族区域自治法的职责,都是民族法实施的主体。随着少数民族散居化趋势的加速,散居少数民族的权益保护问题也早已纳入各级政府的工作安排之中,因而,事实上所有的国家机关都是民族法实施的主体。只是因各地情况的差异,各国家机关工作职责的不同而在民族法实施的职责方面有比较大的区别而已。上级国家机关对民族自治地方的领导和帮助是民族区域自治制度的重要方面。上级国家机关对民族自治地方的领导和帮助,要体现从实际出发,制定和发布的有关决议、决定、命令和指示,必须符合民族地区的特点,适合民族地区的实际情况,切实可行。上级国家机关对民族自治地方的帮助，主要体现在财政、物资、技术、人才、教育等方面。

此外，为了更好地贯彻民族法，根据我国民族事务管理的实际情况，当前很重要的一点，就是加强各级人民代表大会民族委员会以及各级民族事务委员会的职能。目前的各级人民代表大会民族委员会的主要职能之一就是"讨论、决定本行政区域内的有关民族问题工作中的重大事项"；各级民族事务委员会的职能主要集中在"监督实施和完善民族区域自治制度建设，监督办理少数民族权益保障事宜，对政府系统民族工作进行业务指导"等协调性事项，该两个部门可以说是《民族区域自治法》的最重要的执行部门，其在国家的民族事务的整个运行体系以及少数民族权益保障事业中发挥着举足轻重的作用，是其他任何机关和部门不能比拟的。国务院办公厅国办发〔2008〕61号文件《国家民族事务委员会主要职责内设机构和人员编制规定》中对国家民族事务委员会的职责进行了相应的调整，其中重点提到加强对民族法律法规、民族政策和少数民族发展相关规划贯彻执行的督促检查职责。同时，为了整合职能、进一步理顺内部机构职责关系，在国家民族事务委员会的内设机构中新增设监督检查司。新增设的监督检查司主要承担民族法律法规和民族政策执行情况的督促检查工作；承担协调、指导民族区域自治法贯彻落实的具体工作；研究民族关系重大突发事件的预警、应急机制问题，承担有关协调处理工作；研究提出协调民族关系的工作建议；推进民族事务服务体系和民族事务管理信息化建设。制定关于自治权的部门规章；完善自治权的相关规定，对"什么是少数民族内部事务"和"什么是与民族地区有关的事务"做出界定。

特别值得一提的是，在上级国家机关履行保障经济管理自治权的职责时要进一步加强各级民委系统法制机构建设，使法制机构的规格、编制与其承担的职责和任务相适应。要加大对法制干部的培养、使用和交流力度，重视提拔政治素质高、法律素养好、工作能力强的法制干部。法制机构及其工作人员要努力提高新形势下做好民委法制工作的能力和水平，努力当好民委系统在依法行政方面的参谋、助手和顾问。

第二章 上级国家机关的职责

第一节 肯定性行动政策对我国民族法制的影响

一、肯定性行动计划的历史发展进程

肯定性行动计划（affirmative action programs）是指由美国联邦政府推行的旨在消除对少数民族和妇女等不利群体在教育、就业等领域的歧视的各种政策和措施。肯定性行动计划在美国的发展过程可以分为三个阶段，按时间顺序依次为：维权时期、优待时期和平等时期。

（一）维权时期

第一阶段从20世纪40年代初期到60年代末期，这一阶段主要是颁布大量的总统行政命令，推动当时处于被歧视地位的少数族群成员在雇用、教育和政府合约的承包上拥有与多数族群成员平等的机会，而这种平等机会的推动政策被《1964年民权法案》所确定，这一阶段可以称为"维权时期"。1961年3月6日，美国总统约翰·肯尼迪签发了第10925号行政命令，第一次使用了"肯定性行动"（affirmative action）一词。[①] 该行政命令规定，在申请联邦政府的职位或争取联邦政府的合同时，所有人不分种

---

① Executive Order No. 10925. Part Ⅲ. Section 301. (1). The contractor will take affirmative action to ensure that applicants are employed, and that employees are treated during employment, without regard to their race, creed, color, or national origin.

族、肤色、信仰或民族血统，享有平等的机会。同时，该命令要求："合同承包商不得因种族、信仰、肤色或民族血统而歧视任何雇员或求职者。合同承包商要采取肯定性行动以确保求职者在受雇和雇员在晋升时不涉及他们的种族、信仰、肤色或民族血统。"[1] 该命令还决定设立总统平等就业机会委员会（EEOC），以指导肯定性行动计划的实施。

在民权运动的推动下，美国国会于 1964 年通过了《公民权利法》，该法案继承并发展了 10925 号行政命令的精神，要求结束种族隔离，消除种族歧视。该法案第六章第 601 条规定："在合众国中，任何人都不得基于因为其种族、肤色或民族而被排除禁止参与接受联邦资助的活动和项目，或被拒绝禁止享受由联邦资助的项目所带来的好处，或者在联邦资助项目中受到歧视。"[2] 第 7 条规定：禁止任何私人雇主、公私立教育机构、劳工组织或劳工管理培训计划，以个人的种族、肤色、宗教信仰、性别或民族血统为由对其进行歧视，禁止歧视的范围包括招聘、甄选、分配工作、调动、解雇、晋升、薪俸、病假、医疗保险、退休及退休金等方面。[3] 1964 年的《公民权利法》以法律形式强化了 10925 号行政命令中的肯定性行动政策，并为以后肯定性行动计划的实施提供了法律依据。为了贯彻 1964 年的《公民权利法》，林登·约翰逊总统于 1965 年 9 月 24 日签署了著名的 11246 号行

---

[1] John H. Franklin and Isidore Starr. The Negro in the 20th century America [M]. New York: Random House, 1967. p. 414.

[2] Civil Rights Act of 1964. Title vi. sec. 601. No person in the United States shall, on the ground of race, color, or national origin, be excluded from participation in, be denied the benefits of, or be subjected to discrimination under any program or activity receiving Federal financial assistance.

[3] Kathryn Swanson. Affirmative action and preferential admissions in higher education [M]. Metuchen, N. J.: The Scarecrow Press, Inc., 1981. p. 25.

政命令。该命令的全称为《平等的雇用机会》,这是落实肯定性行动计划的最重要的法律性文件。该命令要求在联邦政府的雇用行为或联邦合同项目的雇用行为中,向所有合格者提供平等的机会,在雇用行为中禁止因种族、肤色、信仰或民族血统而歧视。[①]该行政命令后经多次修订,其中影响最大的是1967年的修正案(即11375号行政命令),禁止就业领域的性别歧视。[②] 为了确保肯定性行动政策的实施,美国总统授权劳工部联邦合同管理办公室(OFCCP)作为负责落实11246号行政命令中有关规定的主管部门,以取代1961年建立的总统平等就业机会委员会这一临时机构。OFCCP于1968年5月、1970年2月和1971年12月,先后多次发布11246号行政命令的实施条例,使肯定性行动政策具体化。1970年的条例要求有关部门在雇用行为中为少数民族和妇女提供与他们在当地劳动力或人口中的比例相称的工作份额。1971年的条例规定:所有与政府签订达到或超过50000美元合同或雇工超过50人的合同承包商,必须在接到合同后的120天内制定出执行肯定性行动政策的书面计划,必须报告雇工中的少数民族和妇女比例是否达到了规定的标准,如果没有达到,则必须制

---

① Excutive Order No. 11246. PART Ⅰ. Section 101. It is the policy of the Government of the United States to provide equal opportunity in Federal employment for all qualified persons, to prohibit discrimination in employment because of race, creed, color, or national origin, and to promote the full realization of equal employment opportunity through a positive, continuing program in each executive department and agency.

② Executive Order No. 11375. It is the policy of the United States Government to provide equal opportunity in Federal employment and in employment by Federal contractors on the basis of merit and without discrimination because of race, color, religion, sex or national origin.

定出达标的具体目标和时间表。① 该条例首次使用了"肯定性行动计划"（affirmative action programs）的概念，并给它下定义为合同承包商为实现就业机会平等而真诚地采取的一系列具体的、以结果为导向的措施。②

（二）优待时期

肯定性行动计划的第二阶段是从 20 世纪 60 年代末期到 80 年代末期。这一阶段的发展特点是从"维权时期"进入到普遍的"优待时期"，在这一时期，影响该行动的重大法律性文件有三种：前半期是政府颁布的各项政令和法令以及国会颁布的支持政府的少数法律，而后半期，在"肯定性行动"中一直沉默的另一权力主体最高法院开始登上历史舞台，通过对一系列案件进行裁决而成为肯定性行动历史变迁中最为重要的角色。③

1972 年，OFCCP 与卫生、教育和福利部合作，颁布了《高等教育实施条例》，在高等教育的招生、就业领域实施肯定性行动计划。在 70 年代初期，美国通过了一系列法律或法律修正案，如《卫生人力资源训练法案》（1971 年）、《护士培训修正案》（1972 年）、《高等教育法修正案》（1972 年）、《伤残人复原法案》（1973 年）、《越战士兵安置法案》（1974 年）等。这些法案都涉及肯定性行动计划的实施问题，而且将肯定性行动计划的实施范围从就业扩大到教育，把实施对象从少数民族扩大到女性，从健全人扩大到残疾人，从普通人扩大到士兵。同时，少数民族

---

① Executive Order No. 11246. Affirmative Action Requirements. Each Government contractor with 50 or more employees and ＄50,000 or more in government contracts is required to develop a written affirmative action program (AAP) for each of its establishments.

② Kathryn Swanson. Affirmative action and preferential admissions in higher education [M]. Metuchen, N. J. : The Scarecrow Press, Inc., 1981. pp. 26 - 27.

③ 王凡妹：《美国"肯定性行动"的历史沿革——从法律性文件的角度进行回顾与分析》，载《西北民族研究》2010 年第 2 期。

也从一开始的主要指黑人扩大到西班牙裔人、印第安人等美国社会中的其他不利种族群体。

这一时期出现了越来越多对该计划持否定态度的群体,将该计划的审视从行政领域推入司法领域,出现了许多著名的司法案例。第一是 1978 年加利福尼亚大学诉巴基（Regents of the University of California v. Bakke）案,该案是一起针对教育领域的"肯定性行动"计划而提起的"反向歧视"案件。最终判决加州大学录取巴基,并且在美国高教领域内确定了一项原则,即不得不采用具有种族因素的"肯定性行动"计划时,必须采用灵活机动的办法,而非机械的目标配额制度。① 第二是 1979 年美国钢铁工人联合会（United Steelworkers of America）诉布莱恩·F. 韦伯等（Brian F. Weber et al.）案。② 该案是一起针对雇佣领域的"肯定性行动"计划而提起的"反向歧视"案件。该案的最终判决支持了工会的"肯定性行动",认为"肯定性行动"计划并未"毫无必要地"阻碍白人雇员的利益,该计划只是一项为消除种族的不平衡而采取的"临时性措施",但还远远未到结束的一天。第三是 1980 年 H. 厄尔·佛力拉夫（H. Earl Fullilove）等诉合众国商务部长菲利普·M. 克鲁茨尼克（Philip M. Klutznick）等案。③ 该案是联邦最高法院受理的第一例针对政府合同承包领域的"肯定性行动"计划而提起的"反向歧视"案件。邱小平博士认为该案中,美国最高法院明确地支持"国会以注重种族的方式,消除过去的种族歧视及现存影响",因此该案被普遍认为是"肯定性行动"的重要发展。④ 第四是 1984 年第 1784 号消防员地方协会（Fire-

---

① 详见 Regents of the University of California v. Bakke, 438 U. S. 265 (1978).
② 详见 United Steelworkers of America v. Weber, 443 U. S. 193 (1979).
③ 详见 Fullilove v. Klutznick, 448 U. S. 448 (1980).
④ 邱小平:《法律的平等保护——美国宪法第十四条修正案第一款研究》,北京大学出版社 2010 年版,第 382 页。

fighters Local Union No. 1784）诉卡尔·W. 斯托茨案（Carl W. Stotts et al.）案。① 第五是 1986 年温迪·维根特（Wendy Wygant, et al.）诉杰克逊教育局（Jackson Board fo Education, etc. et al）案。② 第四和第五个案子是关于雇佣领域的裁员计划，虽然最高法院的最终判决都推翻了下级法院的裁决，但同时最高法院认为在两个案件发生之时，少数族群成员和非少数族群成员均基本上获得了平等的机会，在此种情况下，如果再通过剥夺无辜非少数族群成员的权益来维系硬性的比例，有失公允。第六是 1986 年钣金工国际协会第 28 号分会（Local 28 of Sheet Metal Workers' International Association）和联合学徒委员会第 28 号分会（Local 28 Joint Apprenticeship Committee）诉平等雇佣机会委员会（Equal Employment Opportunity Commission）等案。③ 本案具有典型性意义的关键，并非在于少数族群成员在全体工会会员和学徒工中的比例到底是硬性的还是灵活的，而在于凡是支持该项"肯定性行动"计划的法官，无不对钣金工工会和学徒委员会屡教不改的种族歧视行为极端憎恶。

虽然联邦最高法院在以上六个案件中，对于"肯定性行动"计划是否合宪合法的最终裁决有所差别，但总体而言，只要该计划具有相当的灵活性且经过"精细裁剪"，那么作为一种临时性且唯一性的补救措施，往往容易得到大多数法官们的认可。相反，那种以纠正社会歧视为由而制定的带有硬性配额制的"肯定性行动"计划，往往遭到联邦高法大法官们的反对。④

---

① 详见 Firefighters Local Union No. 1784 v. Stotts 467 U. S. 561（1984）。
② 详见 Wygant v. Jackson Board of Education, 476 U. S. 267（1986）。
③ 详见 Local 28 of Sheet Metal Workers International Association v. Equal Employment Opportunity Commission, 478 U. S. 421（1986）。
④ 王凡妹：《美国"肯定性行动"的历史沿革——从法律性文件的角度进行回顾与分析》，载《西北民族研究》2010 年第 2 期。

(三) 平等时期

肯定性行动在 20 世纪 80 年代末期发生了第二次转折,从普遍的"优待时期"进入个人"平等时期",即第三个发展阶段。在这一阶段,行政和司法机构对肯定性行动的态度都发生了变化,认为肯定性行动总体的发展方向是走向人人平等,这意味着肯定性行动的衰退或终结,但各自的终结时间表是不同的,现存的是减少和限制肯定性行动的问题。这一阶段标志着肯定性行动走向衰退的案件是 1989 年里士满市(City of Richmond)诉 J. A. 克罗森公司(J. A. Croson Company)案。该案中最高法院裁定,今后对州和地方政府具有种族意识的行为适用"严格审查"标准。在对于是否实行带有种族意识到"肯定性行动"的问题上,联邦最高法院和联邦政府已经基本达成共识,就是既不绝对禁止,又加上重重限制。

从肯定性行动计划的发展历程看,美国最初提出肯定性行动计划是为了消除长期存在的对黑人和妇女的歧视,使资历或业绩与白人男性同等的黑人、妇女能够得到同样的工作或晋升机会。但在实施过程中却发现,黑人等少数民族和妇女由于历史积淀的原因根本没有能力与白人、男性进行平等竞争。因此,肯定性行动计划逐渐变成一项补偿性计划,在升学、就业和晋升等方面给少数民族和妇女以某些照顾和优先,以补偿少数民族和妇女在竞争能力上的不足。

肯定性行动计划自实施以来就备受争议,批评者认为,肯定性行动计划以种族为基础对少数民族实行优待,是一项极不公平的政策,它违背了美国宪法的平等原则,实行的是对白人的"反向种族歧视"(reverse discrimination)。对少数民族的歧视是错误的,而基于种族的"反向种族歧视"也是错误的。肯定性行动计划不符合美国《独立宣言》和《公民权利法》所倡导的人人平等原则,也违背了美国社会发展的精英原则。自美国建国以来,辛勤劳作和真才实学是决定一个人在美国社会能否成功的重要因素。然而肯定性行动计划要求在招生和就业中为少数民族留出一定比例的名额,种族和肤色成为一个人能否上大学以及找到工作的一个重要因素。肯定性行动计划使美国大学和企业难以选拔优秀人才。反对者还认为肯定性行动计划是一项以种族划线的措施,并不能反映每个人的具体需要。肯定性行动计划要求对少数民族每个成员都予以优待和照顾,但并不是每个少数民族都在社会中处于不利地位,也并不是每一个白人都处于有利地位。肯定性行动计划可能会因照顾了一个黑人富翁的孩子而使一个贫寒白人的孩子失去他应有的机会。是贫困状况而不是种族才应决定谁应受照顾的标准。①

1996年,加州议会通过了《加利福尼亚民权动议》,宣布该州的公共就业和教育等领域取消肯定性行动计划。随后,得克萨斯、路易斯安娜、科罗拉多、密歇根等州也通过了法案限制在大学招生中的肯定性行动。曾对改善少数民族高等教育做出巨大贡献的肯定性行动已经处于风雨飘摇之中。

美国的大学早在20世纪20年代就在招生中实行了配额制度,只不过实施的目的是限制犹太人而保护白人的利益。自肯定性行动计划实施以来,各大学为追求学生多样化的目标,纷纷对少数族裔(主要是黑人)给予优待,并设立特别招生计划以保证少数族裔的比例。

最先实行优待入学计划的是加州大学伯克利分校,它在录取时通过适当降低录取标准来增加少数民族学生的比例。此后,其他类型迥异、层次不一的高校也纷纷开始仿效。对少数民族招生计划的名额比例因学校、专业而各不相同。从学校层次来看,依

---

① 刘宝存:《美国肯定性行动计划:发展·争论·未来走向》,载《新疆大学学报》(社会科学版)2002年第4期。

培养目标和招生宽严程度大致可分为高选拔性大学、一般选拔性大学和开放入学的学院。已有研究表明，在实行高选拔性的大学中（2004年），少数民族学生的比例大致占了30%以上，如哈佛大学为34.1%，达特茅斯学院为32.5%；在实行一般选拔的大学中，比例大致在10%—20%，如加州大学为19.1%，密歇根大学为13.6%；实行开放入学的社区学院，其比例高低不一，但大致高于第二类高校。[①] 之所以如此，主要有几个原因：实行高选拔性的大学，录取少数民族学生比例较高，主要是因为大学为营造多元文化教育的氛围，追求社会公正的目标，同时也与联邦政府的高额财政资助有关；实行开放入学的社区学院，主要是得益于入学标准较为宽泛和多元。从专业分布来看，法学和医学等选拔严格的专业为少数民族提供了更多的入学机会，如伯克利分校法学院每年为少数民族学生预留出23%的指标。[②]

事实上，美国高校在录取少数民族学生时大都降低了录取标准，录取比例的高低也在一定程度上取决于录取标准的宽严程度。录取标准的降低，成了反对者攻击优待措施的重要依据，甚至被认为是对白人的"逆向歧视"（reverse discrimination）。但如果做详细的数据分析，可能会有不同的结论。在普林斯顿大学前校长鲍温（William G. Bowen）和哈佛大学前校长博克（Derek Bok）所著《河流的形成》中，他们以1951年、1976年和1989年高选拔性大学录取的80000名本科生的材料建立了数据库，其指标包括种族、性别、中学成绩、SAT分数、大学主修课程和成绩、课外活动以及家庭的经济和社会背景等。经研究发现，优待

---

① 唐滢：《美国高等院校招生考试制度研究》，厦门大学2005年博士学位论文，第191页。

② 刘宝存：《肯定性行动计划与美国少数民族高等教育的发展》，载《黑龙江民族丛刊》2002年第3期。

措施的确促成了大量的少数民族学生进入大学，1951 年黑人学生占录取总数的 0.8%，至 1989 年，黑人学生的比例已经达到 6.7%，在高选拔性的大学中则为 7.8%；虽与黑人相比，申请入学的白人在总体上具有更高的测验分数，但是把被录取的黑人的分数与被录取的白人中最低的十分位数加以比较时，这种差别就非常小了，如法学院 SAT 分数只有 10% 的差距；在代表性最强的 5 所大学中，75% 以上的黑人申请者的数学 SAT 分数高于接受过测验的白人的全国平均水平。[①] 由此可见，包括黑人在内的少数民族的入学成绩与白人成绩之间并非存在天壤之别，而是呈现逐渐缩小甚至逐步超出的趋势。

随着大规模民权运动的结束，新自由主义对国家干预的批判和对市场机制的追求，教育机会均等的理念和政策也受到了严重冲击，随之兴起了反对肯定性行动的思潮与运动。在率先废止了肯定性行动的几个州，开始积极推行"无种族色彩"的招生方案，主要有"百分比计划"和以阶级为基础的肯定性行动。

百分比计划也叫"X% 计划"，主要是在少数民族集中的加州、得州及佛州实施。针对大学生录取过程中少数族裔申请者急剧减少的状况，得州议会马上做出反应并采取了措施——1997 年通过了《得州计划》（众议院第 588 号文）。实际上该文件中提出了"前 10% 计划"，即保证得州所有在其所读的公立或私立高中班级排名前 10% 的学生能够自动收到州内公立大学的录取通知，各高校可以要求测试写作、提供推荐信、进行面试和入学体检、提交学费及正式的高中成绩单（Grade Point Av-erage，GPA，指年级平均成绩）。在"前 10% 计划"框架下，以往录取中学生必须具有的全美大学入学考试成绩（American College Test，ACT；

[①] ［美］罗纳德·德沃金：《至上的美德——平等的理论与实践》，冯克利译，江苏人民出版社 2003 年版，第 451—463 页。

或 Scholastic Aptitude Test，SAT)，仅仅成了判断学生的学术辅导需要、入学后跟踪评价的依据。[①] 自该计划实施后，得到了许多人士的赞扬，他们认为该计划可以有效地保持少数族裔的入学率，同时又可以避免过去强调种族意识的弊端。

从实施效果来看，以得州为例，1995年黑人学生的录取率为4.4%，2000年和2001分别为3.3%和3.4%；西班牙裔1996年为15.8%，2000年和2001年分别为13.8%和14.6%。表面来看，优待措施及百分比计划对少数民族的录取率影响不大，但事实是，少数民族高等教育适龄人口的比例增长很快。所以，这样的数字很难说明优待措施没有存在的必要。

实际上，百分比计划也存在致命的缺陷：第一，该计划是建立在高度的种族隔离基础上的；第二，作为百分比计划基础的奖学金项目等变相地带有种族色彩，可能成为下一个遭攻击的目标，而且花费较大，能否长期保持，尚存疑虑；第三，该计划更是使不够资格的人上了大学，硬性地将内城和郊区各校前10%的学生放在了一起，导致鱼龙混杂、良莠不齐，学生及家长意见都很大；第四，百分比计划对研究生招生和外州学生不适用。[②] 总之，反对者强调，虽然该计划标榜无种族色彩，用固定百分比的方式来录取新生，但实际效果却使教育和居住区的种族隔离更为严重，从长远看，对少数民族是极不利的。

除此之外，另一种替代方案是以阶级因素为基础的肯定性行动。支持者认为，以阶级为基础的肯定性行动不仅是对以种族为基础的肯定性行动的道德和政治上的补救，而且也能避免因种族优待而产生的问题。因此，黑人等少数族裔更能受惠于这项政

[①] 周海涛：《美国公立大学录取政策变革：百分比计划》，载《清华大学教育研究》2007年第6期。

[②] 姬红：《肯定性行动计划与少数族裔权益》，载《国际论坛》2004年第4期。

策。对这一方案，由于实行时间尚短，是否富有成效还待时间的考验。但批评者却认为，这一方案不会达到预期效果。其一，学生成绩的好坏不在于仅把各阶层的学生聚集起来，关键是师资水平的高低；其二，由于根深蒂固的种族偏见依然存在，所以方案必定会受到富裕及低收入家庭两方面的抵制。

以上两种替代方案，均以摒弃种族因素为前提，极力反对种族分类，提倡肤色色盲。但实际上，法律不可能平等到把任何一种权利和义务不加区别地分配给每一个人，以绝对平等的观念来看待法律，法律总是不平等的。[1] 也就是说，这种看似无视差异的价值中立政策，实际上仍是白人优势地位的一种反映，其后果必然是使少数民族处于更加劣势的地位。对此，一位黑人学者精辟地指出，"我们从来不是肤色色盲，也从未有过肤色色盲的社会，我们只是在本世纪非洲裔美国人及其他少数族裔开始争取平等权利时，才开始把它作为一种重要的价值观来谈论。在当今非洲裔美国人及其他少数族裔享受到的平等只是表面上的时代，如果法律和公共政策是肤色色盲的，势必导致白种人继续占据主导地位"。[2]

2003年6月23日，美国联邦最高法院就质疑密歇根大学招生政策的两件案子分别作出判决：在格鲁特案中赞成密歇根大学法学院落实"肯定性行动"的录取政策，允许该校法学院为实现学生构成的多元化采取"特殊措施"；在格拉茨案中否决了该校的本科生招生方案，因为该方案给少数族裔学生直接加20分。一个赞成，一个否定，同一性质的问题，不同的判决结果，既反

---

[1] 闫国智：《现代法律中的平等——平等的主体条件、法律平等的本体及价值》，载《法学论坛》2003年第5期。
[2] 《缘何需要肯定性行动——Paul Butler访谈录》，美国大使馆，http://chinese.usembassy-china.org.cn/jl0300_paulbutler.html，2011年9月24日最后访问。

映了最高法院的两难处境，也体现出"肯定性行动"的微妙地位。①

"肯定性行动"的历史沿革过程证明，该行动的内涵处在不断变化的状态中，经历了从"维权"到"优待"再到"平等"的两次根本性转折。然而，我们也可以认为，"肯定性行动"的变化过程就是从"维权"到"维权"的过程，也可以说是从维护少数族群成员的利益到既维护少数族群成员利益也维护多数族群成员利益的过程。②

二、肯定性行动计划的价值

（一）实现了实质平等

平等是实质平等与形式平等的统一。根据对平等和非歧视的一般性理解，拥有平等的法律地位的个人应得到平等的对待。实质平等是对合理差别的承认和肯定；而形式平等，乃是法律上之承认，不关心事实上的问题。反对肯定性行动的人认为，肯定性行动破坏了奠定美国社会价值的机会平等原则。机会平等原则要求国家对所有的公民一视同仁，无论民族、种族、性别等因素。鼓励公民个人通过自己的才智和奋斗来缩小与他人之间的不平等，而不应依靠国家的福利政策和特殊照顾。机会平等原则被认为是形式平等，在现实中存在某些缺陷。罗尔斯和德沃金都对形式平等提出了批评并提倡实质平等理论。罗尔斯对形式的机会均等原则进行了修正，形式的机会均等原则意味着"前途是向才能开放的"。谁更有能力，谁就获得职位。但在罗尔斯看来，能力

---

① 胡晓进：《"肯定性行动"与逆向歧视——以美国最高法院的相关判决为中心》，载《南京大学学报》2008年第2期。

② 王凡妹：《美国"肯定性行动"的历史沿革——从法律性文件的角度进行回顾与分析》，载《西北民族研究》2010年第2期。

这一范畴总是受到自然和社会偶然因素的强烈影响,例如自然禀赋、好运或恶运、社会出身等,从道德观点看这些是个人所无法负责的,形式的机会均等原则是无法实现的。

公平的机会均等原则要求"各种地位不仅要在一种形式的意义上开放,而且应使所有人都有一平等的机会达到它们",要求政府、社会采取措施给予天生不利者以某种补偿,使天生不利者与有利者一样可以同等地利用各种机会。罗尔斯的理论反映了一种对最少受惠者的偏爱,一种尽力想通过某种补偿或再分配使一个社会的所有成员都处于一种平等地位的愿望。德沃金在论述中谈到了肯定性行动案件,并加以评论。德沃金分析了大学申请者的两种平等权,其中之一是同等对待的权利。德沃金认为在重要的问题上例如投票问题上,人们才有同等权利,在职业和就业机会问题上不存在同等权利。

例如1971年德芳尼斯案中,"德芳尼斯在法学院的入学名额分配问题上没有一个受到平等对待的权利;他没有在新生中占一席之地的权利,恰恰是其他人被给予了一席之地。个人可能在初级教育中有平等对待的权利,因为,如果某人受初级教育的权利被拒绝,他就不可能过上有意义的生活。但是,法律教育则不是如此关键,以致每一个人都应该享有法律教育的平等权利。"德沃金指出了法学院教育不可能机会平等,法学教育的学生成分影响了美国主流社会的形象,那么德芳尼斯的权利需要让步,被录取的学生的平等权是一种"作为平等的人受到对待的权利"。从美国联邦宪法第十四条修正案第1款的历史发展来看,它为消除美国社会的种族隔离、实现社会平等作出了贡献。它不仅仅是一项宪法原则,更应当是一项政治道德原则。

宪法平等权保护应该被理解为:制宪法者确定了一种较为宽泛的范围和权力的原则——政府必须给予每个人同样的地位和同样的重视。这个原则是说,政府应该把公民视为平等之身来对待。德沃金相信,把人视为平等之身来对待的政府应该对每一个成员表示同等的关怀与尊重,而为了要满足这个目的,政府必须保证"资源平等"。德沃金这一抽象的资源平等理论为少数人的权利提供了充分的保护。少数民族、异教徒、儿童、老人、残疾人、智力迟钝者、精神病人等或者由于自然的原因无法拥有平等的资源,或者由于社会的原因受到歧视而被剥夺了本应拥有的资源,根据"把人们当作平等个体来对待"的原则,少数人的潜在损失必须受到关心,政府应当补偿给他们没有拥有而本应拥有的那部分资源。

(二)学生多元化带来的社会益处

多元化理论的前提是,在大学校园里,多元化对每一个人都有好处,从少数族裔到白人,从女孩到男孩,为不同背景的学生提供了解世界的不同的角度,每一个学生都能从中获益并为将来毕业后进入多元化的世界做好准备。

首先,美国法院系统对肯定性行动的审查采取的是严格审查标准,严格审查标准的构成要件包括:(1)法律或政策的目的是为了重大迫切的公共利益;[1](2)选择的对待手段与达成立法目的有绝对必要的关联性;[2](3)法律或政策,必须为实现这一利

---

[1] Strict scrutiny: It must be justified by a compelling governmental interest. While the Courts have never brightly defined how to determine if an interest is compelling, the concept generally refers to something necessary or crucial, as opposed to something merely preferred. Examples include national security, preserving the lives of multiple individuals, and not violating explicit constitutional protections. http://en.wikipedia.org/wiki/Strict_scrutiny. 2011 年 9 月 24 日最后访问。

[2] Strict scrutiny: The law or policy must be narrowly tailored to achieve that goal or interest. If the government action encompasses too much (overbroad) or fails to address essential aspects of the compelling interest, then the rule is not considered narrowly tailored. http://en.wikipedia.org/wiki/Strict_scrutiny. 2011 年 9 月 24 日最后访问。

益的限制最少的手段。① 而以多元化为目的的法律或政策符合重大迫切的公共利益,由此而制定的法律或政策能够获得司法系统的支持。

其次,美国社会繁荣之一在于社会的多元化,在实现这一社会理想方面,肯定性行动可谓功不可没。高等教育肯定性行动对美国社会各个方面产生了巨大和深远影响。肯定性行动并没有像有些人预测的那样,使美国社会走向种族的"巴尔干化",相反,美国全社会都从肯定性行动中获益匪浅。高等教育肯定性行动为招生、学习创造了一个多元化的环境,毕业生活跃在社会的各个阶层,这无疑为美国社会的经济发展带来了庞大的、多元化的人力资本。哈佛大学法学院的"民权课题"小组对取消肯定性行动对校园的新生构成所做的研究表明,要实现教育平等,并为学生进入多元化的社会做好准备,校园需要多样化的学生,而肯定性行动是"最好的恶",其他替代办法不会比它更有效。②

(三) 体现司法对少数人权利保障的作用

德沃金指出:"宪法,特别是权利法案,是被设计用来保护公民个人和团体以反对大多数公民可能要去制定的某些决定,甚至大多数人认为它是社会普遍的和共同的利益的决定","从公平的角度来说,这是不应该留给大多数人去决定的问题"。在许多支持违宪审查的学者看来,对于少数人权利的保障,为违宪审查的正当性基础提供了一个非常好的理由。

---

① Strict scrutiny: The law or policy must be the least restrictive means for achieving that interest, that is, there cannot be a less restrictive way to effectively achieve the compelling government interest. The test will be met even if there is another method that is equally the least restrictive. Some legal scholars consider this " least restrictive means" requirement part of being narrowly tailored, though the Court generally evaluates it separately. http: // en. wikipedia. org/wiki/Strict_ scrutiny. 2011 年 9 月 24 日最后访问。

② 张立平:《论肯定性行动》,载《太平洋学报》2001 年第 3 期。

但是联邦最高法院作为独立的司法机关，不可能完全与政治权力保持绝对疏离。在某种程度上，司法参与了公共政策的制定和推行。从历史来看，联邦最高法院在民权领域，积极主动、广泛深入地参与甚至有时是主导了公共决策，例如沃伦法院时期，联邦最高法院对于民权运动的发展起到了促进作用，在对少数人权利保护的纪录上可以说达到了一个历史高峰。对于高等教育肯定性行动案件，沃伦法院之后的联邦最高法院的态度，基本上是站在积极主义的立场。

三、肯定性行动计划对中国的启示
（一）高等教育方面
1. 法律政策规定的沿革
中国的中、高等教育中入学资格方面也存在类似美国肯定性行动计划以民族身份而不是个人的实际需要确定特惠对象的情况，其制度化水平远甚于美国。1950年，我国政府第一次制定的高等学校招收新生的规定中明确提出：兄弟民族学生"考试成绩虽稍差，得从宽录取"。1953年至1961年9年间，改为"同等成绩，优先录取"。1962年8月2日，教育部与国家民委下发的《关于高等学校优先录取少数民族学生的通知》中专门规定：（1）少数民族学生报考全国重点高等学校和其他一般高等学校，仍旧恢复过去"同等成绩、优先录取"的办法；（2）少数民族学生报考本自治区所属的高等学校，可以给予更多的照顾，当他们的考试成绩达到教育部规定的一般高等学校录取的最低标准时，可以优先录取。此后十多年，一直沿用了与此大致相同的"适当降分"的录取办法。1980年，教育部在《高等学校招生工作的规定》中规定：确定部分全国重点高等学校举办少数民族班，适当降低分数，招收边疆、山区、牧区等少数民族聚居地区的少数民族考生。其他一般高等学校对上述地区的少数民族考生，录取分数可适当放宽。对散居的少数民族考生,在与汉族考生同等条件下优先录取。从1987年至2004年,高考招生依据的是1987年国家教委发布了《普通高等学校招生暂行条例》,这也是我国高考招生的第一部规范性行政规章。2004年9月教育部发文废止了此条例,自此每年高考前的3—4个月,教育部通过发布行政规章的方式,公布当年的高考招生规定,规定中包含了当年少数民族学生优惠政策的内容。例如,2010年1月20日教育部发布的《2010年全国普通高等学校招生工作规定》第46条规定:有下列情形之一的考生,由省级招委会决定,可在高校投档分数线下适当降低分数要求投档,由高校审查决定是否录取,其中的第一款是边疆、山区、牧区、少数民族聚居地区少数民族考生。同一考生如符合多项降低分数要求投档条件的,只能取其中降低分数要求幅度最大的一项分值,且不得超过20分。

2. 高考优惠政策的完善

针对近几年民众对高考录取优惠政策的强烈不满和随之而来的违法行为,2010年11月14日教育部、国家民委、公安部、国家体育总局、中国科技部共同发布的《关于调整部分高考加分项目和进一步加强管理工作的通知》中强调规范和完善信息公开的程序和要求,加大资格考生加分信息公示力度、社会监督效度,严格执行民族成分及户籍变更工作要求。通知中并没有对高等教育招生中少数民族降分投档政策进行优化。学者郎维伟教授认为:高考录取照顾政策和其他政策一样都具有政策的时效性,当政策实施的既定目标达到后终止实行。通常一项政策并非永久性使用,尤其是照顾政策更不宜无限期使用。因为,使用它是为了实现平等,当平等实现后继续使用就将带来不平等。当然,好的政策不严格遵守,同样会出现不平等。① 所以优惠政策需要根据各个地区的经济发展状况、城乡之间的差异、族群之间的融合程度、受教育机会和水平等因素综合检视和制定符合当地的优惠政策。学者马戎认为:少数民族高考录取优惠政策使得少数民族的成员在社会流动机会和经济资源分配方面具有特殊的"优先权",这种"优先权"本身是对非少数民族成员的不平等,违背法律面前人人平等的原则,既然是不平等的,就不能够长期性或永久性的存在,而只能是不平等时期的暂时性政策。

目前,这种特别优惠政策对相关的主体民族考生的不公平性已被部分学者揭露。首先,从全国范围来看,个别少数民族的平均受教育水平要比汉族高,对凡具有这种少数民族身份的考生都给予特别照顾,其合理性值得怀疑;其次,现阶段享受优惠政策的突出问题,不是聚居地与非聚居地的少数民族考生数量差距问题,而是城乡之间的少数民族考生数量差距问题。②因此,我国应逐步优化和改进相关教育优惠政策和制度。就目前我国高等教育领域内的少数民族学生降低分数线优惠政策而言:一是应当细化并清理有关优惠政策的规定;二是取消散居在汉族地区的城镇户口的少数民族考生优惠政策;三是加大对散居在汉族地区的农业户口的少数民族考生优惠政策的倾斜力度。

(二) 就业方面

1. 现行的法律政策规定

我国在就业方面并没有明确整体的肯定性行动计划,主要表现为法律保障和资金扶持。首先是法律保障方面,《民族区域自

---

① 郎维伟:《高考招生录取的民族政策与少数民族教育权利平等》,载《西南民族大学学报》(人文社科版) 2008 年第 5 期。

② 周启萌:《少数民族学生高考招生优惠政策的实证分析——以长沙市为例》,载《招生考试研究》2011 年第 1 期。

治法》对少数民族就业权的保障主要包括：民族自治地方的企事业单位在招收人员的时候，要优先招收少数民族人员；上级国家机关隶属的民族自治地方的企事业单位在招收人员时，要优先招收当地少数民族人员等。《就业促进法》第 28 条规定：各民族劳动者享有平等的劳动权利。用人单位招用人员，应当依法对少数民族劳动者给予适当照顾。这些规定过于概括笼统，不能很好地实施和发挥出应有的作用。有关法律法规还要求，民族自治地方录用公务员对少数民族报考者予以适当照顾。《公务员法》第 21 条规定："民族自治地方依照前款规定录用公务员时，依照法律和有关规定对少数民族报考者予以适当照顾。"《公务员录用规定》（试行）第 6 条规定："民族自治地方录用公务员时，依照法律和有关规定对少数民族报考者予以适当照顾。具体办法由省级以上公务员主管部门确定。"

其次是资金扶持方面，据人力资源和社会保障部有关负责人介绍，近几年来，为了加强少数民族集中的中西部地区人力资源市场建设情况，原劳动保障部会同财政部对中西部地区人力资源市场建设给予专项资金补助，仅 2007 年，各补助广西、宁夏两区 100 万元。①

2. 优惠政策存在的问题

首先，目前比较明确的经济优惠政策主要集中于清真食品行业，例如在《天津市生产经营清真食品管理办法》第五条中，生产经营清真食品的单位或个人应具备的条件就明确包括了如下要求："（一）生产单位的回族等少数民族从业人员，不得低于本单位从业人员总数的 10%；经销单位的回族等少数民族从业人员，不得低于本单位从业人员总数的 15%；餐饮单位的回族等少数民

---

① 《综述：努力促进民族地区劳动者就业》，载 http://news.xinhuanet.com/newscenter/2008-05/21/content_ 8222219.htm，2011 年 10 月 1 日最后访问。

族从业人员，不得低于本单位从业人员总数的20%；（二）个体工商户或私营企业业主本人，必须是回族等少数民族公民。"河南省的《河南省清真食品管理办法》第二章第六条规定：（一）生产单位的少数民族从业人员，一般不得低于本单位从业人员总数的15%；经销单位的少数民族从业人员，一般不得低于本单位从业人员总数的20%；饮食服务单位的少数民族从业人员，一般不得低于本单位从业人员总数的25%……《宁夏回族自治区清真食品管理条例》第九条规定：申领《清真食品准营证》和清真标牌的企业，其下列人员必须是回族或者是有清真饮食习惯的其他少数民族：（一）生产、经营、餐饮部门的负责人；（二）采购、保管和烹饪人员；（三）百分之四十以上的生产或者服务岗位的职工。《成都市清真食品管理办法》第五条规定：从事清真食品生产经营的企业和个体工商户应当严格遵守国家法律法规和行业管理规定，并符合以下条件：（一）食品生产企业的从业人员中，应当有适当比例的食用清真食品的少数民族职工；饮食服务企业的从业人员中，食用清真食品的少数民族公民一般应达到本单位职工总数的10%……《呼和浩特市清真食品管理办法》第六条规定：生产、经营清真食品的企业、单位和个体工商户，从业人员中具有清真饮食习俗的少数民族人员应当占有一定比例。其中，从事肉类制品的，不得低于从业人员总数的40%；从事餐饮业的，不得低于从业人员总数的30%；其他不得低于从业人员总数的5%。

虽然全国各省、市、自治区有不同的规定，但仅限于清真食品领域，并没有推广到类似肯定性行动计划的诸多行业领域。那么在我们国家有没有必要推广到各个产业，类如美国的肯定性行动主要集中于接受政府资助的项目。我国是民族自治和区域自治的统一，这样的配额优惠政策首先是否有必要推广到全国范围，包括五大民族自治区和非民族自治区，或者是不限于民族自治区进而扩大到全部的民族自治地方；其次是推广到接受政府资助的项目，不限于清真食品行业，例如公立教育、国有企业、公务员、政府投资项目和接受政府资助的其他项目，这是学界没有关注的问题。鉴于我国各少数民族大杂居、小聚居的现状，笔者认为可以考虑先行在五大民族自治区进行配额优惠政策试点，假以时日再扩大实施范围。

其次，目前的法规政策虽规定了职业能力开发制度，政府鼓励、指导企业加强职业教育和培训，但还是缺乏具体实施措施。在这方面应借鉴国外的相关做法，把这一措施落实到位。国外在这方面的做法主要有：一是运用经济手段鼓励甚至强制劳动者参加培训。如瑞典规定不接受培训者不能就业，也不能享受失业救济，并推行免费培训、发给培训者生活补助等政策。二是为培训提供强有力的资金支持。美国联邦政府虽然不直接参与就业培训的组织和实施工作，但向由州政府负责的培训计划提供大部分资金。德国的职业培训可分为职前培训、再就业培训和在职培训三大类，接受培训者可获得生活补贴、培训费用补贴。① 鉴于此，中国各级政府应为培训提供更多的资金支持和制度保障，尤其应意识到，对于像少数民族这类社会弱势群体的职业技能培训是一项公共性很强的"准公共产品"，政府应承担更大的培训责任。如除给予免费培训外，接受培训者在培训期间还可获得一定的生活津贴，以降低他们培训的成本，达到鼓励培训的目的。针对当前职业培训中存在的机构不健全、师资不足、培训内容实用性不强、培训形式单一等弊端，中国应该拓宽培训渠道，改革培训内容，丰富培训形式。通过具体措施的落实来切实提升少数民族人口的就业能力。

---

① 李娟：《政府和社会组织应进一步加强对少数民族就业权的保护——以〈就业促进法〉为视角》，载《经济研究导刊》2010 年第 34 期。

3. 印度配额制度的借鉴

配额有广义和狭义之分。从广义上说,配额是对有限资源的一种管理和分配,是对供需不等或者各方不同利益的平衡。例如,当某地旅游或者移民需求过旺时,采取配额制度可以缓解这种压力;当某种产品供不应求时,实行配额制可以调节不平衡;狭义的配额是指在国际贸易范畴内的定义,即一国(地区)为了保护本国产业不因进口产品过量而受损害,或者为了防止本国(地区)产品过度出口而主动或者被动地控制产品进出口数量或者价值。① 肯定性行动计划中的配额制度指的是狭义的配额。

在帮助少数民族就业方面,印度政府通过各类专项辅助计划、设立培训机构等,较好地解决了部落地区少数民族的就业问题。印度宪法对保障部落民的就业权利提出了明确的要求。其宪法第 16 条规定:"要保证各个部落群体在公共事业中具有平等的就业机会,不论宗教、种族、种姓、性别、出生地,任何人都享有平等的就业机会,不得被歧视。"为了落实宪法赋予少数民族就业的权利,印度政府实施了一系列推动部落民就业的部落辅助计划,像 NREP、TRYSEM 等。这些计划的实施不仅为部落民提供了广阔的就业空间和发展机会,同时也为部落民尤其是低种姓提供了大量的职业培训机构。这里主要讨论 NREP 和 TRYSEM 两个部落辅助计划。②

NREP(National Rural Employment Program)指国家农村就业计划。该计划通过在农村地区修建持久耐用的社区基础设施,加强政府对农村的投入,一方面使农民获得额外的就业机会,获得

---

① 百度百科:配额。http://baike.baidu.com/view/302977.htm,2011 年 10 月 1 日最后访问。

② 贾娅玲:《印度少数民族政策及其对我国的启示》,载《湖北民族学院学报》2007 年第 2 期。

工资性收入，保证贫困人口的最低粮食需求；另一方面也可以改变农村落后的经济、社会基础设施面貌。NREP的受益人群主要为妇女、表列种姓和部落民。该工程每年大约产生10亿人/日的就业机会，每人/日可获得最低5公斤的粮食（实物），各邦同时可根据各自的情况自行制定给付额外现金报酬，且报酬必须直接支付给劳动者本人。

TRYSEM指农村青年自我就业培训计划。该项目主要是通过商业信贷和政府资助的组合贷款方式向贫困线以下家庭提供小额资金扶持，用于帮助他们形成可以产生收入的资产。政府希望通过这种方式依靠贫困人口自身的能力在农村地区形成大量的微型企业（主要为手工加工业），来提供大量的就业机会，帮助贫困人口脱贫。TRYSEM计划实施的主要方式是动员贫困人口自我组织起来，成立自我帮助小组。该计划主要面向妇女、表列部落、表列种姓以及残障群体，其中，50%保留给表列种姓和部族，40%保留给妇女，3%保留给残障群体。从中不难看出，表列部落和表列种姓是这一计划的主要受益人群。实施部落综合发展计划以后，受益家庭已达2950万户，占总农业人口的27.31%。在实施乡村无地人口就业保证计划中，该计划预计提供3亿个劳动日，而仅1984—1985年的就业数就达到2.532亿个劳动日，完成了总目标的84.4%。

4. 就业优惠政策的完善

首先，我国《宪法》中也规定了各民族享有平等就业和选择职业的权利，而且《民族区域自治法》还赋予了少数民族就业的特殊照顾政策。近年来学者周伟还完成了《中华人民共和国反歧视法学术建议稿》，该建议稿规定了详细的优惠性措施，[①]为我国

---

① 周伟：《中华人民共和国反歧视法学术建议稿》，载《河北法学》2007年第6期。

的反歧视立法和优惠性政策的完善提供了依据。例如该建议稿第37条规定：高等教育机构和职业教育机构应当创造多元化的教育环境，采取必要的措施优先录取少数民族、身心障碍者或其他需要照顾的群体，并保障在校学生中有适当比例的少数民族、身心障碍者。第53条规定：为了消除歧视，实现实质平等，国家对少数民族、妇女、身心障碍者在劳动就业和教育领域实施临时特别措施。第54条规定：实施临时特别措施的条件和具体要求达到国家规定的比例后停止执行。第55条规定：县级以上国家机关和纳入财政预算的行政、事业编制、行使国家委托的权力的社会团体和组织的组成人员中的女性和民族结构，应当达到国家规定的比例。县级以上国家机关、纳入财政预算行政、事业编制、行使国家委托权力的社会团体和组织的工作人员中女性的比例，应当与该单位男性的比例大体相当。第56条规定：民族区域自治地方的国家机关、纳入财政预算行政事业编制、行使国家委托的权力的社会团体和组织中工作人员中的民族比例，应当与汉族的比例大体相当，但实行区域自治民族的比例不得低于三分之一到五分之二。第57条规定：用人单位劳动者中女性的比例应当不低于百分之五十，但国家禁止女性从事的职业和因工作岗位与职责的限制且经国家劳动行政主管部门的批准除外。民族自治地方用人单位劳动者中民族的最低比例，由当地人民政府民族和平等机会委员会根据人口的民族分布情况具体确定。第58条规定：国有用人单位（含国家机关）人员总人数在一百人以上的，其录用具有工作能力的身心障碍者的比例不低于总人数的百分之二。非国有企业事业组织人员总人数在一百人以上的，其录用具有工作能力的身心障碍者的比例不低于总人数的百分之一。本条的规定不适用军队、武装警察、公安、消防、法警、保安等特殊行业与岗位。第59条规定：身心障碍者的管理机构、社会团体、服务机构或非政府组织应当主要录用身心障碍者，但不适宜身心障碍者工作岗位的特殊要求除外。本条第一款规定的用人单位中身心障碍者的比例不低于百分之八十。

其次从以上的规定可知，针对少数民族平等就业权方面虽有明确的制度规定，禁止就业歧视。但缺乏具体的落实机构，应建立强制实施平等就业机会法律的行政机构。这种机构可类似美国平等就业机会委员会，隶属于人事和劳动社会保障部，以专门负责和协调全国范围内劳动者平等就业以及少数民族等弱势群体的倾斜保障事务。对于优惠政策的完善我国可行的做法有：（1）国家应当明确规定少数民族的就业比例，对于国家公务员的选拔与录用，为少数民族确定一定的比例。（2）在某些特殊工作领域，可以设定专门的民族岗，发挥少数民族人员的优势。（3）在少数民族地区增加就业培训机构，无偿为少数民族人员提供培训机会。根据岗位需要做到有效培训、提高少数民族人员的就业技能，增强其自主就业的能力。（4）扩大就业市场，为少数民族提供更多的就业机会，为少数民族地区人力输出创造条件。（5）制定针对少数民族地区发展的就业帮扶计划，保证少数民族充分就业。（6）为确保就业规划实施的长效性，更要注重制定相应的扶贫、社会保障等配套实施方案。①

再者，目前对保障少数民族就业劳动权的执行缺乏有效的监督机制。没有有效的监督机制，就会使规定得很好的制度难以完全落实，不能完全实现立法目的。保障少数民族就业劳动权，除了政府应承担其职责和责任外，用人单位（雇主）、相关社会组织、劳动服务主体这三者亦为重要的义务主体。② 例如，用人单

---

① 贾娅玲：《印度少数民族政策及其对我国的启示》，载《湖北民族学院学报》2007 年第 2 期。

② 李娟：《政府和社会组织应进一步加强对少数民族就业权的保护——以〈就业促进法〉为视角》，载《经济研究导刊》2010 年第 34 期。

位负有不得歧视的义务；各级工会组织、共青团组织等以及其他促进就业的社会组织，也有义务协助人民政府积极开展促进就业的活动，帮助少数民族人口实现劳动就业权；劳动服务主体（包括劳动就业服务机构、职业培训服务机构、社会保险服务机构等）通过其自身的业务活动，实际上也在一定程度上履行了促进就业的义务，对提高少数民族人口就业起着重要作用。为此，对于这些义务主体的行为要有一定的监管，才能充分保护少数民族劳动就业权的实现。

第二节 上级国家机关履行职责的基本原则

一、坚持从民族自治地方的实际情况和特点出发的原则

实事求是，一切从实际出发，这是执政党和国家的思想路线，在国家的民族工作中，也必须认真贯彻执行这条思想路线。

过去，由于受"左"的思想的影响，国家在帮助少数民族地区发展经济建设的过程中，一度忽视了我国各少数民族地区的政治、经济、文化、语言、生活习惯、资源分布以及地理环境等情况的不同特点，以及各项经济计划、经济政策、经济措施的可行性研究，从而影响了少数民族地区经济的快速发展，给民族自治地方的工作造成被动甚至招致损失的情况，应该坚决避免。因此，《民族区域自治法》规定上级国家机关在履行职责的过程中，必须注意调查研究，从少数民族的实际情况和特点出发，因地制宜、扬长避短，不搞"一刀切"。

如《民族区域自治法》第 54 条规定："上级国家机关有关民族自治地方的决议、决定、命令和指示，应当适合民族自治地方的实际情况。"上级国家机关在作出有关民族自治地方的决议、

决定、命令和指示的时候，一定要充分考虑有关民族的特点和民族自治地方的实际情况，使有关的决议、决定、命令和指示尽可能地适合当地情况。同时，他们的负责人一定要不断提高自己的民族政策观念，加强调查研究，凡是自己作出的决议、决定、命令和指示，尽量适合民族自治地方的情况。

在《民族区域自治法》第55条、第57条、第60条，也有类似的规定，即上级国家机关在制定国民经济和社会发展计划的时候，应当照顾民族自治地方的特点和需要。国家根据民族自治地方的经济发展特点和需要，综合运用货币市场和资本市场，加大对民族自治地方的金融扶持力度。上级国家机关根据国家的民族贸易政策和民族自治地方的需要，对民族自治地方的商业、供销和医药企业，从投资、金融、税收等方面给予扶持。

上级国家机关涉及民族自治地方的决策，应当适合民族自治地方的实际情况。但是，如果他们做出了不适合甚至完全不适合民族自治地方实际情况的决策时，应该如何处理呢？《民族区域自治法》对此确定的法律救济形式是：上级国家机关的决议、决定、命令和指示，如有不适合民族自治地方实际情况的，自治机关可以报经该上级国家机关批准，变通执行或是停止执行；该上级机关应当在收到报告之日起六十日内给予答复。

"上级国家机关的决议、决定、命令和指示"是指上级国家机关非法律、法规性质的文件和通知。不具有立法权的国家机关的规范性文件均属此类，具有立法权的国家机关，未履行立法程序而产生的规范性文件也属此类，我们可以简称其为"红头文件"。

"该上级国家机关应当在收到报告之日起六十日内给予答复"包括三层含义：一是根据民族自治地方的实际情况允许变通执行或者停止执行的，要尽快批准。二是根据民族自治地方的实际情况不准变通执行或者停止执行的，要在接到报告之日起六十日内做出"不准"的书面答复,并说明不准的理由。三是由于情况不明或问题复杂,一时难以做出"准"与"不准"的决定时,也要在接到报告之日起六十日内说明情况,并说明何时给予答复。

如果脱离了民族地区的实际情况,将产生不利影响,必须及时纠正。例如,1976年11月,新疆维吾尔自治区党委、自治区革委会作出将克孜勒苏自治州阿克陶县划归喀什地区、将喀什地区的伽师县划归克孜勒苏柯尔克孜自治州的决定。当时的实际情况是阿克陶县是克孜勒苏柯尔克孜自治州柯尔克孜族人口最多的大县,柯尔克孜人口占全新疆柯尔克孜人口的近四分之一,且阿克陶县是在1954年筹备柯尔克孜区域自治时因柯尔克孜人口聚居较多而专门经国务院批准建县的,是贯彻党的民族区域自治政策的重大举措,更是符合当地历史、文化和社会经济发展的。而当时的伽师县几乎无一名柯尔克孜族人。上级国家机关的这一决定显然是不适合民族自治地方的实际情况的。因而在勉强执行了几年之后,因当地人民群众反映强烈,自治区党委、人民政府于1980年7月作出决定,恢复阿克陶县和伽师县原来的行政归属。总之,上级国家政府在履行职责时,必须坚持从民族自治地方的实际情况和特点出发的原则。

二、坚持上级国家机关帮助与民族地区自力更生相结合的原则

履行"上级国家机关职责"应防止两种错误倾向:一是上级国家机关包办代替。二是民族自治地方的等、靠、要思想。坚持国家利益与少数民族利益相结合的原则。

由于历史原因,我国少数民族地区的经济和文化发展水平较低,这是历史上遗留下来的民族之间的事实上的不平等。为了尽快改变这一状况,就必须要有上级国家机关的大力帮助。这种帮助不论过去、现在和将来都非常重要。但是,也应该指出,改变少数民族经济和文化事业不发达的状况,首先需要依靠少数民族地区人民的共同努力。这是因为,一个民族的发展进步,归根结底,还是要靠本民族人民的自力更生和艰苦奋斗。经济文化发展先进的民族对经济发展后进的民族的帮助,不是包办代替,也不是慈善性质的"帮助"而主要是帮助该民族提高自力更生的能力。同样,对于后进民族来说,要赶上先进民族,就要奋发图强、自力更生。一切民族自古以来的生存和发展,靠的都是自力更生。社会主义的民主制度,社会主义的民族关系,已经并将继续为各民族更充分地发挥自己更生的能力提供更好的条件。一个民族不会用自己的脚走路,这个民族是不会得到发展的。正如斯大林同志所指出的:学会用自己的脚走路——实行自治的目的就在这里。

新中国成立以来,国家从财政、金融、物资、技术和人才等方面大力帮助和扶持少数民族地区的经济和文化等事业的发展,其目的就是提高少数民族地区自力更生的能力。如果没有少数民族人民自力更生、艰苦奋斗的革命精神,即使国家的援助力度再大,也不可能取得应有的经济效益,无益于少数民族地区经济和文化等事业持续、深入地发展。因此,《民族区域自治法》在规定上级国家机关对少数民族地区的帮助的同时,在第6条中还规定:"民族自治地方的自治机关领导各民族人民集中力量进行社会主义现代化建设。"在序言中也强调:"民族自治地方必须发挥艰苦奋斗的精神,努力发展本地方的社会主义建设事业,为国家建设做出贡献。"总之,加快发展少数民族地区经济文化建设,必须坚持实行上级国家机关帮助和少数民族地区自力更生相结合的原则。

三、坚持立足全局、统筹兼顾的原则

履行"上级国家机关职责"应立足全局、统筹兼顾。上级国家机关在行使帮助职责时要立足全局,统筹兼顾。一方面应当从

加入WTO、西部大开发战略和民族自治地方的经济结构现状出发,在实施帮助时有所为,有所不为。另一方面,又要在东部地区做好宣传工作,使群众认识到对民族自治地方进行帮助不仅仅是还历史欠账,更是实现可持续发展的必然抉择。而不是以牺牲东部地区的发展来换取民族自治地方的发展,在加速民族自治地方发展的同时,推进东部地区的发展,保证综合国力的提升。

加快少数民族和民族地区发展,关键是要以科学发展观统领经济社会发展全局,按照"五个统筹"的要求,科学确定发展思路和发展目标,充分发挥自身优势,走民族地区各具特色的加快发展的新路子。《民族区域自治法》在规定"国家机关的职责"的时候,始终注意体现出,要立足全局、统筹兼顾的原则,坚持国家利益与少数民族利益相结合。

一是履行职责时,始终坚持以经济建设为中心,努力把民族地区经济搞上去。在《民族区域自治法》的"上级国家机关的职责"这一章里,不管是在制定经济发展战略,还是安排基础设施建设,以及运用货币、金融、财政、税收政策等方面都提出,应加快少数民族地区经济的发展。同时,还提出要调整和优化产业结构,大力发展特色经济和优势产业。有特色、有优势,才有竞争力。此外,还格外突出应抓好民族地区的扶贫开发工作。

二是履行职责时,始终坚持实施可持续发展战略,促进人与自然协调发展。良好的生态环境,是实现可持续发展和提高各民族人民生活质量的重要基础。民族地区要实现生产发展、生活富裕、生态良好,就必须彻底改变以牺牲环境、破坏环境为代价的粗放型增长方式,绝不能以牺牲环境为代价换取暂时的经济增长。民族区域自治法根据宪法的原则,在第65条规定:"国家在民族自治地方开发资源、进行建设的时候,应当照顾民族自治地方的利益,作出有利于民族自治地方经济建设的安排,照顾当地少数民族的生产和生活。国家采取措施,对输出自然资源的民族自治地方给予一定的利益补偿。"

三是履行职责时，坚持实施科教兴国战略，大力发展教育事业。教育在民族地区发展中具有基础性、先导性作用。《民族区域自治法》第71条中明确提出，国家不仅要加大对民族自治地方的教育投入，加强民族地区师资队伍建设，积极引导和鼓励其他地区的教师和师范院校毕业生到民族地区基层中小学任教和支教。办好在内地举办的各类民族班（学校），积极发挥在民族地区职业技术教育和高等教育，办好民族院校，对少数民族考生适当放宽录取标准和条件，对人口特少的少数民族考生给予特殊照顾。

四是履行职责时，坚持改革开放，以改革开放促发展繁荣。改革开放是加快民族地区发展的强大动力。通过进一步扩大对内对外开放，依托重点工程、优势产业和特色经济，吸引外商以及国内发达地区企业到民族地区投资，支持民族地区充分发挥地缘优势，发挥同一民族、语言相近等优势，扩大与周边国家的经贸往来和区域经济合作。要在商贸、投资、金融等方面提供支持，鼓励民族地区的企业"走出去"。如《民族区域自治法》第61条规定，国家制定优惠政策，扶持民族自治地方发展对外经济贸易，扩大民族自治地方生产企业对外贸易经营自主权，鼓励发展地方优势产品出口，实行优惠的边境贸易政策。

四、坚持检查和监督上级国家机关履行职责的原则

建立完备的社会主义民族法律体系和监督检查机制，是建设社会主义法治国家的重要组成部分。上级国家机关经常性地对民族法律政策的遵守和执行情况进行检查就属于这一监督机制的重要组成部分。

在《民族区域自治法》第72条明确规定："上级国家机关应当对各民族的干部和群众加强民族政策的教育，经常检查民族政策和有关法律的遵守和执行。"如果说前面所论及的主要围绕

"上级国家机关职责"的"有法可依",那么这里更多强调的是"违法必究"。

在《国务院实施〈中华人民共和国民族区域自治法〉若干规定》第30条、第31条及第32条,更是对"检查和监督上级国家机关履行职责"作出了具体规定。

其中,各级人民政府民族工作部门对本规定的执行情况实施监督检查,每年将监督检查的情况向同级人民政府报告,并提出意见和建议。对违反国家财政制度、财务制度,挪用、克扣、截留国家财政用于民族自治地方经费的,责令限期归还被挪用、克扣、截留的经费,并依法对直接负责的主管人员和其他直接责任人员给予行政处分;构成犯罪的,依法追究刑事责任。各级人民政府行政部门违反本规定,不依法履行职责,由其上级行政机关或者监察机关责令改正。各级行政机关工作人员在执行本规定过程中,滥用职权、玩忽职守、徇私舞弊,构成犯罪的,依法追究刑事责任;尚不构成犯罪的,依法给予行政处分。

从中可以看出,一旦上级国家机关及主管人员和其他直接责任人员如果违反规定,将依法追究其刑事责任或是给予其行政处分。特别是对违反国家财政制度、财务制度,挪用、克扣、截留国家财政用于民族自治地方经费的,或是不依法履行职责,滥用职权、玩忽职守、徇私舞弊的,不再只是作出原则性的规定,而具有具体可操作性。

第三节 上级国家机关履行职责的方式

一、政策优惠

《民族区域自治法》把上级国家机关给予民族自治地方政策

优惠,支持和帮助其加快发展,明确规定为一项法律义务。如《民族区域自治法》第55条规定,国家制定优惠政策,引导和鼓励国内外资金投向民族自治地方。上级国家机关在制定国民经济和社会发展计划的时候,应当照顾民族自治地方的特点和需要。第65条规定,国家在民族自治地方开发资源、进行建设的时候,应当照顾民族自治地方的利益,作出有利于民族自治地方经济建设的安排,照顾当地少数民族的生产和生活。第67条规定,上级国家机关隶属的在民族自治地方的企业、事业单位依照国家规定招收人员时,优先招收当地少数民族人员。第71条规定,国家加大对民族自治地方的教育投入,并采取特殊措施,帮助民族自治地方加速普及九年义务教育和发展其他教育事业,提高各民族人民的科学文化水平。

为贯彻落实《民族区域自治法》的规定,上级国家机关采取了一系列措施,对民族自治地方给予政策优惠,促进其加快发展:

一是采取特殊措施帮助民族自治地方发展教育事业。国家帮助民族自治地方普及九年义务教育和发展各类教育事业。民族自治地方是国家实施基本普及九年义务教育、基本扫除青壮年文盲的攻坚计划的重点地区。国家鼓励民族自治地方逐步推行少数民族语文和汉语文授课的"双语教学",扶持少数民族语文和汉语文教材的研究、开发、编译和出版,支持建立健全少数民族教材的编译和审查机构,帮助培养通晓少数民族语文和汉语文的教师。国家实施的"贫困地区义务教育工程",主要也是面向西部少数民族地区。同时,国家举办民族高等学校和民族班、民族预科,招收少数民族学生。高等学校和中等专业学校招收新生的时候,对少数民族考生适当放宽录取标准和条件,对人口特少的少数民族考生给予特殊照顾。目前,中国共建立了13所民族高等院校,主要用于培养少数民族人才。同时又在发达地区开办民族中学或者在普通中学设民族班，招收少数民族学生。中国政府为加大对少数民族高层次骨干人才的培养力度，决定从 2005 年起在少数民族地区试点招收硕士、博士研究生 2500 人。此后培养力度逐年加大，2008 年招生 4200 人，其中硕士生 3400 人，博士生 800 人，可招收 10% 的汉族考生。2012 年计划招生 5000 人，其中硕士生 4000 人，博士生 1000 人，可招收不超过 10% 的汉族考生。

二是增加对民族自治地方社会事业的投入。国家加大对民族自治地方卫生事业的投入力度，提高少数民族地区人民群众的医疗保障水平。2003 年，国家对内蒙古、新疆、广西、宁夏、西藏等 5 个自治区卫生专项投入资金累计达 13.7 亿元人民币，主要覆盖公共卫生体系建设、农村卫生基础设施建设、专科医院建设、农村合作医疗、重大疾病控制等方面。

三是重视民族自治地方的生态建设和环境保护。中国政府确定的《全国生态环境建设规划》中的四个重点地区和四项重点工程全部在少数民族地区。国家实施的"天然林保护工程"和退耕还林、退牧还草项目主要在少数民族地区。全国 226 个国家级自然保护区，接近半数在少数民族地区，如四川若尔盖湿地自然保护区、云南西双版纳自然保护区等。此外，国家还在新疆实施了"塔里木盆地综合治理工程"，在青海玉树藏族自治州实施了"三江源保护工程"，并高度重视南方喀斯特地区的生态治理。

二、经济扶持

《民族区域自治法》第 57 条规定，国家根据民族自治地方的经济发展特点和需要，综合运用货币市场和资本市场，加大对民族自治地方的金融扶持力度。金融机构对民族自治地方的固定资产投资项目和符合国家产业政策的企业，在开发资源、发展多种经济方面的合理资金需求，应当给予重点扶持。第 59 条规定，国家设立各项专用资金，扶助民族自治地方发展经济文化建设事业。第61条规定，国家制定优惠政策，扶持民族自治地方发展对外经济贸易，扩大民族自治地方生产企业对外贸易经营自主权，鼓励发展地方优势产品出口，实行优惠的边境贸易政策。第62条规定，随着国民经济的发展和财政收入的增长，上级财政逐步加大对民族自治地方财政转移支付力度。通过一般性财政转移支付、专项财政转移支付、民族优惠政策财政转移支付以及国家确定的其他方式，增加对民族自治地方的资金投入，用于加快民族自治地方经济发展和社会进步，逐步缩小与发达地区的差距。第65条规定，国家采取措施，对输出自然资源的民族自治地方给予一定的利益补偿。

上级国家机关对少数民族的经济扶持主要体现在：

一是照顾少数民族特殊的生产生活需要。为尊重少数民族的风俗习惯，适应和满足各少数民族生产生活特殊用品的需要，国家实行特殊的民族贸易和民族特需用品生产供应政策。国家在1963年开始对民族贸易企业实行利润留成照顾、自有资金照顾、价格补贴照顾的"三项照顾"政策。1997年6月，国家出台了新的民族贸易和民族用品生产的优惠政策，包括在第九个五年计划（1996—2000）期间，每年由中国人民银行安排1亿元人民币贴息贷款，用于民族贸易网点建设和民族用品定点生产企业的技术改造，对县以下（不含县）国有民族贸易企业和基层供销社免征增值税等。到2003年底，全国有少数民族特需用品定点生产企业1378家，享受流动资金贷款利率、技改贷款贴息和税收减免等优惠政策。

另外，鉴于茶等特需用品在少数民族日常生活中的重要性，为保证边销茶等少数民族特需用品稳定供应，国家在第八个五年计划（1991—1995）期间建立了边销茶储备制度。2002年，制定了《边销茶国家储备管理办法》，对边销茶原料和产成品实行储备管理，对代储单位给予信贷扶持，用于储备的贷款利息由中央财政负担。

二是加大对少数民族贫困地区的扶持力度。中国政府自20世纪80年代中期大规模地开展有组织有计划的扶贫工作以来，少数民族和民族地区始终是国家重点扶持对象。1986年首次确定的331个国家重点扶持贫困县中，民族自治地方有141个，占总数的42.6%。1994年国家开始实施《八七扶贫攻坚计划》，在确定的592个国家重点扶持贫困县中民族自治地方有257个，占总数的43.4%。国家从2000年起组织实施"兴边富民行动"，对22个10万以下的人口较少民族采取特殊帮扶措施，重点解决边境地区、人口较少民族聚居地区的基础设施建设和贫困群众的温饱问题。从2001年开始实施的《中国农村扶贫开发纲要》。再次把民族地区确定为重点扶持对象，在新确定的592个国家扶贫开发重点县中，民族自治地方（不含西藏）增加为267个，占重点县总数的45.1%。同时，西藏整体被列入国家扶贫开发重点扶持范围。

此外，1990年，国家设立了"少数民族贫困地区温饱基金"，重点扶持少数民族贫困县。1992年，国家设立"少数民族发展资金"，主要用于解决民族自治地方发展和少数民族生产生活中的特殊困难。

三是扶持民族自治地方扩大对外开放。国家扩大民族自治地方生产企业对外贸易经营自主权，鼓励地方优势产品出口，实行优惠的边境贸易政策。国家鼓励、支持民族自治地方发挥区位优势和人文优势，扩大对陆地周边国家的开放与合作。1992年中国政府开始实行沿边开放战略，确立13个对外开放城市和241个一类开放口岸，设立14个边境经济技术合作区，其中绝大多数在民族自治地方。

三、技术支援

《民族区域自治法》第64条规定，上级国家机关应当组织、支持和鼓励经济发达地区与民族自治地方开展经济、技术协作和多层次、多方面的对口支援，帮助和促进民族自治地方经济、教育、科学技术、文化、卫生、体育事业的发展。

推动民族自治地方各项事业的快速发展，仅仅靠民族自治地方的少数民族干部和少数民族专业人才还不够，还需要从其他地方派遣各类人才支援民族自治地方的建设。新中国成立之后，为支援民族自治地方的建设，国家和省曾派遣了一批又一批专门人才赴民族自治地方工作，有力地推动了民族自治地方各项事业的发展。在今后相当长的时间内，民族自治地方应当根据民族自治地方的需要，采取多种形式派遣适当数量的教师、医生、科学技术和经营管理人员，参加民族自治地方的文化教育、医疗卫生和经济建设工作。由于民族自治地方的生活和工作条件相对于发达地区比较艰苦，为鼓励和引导其他地区的人才到民族自治地方工作，上级国家机关除了依法落实各项吸引人才的优惠政策外，还应当对他们的生活待遇给予适当照顾。在职称评聘时，可根据实际情况，在任职年限、专业外语水平等方面适当放宽条件或者破格推荐申报高一级职称，为民族自治地方吸引人才、留住人才营造良好环境。

四、人才培养

人才作为当今世界经济和社会发展最宝贵的资源，是国家在激烈的国际竞争中立于不败之地的重要保障。实践证明，谁拥有人才，谁就拥有发展的优势。加快少数民族人才的培养，对推动民族地区经济快速发展有着重要的意义。毛泽东同志曾指出："要彻底解决民族问题，完全孤立民族反动派，没有大批少数民族出身的共产主义干部，是不可能的。"民族区域自治制度的巩固和完善，民族问题的最终解决，都必须有一大批德才兼备，坚持祖国统一和民族团结，又能密切联系群众的少数民族干部。因此，德才兼备的少数民族干部队伍的选拔与培养是解决我国民族问题的关键。

据有关部门统计，截至2009年8月，我国共有少数民族干部290多万人，约占干部队伍总数的7.4%；少数民族专业技术人员200多万人，约占少数民族干部总数的69.5%。各地民族考生录用比例均超过报考比例，有的民族自治地方少数民族的录用比例已远远超过当地少数民族人口比例。由此可见，虽然我国少数民族干部的数量有了显著增长，国家每年采取包括理论政策教育、岗位培训、挂职锻炼等多种方式来加强对少数民族干部的培养，但我国少数民族干部占干部队伍总数的比例仍然低于少数民族人口占全国人口的比例（8.4%）。"十二五"期间，如何加强少数民族干部的选拔与培养仍然是摆在我们面前的时代课题。

（一）当前民族地区人才缺失的原因以及人才培养的现状

改革开放以来，我国民族地区充分利用国家赋予的优惠政策，积极发展民族教育，培养了一大批少数民族人才，促进了民族地区经济建设和社会的全面发展。但由于民族地区群众思想观念落后、经济基础差等因素的影响和制约，民族教育明显滞后，主要表现在：

1. 教育思想观念落后

一些干部群众思想观念落后，没有形成正确的人才观，存在着"读书就是为了跳农门"的传统思想。国家教育改革，实行教育并轨，读书特别是读大学、中专费用相当高。少数民族地区经济发展相对滞后，农业基础比较薄弱，农产品价格偏低，工业经济疲软，干部群众收入低，负担不起昂贵的读书费用。近几年进行机构改革，政府机关和事业单位基本停止进人。民族地区适龄青年就业压力大，一些大中专毕业生毕业后就业没有保障。因此，社会上产生新的"读书无用论"，一些学生家长，特别是农民家长不愿送子女上学。

2. 基础教育和中等教育水平低

基础教育是人才培养的起始阶段，这一阶段教育的效果如何，直接决定了人才成长的质量。目前，困扰少数民族地区教育发展最大的问题是经费紧缺、教育设施落后、教学质量低、优秀师资力量不足、中小学生辍学率较高、基础教育水平低。少数民族地区教育仍然偏重数理化等基础知识的应试教育，目标依然是上大、中专院校，这种应试教育，难以培养出更多的少数民族优秀实用人才。中等教育学校和各类职业培训中心虽然不少，培养学生也很多，但少数民族生比汉族生少得多。一些学校所设课程不紧跟时代步伐，学生往往在走上社会以后，出现"学非所用，用非所学"的现象，这与现代社会科学技术日新月异的发展形势极不协调。

3. 民族地区人才培养专业知识结构不合理，专业技术人员少

民族地区紧缺化工、生物、食品加工、水产、养殖、旅游等门类的专业人才。中国加入WTO，致力于发展出口创汇农业的民族地区同样缺少熟知并善于运用WTO规则，精于管理和营销的人才。这一现状影响了少数民族地区资源的开发利用，制约了经济的快速发展。以海南省为例，少数民族地区人口总数占全省人口总数的33%，而少数民族地区的专业技术人员总数占全省专业技术人员总数的8%，且学科不全，农林牧副渔、工交、卫生等人才奇缺。比如琼中县现有科技人员2242人，其中高级职称27人、中级职称405人、初级职称1800人，今年又有91人退休，科技人才将出现青黄不接的现象。

4. 人才的培养与引进缺乏力度，人才流失严重

民族地区要培养少数民族人才，重要的是引进优秀复合型人

才，以"传、帮、带"的形式传授各种专业知识。但由于众所周知的民族山区经济发展缓慢、待遇低、生活工作条件差、教研设备差等原因，民族地区在引进人才方面缺乏配套的优惠政策，导致人才引进的力度不大，且人才流失严重。以海南为例，如20世纪60年代末70年代初，琼中县共引进人才82人，80年代以后，这些人才纷纷流向本省经济发达地区和兄弟省市，目前仅有6人在琼中工作。①

（二）国家对民族地区人才培养的积极措施

1. 关于少数民族干部培养与选拔中存在的问题

《民族区域自治法》第67条规定，上级国家机关隶属的在民族自治地方的企业、事业单位依照国家规定招收人员时，优先招收当地少数民族人员。《中华人民共和国公务员法》第21条规定，民族自治地方……录用公务员时，依照法律和有关规定对少数民族报考者予以适当照顾。2007年11月6日人事部发布的《公务员录用规定》（试行）第6条规定，民族自治地方录用公务员时，依照法律和有关规定对少数民族报考者予以适当照顾。具体办法由省级以上公务员主管部门确定。根据前述规定，自2009年起，我国逐步推动落实公务员招考对少数民族考生实行划定比例、制定岗位、放宽条件或降低分数等优惠政策，并推动在部分民族地区和中央国家机关进行试点，以扩大少数民族干部队伍。

据了解，人事部各地在少数民族地区考录公务员工作中对少数民族报考者已采取四项措施：专门拿出录用计划和职位招录民族考生；降低民族考生的报考资格条件；对民族考生实行加分或降分照顾；民族考生可以使用本民族语言进行笔试和面试。但在实践中也存在一些问题，例如，在2009年云南省的公务员考试

---

① 符跃兰：《加快少数民族人才培养的几点思考》，载《亚洲人才战略与海南人才高地——海南省人才战略论坛文库》2001年，未刊稿，第133—134页。

加分政策中，对7个人口较少民族考生笔试成绩加10分，对4个特困民族笔试成绩加8分，对其余44个少数民族笔试成绩加6分。换言之，云南的所有少数民族均可获得6—10分的加分。2009年据此政策公示的加分名单中，少数民族加分考生超过5万人。这样大规模的加分范围及分值引发了部分考生质疑。据2010年云南省公告："2010年对少数民族的优惠照顾改为加大单设少数民族岗位的方式，不再进行加分照顾。"

2. 关于少数民族干部培养与选拔的建议

上级国家机关着眼于少数民族地区长远发展需要，要加快推进民族地区人才资源开发，重视少数民族干部和人才工程建设。要制定更加优惠的政策，采取更加灵活的措施，营造更加良好的环境，培养和选拔少数民族干部。具体地讲，加快少数民族地区人才培养的举措应该包括：

（1）加大宣传力度，转变落后思想观念

加大党和政府关于培养少数民族人才的方针、政策和相关法律法规特别是《教育法》的宣传力度，大力倡导"党以重教为先，政以兴教为本，民以助教为乐，师以执教为荣"的良好社会风尚。努力转变部分干部群众"读书无用论"、"读书—就业—当干部—光宗耀祖"的落后思想程式，形成"技术就是财富"的思想观念，这是民族地区发展科技事业和振兴经济的有效途径。各级领导干部要加深对少数民族人才培养重要性、必要性和紧迫性的认识，牢固树立"人才资源是第一资源"的思想，形成"技术就是财富"，"本领就是人才"的新观念。

（2）加大资金投入，改善办学条件，保证产出效益

民族地区经济落后，地方财政困难，投入不足，直接导致教育基础设施薄弱、师资力量不足、办学环境差等不利因素的出现。国家在资金投入上应当给予少数民族地区政策倾斜，增加投入，从扶贫专项资金中划出一部分作为智力发展基金，扶持贫困

地区教育科技事业的发展。

各级政府要紧缩开支，优先保证教育投入，力求做到"三个增长"。实行特殊的扶助政策，鼓励社会各界捐资、单独或联合办学，形成社会各界参与培养少数民族人才的热潮。同时，强化资金管理，充分发挥有限资金的效益，努力改善办学条件。政府及有关部门应尽可能为贫困山区教师创造良好的工作条件，健全激励机制，给他们较为优厚的工资福利待遇，使他们安心民族地区工作。

（3）坚持因地制宜，培养复合型人才

少数民族人才培养应以经济发展为依据，开发和配置与产业结构调整相适应的人才资源。少数民族地区经济的发展主要依靠农业，而农业中又以种养业为主，能否把得天独厚的农业资源优势转化为经济优势，关键是对农村的少数民族种、养技术人才的开发和培养。为此，少数民族地区要端正办学思想，把贫困人口包袱变为"人才资源"。抓好教育结构的调整，实行基础教育、职业教育、成人教育"三统筹"，农科教三结合，采取举办"9＋1"职业培训班、"小康班"等长、中、短期相结合的培训班培养人才，尤其是培养少数民族人才。在课程的设置等教学安排上，职业教育不要分块管理。要针对当前少数民族地区的实际，面向市场，面向农村，以农业种养的开发与管理为主，兼顾加工、营销、管理等各类实用技术，培养一批工农业技术人才。

（4）创新培养方式，开发人才资源

少数民族地区开发人才资源仍存在方式单调、管理松散等落后因素。为此，一是要在培养方式上，呈多样化趋势发展。依靠优势，依托各大专院校和科研单位，引进外地科学技术人才，推进横向经济合作，使各个技术联合体既成为经济开发龙头，又成为人才培训中心。二是分期选派有一定基础的党政干部、科研人才、农村种养专业户外出到发达地区学习、考察、培训，拓宽视野。三是利用现有师资力量和教学设施，实行分层分级培训，增大农函大、小康班、职业技术学校等育人量，同时在普通中小学开设职业技术和劳动技术课。四是通过特殊政策，扶持农民专业技术研究会、协作会的发展，充分利用他们的技术实力，开办农民技术夜校，培训农村技术人员。在管理上，要改变以往分散、缺位、重复的管理状况。各级政府要高度重视，统筹安排本地区的培训机构、基地、资金。设置专门培训机构、专业师资队伍、专门示范基地、专项周转资金，保证专人专职、专款专用，最大限度开发少数民族地区的人才资源。五是通过立法，为社会营造一个尊重知识、注重教育、重视人才的氛围。依据民族区域自治法规定的权力，结合实际，制定单项条例、法规和一系列优惠政策，为人才成长及作用发挥提供良好的工作和生活条件，使优秀人才乐意在少数民族地区建功立业，为民族地区的经济发展作出贡献。①

(5) 加强对民族干部的民族政策与民族法制教育

"十二五"期间，我国将大力推进民族工作的法治化进程，建立起一套程序完备、科学规范的民族立法工作机制，促进民族事务管理工作逐步实现制度化、规范化、法治化，这就要求我们拥有一支具有较高法治水准的民族干部队伍。2010年在青海发生的《青海省"十二五"教育改革和发展规划》（草案）制定过程中因双语教育中的民族语言而引发的争议，就是由于相关的民族干部不懂法引起的，这需要引起我们的高度注意。

(6) 加大岗位培训和挂职锻炼的力度

选派少数民族干部到中央、国家机关和经济相对发达地区挂职锻炼，是中央组织部、中央统战部和国家民委贯彻中央的指

---

① 符跃兰：《加快少数民族人才培养的几点思考》，载《亚洲人才战略与海南人才高地——海南省人才战略论坛文库》2001年，未刊稿，第134—135页。

示，为民族地区和少数民族培养领导骨干所做的一项重要工作。通过学习锻炼，绝大多数挂职干部思想政治素质进一步提高，工作思路进一步拓展，发展民族地区各项事业的紧迫感进一步增强，民族地区与中央和经济相对发达地区的联系进一步紧密。实践证明，组织少数民族干部到中央国家机关和经济相对发达地区挂职锻炼，是培养少数民族年轻干部的一项重要措施。

各地以党校和行政学院为主，对少数民族干部进行岗位培训；在高等院校设立培训点，选派少数民族干部参加学历教育或进修专业课程；组织少数民族干部到国内经济发达地区或出国、出境参加各类短期培训；结合经济发展的实际需要，从国内外聘请专家学者为少数民族专业技术干部进行强化训练。我们建议今后的岗位培训中增加与实际工作相关的执政能力、理论素质、服务理念等的培训，以促进民族地区又好又快地发展。

选派少数民族干部挂职锻炼、交流任职和多层次多岗位任职，提高其实际工作能力。按照有关规划，中国每年组织西部地区和其他少数民族地区干部约450人到中央、国家机关和经济相对发达地区挂职锻炼。这项工作开展20年来，已有5000多名干部参加过挂职锻炼。这种方式有利于少数民族干部学习东部地区促进经济社会全面发展的服务理念和管理经验。

完善少数民族干部选拔的措施：

（1）扩大民族岗的范围

在公务员录用计划中预留出一定数量的职位用于招收少数民族考生，特别是那些与民族宗教事务直接相关的工作或者少数民族聚居地区的公务员工作，以增加少数民族考生的录用机会。与此同时，在部分高等院校或民族管理干部学院中配套实施特殊的教育培训政策，对这部分少数民族考生进行基础知识或专业技能方面的培训，以使其能够快速适应实际工作，同时又能够继续传承本民族的优秀文化。

（2）实行少数民族特考制度

台湾地区《公务人员考试法》第2条规定，为因应特殊性质机关之需要及照顾身心障碍者、原住民族之就业权益，得比照前项考试（此处指第1条规定的公务人员考试种类）之等级举行一、二、三、四、五等之特种考试。截至2008年底，台湾原住民任公务人员为6693人，占全台湾原住民族人数之1.35%；占全台湾公务人员人数之1.98%，这与台湾原住民占全台湾总人口数2.17%的比例是基本持平的。从一定意义上，我们有理由认为，原住民特考制度推动了原住民公务人员数量的提升。

事实上，正像电影《马背上的法庭》中所描写的一样，在西部民族地区当干部与在一般地区当干部所面临的问题是有很大不同的，也因而需要支付较高的公共服务成本。我国也应积极推动在少数民族干部的选拔方面设立少数民族特考制度，通过特殊入学标准，但入学的条件、程序、考核办法、监督机制应该进一步完善。

（3）加试少数民族语言和文化

在我国少数民族干部的选拔中，放宽少数民族的报考资格条件是符合实际情况的，但是同样要求这些考生有一些"特殊"才能，即熟练掌握民族语言和文字、少数民族传统文化的传承人、拥有一定的民族文化技艺和传统知识等的少数民族考生的优惠标准应大幅度提高，否则难以起到选拔优秀人才的目的。因为这些才能是他们日后能够熟练从事一些工作的基础或必要条件。国外在这方面有成功的经验，如挪威负责管理萨米人事务的是劳工和社会保障部下面的一个局，该局的公务员白人和萨米人都可以竞争，但一个基础性要求是掌握萨米语。

第三章 对口支援民族地区法律制度

第一节 对口支援制度的沿革

一、对口支援制度的产生

（一）建国初期国家提出开展各种经济协作

建国后，各民族在政治上实现了真正完全的平等，但经济上的差距是显而易见的，为了改变这种局面，为了解决区域发展和资源分布不平衡的问题，帮助民族地区的经济发展，实现各民族经济上的事实上的平等，在五六十年代，中央政府在全国"一盘棋"思想的指导下，依靠计划经济体制对各种资源进行全国性调配，在各级国家机关的协调下，而采取的帮扶措施。国家开始提出"城乡互助，内外交流"的政策，组织过地区之间的经济协作，但主要是有计划地组织全国的商品流通和商品供求平衡。经济发展不平衡是对口支援制度应运而生的前提条件。

（二）国家提出实施对口支援，帮扶民族欠发达地区

对口支援即经济发达或实力较强的一方对经济不发达或实力较弱的一方实施援助的一种政策性行为。目前大部分是由中央政府主导，地方政府为主体的一种模式。1979年，中共中央第52号文件确定组织内地发达省市实行对口支援边境地区和少数民族地区。根据这一精神，各地组织力量，制订计划，开展工作，积极对口开展物资、技术支援协作和经济联合。1984年9月，经国

务院批准，国家经委、计委、民委和国家物资局共同在天津召开了"全国经济技术协作和对口支援会议"，又增加上海支援新疆、西藏，广东支援贵州，沈阳、武汉支援青海等对口支援任务。这种经济交流是在高度集中的计划经济时代下进行的，一般采取发达地区对少数民族地区进行援助或借助于国家拨款援助的方式，还没有作为重大的战略措施来实施。1991年9月，国家民委在上海召开了"全国部分省区直辖市对口支援工作座谈会"，并向国务院报送了《关于进一步开展对口支援的请示》。1992年，国务院对此作了批复，确定由国家计委牵头，国家民委、国务院生产办共同参加，归口统一领导，组织协调对口支援工作。1991年12月国务院下发的《关于进一步贯彻实施〈中华人民共和国民族区域自治法〉若干问题的通知》指出："要有领导、有计划地推进经济发达地区与民族地区的对口支援。经济发达的省、市应与一两个自治区和少数民族较多的省，通过签订协议，采取介绍经验、转让技术、交流培训人才、支持资金和物资等多种方式，帮助民族地区加速经济、文化、教育、科技、卫生等事业的发展。"《中华人民共和国民族区域自治法》第64条规定："上级国家机关应当组织、支持和鼓励经济发达地区与民族自治地方开展经济、技术协作和多层次、多方面的对口支援，帮助和促进民族自治地方经济、教育、科学技术、文化、卫生、体育事业的发展。"由此将对口支援纳入了法制的轨道。之后中央提出西部开发战略，对口支援工作放到更为突出的地位，尤其援藏、援疆、三峡移民和汶川地震灾后对口援建的展开，让对口支援工作在西部民族地区的跨越发展中具有极其重要的意义。

（三）我国对口支援发展的基本状况

随着援藏援疆、三峡工程移民安置和汶川地震灾后重建，发展为目前的三种主要政策模式：边疆地区对口支援、重大工程对口支援、灾害损失严重地区对口支援。重大工程对口支援的目的是对边疆地区对口支援模式的扩展，例如，西部大开发中的四大工程，目的是通过工程建设推动边疆地区的经济社会全面发展，提升现代化水平，使当地政府和群众受益，实施的状况还是存在一定的问题，主要是如何在工程建设中照顾到当地群众的利益，如优先雇用当地劳动力等。灾害损失严重地区对口支援模式是一种应急措施，是特殊情况下的特别措施，经验需总结，但不具有推广的可能。这两种方式是对口支援边疆地区的扩展，也是实践经验的总结。就民族地区来讲，这种经济交流是在高度集中的计划安排下进行的，一般采取发达地区对少数民族地区进行援助或借助于国家拨款援助的方式。因地制宜地开展多渠道、多层次的横向联合，启动各地区互助互利的积极性，还没有作为重大的战略措施提出和实施。当时虽然没有明确提出对口支援的概念，但一些地区的交流和协作已经形成相当的规模。

2010年3月29—30日，全国对口支援新疆工作会议在北京召开。这次会议是党中央、国务院决定召开的一次重要会议。中央决策层启动的对口援疆，可以说是三十多年来支援地域最广、所涉人口最多、资金投入最大、援助领域最全面的一次对口支援。会议确定北京、天津、上海、广东、辽宁、深圳等19个省市承担对口支援新疆的任务。通过对口援疆、转移支付、专项资金等渠道，中央投入巨额资金对口援疆，目标就是通过十年时间，最大限度地缩小新疆与内地差距，确保2020年新疆实现全面小康社会目标。

从新中国成立后到十一届三中全会的30年时间里，东部地区对少数民族地区支援的法律制度还处于初步建立时期，宪法性原则还没有法律法规对之进一步具体化，东部地区对少数民族地区的支援呈现出规模较小、层次较低、对口不明确、形式单一的特点。自十一届三中全会至今的30年时间里，东部地区对少数民族地区支援的法律制度开始一步步建立并完善，从法律、法规、规章到自治条例、规章以及各种对口支援经济合作协议,无不反映对口支援制度正逐步完善。这些年的发展是巨大的,但是发展中也发现了对口支援制度还存在不少亟待解决的问题,需要做深入研究,建立更为符合市场经济规律的法律制度体系,缩小经济发展不平衡,实现欠发达民族地区的经济取得更好更快发展。

二、对口支援制度的演进过程

我国对口支援制度的演进可以分为以下三个阶段。

(一) 1979 年至 1984 年——对口支援制度的初创阶段

这一阶段对口支援法律制度的建设,以 1979 年召开的全国边防工作会议以及中共中央批转的全国边防工作会议的报告为主要标志,中共中央第一次确定了我国内地省市对口支援民族地区的具体对口安排,即北京支援内蒙古,河北支援贵州,江苏支援广西、新疆,山东支援青海,上海支援云南、宁夏,全国支援西藏。为了加强内地经济发达省、市同民族地区的对口支援工作,1982 年 10 月,国家计委和国家民委在银川召开了"经济发达省、市同少数民族地区对口支援和经济技术协作工作座谈会",会议总结了经验,肯定了成绩,并制定了有关政策措施。

(二) 1984 年至 2000 年——对口支援制度建设的充实提高阶段

为了进一步加强对民族地区对口支援活动的管理,1983 年 1 月,国务院以国发〔1983〕7 号文件批转了《关于组织发达省、市同少数民族地区对口支援和经济技术协作工作座谈会纪要》,文件在总结经验的基础上,将内地经济发达省、市同民族地区的对口支援工作继续推向深入、广泛开展的局面,并确定对口支援工作由国家经委、国家计委、国家民委共同负责,由国家经委牵头。1984 年通过的《民族区域自治法》第 61 条首次以国家基本法律的形式明确规定了上级国家机关组织和支持对口支援的法律原则。这标志着我国对口支援制度建设进入了国家基本法律层面并且将之作为我国民族区域自治法律制度的重要内容。1984年9月，经国务院批准，国家经委、国家计委、国家民委和国家物资局共同召开了"全国经济技术协作和对口支援会议"有力地推动了对口支援工作的全面开展。各地按照"扬长避短、互利互惠、互相支援、共同发展"的原则，大力开展对口支援和经济技术协作，对口支援范围和领域不断扩大，形式也多种多样。如国家新增加了上海支援新疆、西藏，广东支援贵州，沈阳、武汉支援青海。各民主党派和全国工商联开展了对少数民族地区的经济咨询服务和智力支边活动。在我国少数民族比较集中的西南和西北地区，形成了西南六省（自治区、直辖市）七方（云南、贵州、四川、广西、西藏、重庆、成都）经济协作区和西北五省区（陕西、甘肃、宁夏、青海、新疆）经济协作区，并各自成立了协调组织。这个时期，对西藏的对口支援有了重大举措。1984年3月，中央召开第二次西藏工作座谈会，确定由北京、天津、上海、四川、江苏、浙江、山东、福建等8省市支援西藏43项工程。将投资和工期逐项落实，如期交付使用。[1]

20世纪80年代中期，我国经济体制改革的重心由农村转移到城市。为了推动企业之间的横向经济联合，1986年3月，国务院颁发了《关于进一步推动横向经济联合若干问题的规定》（国发〔1986〕36号文），横向联合和对口支援以企业联合为主要形式，并向企业集团化方向发展。以大中城市和经济领域为中心的经济区域网络得到较快发展。这一时期的对口支援工作围绕着搞活企业、调整结构、优化资源配置而开展，支援和协作的领域也

---

[1] http://www.hebmzt.gov.cn/nationDetailed.aspx?articleid=119，2011年11月8日最后访问。

从经济领域进一步扩大到文化、教育、卫生等社会发展领域。90年代以来，党中央、国务院非常重视对口支援和经济技术协作的法律制度建设。1991年9月，国家民委在上海召开了"全国部分省区直辖市对口支援工作座谈会"，并向国务院报送了《关于进一步开展对口支援的请示》。1992年，国务院对此作了批复，确定由国家计委牵头，国家民委、国务院生产办共同参加，归口统一领导，组织协调对口支援工作。1991年12月国务院下发的《关于进一步贯彻实施〈中华人民共和国民族区域自治法〉若干问题的通知》进一步指出："要有领导、有计划地推进经济发达地区与民族地区的对口支援。经济发达的省、市应与一两个自治区和少数民族较多的省，通过签订协议，采取介绍经验、转让技术、交流培训人才、支持资金和物资等多种方式，帮助民族地区加速经济、文化、教育、科技、卫生等事业的发展。"

（三）从2000年至今——对口支援制度建设的全面发展阶段

2000年和2001年国务院明确指出西部大开发要坚定不移地推进地区协作与对口支援，在中央和地方政府指导下，动员社会各方面力量加强东西对口支援。2001年2月15日国务院第35次常务会议通过的《长江三峡工程建设移民条例》规定，国务院有关部门和有关省、自治区、直辖市应当按照优势互补、互惠互利、长期合作、共同发展的原则，采取多种形式鼓励名优企业到三峡库区移民点投资建厂，并从教育、文化、科技、人才、管理、信息、资金、物资等方面对口支援三峡库区移民。进入新世纪，对口支援呈现出如下特点：

一是对口支援范围更加广泛。从单纯的经济上的对口支援转向人才、教育、干部等多领域的对口支援；对少数民族地区在加强对口支援的同时，广泛地开展了与非对口支援地区的经济技术协作和一定区域的区域经济协调活动。

二是对口支援范围和领域向纵深发展。这个时期，我国少数民族地区除了加强同一些发达省市的特定地区和部门广泛建立对口支援和经济技术协作关系外，少数民族地区内部城乡之间、中地区与边沿地区之间的对口支援和经济技术协作也发展起来，使得对口支援和经济技术协作区域深入到这些民族省区内部的边缘和贫困地区。

三是对口支援形式多样化。在此期间，各民主党派和全国工商联开展了对少数民族地区的经济咨询服务和智力支边活动。方式多样化，内地新疆班、西藏班，西藏中学的设立，各种干训班到内地挂职锻炼等。

四是基本演变成为一种长期的地方合作协议。很多支援方与受援方的结对关系长期不变，目的就是从长期战略合作的角度来安排各种项目与经济合作，发挥对口支援的长期效益。

第二节 对口支援制度的现状分析

一、对口支援制度的优势与特点

（一）对口支援制度的优势

"建立了一种地方政府横向转移支付，不同于中央向地方的转移支付只解决了钱的问题，这种横向转移支付不仅把钱带过去了，而且最重要的是实现了人、财、物、知识、能力等各方面的全面支援。"而这种对口支援正好培植了受援地区最需要的可持续发展的能力。其主要优势体现在以下三个方面：

其一，提高"自身造血"功能。各种形式的对口支援模式都强调在支援过程中一定要处理好"输血"和"造血"的关系，坚持"外界支援"与"自力更生"相结合。比如，除了要求对受援方加强横纵向财政转移支付外，还强调加大教师培训、干部交流、人才输送的力度，为受援方强化"自身造血"功能和增强自我发展能力提供了必要的物质保障、精神支撑和智力支持。

其二，强化政府"社会统筹"功能。以灾害损失严重地区对口支援模式为例，灾后地方政府对口支援模式要求建立"政府主导、社会参与、市场运作、多元投资"的重建机制，促进灾区援建中人、财、物的合理配置，大力提高资源的配置效率。所以，政府在重大灾害发生后除了在灾害救助中起主导作用外，还在灾后重建中扮演"社会杠杆"的角色，充分发挥自身在灾害管理中区域联动、统筹协调、宏观调控的作用，优先解决好基础设施重建、生产恢复、促进就业等民生问题，促使灾区恢复重建工作有序推进。

其三，加强双方"合作共赢"功能。这就减少了支援方与受援方在合作项目和合作方式上的盲目性，实现彼此功能上的良性互补和无缝对接，保障对口支援工作的顺利进行。例如，支援汶川灾后重建时，就充分考虑了各省市的经济实力、灾情程度和历史关系，兼顾灾区早已形成的对口支援格局，从而提高了对口支援的针对性、可行性和持续性。同时，灾后地方政府对口支援模式以"科学发展观"为指导，要求对口支援的各省市深刻认识到援建工作的长期性、艰巨性和合作性，最终实现对口支援双方帮扶共进、合作共赢和优势互补。[1]

（二）对口支援制度的特点和经济技术协作的具体规定

对口支援和经济技术协作，经过几年的发展，更加趋向成熟。如果我们深入观察，就可以发现，它有如下一些特点：

1. 技术支援和协作已成为主要内容

对口支援和经济技术协作，最初的形式是简单的物物交换，即相互调剂物资余缺。但是，这种形式已不能满足少数民族地区

---

[1] 王健君、张辉：《最大规模对口支援稳边兴疆》，载《瞭望》2010年第18期。

经济发展的需要，少数民族地区最急切的需要显然是先进的生产技术和管理方法。只有用这些先进技术和管理方法改造那里的老企业，开拓新的生产领域，少数民族地区经济才会有质的变化。这些年来，技术支援和协作的比重一天天增大。支援和协作领域广泛，形式多样，如转让技术、技术改造、一条龙服务，技术服务队、人才交流和培训等。这些做法，投入少，效益高，极有利于改善民族地区企业素质。

2. 从简单的调剂式合作，走向联合开发经营

对少数民族地区来说，更多地希望资源优势转化成产品优势、商品优势，希望发达地区以技术和资金的优势同自己联合开发资源。发达地区着眼于能源、原材料的需要，也乐于这种开发。上海、江苏、天津、北京等许多省市同云南、广西、甘肃、新疆、内蒙古等省区、已经签订了不少协定，合作开发煤、磷、有色金属、畜牧、土特产、中药材等资源。这既有利于民族地区经济发展，又有利于发达地区经济发展后劲的增强。联合经营的另一种形式，便是发达地区名优产品向民族地区的转移。民族地区尽管有得天独厚的资源优势，但因为没有先进的技术和管理方法，往往不能生产出优质产品。同时，发达地区由于受能源和原材料的限制，一些名优产品不能扩大生产，因此，他们把一部分拳头产品，或耗能高的产品转向民族地区，这就拓宽了道路，带动起民族地区工业的发展。实践证明，联合开发经营是经济合作的一种好形式，这种形式，将随着对口支援和经济技术协作的发展，越来越显示出它的强大威力。

3. 从组织形式上说，对口支援和经济技术协作已形成跨地区、跨行业、跨所有制的多形式、多渠道、多层次横向经济网络

对口支援和经济技术协作的初期，人们只把它们看成是计划经济的补充形式。现在看来，远非如此，随着商品经济的发展，它冲破条块分割，行政管理的高度集中计划体制，在我国社会经

济生活中成为无所不在、无处不发挥重要作用的经济活动形式。当然对口和协作不是不要领导,具有随意性,相反在宏观上、整体上要同国民经济发展相协调。

二、对口支援制度的理论基础

对口支援制度有其产生和发展的经济基础,比如东西部地区发展不平衡,沿海地区与西部民族地区之间发展不平衡。这些经济基础在理论上进行梳理,提炼出对口支援制度的理论基础,其理论基础主要从如下几个方面来探讨:

(一)邓小平"两个大局"战略构想

邓小平在改革之初提出的改革开放政策是一个要对我国宏观区域经济进行调整或转换的大政策,1988年提出的"两个大局"战略构想是在"一个大政策"的思想和基础上,在十年改革和发展的实践中逐步形成和完善的,它是邓小平经济社会发展理论的重要组成部分,是实现社会主义本质要求的战略构想。邓小平指出:"沿海地区要加快对外开放,使这个拥有两亿人口的广大地区较快地发展起来,从而带动内地更好地发展,这是一个事关大局的问题,内地要顾全这个大局。反过来,发展到一定的时候,又要求沿海拿出更多力量来帮助内地发展,这也是个大局,那时沿海也要服从这个大局。"根据邓小平的这一思想,我国地区发展制定了"鼓励先富、带动后富、东西联合、共同富裕"和"因地制宜,合理分工,各展所长,优势互补,共同发展"的方针。东部发达地区对民族地区的对口支援就是邓小平"两个大局"战略构想的落实,这是因为:

首先,长期以来,西部民族地区以较低的价格为东部地区供应着资源产品、初级农产品、廉价劳动力,在很大程度上促进了东部地区的快速发展,而西部民族地区自身的资源优势却没有转化为经济优势,很多地区发展仍然比较落后。东部地区对西部民族地区的对口支援，恰恰也是"拿出更多力量来帮助内地发展"，东部地区也要"服从这个大局"。

其次，西部民族地区为国家的生态平衡和环境保护做出了巨大的贡献，如在解决西部地区因资源输出所付出的环境代价（例如，西气东送，西部地区生产天然气会污染环境，输送天然气需埋设管道，这也会破坏地表植被，影响生态环境）、江河上游水资源利用与中下游用水的矛盾，生态屏障的建设与投入的矛盾，过度开垦导致的水土流失和沙漠化问题，草原过度放牧或过度耕种带来的风沙问题，以及自然保护区的保护问题的过程中，西部民族地区付出了巨大的牺牲，做出了巨大的贡献，这些环境保护的成本由民族地区承担，而由此所产生的环境利益却由全国乃至全世界共同分享。东部地区对西部民族地区的对口支援，从某种意义上讲，也是对生态环境保护成本的分担。

最后，东部地区对西部民族地区的对口支援是在国家的矿产资源所有权与西部民族地区对土地的权利之间寻求平衡。根据我国《宪法》第 9 条和第 10 条的相关规定，国家对矿藏等自然资源拥有所有权，可以授权或委托相关的公司或企业对这些资源进行开发，这是国家进行经济建设与整体发展的需要，也是有宪法根据的。但是，针对国家在民族自治地方所进行的自然资源开发来说，民族自治地方的群众享有对自然资源所在地的土地的所有权或使用权，这同样是有法律规定或被习惯权利所认可的。这种因为不同权利主体对空间层次不同的自然资源同时享有权利而产生的利益冲突不可避免，因此，国家授权的公司或企业在开发民族自治地方的自然资源时，应当对西部民族地区做出及时、充分、有效的补偿，并对当地群众未来的生产和生活给予必要的安置。东部地区对西部民族地区的对口支援是对西部民族地区进行补偿的一种方式。

(二)横向财政转移支付

目前平衡东部与中西部地区差异的主导力量来自于中央财政的转移支付。虽然中央财政的一般性转移支付向中西部地区倾斜，但在中央财政向地方转移的全部财力中，东部地区所占数量仍然具有明显优势。其原因在于东部在全部税收返还数量中的比重占到50%以上，这在实质上体现了对收入能力强的区域的倾斜，结果与转移支付欲实现的区域财力平衡、基本公共服务均等化的目标相悖。

解决区域性财力不平衡可资借鉴的横向财政转移支付模式来自德国。著名的财税法教授刘剑文在其主编的《财政税收法》教材中介绍，德国横向财政平衡也可以分为两个层面：第一层面体现在如何分配作为共享税的增值税属于州政府应得的税额。联邦提取规定比例后，剩余部分的3/4先按人口进行分配，即用这部分增值税除以各州居民总人数，得出全国统一的人均增值税收入的份额，然后用某州的居民人数乘以人均增值税分配份额，得到某州按居民人数分配到的增值税税额。其余的1/4用于支持贫困州，分配的办法是，先测出各州的税收收入（R）与各州标准税收需求（S），只有R/S<92%的贫困州才有资格参加分配。补助并非一次补足，而是补到92%。如果用1/4的增值税进行补助而使所有贫困州都被补到92%仍有余，则多余的部分按人口在所有各州中进行平均分配。这个过程是由联邦政府执行的。

横向财政平衡的第二个层面，也是主要的途径，是通过财政能力较强的州向财政能力较弱的州的财力转移来解决的。具体做法如下：首先，计算各州的税收收入（R）与各州的标准税收需求（S）：州的税收收入＝州本级税收收入＋州内地方税收×50%；州标准税收需求＝州本级标准税收需求＋州内的地方标准税收需求。其次，根据各州的税收收入（R）与各州的标准税收需求（S）的比较来划分余额州和差额州，余额州按照一定比例将余额支付给差额州。在其新的《财政平衡法》里规定:(1)一个有平衡资格州的财力指数若低于平均指数的92%,则低于的差额百分之百被确定为平衡分配金而以补偿;(2)财力指数相对于平衡指数92%—100%的州,其差额部分的37.5%被确定为平衡分配金予以补偿……与这些获得财政补偿金分配而对应的是超过平均指数的富裕州的供给比例。

我国的对口支援制度的具体形式虽然没有法律的明确规定,但从实际运行效果来看,也是财政能力较强的东部发达地区向财政能力较弱的西部民族地区进行的财力转移,当然,我们的对口支援制度包括但不限于财力的转移,还包括人才、技术、教育、项目等方面的支援。从实质上看,我国的对口支援制度与德国的横向财政转移支付制度有很大的相似之处。

(三)中央与地方关系

中央与地方的关系是影响社会政治经济平稳与发展的重要因素。在我国,按照宪政结构设计,在由全局利益和局部利益所构成的国家整体利益格局中,中央政府与地方政府分别代表着中央全局利益和地方局部利益。一般来说,中央全局利益是整个社会公共利益的最直接、最集中的体现,中央政府的主要目标是寻求全局利益的完整、统一和最大化,中央政府代表的全局利益就是整个社会的公共利益。共识认为,对经济运行的高度集中控制是根本违背市场经济机制的,因而有必要分散决策权和重新界定中央政府与地方政府关系。国内研究中央政府与地方政府关系的文献很多,专门研究中央与地方关系对对口支援影响的文献并不多,只是在研究中央与地方关系时顺便论及对口支援。建立一种什么样的中央与地方关系,直接关系到中央对口支援作用的发挥和整个社会的协调发展,如何正确处理中央与地方政府的关系成为当前亟待解决的重大问题。研究者已经注意到地方政府与中央政府在对口支援中的博弈。1994年分税制改革以后,中央政府与地方政府在宏观领域的博弈已经成为一种客观的经济现象，深深影响着对口支援制度的实施，直接影响着欠发达民族地区经济社会发展。央地关系应当遵循"分权"和"法治"的基本原则。一是注重中央政府的权威及其对口支援调控能力；二是建构中央政府与地方政府的优势互补关系；三是加快经济性分权和政府机构改革的步伐；四是明晰中央政府与地方政府各自的职责权限划分，并使之进一步规范化、法制化。对口支援制度必须法治化，但是通过具体立法"固定规则"是不可行的，关键是从央地关系、从市场经济规则对各主体适当赋权，由其根据形势和目标"相机抉择"或自由裁量，并将其纳入问责体系，推进对口支援制度向符合市场经济的方向发展。

三、对口支援制度的实施

（一）以对口援疆为例，三十年来对口援疆的实施情况

目前我国民族问题的主要矛盾是，少数民族和民族地区迫切要求加快发展与自身发展能力不足的矛盾。其中，发展能力不足成为加快发展的主要障碍，要解决少数民族和民族地区自我发展能力不足的问题，离不开国家和发达地区的支援。以全国对口支援新疆发展为例，从1997年开始，北京、天津、上海和山东等8个省市就在中央的号召下启动了援疆工作。1996年，中央作出开展援疆工作的重大战略决策，从1997年首批援疆干部进疆，各地已先后选派了6批3749名援疆干部。13年来，各地累计向新疆无偿援助资金物资达43亿元，实施合作项目1200多个，到位资金逾250亿元。通过援疆渠道，为新疆培训各类人员40多万人次。这次陆续到达新疆的调研和考察其实只是前期工作，按照计划，各省2010年年内要拿出援疆规划编制，2011年全面启动新的对口支援工作。力争经过5年努力，在重点任务上取得明显成效；经过10年努力，确保新疆实现全面建设小康社会目标。此

次中央决策层启动的对口援疆，可以说是这么多年来支援地域最广、所涉人口最多、资金投入最大、援助领域最全面的一次对口支援。2011年19个省市对口援疆资金总规模超过100亿元，以后还会逐步增加。同时，通过转移支付、专项资金等渠道，中央投入资金规模将数倍于对口援疆资金规模。

进一步加强对口援疆工作，是新形势下中央新疆工作总体部署的重要组成部分，是加快新疆发展、维护新疆稳定的重要举措。如前所述，经过30年改革开放，东部沿海率先发展起来，中部地区也有很大发展，西部地区为之作出了积极贡献，东部和中部有能力，也有责任支持西部地区加快发展。具体到新疆来讲，受历史原因和自然条件影响，目前的新疆发展和稳定仍然面对许多特殊困难和严峻挑战。具体表现在：总体经济社会发展比较落后，区域和城乡不平衡矛盾突出，尤其是南疆地区发展长期滞后。据最新统计数据显示，2009年新疆城镇居民人均可支配收入、农民人均纯收入只有全国水平的70%多。借鉴30多年来对口支援的经验，把作为我国反分裂、反渗透、反恐怖主战场的新疆经济社会发展搞上去，把长治久安搞扎实，需要进一步动员组织全国力量，支援新疆、发展新疆。此次对口援疆的意义甚至不限于新疆一域，这既是具体落实中央新时期新疆工作任务的重大措施，也是对口支援政策措施从应急逐步走向制度化的最新实践，还是西部大开发新阶段模式和道路的新探索，更是社会主义制度优越性通过对口支援的充分发挥和直接体现。

（二）对口援疆工作的进一步实施布局

2010年3月29—30日，全国对口支援新疆工作会议在北京召开。中央决策层启动的对口援疆，可以说是三十多年来支援地域最广、所涉人口最多、资金投入最大、援助领域最全面的一次对口支援。通过对口援疆、转移支付、专项资金等渠道，中央投入巨额资金对口援疆，目标就是通过十年时间，最大限度地缩小新疆与内地差距，确保 2020 年新疆实现全面小康社会目标。这次对口援疆从三方面对原来的援疆布局作了调整。

其一，支援范围扩大。受援方由过去的新疆 10 个地州、56 个县市和新疆生产建设兵团 3 个师，扩大到新疆 12 个地州、82 个县市和新疆生产建设兵团 12 个师。在支援省市中，新增了安徽、山西、黑龙江、吉林四省和广东深圳市。其中，特别强调对建设兵团的支援。目前建设兵团面临着产业结构单一、公共保障能力不足、历史包袱沉重等问题。有必要扩大对兵团对口支援范围，使兵团更好地发挥推动改革发展、促进社会进步的建设大军作用，确保其稳定社会经济的中流砥柱作用。

其二，调整结对关系。以支援方综合实力和受援方实际困难，尽力使支援双方强度匹配。比如，北京、上海、广东、江苏及深圳等经济实力强的省市对口支援贫困程度较深的南疆三地州；地域上相对集中，便于展开工作，尽可能安排一个省市对口支援一个地州或一个地州的几个县市和师团场；考虑双方资源地理气候特点，更有效地做好援助工作。比如，东北三省对口支援气候条件相似的北疆塔城、阿勒泰地区，山西对口支援同样拥有煤炭资源的阜康市等地。

其三，重点支援基层和南疆。新疆主要难在基层、难在南疆、难在国家扶贫县、边境县和团场。因此，要把援助重点放在基层，放到贫困县、边境县和团场，放到乡镇和农村。①

按照中央的要求，新时期对口援疆能否取得成功，关键在能否建立全方位援疆的有效机制。这就需要在支援资金的同时，使更多的干部、人才、技术、管理到新疆去，把输血和造血、硬件建设和软件建设结合，形成经济援疆、干部援疆、人才援疆、教

---

① http：//news. xinhuanet. com/politics/2010 - 05/06/c_ 1274316_ 3. htm，2011 年 8 月 15 日最后访问。

育援疆以及企业援疆协同推进的新局面。以广东为例，广东提出援建工作既要重视当前的发展，又要重视对长远谋划；既重视喀什地区的发展，又重视研究周边地区的发展；既重视对口支援规划，又重视总体发展规划；既重视政府有形之手的支援，又重视市场无形之手的支持；既重视计划内资金的支持，又重视多渠道方式的支持；既重视广东新的援助，又重视天津等地过去的援助。汪洋要求尽快建立健全援疆工作机制、尽快开展对口援建试点工作，在今年年底前完成对口支援总体规划及公共服务、基础设施、产业发展、城乡建设等各专项规划的编制工作。

四、当前对口支援制度存在的主要问题分析

（一）对口支援制度存在的主要问题

首先，实施对口支援的法律制度不健全。目前，对口支援法律制度存在缺乏协调性、实施过程中存在随意性和不确定性、援助项目实施效果无法保证等不足。一是对口支援的资金和物资的数量确定没有既定的规则和程序，导致数量的不确定性和随意性，对于同样的需求情况，往往因东部地区领导人的意志而具有很大差异。二是用于支援的资金和物资的筹集机制缺乏，没有形成一个稳定的资金筹集制度和政府间财政横向转移支付制度。三是智力和人才支援上没有形成一个稳定的干部和人才的选拔机制，导致干部与人才的选派与西部民族地区的实际需求之间有相当大的距离。

其次，对口支援的实施、管理体系和激励机制不健全。例如，有些项目的前期开发程序不规范，有的项目则在签订后难以落实，还有不少项目在实施过程中夭折，这是因为绝大部分项目是由东部发达地区财政投入并派出人员来完成的，这些项目建成后便交给民族地区政府部门管理，此后便失去了后续联系，这样往往导致在东部技术和管理人员撤离后不久该项目便垮掉。这些

问题导致一定程度上挫伤了双方的积极性,使对口支援的预期目的难以达到。政府对口支援的制度安排和激励机制还不到位,很大程度上也影响了东部地区各单位和各种人才参与对口支援的积极性。

再次,缺乏有效的评估机制和跟踪管理机制。例如,在有关对口支援工作中,因政策评估工作缺失,导致一些事实上已经失效的政策目前仍然在实施。同时,现行的对口支援政策监督的广度和深度还不够,监督的内容还不完整,缺乏绩效监督的内容,进而导致援助资金使用效率不高,对援助项目的后期跟踪管理力度不够等问题。发达地区给予民族地区较多的资金和物资帮助,完成了一大批对口支援项目。但是这些项目多为短期项目,长期项目投资协作较少,对民族地区经济发展的带动和促进作用十分有限。

最后,对口支援中的政府角色定位失误。在对口支援中,未能正确处理援助政策实施过程中市场与政府的关系。很多项目是在政府主导下开展的,难免重蹈计划经济的覆辙,资源配置效率低下;有的是政府服务政治大局意识不强,未能充分发挥引导作用,呈现政府"越位"和"缺位"的现象。国务院发展研究中心研究员、技术经济研究部前部长郭励弘认为,在以往的灾害损失严重地区对口支援中,由于缺乏和当地经济社会发展相协调的系统规划,导致"受灾地区的房子、基础设施可能建得很好,却很难形成产业"。受援方在选择援助项目时,有"短视"现象,存在以争取资金物资为主、以争取无偿支援解决眼前困难为主、单纯追求项目数量、存在一定的"面子"工程等问题。[1]

---

[1] http://stock.gucheng.com/201005/146457.shtml,2011年8月15日最后访问。

(二) 对口支援和经济技术协作的缺陷与不足

1. 对口支援和经济技术协作法律制度之间缺乏协调性

法律制度的协调性和稳定性是法律制度有效实施和发挥作用的前提。目前，对口支援和经济技术协作法律制度的体系，主要是以《民族区域自治法》、《长江三峡工程建设移民条例》为主导，其他包括国家有关部门出台的法律法规和政策性文件以及参与这项活动的省、市、区制定的规范性文件。这些法律法规和其他规范性文件之间，特别是各个政府部门出台的法律制度之间还存在一些矛盾和冲突，彼此之间缺乏协调性。这种状况阻碍了对口支援和经济技术协作法律制度效能的发挥，损害了我国社会主义法制的尊严和权威。

2. 对口支援和经济技术协作法律制度在实施中具有较大的随意性

虽然《民族区域自治法》以及《长江三峡工程建设移民条例》具有较强的稳定性，但总体来说都是一些原则性的规范，实践操作性不强。

其一，对口支援和经济技术协作的资金以及物资的数量确定没有既定的规则和程序，导致数量的不确定性，对于同样的需求情况，往往因领导人的意志而具有很大差异。其二，用于支援的资金和物资的筹集机制缺乏，没有形成一个稳定的资金筹集制度和政府间财政横向转移支付制度。其三，智力和人才支援上没有形成一个稳定的干部和人才的选拔机制，导致干部选拔和人才选拔上的随意性较大。其四，政府对对口支援和经济技术协作的制度安排和激励机制还不到位，致使很多发达地区的企事业单位以及有关人员参与这项活动的积极性不太高[1]。

---

[1] 杨道波：《对口支援及经济技术协作的法律对策研究》，载《中央民族大学学报》2006年第1期。

3. 对口支援和经济技术协作法律制度实施的效果还不太理想

对口支援和经济技术协作实施以来，发达地区给予广大民族地区较多的资金和物资帮助，在民族地区顺利完成了一大批对口支援项目。但是，其中也存在较多问题。一是短期项目投资协作较多，长期项目投资协作较少，这就导致对民族地区经济发展的带动和促进作用十分有限。二是有很多项目在签订后却难以落实，也有很多在实施过程中夭折。这种情况在三峡库区的对口支援项目中也同样存在。[①] 三是有些项目在建成后没有后续服务。过去，对民族地区进行对口支援和经济技术协作的绝大部分项目是由东部发达地区财政投入并派出人员来完成的，这些项目建成后便交给民族地区政府部门管理，此后便失去了后续联系，这样往往导致在东部技术和管理人员撤离后不久该项目便垮掉。

第三节 对口支援制度法治化的路径选择

一、立法方面

（一）加强对口支援法律体系的建设

目前，对口支援法律制度存在缺乏协调性、实施过程中存在随意性和不确定性、援助项目实施效果无法保证等不足。一是对口支援的资金和物资的数量确定没有既定的规则和程序，导致数量的不确定性和随意性，对于同样的需求情况，往往因东部地区领导人的意志而具有很大差异。二是用于支援的资金和物资的筹集机制缺乏，没有形成一个稳定的资金筹集制度和政府间财政横

[①] 李盛全：《三峡库区移民工程的进展、问题及对策》，载《重庆商学院学报》1998年第3期。

向转移支付制度。三是智力和人才支援上没有形成一个稳定的干部和人才的选拔机制，导致干部与人才的选派与西部民族地区的实际需求之间有相当大的距离。2001年修改后的《民族区域自治法》第64条规定："上级国家机关应当组织、支持和鼓励经济发达地区与民族自治地方开展经济、技术协作和多层次、多方面的对口支援。"2004年9月下发的《西部开发促进法》（征求意见稿）第5条已经对承担对口支援任务的经济相对发达地区的省级人民政府做出了明确要求，要求援助方政府制定专门援助计划。因此，我们应当制定以前述规定为原则的多层次的对口支援相关立法，其中包括中央政府的对口支援行政法规，援助方的地方性法规或规章，受援方的地方性法规、单行条例或规章等。首先应当加强《民族区域自治法》、《长江三峡工程建设移民条例》以及西部开发有关法律文件之间的协调，以克服政出多门、矛盾冲突迭出的情况，主要是在《长江三峡工程建设移民条例》和西部开发法律文件中进一步具体落实《民族区域自治法》中的有关规定。还要加强国家法律法规和地方政府规章之间的协调，以保证国家有关对口支援法律法规的权威性，实现国家法律法规的统一实施。对口支援涉及中央与地方，地方与地方，各级政府部门、各个社会组织与个体之间极其复杂的关系，牵涉方方面面的利益纠葛，任何对口支援项目的开展必然牵涉各主体的利益。而如何规范，仅凭自觉性与家长式命令，不能从根本上解决各主体方的关系。通过不断的调整与互动，不仅仅是依靠党和政府的命令与政策的治理，要实现对口支援运行机制的有效性与效益最大化，实现对口支援制度在西部民族地区快速发展起到核心作用的美好希冀，我们主张通过市场法制下的公平、公正、公开，找到一种让对口支援制度发挥最大作用的规范体系——对口支援法，建构法制下的对口支援运行机制。

（二）进一步规范援助方与受援方的权利和义务

目前，对口支援的开展主要是在政府主导下进行的，有其优势也有其劣势。优势是集中力量办大事，劣势就是权责不明，没有遵循基本的市场规则。为此，要明确对口支援各方的权利义务关系，是对口支援制度立法方面必须重视的。如何按照市场规则，或引入市场规则到对口支援规范中，研究援助方与受援方的基本权利义务关系，明确援助方与受援方的特定权利与义务，就成为对口支援法治化中面临的重要问题，也是必须面对的具体问题。

概括来讲，援助方的权利主要包括以下几个方面：及时了解受援方的基本情况与实际需求，享受国家和地方的优惠政策，要求受援方提供各种必要条件；

援助方的义务主要包括：遵守当地法律与政策，履行企业的社会责任，严格执行援助计划，依法纳税义务，优先招收本地的劳动力进入企业工作；

受援方的权利主要包括：参与援助规划的制定，参与援助项目的建设与管理；

受援方的义务主要包括：配合与协助义务，优化投资软环境。

从对民族地区各级扶贫办的调研来看，对口支援各方即援助方与受援方均签订帮扶协议，并在协议中明确了各方的权利义务。但是实际操作过程中，突出存在以下几个问题：

第一，扶贫办的有关专业人士认为，对口支援仅仅靠行政命令是达不到良好愿景的。

第二，援助方基于中央和上级的命令和安排的任务，往往是应付性的，不是真心实意来搞对口帮扶欠发达民族地区。

第三，每年沿海各援助方来到西部受援方帮扶，一批批调研考察人员，每年都不相同，不是固定的搞帮扶的专业人员，对口支援的持续性和衔接性不好，容易走过场。考察团每年来考察一次，没有什么实质进展，援助方的对口支援观念和管理水平与深圳等专注于对口支援工作相比，差距很大，也直接影响了对口支援的真正效果。

第四，受援方更多希望援助方能够提供更为广阔的市场，并通过市场来开展对接和帮扶工作。

第五，援助方与受援方双方的需求完全是脱节的，无法实现互利、双赢，双方不是平等地位，民族地区搞扶贫工作的人士往往心里感觉很不舒服。

第六，存在一些对口帮扶的案例，在签订协议后，援助方的资金不能按时到位，而受援方开工建设项目，却不能支付农民工工资，不能更进一步进行项目的建设投入，造成很大损失，有的案例最终造成政府签订的帮扶合同无法履行，给民族地区的发展造成了一定影响。

第七，有些对口帮扶支援项目建成后由于没有明确进一步的权益关系，导致工程项目启动后，无果而终，造成很大资源浪费，更谈不上带动民族地区经济的发展。

当然对口支援项目中还存在很多实际问题。这些问题可能会长期存在，也是对口支援运行中的不可避免的问题，但是如果再进一步明确各受援方和援助方的权利义务，将各方的权责再进一步细化，应该会避免类似问题发生。因此，立法上加强规范和明确援助方与受援方的权利义务是解决上述症结问题的主要方法。

（三）进一步规范企业的社会责任条款

即援助方企业在经济开发和对口援疆过程中，企业承诺通过环境保护等"额外义务"，致力于提高员工及其家庭、当地社区以及整个社会的生活质量来支持可持续发展。具体来讲，就是通过努力，在公众中确立一种积极的声誉，在有益于企业的长远发展的同时创造出一种竞争优势。目前，西方发达国家越来越重视企业的社会责任，我国《公司法》第5条中也做出了相关规定，企业的社会责任主要包括保障劳工权益、保护消费者利益、环境保护责任、文化保护责任等。这种价值理念也应体现在援助方企业的行为上，当前急需落实的企业社会责任：一是对生态环境的损失所给予的经济上的补偿，这种补偿应当带有普遍性，只要其开发行为对生态环境造成负面影响即予补偿，这种补偿一般以税、费的形式体现，不同于一般意义上的环境污染损害赔偿。二是优先招收本地的劳动力进入企业工作。我国《民族区域自治法》第23条和第22条规定都是针对民族自治地方的企业、事业单位和自治机关的，但是，为了保证整个开发项目的顺利进行，在越来越提倡企业的社会责任的今天，对在民族自治地方从事援助开发活动的其他企业同样具有借鉴意义，应该承担起相关的责任。

（四）进一步完善对口支援在实施、管理体系和激励机制、评估机制和跟踪管理机制等方面的建设

进一步强化各主体方，尤其是政府主体的地位、责任，建立更为科学可行的帮扶措施，建立良好的实施管理体系，建立长效机制和长效目标责任制，不因人而异，要制度化、科学化，建立科学的激励机制、评估机制，并完善跟踪管理机制。

二、执法方面

（一）将对口援疆纳入整个国民经济和社会发展规划

经济和社会发展计划是规定国家、部门和地方的经济社会发展战略目标、方向、主要任务以及实施措施的指导性文件。通过"十二五"和"十三五"计划明确对口援疆的目标、方向、主要任务以及实施措施，并且在计划中要求有关部门、地方人民政府在支援资金、物资以及经济技术协作等方面制定一个合理可行的具体的援助计划。目前19省市的援助方都在制定本地的援疆具

体计划。

（二）建立稳定的资金与物资筹集管理制度

资金的筹集是发达地区 19 省市的政府、企事业单位实施对口援疆制度的前提。特别是发达地区政府对民族地区无偿援助，更需要建立稳定的资金和物资筹措管理制度。在财政资金之外，还要充分动员一切社会力量积极赞助。因而，十分有必要设立专门的募集机构，根据新疆各地的实际需求，募集对口援疆资金和物资。无论是财政资金还是社会募集资金都要对其实行专户存储，确保专款专物的专用。

（三）建立稳定的人才选派制度

对口支援制度实施以来，在人才和智力支援上存在较多问题，最为突出的就是缺乏人才智力的选派机制，致使东部人才参与对口支援的积极性不高，这就影响了对口支援的实施效果。所以，尽快制定相应的人才选派机制是保证人才和智力支援的重要措施。至今这方面还只有卫生部、教育部、科技部的相关文件加以规定，而没有形成系统的人才选派机制。这种状况要求承担对口支援任务的援助方政府或者人事部抓紧制定相关的规章制度，具体规定人才选派的条件、程序、待遇等，以确保对口支援制度的顺利实施。

（四）建立行政指导和奖励制度

对口支援是一种补充性制度安排，需要政府强有力的引导和激励。1983 年《国务院批转关于经济发达省、市同少数民族地区对口支援和经济技术协作工作座谈会纪要的通知》，曾在几个方面提出适当放宽某些经济政策，对援助方给予相应的鼓励，如国家引导和鼓励经济发达地区的企业按照互惠互利的原则，到民族自治地方投资，开展多种形式的经济合作。但是国家对向民族地区提供对口支援和经济技术协作单位的专门鼓励措施一直没有出台。2001 年《国务院办公厅转发国务院西部开发办关于西部大开发若干政策措施实施意见的通知》在投资融资、财政税收、产业布局、社会发展等方面,规定了一系列扶持和优惠政策,在地区经济技术协作优惠措施上提出了"比照外商投资的有关优惠政策"。但是东部各个省区在这方面的专门规定却是凤毛麟角,山东省人民政府出台的《山东省工业企业参与西部大开发三年指导意见》。① 当前急需建立对口支援的行政指导和相关奖励制度,积极引导援助方与受援方立足受援地区的长远发展与产业布局,制定适合当地的援助计划与援助项目。同时,无论是中央层面还是援助方与受援方政府,对于积极履行对口援疆义务、成效显著的省市及有关人员进行奖励。

(五) 建立支援项目的跟踪协调制度

2004 年 3 月国务院发布的《国务院关于进一步推进西部大开发的若干意见》指出:"加强西部与东部、中部地区之间的经济交流与合作,建立市场化的跨地区企业协作机制,把东部、中部地区的资金、技术和人才优势与西部地区的资源、市场和劳动力优势结合起来,实现优势互补,互惠互利,共同发展。加大东部地区和中央单位对口支援西部地区的工作力度。"这一规定向我们表明了市场化的跨地区企业协作机制作为西部民族地区和东、中部地区企业之间经济交流和合作的重要机制,对于推进对口支援和经济及技术协作的意义。在这种机制的建立地区的有关政府,支援方和受援方政府应当制定专门的对口支援和经济技术协作项目的后续跟踪协调制度,明确双方在支援项目建设中、建设后的责任。在支援项目协议签订后,支援方应当积极采取各种措施,在资金、物资以及人员等各方面做好项目实施的准备,受援

---

① 杨道波:《对口支援和经济技术协作法律对策研究》,载《中央民族大学学报》2006 年第 1 期。

方应当做好相关的配套工作,积极配合项目的落实。①

三、特别制度

(一)落实民族自治地方获得利益补偿的权利

我国《宪法》第10条规定,国家为了公共利益的需要,可以依照法律规定对土地实行征收或者征用并给予补偿。新修订的《民族区域自治法》第65条和第66条的规定可以说是对前述宪法规定的落实,其中包括,国家采取措施,对输出自然资源的民族自治地方给予一定的利益补偿;民族自治地方为国家的生态平衡、环境保护作出贡献的,国家给予一定的利益补偿。《民族区域自治法》的相关规定,确认了国家对少数民族的利益补偿义务,同时也规定了民族自治地方获得利益补偿的权利。同时,《国务院实施〈民族区域自治法〉若干规定》第8条中明确规定国家使用征收的矿产资源补偿经费时要优先考虑原产地的民族自治地方。这些规定都是民族自治地方获得利益补偿权利的原则性规定。

新疆拥有丰富的自然资源,如前所述,我国现有中石油、中石化等多家国有企业经过国家的授权在新疆进行自然资源的开发活动,这些能源企业应遵守国家前述法律法规的相关规定,对民族自治地方进行利益补偿,具体的补偿标准应在开发自然资源活动开始前即与民族自治地方进行预先协商,并纳入工程成本。新疆的很多地区,为国家的生态平衡和环境保护作出了贡献,国家同样应以税收返还、专项财政转移支付等形式进行利益补偿。

(二)少数民族的习惯法权

民族自治地方的各种经济主体生活在我国重要的大江、大河的源头,与其息息相伴,他们与当地的生态之间存在事实上的

---

① 杨道波:《对口支援和经济技术协作法律对策研究》,载《中央民族大学学报》2006年第1期。

"习惯法权"①。因而对西部地区的生态环境进行保护，主要应依靠民族自治地方的力量，主要是各种经济主体。而在一国之内，各种经济主体在自然资源权属及开发中所形成的利益分享中的次序是不同的，在这种次序关系中民族自治地方的居民应优先受惠。优先受惠的依据和基础是民族自治地方居民与所在地资源的自然关系并衍生的习惯法权。国家在对民族自治地方开发资源，从国家生态环境整体利益出发提出的资源保护以及从民族自治地方输出资源，都将直接影响到民族自治地方居民对其所在地资源的利益实现的可能性。国家的利益补偿制度反映的是当地居民对自然资源存在的优先受惠权要求，是对优先受惠权实施不充分的补偿。

(三) 完善对口支援和经济技术协作的对策

1. 加强对口支援和经济技术协作的立法协调，逐步形成一套和谐统一的法律体系

目前，我国对口支援和经济技术协作法律制度体系内部存在较为严重的不协调性，它严重地制约着我国对口支援和经济技术协作法律制度的实施。所以，建立协调一致的对口支援和经济技术协作法律制度是我国社会主义法治建设的紧迫任务。(1) 应当加强《中华人民共和国民族区域自治法》、《长江三峡工程建设移民条例》以及西部开发有关法律文件之间的协调。主要是在《长江三峡工程建设移民条例》和西部开发法律文件中进一步具体落实《中华人民共和国民族区域自治法》中的有关规定。(2) 应当加强国家各个机关如国家民族事务委员会、国务院扶贫办等所制定的规章之间的协调性，以克服政出多门、矛盾冲突迭出的情

---

① 又称习惯权利，指的是那些经过长期的、广泛的社会实践所形成的、并得到社会公认与普遍遵守的习惯规则所确认的社会自发性的权利。其显著特征在于它的历时性、民众广泛参与的普遍性、自发性与社会认同性。习惯权利的正当性即源于社会主体的普遍承认并长期信守。民族自治地方的居民与当地生态环境和部分资源之间事实上的占有与使用即属于习惯法权。

况。(3) 应当加强国家法律法规和地方政府规章之间的协调，以保证国家有关对口支援和经济技术协作法律法规的权威性，实现国家法律法规的统一实施。

2. 建立对口支援和经济技术协作法律制度的实施机制

(1) 将这项活动纳入整个国民经济和社会发展规划，并制定具体援助计划

经济和社会发展计划是规定国家、部门和地方的经济社会发展战略目标、方向、主要任务以及实施措施的指导性文件[①]。2004年9月下发的《西部开发促进法》（征求意见稿）第5条，已经对承担对口支援任务的经济相对发达地区的省级人民政府做出了明确要求，要求这些地方政府制定专门援助计划。这些地方政府应当根据国民经济和社会发展计划，将之纳入省级经济和社会发展计划之中，然后据此制定专门援助计划。只有这样才能使对口支援和经济技术协作法律制度在纵向上更具有统一性和明确性。

(2) 上级国家机关应建立稳定的资金与物资筹集管理制度

发达地区政府对民族地区无偿援助，需要建立稳定的资金和物资筹措机制。发达地区政府对口支援的资金和物资来源主要涉及两类：一类是财政资金，另一类是社会募集资金和物资。就财政资金而言，承担对口支援的发达地区人民政府和国家有关部门应当在本级财政中设立专项资金，专款专用。就社会募集资金和物资而言，国家有关部门以及承担对口支援的发达地区人民政府应当建立一个长期的资金和物资募集机制，设立募集机构，专门募集对口支援资金和物资，充分动员社会积极集资集物，动员海内外同胞、侨胞、华人、企业家、实业家积极赞助。无论是财政资金还是社会募集资金都要对其实行专户存储，还要建立专门的管理部门，负责资金和

---

① 漆多俊：《宏观调控法研究》，中国方正出版社2002年版，第43页。

物资的使用和管理,确保专款专物的专用。①

(3) 上级国家机关应建立完善的引导和激励制度

对口支援和经济技术协作是一种补充性制度安排,需要上级国家机关强有力的引导和鼓励。首先,对口支援和经济技术协作是一项复杂的系统工程,涉及政府、部门、企业及社会各界,横跨东中西以及从中央到地方的广大地域,必须加强统一的组织与协调,并建立相应的工作协调制度,形成领导有力、协调及时、运转有序的工作机制。② 其次,构筑省际协作载体,组织企业参与洽谈会、考察活动,组织企业开拓西部市场,积极配合民族地区企业在本地招商引资。再次,最为关键的就是尽快建立稳定的对口支援和经济技术协作的优惠制度。《民族区域自治法》第64条规定:"上级国家机关应当组织、支持和鼓励经济发达地区与民族自治地方开展经济、技术协作和多层次、多方面的对口支援。"同时第65条还规定:"国家引导和鼓励经济发达地区的企业按照互惠互利的原则,到民族自治地方投资,开展多种形式的经济合作。"但是国家对向民族地区提供对口支援和经济技术协作单位的专门鼓励措施一直没有出台。2001年《国务院办公厅转发国务院西部开发办关于西部大开发若干政策措施实施意见的通知》,在投资融资、财政税收、产业布局、社会发展等方面,规定了一系列扶持和优惠政策,在地区经济技术协作优惠措施上提出了"比照外商投资的有关优惠政策"。

3. 建立市场化的跨地区企业协作机制和支援项目的跟踪协调制度

2004年3月国务院发布的《国务院关于进一步推进西部大开

---

① 杨道波:《对口支援及经济技术协作的法律对策研究》,载《中央民族大学学报》2006年第1期。
② 山东省计委地区处:《我省参与西部大开发问题研究》,山东省计划委员会网站,2010年3月25日最后访问。

发的若干意见》指出："加强西部与东部、中部地区之间的经济交流与合作，建立市场化的跨地区企业协作机制把东部、中部地区的资金、技术和人才优势与西部地区的资源、市场和劳动力优势结合起来，实现优势互补，互惠互利，共同发展。加大东部地区和中央单位对口支援西部地区的工作力度。"这一规定表明，市场化的跨地区企业协作机制是西部民族地区和东、中部地区企业之间经济交流和合作的重要机制，对推进对口支援和经济及技术协作的意义。在这种机制的建立中，东、中部与西部地区的政府应该充分发挥积极的引导作用，进一步加强政府间交流，构筑"政府搭台、企业唱戏"的平台，进一步加强本省在外企业联合会的组建，构筑企业合作平台。但政府不能越俎代庖，这项活动的主体应当是东、中部地区的企业中介组织。只有如此，才能切实体现这种协作机制的市场化特征。对口支援和经济技术协作项目的跟踪协调制度是保证这一项目持续存在并发挥作用、避免中途夭折的重要措施。这个机制的建立主体既包括东部地区的政府和有关企事业单位，也包括西部民族地区的政府和企事业单位，但主要是东西部地区的有关政府。支援方和受援方政府应当制定专门的对口支援和经济技术协作项目的后续跟踪协调制度，明确双方在支援项目建设中、建设后的责任。在支援项目协议签订后，支援方应当积极采取各种措施，在资金、物资以及人员等各方面做好项目实施的准备，受援方应当做好相关的配套工作，积极配合项目的落实。在项目建成后，西部受援方还应当继续做好项目运转所需要的一切工作。同时，东部支援方应当做好项目交接后的技术和人员的支持，以防止出现项目建成后因没有后续服务而相继垮掉的状况。[1]

---

[1] 杨道波：《对口支援及经济技术协作的法律对策研究》，载《中央民族大学学报》2006年第1期。

第四章 民族地区反贫困法制

第一节 贫困与贫困线

尽管现代社会以来经济高速发展,经济全球化和世界市场的逐渐形成给现代经济的发展带来前所未有的机遇,广泛而严重的贫困问题始终未能远离人类的视线。贫困问题是当今世界最尖锐的社会问题之一。

一、贫困的定义

面对贫困问题首先要解决的是怎样理解贫困。什么是贫困?或者说怎样定义贫困?对此人们有着各种不同的理解。正如孙立平先生所言,"贫困是一个既复杂又简单的现象。说它复杂,是因为直到现在为止,有关贫困的含义及其衡量标准的确定,在学者中间仍然争论不休,而且这种争论似乎越来越复杂化。但从另一个方面来看,贫困现象又很简单,因为你无论在定义上进行怎样的争论,贫困都以一种朴素而客观的方式存在着。"[①] 定义贫困既简单又复杂,"贫困首先是一种物质生活的状态,但贫困又绝

[①] 孙立平:《贫困是什么?》,载三农中国——华中科技大学中国乡村治理中心网站,http://www.snzg.cn/article/2006/1111/article_1804.html,2011年9月3日最后访问。

非仅仅是一种简单的物质生活状态。贫困同时是一种社会结构现象。"①

(一) 国外关于贫困的定义

在国外的学术界，对于贫困存在不同的定义。最初的贫困定义，集中在收入贫困上面。根据诺贝尔经济学奖获得者阿马蒂亚·森的定义，贫困应当就是由于低收入而不能满足基本生存需要的状况。但是，对于什么是满足基本生存需要的贫困收入线，并没有一个固定不变的标准，而要根据时间、物价等因素的变动来加以确定。② 而在经济学家汤森看来，森的这种贫困定义指的是一种绝对贫困。在发达国家，绝对贫困概念是不适用的，相对贫困概念是更合适的贫困概念。因此，他认为所有居民中那些缺乏获得各种食物，参加社会活动和最起码的生活和社会条件的资源的个人、家庭和群体就是所谓贫困。在他的定义中，相对贫困实质上是一种相对被剥夺状况，亦即被剥夺正常社会生活权利和生活方式的状况。③ 世界银行也主要是从收入视角来坚定贫困的。尽管在世界银行的贫困定义中，确定贫困线的收入标准包含了物质生活以外的其他生活需要满足情况的测量，但贫困的主要内容仍然是基本的物质需要不能得到满足的生存状况："缺少达到最低生活水准的能力"④。

但是单纯以收入作为标准来定义贫困并不全面。在贫困问题

---

① 孙立平：《贫困是什么?》，载三农中国——华中科技大学中国乡村治理中心网站，http://www.snzg.cn/article/2006/1111/article_ 1804.html，2011 年 9 月 3 日最后访问。

② Sen, Amaryta: "Poverty, Relatively Speaking", *Oxford Economic Papers*, New Series, 1983, 153 – 169.

③ Townsend, Peter: "A Sociological Approach to the Measurement of Poverty—A Rejoiner to Professor Amartya Sen". *Oxford Economic Papers*, New Series, Vol. 37, No. 4 (Dec., 1985), 659 – 668.

④ World Bank : *Development Report* 1990: *Poverty*. Oxford University Press, Oxford.

研究领域影响巨大的阿马蒂亚·森在20世纪90年代改变了其对贫困的看法,他认为衡量一个人的福利状况,并不仅仅在于他的物质福利状况,还包括他的资源禀赋、利用机会的能力、利用资源的权利状况、幸福感、自尊感和对社区生活的参与。因此,相应地,一个人的贫困就是在这些方面不能获得基本的满足。[①] 森的这种理论又被称为多维贫困理论(multidimensional poverty),其核心是"把发展看做扩展人们享有实质自由的一个过程,实质自由包括免受困苦——诸如饥饿、营养不良、可避免的疾病、过早死亡之类——基本的可行能力。贫困是对人的基本可行能力的剥夺,而不仅仅是收入低下。除了收入低下以外,还有其他因素也影响可行能力的被剥夺,从而影响到真实的贫困。"[②] 1997年联合国开发计划署在《人类发展报告(1997)》中也提出了与森的定义相近的人文贫困的概念,其定义是:人文贫困是指人们在寿命、健康、居住、知识、参与、个人安全和环境等方面的基本条件得不到满足,从而限制了人们的选择的状况。

(二) 国内关于贫困的定义

与此相似的是,在国内关于贫困的定义也大致有单项式界定与多维式界定两种。单项定义主要着眼于经济收入水平,注重人们的物质生活。根据国家统计局农调总队的定义,贫困一般是指物质生活困难,一个人或一个家庭的生活水平达不到一种社会可接受的最低标准。他们缺乏某些必要的生活资料和服务,生活处于困难境地。单项定义的好处在于便于对贫困进行测量。但是正如上面所提到的,这种定义是不完整的。把贫困这种本质上非常复杂的社会经济现象做了不恰当的简化。而多维式的贫困定义弥

[①] Sen, Amaryta: Inequality Reexamined. Oxford University Press, Oxford.

[②] 《中国多维贫困测量:估计和政策的含义》,载《2010年中国国际扶贫中心研究报告》第4期,第2页。

补了单项式贫困定义的上述不足。总的来说，多维式的贫困理论认为，贫困不仅表现为低收入和低生活水平，还包括社会、文化各方面的不发达状态。例如，童星、林闽钢认为：贫困是经济、社会、文化落后的总称，是由低收入造成的缺乏生活所需基本物质和服务以及没有发展机会和手段这样一种生活状况[1]。康晓光则指出，贫困是人的一种生存状态，在这种生存状态中，人由于不能合法地获得基本的物质生活条件和参与基本的社会活动的机会，以致不能维持一种个人生理和社会文化可以接受的生活水准。[2]

由此可见，关于贫困的定义主要有两种观点。第一种是简单的单项式的定义模式，用收入作为标准定义贫困。这种观点的优点在于能够简便而清晰地辨明发现贫困现象，便于贫困人口的识别。而缺点在于将贫困现象局限在经济方面不能很好地反映贫困的根源和特点，因此也不利于减贫措施的实施。第二种是多维式的定义模式，综合了经济收入、文化生活等多个方面来定义贫困。这当然是较全面的观点，往往能反映出贫困的成因和全貌，但是如何对多维式贫困进行识别却较为困难。也正是由于这个原因，中国政府在长期的扶贫中一直采用单项式的贫困定义。

二、贫困、风险与脆弱性[3]

正如多维式贫困定义所指出的，贫困是经济、社会、文化落后的总称，是由低收入造成的缺乏生活所需基本物质和服务以及没有发展机会和手段这样一种生活状况。因此，贫困与风险、脆

---

[1] 童星、林闽钢：《中国农村贫困标准线研究》，载中国扶贫基金会汇编：《中国扶贫论文精粹》，中国经济出版社2001年版。

[2] 康晓光：《中国贫困与反贫困理论》，广西人民出版社1995年版。

[3] 这部分主要参考了《贫困、脆弱性：概念和测量方法》，载《2010年中国国际扶贫中心研究报告》第2期，未刊稿。

弱性这两个概念有着密切的联系。

根据黄承伟等人的研究,风险是指"能够损害人们福利的未知事件。风险与事件发生的概率相关,超出了个体家庭的直接控制。风险因素包括自然灾害、社会风险(犯罪、暴力、政治等)、个人风险(疾病、受伤、事故、家庭变动等)、经济风险(失业、资产损失等)"。[1] 无论如何定义风险,其基本的核心含义是未来结果的不确定性或损失。

脆弱性是另一个与贫困直接相关的概念。不同的学科对于脆弱性有着不同的定义,至少有经济学、社会学和人类学、灾害管理、环境科学和健康/营养学科等不同定义。其中经济学与社会和人类学的定义有较强的分析能力。经济学家对脆弱性的定义,"常强调在一定条件下,家庭应对风险的结果。其结果往往是关注用货币测量的福利损失。即家庭面对某种风险,产生的收入或消费方面的福利损失"[2]。而社会学家对脆弱性的定义,则丰富了脆弱性和贫困的内涵。"社会学家通常将贫困描述为与一定环境相结合的,收入或消费不充足的状态。能力、谋生、剥夺、排斥等术语用于描述贫困状态。"[3] 这种定义的洞察力在于,"让人们认识到除了物质资本、经济资本之外,还有重要的社会资本。因此,在'风险—风险响应—结果'这一风险链中,社会资本对于风险管理至关重要。"[4]

---

[1] 《贫困、脆弱性:概念和测量方法》,载《2010年中国国际扶贫中心研究报告》第2期,未刊稿,第2页。

[2] 《贫困、脆弱性:概念和测量方法》,载《2010年中国国际扶贫中心研究报告》第2期,未刊稿,第3页。

[3] 《贫困、脆弱性:概念和测量方法》,载《2010年中国国际扶贫中心研究报告》第2期,未刊稿,第4页。

[4] 《贫困、脆弱性:概念和测量方法》,载《2010年中国国际扶贫中心研究报告》第2期,未刊稿,第5页。

在分析了风险和脆弱性的概念之后,我们可以发现和梳理贫困与这两者之间的密切联系。首先,"脆弱性既是风险的产物,也是个体抵御风险的能力和行动的产物。当风险打击程度相同,风险抵御机制强的家庭脆弱性较小,风险抵御机制弱的家庭脆弱性较强。没有贫困的家庭面对较强的风险打击,由于自身的风险抵御机制弱,更容易陷入贫困,而能够禁受打击的家庭可能不会陷入贫困。"①

其次,"脆弱性的程度依赖于风险的特点和家庭抵御风险的机制。抵御风险的能力依赖于家庭特征,即他们的资产。穷人的生计更脆弱,因为他们的风险抵御能力更少,或者他们的风险抵御能力范围不能完全地保护他们。风险打击导致个人或家庭福利降低或贫困,前提是家庭缺少抵御风险的能力。因此,家庭抵御风险的能力低,也是导致穷人持续贫困的一个原因"②。

总之,贫困、风险和脆弱性三者的关系可以简单理解如下:家庭的脆弱性由风险和风险打击的力度和家庭抵御风险制度的强度决定,风险是家庭脆弱性的诱因,而脆弱性又在很大程度上会导致贫困。因此,政策干预应从两方面入手:降低风险和增强风险抵御机制。

三、贫困的界定标准——贫困线

简单地说,贫困线是为满足生活标准而需的最低收入水平。正如上面所提到的,人们对于贫困的认识与理解不同,加之各个国家的经济发展水平有很大的差异,贫困线的标准也就各不相同。例如发达国家的贫困线(如美国)的认定标准明显比发展中

---

① 《贫困、脆弱性:概念和测量方法》,载《2010年中国国际扶贫中心研究报告》第2期,未刊稿,第7页。

② 同①。

国家高。但总的来说，世界上广泛接受的贫困标准还是基于消费或收入的贫困线。而当前普遍采纳的贫困线包括三类：一类是世界银行发布的贫困线，一类是国际经济合作与发展组织采用的国际贫困标准，还有一类是各个国家的官方贫困线。

（1）世界银行发布的贫困线

世界银行的贫困线标准被简称为"1天1美元"标准，并被各界熟知并广泛接受。1990年，世界银行为了比较各国的贫困状况，对各国的国家贫困标准进行了研究，发现在34个有贫困标准的发展中国家和转型经济国家中，贫困标准从每年200多美元到3500美元不等，而且贫困标准与各国居民收入水平呈高度正相关。其中，12个最贫困国家的国家贫困标准集中于275—370美元。因此，世界银行在1990年采用了370美元作为衡量各国贫困状况的国际通用标准。同时，为了有效地反映印度、孟加拉国、印度尼西亚、埃及、肯尼亚等国的贫困状况，世界银行将275美元（约合1天0.5美元）作为国际通用赤贫标准，用于比较各国的极端贫困状况。按1985年购买力平价计算的每年370美元的高贫困线很快被简化成"1天1美元"的贫困标准，被各界熟知并广泛接受。1994年，世界银行对贫困标准重新进行了研究，按1993年的购买力平价测算，10个最贫困国家的平均贫困线约为每天1.08美元。世界银行当年按此标准重新测算了各国的贫困状况。虽然十多年过去了，各国的物价水平和消费结构都发生了变动，贫困标准的实际数值也已不再是1天1美元，但是，在贫困状况的研究和衡量中，人们仍习惯将"1天1美元"称作"贫困标准"。[1]

"1天1美元"的贫困标准之所以能被广泛采用，一是因为它

---

[1] 王萍萍等：《中国贫困标准与国际贫困标准的比较》，载《中国农村经济》2006年第12期。

简单明了，轻易记忆；二是因为其测算基础是最贫困国家的贫困线，"1天1美元"比较符合人们对贫困生活水平的大致想象。这个贫困标准在2000年被联合国千年发展目标采用后，就更加深入人心。

（2）国际贫困标准

国际贫困标准（International Poverty Line Standard）实际上是一种收入比例法。它显然是以相对贫困的概念作为自己的理论基础的。经济合作与发展组织在1976年组织了对其成员国的一次大规模调查后提出了一个贫困标准，即以一个国家或地区社会中位收入或平均收入的50%作为这个国家或地区的贫困线，这就是后来被广泛运用的国际贫困标准。

提出国际贫困标准的初衷是要使社会救助制度乃至社会保障制度的发展符合20世纪60年代以来世界经济发展迅速国际化的大趋势。汤森指出："经济的急剧国际化已经使得在各民族国家之间将他们确定基本收入需求的方法论和实践以及实际上向贫困者支付的津贴比率作一比较变得更加重要，同时也提出了一个极为重要的问题，即将'第一世界'和'第三世界'贫困的定义统一起来。这种统一的二元进程（在富国之间和在富国与穷国之间）可以说仅仅在最近才开始，它对长期以来已经确立的各民族国家贫困标准不一的观点，并且也对今后科学地确定社会需求是意义深远的。"正是受到上述发展趋势的影响，为了便于进行国际比较，在70年代中期，经济合作与发展组织对其成员国的社会救助标准作了一次调查。调查结果发现大多数成员国的个人社会救助标准大约相当于个人社会中位收入的三分之二，于是提出以此作为制定贫困线的基础。并据此推算出二口之家（一对夫妇）的社会救助的标准相当于个人社会中位收入。①

（3）中国的贫困线②

根据学者王萍萍等人的研究，中国官方公布的政府贫困标准有两个："一个被称为农村贫困标准，另一个被称为农村低收入标准。从学术研究的角度看，农村贫困标准是极端贫困标准，低收入标准则是一条较高的贫困标准。国家统计局没有正式公布全国城市贫困标准。"③

1. 农村贫困标准

这一标准最初是 1986 年由政府有关部门在对 6.7 万户农村居民家庭消费支出调查的基础上计算得出的，即 1985 年农村人均纯收入 206 元的标准，到 2000 年这一标准相当于 625 元。这是一个能够维持基本生存的最低费用标准。这一贫困标准的计算方法如下④：

（1）综合国际和国内最低限度的营养标准，中国采用 2100 大卡热量作为农村人口贫困的必需营养标准。

（2）用最低收入农户的食品消费清单和食品价格确定达到人体最低营养标准所需的最低食物支出，作为食物贫困线。

（3）假设靠牺牲基本食物需求获得的非食品需求是维持生存和正常活动必不可少的，也是最少的。并根据回归方法计算出收入正好等于食品贫困线的人口的非食物支出（包括最低的衣着、

---

① 百度词条：国际贫困标准。http://baike.baidu.com/view/4423331.htm，2011 年 9 月 3 日最后访问。

② 本部分主要参考了王萍萍等：《中国贫困标准与国际贫困标准的比较》，载《中国农村经济》2006 年第 12 期。表 1 "2000—2005 年贫困标准比较"也转引自王萍萍文，特此感谢。

③ 王萍萍等：《中国贫困标准与国际贫困标准的比较》，载《中国农村经济》2006 年第 12 期。

④ 参见《中国农村扶贫开发概要》。国家扶贫开发办，http://59.252.32.30/publicfiles/business/htmlfiles/FPB/gjfg/201103/164355.html，2010 年 9 月 4 日最后访问。

住房、燃料、交通等必需的非食品支出费用),作为非食品贫困线。

(4) 用食品贫困线(约占60%)与非食品贫困线(40%)相加得到贫困人口的扶持标准。

在确定农村贫困标准时,中国政府根据人们对食物的基本需求,用营养医学确定的一个人维持生存的最低热量需求确定了基本食物需求,采用了每人2100大卡/日的标准。按照这个标准,根据1985年中国的物价水平,当时的贫困线被定为人均年纯收入206元。而以后的变动,都是根据物价变动进行的调整,热量标准则没有变化。按2100大卡热量的最低标准计算,70年代中国农村改革前的绝对贫困发生率在40%左右。而如果按2400大卡的健康标准计算,则绝对贫困发生率为50%左右[1]。

根据2100大卡标准,农村尚未解决温饱问题的贫困人口由1978年的2.5亿人减少到2000年的3000万人,农村贫困发生率从30.7%下降到3%左右。目前,印度的扶贫标准约为人均每天消费1.2美元的水平(按照购买力平价),与世界银行人均每天消费1.25美元的全球标准比较接近。而中国2008年、2009年农村(人均纯收入)贫困标准1196元,按照购买力平价测算,只相当于每天0.89美元的水平。2011年,中国将把贫困标准上调到人均纯收入1500元,这比2008年、2009年1196元的贫困标准提高25%。据此标准,全国贫困人口总数将大增,有可能上亿。

2. 低收入标准

1998年,国家统计局开始测算新的贫困标准,从2000年起,以低收入标准的名义向社会公布。具体方法是:采用1997年的食物贫困线(经物价指数调整),再利用在贫困状况下食物消费

---

[1] 周彬彬、高鸿宾:《对贫困的研究和反贫困实践的总结》,中国扶贫基金会汇编:《中国扶贫论文精粹》,中国经济出版社2001年版。

占总生活消费60%的假设，计算出1998年农村低收入标准为880元。该标准的测定使用了世界粮农组织采用的一个通用的假设，即如果恩格尔系数（食物消费份额）在60%以上时，生活水平一般为贫困。按1993年购买力平价换算，"1天1美元"标准在1998年应为每年885元人民币，这与低收入标准非常接近。

如果依据中国政府所发布的农村贫困标准和农村低收入标准，对比国际贫困标准，可以发现中国政府的贫困标准低于国际贫困标准，而农村低收入标准则与国际贫困标准大致相同。

表1　2000—2005年贫困标准比较　　单位：人民币元/年

	2000年	2001年	2002年	2003年	2004年	2005年
农村贫困标准	625	630	627	637	668	683
农村低收入标准	865	872	869	882	924	944
国际贫困标准*	876	882	873	884	918	935

注：* 标准为1天1美元，按1993年购买力平价换算后，用中国居民生活消费价格指数更新。

3. 中国贫困标准的特点

根据王萍萍等人的观点，中国的官方贫困线的确定具有几个特点，我们认为这一分析对我们更好地理解中国官方贫困线是十分有益的。这些特点是[①]：

（1）官方贫困线确定的对象是长期贫困（chronic poverty）。由于国家统计局确定的贫困线具有明确的政策目标，就是为了确定长期陷入贫困的扶贫对象，因此，临时性贫困（transitory poverty）并不包括在按照官方贫困线确定的扶贫对象中。中国用的方法是收入与消费双重办法，不同于世界上其他国家的消费标

---

① 参见王萍萍等：《中国贫困标准与国际贫困标准的比较》，载《中国农村经济》2006年第12期。

准，也不同世界银行的消费标准。从当前全球贫困监测的理论以及发展趋势来看，贫困标准和贫困监测只瞄准长期贫困虽然利于操作，但却存在严重的缺陷。一是贫困本身是动态的，随着经济、自然、环境、社会、政治等的变化而变化，在一定时期内一些人口会陷入贫困，而另外一些人口会脱贫。贫困的动态监测，对于公共政策的制定是十分重要的。二是对临时性贫困的监测，特别是对于脆弱性人群暴露在一定风险环境下陷入贫困的概率进行监测，有利于将传统的事后扶贫向事后扶贫与事前预防相结合转变，这样能够以更低的社会代价，取得更高的减贫效果。

（2）贫困标准没有区分家庭结构的差异。我们现在的贫困标准1196元，是一个比较笼统的概念，没有考虑不同年龄段的人口学特征差异。这样，我们就不能对儿童贫困和老年贫困进行准确的监测和评估。

（3）没有针对城市的贫困标准。世界各国贫困线的经验表明，城市和农村的贫困标准不一样。随着我国城市化率的逐步提高，城镇人口即将占全国总人口的一半，如果不制定城市贫困标准，则很难对城市贫困进行有效的监测和评估。

第二节　民族地区的贫困问题

一、民族地区的概念

（一）民族地区的界定

首先需界定的是民族地区的概念。一个常见的误区是认为民族地区就是民族自治地区。而简单地说，"民族地区是中国少数民族地区的简称。民族地区就是少数民族聚集的地区，这并不是说在这些地区内，全部人口都是少数民族，有些地方汉族在总人口中的比重可能超过少数民族,之所以称为民族地区,除了习惯之外,主要是由于这些地区聚居了较多的少数民族,因而在政治、经济、宗教、习俗、文化氛围等方面有着不同于汉族地区的特点。"[1]

在学术界和日常生活中对"民族地区"一词的使用都是多种含义上的。学者对于民族地区的范围的认识也并不完全一致。

第一种认识认为中国少数民族地区一般指民族自治地方。民族自治地方是建立在实行民族区域自治地方的具有自治权利和地位的地方行政单位。主要有4种类型:以一个少数民族聚居区为主建立的自治地方;以一个大的少数民族聚居区为主,并包括一个或几个人口较少的少数民族建立的自治地方;以两个或两个以上少数民族聚居区为基础建立的自治地方;在某些汉族人口占大多数的地方也可以以汉族以外的少数民族聚居区为主建立自治地方。民族自治地方在一定程度上反映了该地方的民族分布状况。在具体的设置规定上,相当于省的民族自治地方成为自治区,介于省与县之间的称自治州,相当于县的称自治县。只有自治区、自治州、自治县才是民族自治地方。在设区的市设立的区、在县以下设立的民族乡都不是民族自治地方。目前,我国有5个自治区,30个自治州,120个自治县,实行区域自治的少数民族占少数民族总人口的71%,民族区域自治的面积占全国国土面积的64%。

第二种观点认为,少数民族地区除了上述民族自治地方外,还包括云南、贵州和青海三个省的非自治地方,原因是三省的非自治地方也聚居着较多的少数民族,并且也能享受中央规定的赋予民族自治地方的民族政策。

---

[1] 刘颖:《中国民族地区政府投融资体制改革研究》,中央民族大学博士学位论文2009年,第7页。

除了这两种观点之外，施正一在《民族经济学教程》中指出："这里所讲的民族地区经济，主要指我国内蒙古、新疆、西藏、宁夏、广西五个少数民族自治区和云南、贵州、青海、四川、甘肃五个多民族省份以及吉林、湖南、湖北、海南等地的少数民族聚集地区的经济建设与社会经济生活。"[①] 按照这一解释，我国少数民族地区应包括内蒙古、新疆、西藏、宁夏、广西五个少数民族自治区和云南、贵州、青海、重庆、四川、甘肃六个多民族省份以及吉林、湖南、湖北、海南等地的少数民族聚集地区。三种观点以施正一界定的最为全面，范围最广。由于最后一种观点最符合一般意义上我们对民族地区范围与指称，因此我们采用施正一对民族地区的界定。

（二）民族地区与西部大开发地区

西部大开发是中国政府的一项政策，目的是"把东部沿海地区的剩余经济发展能力，用以提高西部地区的经济和社会发展水平、巩固国防"。由于东西部地区发展差距的历史存在和过分扩大，以及国内成为一个长期困扰中国经济和社会健康发展的全局性问题。支持西部地区开发建设，实现东西部地区协调发展成为我国现代化建设中的一项重要的战略任务。西部大开发是中共中央贯彻邓小平关于我国现代化建设"两个大局"战略思想、面向新世纪做出的重大战略决策，全面推进社会主义现代化建设的一个重大战略部署。2000年1月，国务院西部地区开发领导小组召开西部地区开发会议，研究加快西部地区发展的基本思路和战略任务，部署实施西部大开发的重点工作。2000年10月，中共十五届五中全会通过的《中共中央关于制定国民经济和社会发展第十个五年计划的建议》，把实施西部大开发、促进地区协调发展

---

① 施正一：《民族经济学教程》（修订本），中央民族大学出版社2001年版，第187页。

作为一项战略任务,强调:"实施西部大开发战略、加快中西部地区发展,关系经济发展、民族团结、社会稳定,关系地区协调发展和最终实现共同富裕,是实现第三步战略目标的重大举措。"

西部大开发的范围包括陕西省、甘肃省、青海省、宁夏回族自治区、新疆维吾尔自治区、四川省、重庆市、云南省、贵州省、西藏自治区、内蒙古自治区、广西壮族自治区12个省,自治区、直辖市、3个少数民族自治州,面积为685万平方公里,占全国的71.4%。

具体来说,西部大开发的范围包括:一是真正列为开发区的是十二个省市自治区。其中包括1个直辖市重庆,6个省即四川省、贵州省、云南省、陕西省、甘肃省、青海省和5个自治区即西藏、宁夏、新疆、内蒙古、广西。二是比照西部大开发有关政策实施开发的地区。这包括:湖南湘西土家族苗族自治州、湖北恩施土家族苗族自治州和吉林延边朝鲜族自治州。由于这些地区虽出于中部和东部地区,但是发展水平较低,比照国家西部大开发有关政策实施开发开放。依照这个标准来看,我们所说的民族地区即内蒙古、新疆、西藏、宁夏、广西五个少数民族自治区和云南、贵州、青海、重庆、四川、甘肃六个多民族省份以及吉林、湖南、湖北、海南等地的少数民族聚集地区,除了海南之外都在西部大开发地区范围之内。

二、民族地区贫困现状

(一)中国贫困地区的分布格局

从我国贫困县(旗、市)的空间分布来看,我国的贫困县绝大部分都是分布在山区或高原山区,特别是群山连绵区,更是呈现集中分布的状态。除去少数呈现离散分布的县之外,我国集中连片分布或基本呈现集中连片分布的贫困县共计373个可以分为乌蒙山区、横断山区、秦巴山区、六盘山及陇中南地区、武陵山区、吕梁山区、太行山区、大小兴安岭南麓、南疆地区、三江源地区、桂黔川滇毗邻地区、赣南地区、琼中地区共计13个片区，约170万平方公里，1.19亿人，其中1.04亿乡村人口。而根据贾若祥、侯晓丽的研究，我国贫困地区分布的主要特点和主要类型如下①：

1. 贫困地区分布的主要特点

我国贫困地区分布的特点主要有两个。

第一，贫困地区与贫困县的分布在空间上具有较高的重合性，特别是对于西部集中连片较大的贫困地区来说，两者之间在空间上的重合度很高，贫困地区往往都是分布在国家592个国家扶贫工作重点县集中连片分布的核心区内。

第二，贫困地区有自东向西、由北向南逐步增多的趋势。与国家592个国家扶贫工作重点县的空间分布相比，本研究中提出的贫困地区更多是集中在西南部地区，这在一定程度上也说明西南部地区是我国今后扶贫攻坚的重点和难点地区，其他区位条件相对较好，位于平原地区的贫困县基本上已经摆脱或初步摆脱贫困。

2. 贫困地区的主要类型

我国贫困地区主要有两种类型，即生态脆弱型集中连片贫困地区和生存条件待改善型集中连片贫困地区。

（1）生态脆弱型集中连片贫困地区

通过将本研究中提出的贫困地区与我国提出的限制开发区域、山区、丘陵和平原县进行对比，可以发现本研究中提出的贫困地区与上述生态脆弱地区具有较高的重合性。在对比中可以发现，属于限制开发区的县的数量占据50%以上的地区有秦巴山

---

① 参见贾若祥、侯晓丽：《我国主要贫困地区分布新格局及扶贫开发新思路》，载《中国发展观察》2011年第7期。

区、吕梁山区、三江源地区和琼中地区，按照国家的主体功能区规划，这些地区属于重要的生态保护区，按照本研究划分的贫困地区范围，这些地区又是集中连片贫困地区，这些地区是集生态保护与集中连片贫困的特征为一体的地区，属于生态脆弱型集中连片贫困地区。对于生态脆弱型集中连片贫困地区，今后在扶贫开发的过程中要重点推进生态移民，在条件适宜地区同时推进就地扶贫。

(2) 生存条件待改善型集中连片贫困地区

除了上述地区之外，还有乌蒙山区、桂黔滇毗邻地区、六盘山及陇中南地区、横断山区、武陵山区、太行山区、大小兴安岭南麓、赣南地区、南疆地区，在这些地区中，尽管限制开发区的县数没有超过50%，但是大多也是山区、丘陵区，只有极少数的平原区，生态环境也比较重要，但是这些地区从总体来看还是有适宜集聚人口和产业的空间，可以通过不断改善当地的生产生活条件，促进人口向中心城镇集聚，推进脱贫致富。因此，此类地区可以被分类为生存条件待改善型集中连片贫困地区。对于生存条件待改善型集中连片贫困地区，主要是通过不断改善当地的生产生活条件，按照"点状开发、面上保护"的思路，推进此类地区开发。

(二) 民族地区贫困现状与特征

我国是统一的多民族国家，少数民族人口一亿多，民族自治地方占国土总面积的64%，西部和边疆绝大多数地区都是少数民族聚居区。这一基本国情决定了少数民族和民族地区的发展在我国经济社会发展全局中占有极其重要的地位。而由于我国民族地区长期存在着经济底子薄、经济发展慢等问题，目前我国少数民族和民族地区发展面临的贫困问题仍然十分严峻，加快发展面临的问题和困难非常突出。

根据《中国统计年鉴2006》的资料显示，中国近八成的少数民族人口定居西部欠发达地区，西北陕西、甘肃、宁夏、青海、新疆等省份和自治区，居住着维吾尔、回、藏、东乡、撒拉、保安、裕固、蒙古和哈萨克等近20个少数民族，少数民族人口超过1500万；西南的贵州、云南和西藏有藏、彝、苗、布依、白、哈尼、壮、傣、侗、纳西、回等30多个少数民族，少数民族人口超过了2900万。中国少数民族的分布与贫困人口的分布在地域特征上的吻合程度很高，而同时西部的少数民族又大多分布在边境地区，少数民族贫困问题严重。

根据2010年12月22日国家民委主任杨晶代表国务院在全国人大常务委员会第十八次会议上作的报告，目前少数民族与民族地区的贫困问题主要反映在以下几个方面：

第一，与全国特别是发达地区的发展差距仍然明显存在，并呈继续拉大趋势。2009年，民族地区人均地区生产总值仅为全国平均水平的65.2%，城镇居民人均可支配收入仅为全国平均水平的82.9%，农民人均纯收入仅为全国平均水平的72.4%。

第二，扶贫开发任务仍然艰巨。2009年，民族地区尚有1955万农村贫困人口，占全国农村贫困人口总数的54.3%。南疆三地州、四省藏、六盘山区、秦巴山区、武陵山区、乌蒙山区、大小凉山地区、滇黔桂石漠化区、滇西边境及哀牢山区、大兴安岭南麓地区等集中连片困难地区，都是少数民族贫困人口比较多的地区，生存条件差，贫困程度深，脱贫难度大，是我国扶贫攻坚最难啃的"硬骨头"。

第三，基础设施条件仍然薄弱。民族地区一些与群众生产生活密切相关的水、电、路、气（沼气）等公共基础设施建设还比较薄弱，还有相当一部分人口未解决饮水安全问题，缺乏基本生存条件需要易地搬迁的有600多万人。一些民族地区农村住房条件差、生活设施简陋，与小康标准还有很大差距。西南一些贫困山区的群众还住在茅草房、杈杈房中。①

学者杨明洪、王永莉从已经列入国家级贫困县、已经列入省级贫困县和未列入上述两类而事实上确属贫困状况这三个层面来描述西部民族地区的贫困现状。我们认为，他们的讨论与分析是十分有说服力的。在此，我们转引他们的论述。根据他们在《中国西部经济发展报告2005》中的分析：

1. 西部地区的国家重点扶持民族贫困县数量众多，贫困人口集中连片分布，贫困深度较高

（1）国家扶贫重点县的贫困状况分析。到2004年底，国家扶贫重点县同全国农村的贫困状况相比，差距在拉大，不仅绝对贫困的发生率高，而且相对贫困、贫困深度问题严重。如国家扶贫重点县2004年的农村人均纯收入和人均生活消费支出分别为1582元和1392元，分别占全国农村人均纯收入2936元的53.9%和人均支出2185元的63.7%。另一方面，从区域上看，西部地区大多数的贫困人口集中连片分布在如下的贫困地区：内蒙努鲁尔虎山地区、陕北地区、甘肃中部地区、宁夏西海固地区、秦岭大巴山地区、横断山地区、滇东南地区、桂西北地区和西藏地区等，其中绝大部分为少数民族地区。这些少数民族贫困人口大多分布在自然环境恶劣、社会发育落后、基础设施差的西部边远地区。这些地区因病、因灾造成的返贫率非常高。

（2）以四川为例分析国家重点扶贫县中的民族贫困县的贫困状况。四川是西部一个典型的内陆地区，有53个民族成分，50个民族县。四川省的国家重点扶贫工作县共有36个。其中，民

---

① 杨晶：《国务院关于加快少数民族和民族地区经济社会发展工作情况的报告——2010年12月22日在第十一届全国人民代表大会常务委员会第十八次会议上》，载中国人大网，http://www.npc.gov.cn/npc/xinwen/2010-12/25/content_1612568.htm，2011年9月9日最后访问。

族贫困县有20个，占四川省国家重点县的55.6%，占四川省50个民族县的40%。这些民族贫困县又集中分布在四川的三个民族自治州（三州），即阿坝州、甘孜州和凉山州，共19个，占民族贫困县的95%。"三州"是四川省最不发达的地区，据不完全统计，2002年"三州"农村居民人均纯收入为1170.7元，占四川省平均水平的58.9%，只有成都市的37.8%，只有全国平均水平的49.5%；"三州"农村的恩格尔系数为66.4%，为典型的绝对贫困地区，比四川省平均水平的54.7%高出11.7个百分点，高出成都市17.3个百分点。这几乎可以看做西部所有民族贫困县现实状况的缩影。

2. 西部地区的各省级贫困县中，绝大多数为民族贫困县

除了列入全国592个国家贫困县的民族贫困县外，我国各省、区还有省、区级贫困县。但是，我国政府并没有统一全国各省区的贫困标准。各省区都是根据全国统一标准并综合考虑本地区农民收入、物价总水平以及消费水平和结构等特点，制订本省区的省级贫困标准和相对贫困标准，并主要通过地方财政自己扶贫。西部12省区也没有统一的省级贫困标准，很难用统一的标准或省级贫困县数量的多少来度量各自民族地区的贫困问题。

3. 非贫困县、散杂居少数民族的贫困问题日益严重

我国农村贫困状况监测目前只涵盖了592个国家贫困县，各省区非贫困县中零星分散的贫困乡、村、户和省级贫困县，由有关地方财政自行筹措资金进行扶持。而据各地的抽样调查，非贫困县、散杂居的少数民族的贫困问题变得日益严重。

（1）民族县中非贫困县的贫困问题日益严重。据国家民委扶贫开发办的摸底调查，四川阿坝州的若尔盖县在20世纪末年收入625元以下的绝对贫困人口占农村总人口的39%；贵州道真仡佬族自治县也是一个非贫困县，贫困发生率达31.6%，远远高出全国3%的贫困发生率。这在西部民族县中绝非偶然，应该引起

我们的足够重视。又如广西部分非贫困县的贫困问题也比较突出。

（2）非民族县中散居杂居的少数民族的贫困状况也不容乐观。据国家民委扶贫开发办的摸底调查，四川宜宾市13个民族乡中8个是特困乡，20%的少数民族生活困难，民族乡与全市以及非民族乡相比，贫困深度相当高，有的甚至相差近千元。

此外，民族地区因病、因灾重新出现的贫困人口以及脱贫后返贫人口没有纳入统计范围，从而西部民族地区的贫困状况可能比通常统计的还要严重。

三、民族地区贫困的成因

（一）关于贫困成因的研究

关于贫困原因的研究十分重要，因为反贫困的基础和着力点在于消除或者最大限度地减少贫困的成因。正如在第一节所提到的，多维式的贫困理论主张贫困不仅仅是收入贫困的问题，而且是社会资源、文化资源缺乏和社会参与性低等一系列问题的综合。这种多维式的贫困定义不但能够很好地展现贫困的多层次内涵，而且在很大程度上溯及了贫困的根源。

同对贫困的定义一样，学者们对于贫困成因也有着纷繁复杂的观点。寻找事物之间的引起与被引起的关系，并将这些因果关系的过程详细地加以描述构成了社会科学家们的主要工作。在贫困成因领域的研究也同样如此。在对于贫困原因的研究中，不同的因果解释方案有着不同程度的解释力。

1. 国外关于贫困成因的研究

国外关于贫困成因的学说可谓众多。国外关于贫困成因的西方社会学观点主要有：马克思（K. Marx）等的贫困结构论、甘斯（H. J. Gans）的贫困功能论、易斯（O. Lewis）的贫困文化论、瓦伦丁（C. Verlinden）的贫困处境论、约瑟夫（K. Joseph）的剥循环论、费里德曼（M. Freedman）个体主义贫困观（周彬彬，1991；李强，1997）。此外，英格尔（A. Inkeles）的个人现代性、沃伦斯坦（I. Wallerstein）关于核心—边陲的世界体系理论、布（P. Blau）的不平等和异质性理论、撒列尼（I. Szelenyi）和维克多·倪（V. Nee）关于不平等的度主义理论（萧新煌，1985；孙立平，1995）也或多或少对贫困研究产生过影响。关于贫困成因的西方经济学观点，被介绍和评述的主要有马尔萨斯的（T. R. Malthus）土地报酬递减论、纳克的（R. Nurkse）贫困的恶性循环论、莱本斯坦（H. Leibonstein）的临界最小努力理论、舒尔（T. W. Schultz）关于人力资本、关于贫穷但是有效率的观点等（罗必良，1991；沈红，1992）。[①]

进入 21 世纪以后，国际上关于贫困成因的认识，更多地强调结构的维度。这里所说的结构，一方面是指一个国家内部的社会经济政治结构，有人认为，第三世界国家按照发达国家提供的药方搞发展，其实正是贫困者贫困的根本原因，因为这种发展剥夺了地方社区尤其是农民的生存资源，破坏了他们赖以生存的环境，同时又没有真正把他们纳入发展的过程，分享发展的成果；甚至一些发展中国家的反贫困措施，由于许多背后的政治经济因素的影响，变成了反对穷人从而使穷人更加贫困的措施。另一方面也包括全球化背景下的国际经济政治结构，尤其是第三世界国家的边缘化引起了这些国家的强烈关注和不满，认为第三世界国家普遍存在的贫困和饥饿，而是在国际经济结构中被边缘化、不良发展、被剥夺和剥削的历史过程的产物。[②]

[①] 沈红：《中国贫困研究的社会学综述》，载《社会学研究》2000 年第 2 期。

[②] 陈光金：《反贫困：促进社会公平的一个视角——改革开放以来中国农村反贫困的理论、政策与实践回顾》，载景天魁、王颉主编：《统筹城乡发展》，黑龙江人民出版社 2005 年版。

总的来说，国外对贫困成因的研究可以大致分为两个方面：要素层面和制度层面。从要素层面对贫困成因的解释认为产生贫困的原因在于缺乏经济增长所需的要素，要素的缺乏又主要可分为资本的短缺和自然资源的贫乏。而从制度层面的分析可以追溯到马克思，马克思认为资本主义制度是无产阶级贫困的根源。换句话说，正是缺乏公平、开放的制度导致了贫困。那么只要公平的制度条件具备，在一个开放系统中，贫困问题终究可以得到解决。

2. 国内关于贫困成因的研究

根据学者沈红的研究，国内关于贫困成因的研究可归纳为以下几种[1]：

(1) 要素贫困论

学者姜德华等人的《中国的贫困地区类型及开发》[2]是对中国区域性贫困成因进行分析的第一本书。这本书侧重从自然资源角度概括贫困的分布和特征的角度，总结山区资源不合理开发利用与自然生态恶性循环导致贫困的过程。关于区域性贫困的原因分析，概括起来有两类观点：一类观点认为，贫困是对于自然资源开发利用不足使然，资金缺乏以及交通、通信、能源等基础设施严重落后，是导致贫困的根本原因；另一类观点把贫困归咎于资源状况先天恶劣，土地资源和其他自然资源不足，资源结构不合理，是导致贫困的主因。这类地区通常是生态脆弱地区，对它的过度开发或直接放任不管，都有可能引起环境的恶化，从而引发贫困。

(2) 素质贫困论

学者王小强、白南风在《富饶的贫困》[3]一书中率先把人口

---

[1] 沈红：《中国贫困研究的社会学综述》，载《社会学研究》2000年第2期。
[2] 姜德华等：《中国的贫困地区类型及开发》，旅游教育出版社1989年版。
[3] 王小强、白南风：《富饶的贫困》，四川人民出版社1982年版。

素质确定为贫困原因、落后的本质规定。他们认为中国的贫困地区存在令人震惊的贫穷的矛盾现实，贫困的本质规定，不是资源的匮乏，不是产值的高低，也不是发展速度的快慢和收入的多少，而是"人的素质差"，没有从事现代商品生产和经营的能力。"素质贫困论"曾被广为接受，几乎至今仍在学界、政界和市民中流行。这种观点被进一步扩充和改变，形成了各种不同的表述，例如，能力约束导致贫困，文化素质低和科技意识差导致贫困地区农民对科技的有效需求不足，严重制约着贫困地区农业生产的发展，等等。但是，素质贫困论受到学者们的质疑，确实，素质低迄今仍然是一部分农村人口处于贫困境地的原因之一，但也仅仅是原因之一，把贫困人口的贫困全部归因于他们素质低，既不合乎实际，也是不公平的。

(3) 系统贫困观

这一理论认为把贫困归咎于自然生态条件、资金、技术或者人口素质的观点，都不具有完全的说服力，因为从贫困经济运行的不同侧面固然可以寻求出不同原因，但是各个单独侧面的原因都无法完整地概括贫困的综合成因。人们开始倾向于把贫困看成诸多因素系统运行的结果。有人借鉴"系统"一词，认为贫困的根源是由"陷阱—隔离—均衡"所构成的一个"低层次的、低效率的、无序的、稳定型的区域经济社会运转体系"，这个体系规定了贫困延续的轨迹[①]。特定区域结构的形成是复合系统与其环境相互作用协同进化的过程，各种因素构成了一个错综复杂的因果关系网络，其中存在着众多反馈回路。所谓区域性贫困陷阱就是各种反馈贿赂被凝固为区域性持久状态[②]。借用生态学术语，这种相互关联的贫困机制被概括成"选择性亲和"，用以描述各

---

① 罗必良：《从贫困走向富饶》，重庆出版社 1991 年版。
② 康晓光：《中国贫困与反贫困理论》，广西人民出版社 1995 年版。

种贫困因素的逻辑一致性与相互支持的动机性影响。区域性贫困或不发达的本质在于该区域社会在能动机制、资源基础与求变能力之间的欠缺性因素发生选择性亲和的互动作用下，未能参与整个外部区域的经济全面增长与社会持久进步的过程①。

(4) 制度—政策致贫论

在探讨中国农村贫困的成因时，还有一些研究者把分析的视角转向国家的制度—政策安排所造成的影响。受到批评的国家制度—政策安排，包括工农业产品价格剪刀差制度、非均衡发展战略、土地制度、户籍制度、金融政策、社会保障制度、税收制度、就业制度等，几乎所有这些制度安排，都是不利于农民的，或者就是农民贫困的直接成因②。有人从广泛的视角考察了制度—政策致贫的问题，认为这种制度—政策性致贫过程，是所有转型国家共同面临的问题，是制度和政策改革过程所造成的机会不平等的结果③。

可以看出，国内对于贫困成因的研究也可以归纳为要素成因与制度成因两个取向，而系统贫困论则是综合了要素成因和制度成因。

(二) 民族地区贫困成因分析

上面综述了国内外关于贫困成因的各种观点。总的来说，贫困的成因在于要素层面（自然资源、资本、人力资源等）和制度层面两个方面。对于我国民族地区贫困的成因来说，要素成因与制度成因的分析仍然是适用的。但是由于民族地区的特殊性，我

---

① 夏英编：《贫困与发展》，人民出版社1995年版。
② 参见张德元：《农村的人文贫困与农村的制度"贫困"》，载世纪中国网，2003年3月5日；郇建立：《国家政策对农村贫困的影响》，载《开放时代》2001年第3期。
③ 朱玲：《转型国家贫困问题的政治经济学讨论》，载中国扶贫基金会汇编：《中国扶贫论文精粹》，中国经济出版社2001年版。

们应对民族地区的贫困成因进行专门研究。

关于民族地区贫困成因的最著名也最有影响力的观点可能来自于费孝通先生。根据费孝通先生的观点，边区民族贫困地区之所以长期陷于贫困状况，主要原因是适合于不同生态系统的生产方式（例如内蒙古的粗放农业与游牧经济）相互冲突矛盾的结果。这种冲突和矛盾破坏了内蒙古的生态系统，造成生态失衡，从而导致了贫困[1]。沿着这一思路，学者潘乃谷、马戎研究了不同民族地区在民族互动、城乡互动、农牧文化互动过程中发生的可能引发贫困的历史过程，提供了许多实证的研究结果，阐释了区域性贫困、民族贫困的发生机制，认为这些地区的贫困基本上是在外来力量的主导下被边缘化、同时遭遇生态恶化的结果[2]。可以看出，这一理论对理解民族地区贫困问题有着很强的分析力与洞察力，但是，我们必须认识到如果仅仅依靠这一理论的分析仍是不充分的。我们认为，民族地区的贫困成因主要有以下几个方面：

1. 历史原因

按照学者沈红的观点，中国少数民族地区的形成与贫困地区的形成，"是一个相关的历史过程，因为历史发展过程不是一个简单的年表，而是一个有机的、前后关联的生长史，如果把历史这个时间轴压缩若干倍，我们就能观察到少数民族是在某种压力下流动着的人口群，可以说少数民族的历史是一部经济边缘化的历史"[3]。因此，"它不仅仅是'少数民族的贫困有其历史原因'

---

[1] 费孝通：《农村、小城镇、区域发展》，载《北京大学学报》1995年第1期。
[2] 潘乃谷、马戎主编：《社区研究与社会发展》，天津人民出版社1996年版。
[3] 沈红：《中国历史上少数民族人口的边缘化——少数民族贫困的历史透视》，载《西北民族学院学报》（哲学社会科学版）1995年第2期。

的说法那么简单"①，而且也是历史进程中少数民族被不断边缘化的过程。

周恩来在1957年3月在中共浙江省委扩大会议上的讲话《民族区域自治有利于民族团结和共同进步》指出："我国有些少数民族，原来是居住在中原的，后来汉族逐渐发展，就把他们挤到边疆去了。汉族人口多，所居住地区的地理气候条件好，经济、文化也比较先进，处在有利的地位，这样汉族就逐步地得到了较快的发展……历史上汉族长期处于优势地位，汉族统治阶级要么把少数民族同化，要么就把少数民族挤到边疆和生产条件差的地区。处于劣势地位的少数民族得不到发展，因而落后了。"②这些论述深入阐述了对少数民族地区贫困成因的历史解释。

2. 自然环境因素

自然环境因素属于上面所讨论过的贫困成因的要素成因。自然环境因素最大的特征在于其不易改变性，因此其对民族地区经济社会发展的制约与限制影响是巨大的。"区域环境条件直接影响到区域经济发展水平，贫困地区的环境条件自然是贫困的最重要原因之一。自然环境是对一个国家或地区社会经济发展产生重要影响的因素，也是人类至今为止难以改变和无法完全克服的因素。"③民族地区贫困人口所生存的地理环境恶劣，大部分处在生态环境脆弱的石山区、黄土高原区、偏远荒漠区和冰川区。这些地区农业生产条件差，交通闭塞，信息不灵，生产技术和手段落后，商品经济不发达，生产力水平低下，农民收入水平低。就西

---

① 潘乃谷、马戎主编：《社区研究与社会发展》，天津人民出版社1996年版，第53页。

② 周恩来：《民族区域自治有利于民族团结和共同进步》（在1957年3月在中共浙江省委扩大会议上的讲话）。

③ 黄颂文：《21世纪初西部民族地区农村反贫困法制保障研究》，中央民族大学博士学位论文2005年，第35页。

部民族地区而言，区域环境具有以下几方面的共同特征：

（1）自然地理环境极为复杂。贫困地区自然地理环境极为复杂，以甘肃省为例，甘肃省贫困地区地处青藏高原、黄土高原和内蒙古高原交汇地带，多为褶皱沟壑区，地表支离破碎，地形复杂多变，山势陡峻凶险，相对高差极大，在国际上被划为最差生存区域。而在世界公认每方公里只能养活15人的最差生活区区域内，却拥挤着每平方公里100—150人的人口，超载5.7－9倍。这种恶劣的生存环境，根本无法与平原地区相提并论。这些贫困地区正处于干旱、半干旱和半湿润气候的过渡地带，气温、降水年变率大，自然灾害种类多且频繁发生，灾害损失大。

（2）发展农业生产的基础条件差。西部民族地区发展农业生产的基础条件差，耕地面积持续减少，耕地质量明显下降；水利灌溉设施少，农业水源无法得到保证；农业机械化水平低，农业生产工具落后。

（3）交通闭塞。民族地区农村普遍交通不便，而且因交通闭塞，致使信息不灵，许多企业得不到及时的市场情报，盲目生产，产品找不到销路；过高的运费增加了成本，削弱产品本来就不强的市场竞争力。缺乏灵便的信息也严重影响了农产品的经营，削弱了农民生产经营的积极性。交通闭塞制约了资源的开发，丰富的自然资源不能及时转化为经济资源。[①]

3. 金融资本因素

以上提及，资本的短缺是贫困的一个重要成因。在现代社会中，金融资本的短缺会极大地阻碍区域经济的发展。而民族地区正面对这样的困境。

根据发展经济学的观点，经济落后国家或贫困地区的经济停

---

① 黄颂文：《21世纪初西部民族地区农村反贫困法制保障研究》，中央民族大学博士学位论文2005年，第35—37页。

滞不前，人均收入水平低，究其原因在于缺乏资本和投资。在民族贫困地区，投资的主体首先是政府，从国家对贫困地区的资金扶持来看，不可否认的是政府为了尽快改变贫困地区的落后面貌，通过多种途径对贫困地区输入了大量的资金，但这种资金输入却是十分有限的。但是，"金融是现代经济的核心，是现代经济资源配置的枢纽，货币政策的非中性化也已经得到理论和实践的反复验证。因此，要缩小地区经济发展差距，就必须采取差别式的货币金融政策。我国少数民族地区基本都分布在欠发达的西部，经济发展普遍落后于其他地区。造成少数民族地区贫困落后的原因是多方面的，有文化教育、科学技术、自然资源、地理位置等方面的原因，也有货币金融领域的问题"[1]。

根据学者何世学、梁必文的研究，目前我国正在进行金融体制改革，特别是专业银行向商业银行转轨，这一转型"使得依赖传统金融模式运行的民族贫困地区的金融体系与建立现代金融体系之间出现了断层，一方面旧的金融需求格局仍然存在，而另一方面新的金融供给格局没有形成，给民族贫困地区的经济金融造成诸多不利影响"[2]。因此，解决这一问题的关键是政府应采取一些积极的措施，促使金融机构在民族贫困地区提供更广泛的金融服务。

4. 人力资本因素

从人力资本理论的角度来看，一个区域的经济实力取决于这个区域拥有的物质资本的数量和质量以及人力资源的数量和质量。而在商品经济社会，生产力的发展和经济竞争能力的提高主

---

[1] 赵晓芳、王亦龙：《少数民族贫困地区货币政策区域化问题研究》，载《西北民族学院学报》（哲学社会科学版）2010年第3期。

[2] 何世学、梁必文：《现行金融体制对民族贫困地区经济金融的影响分析》，载《武汉金融》2000年第9期。

要取决于人力资本存量和质量,即劳动者的素质,它们直接决定了产业创新、劳动生产率和收入水平提高。前已述及,学者王小强、白南风把人口素质作为贫困原因、落后的最重要原因[1]。

与此相似的是,在民族地区贫困问题的研究中,学者杨云也持有相同的观点。他认为,"贫困的根本原因在于人力资本积累不足,在于智力结构的低层次性"[2],而"目前我国西部少数民族地区仍没有摆脱贫困的制约,其重要原因在于没有认识到人力资本与反贫困的特殊关系。只有人力资本积累的大幅度增加,反贫困才能取得真正实效。这是西部少数民族地区反贫困的一种理性战略选择"[3]。民族地区人力资本缺乏的现状呈现出以下几个特征:

(1) 人力资源文化素质不高,人力资本存量低

(2) 农村人口多,城市化水平低,人力资本的二元结构典型

现阶段我国西部民族地区经济是一种不发达经济,其经济结构上的典型特点是"二元化"。其中一元是技术落后,生产率低下,自我雇用的传统经济部门,包括渔猎经济、畜牧经济和农业经济,分工与交换不发达;一元是由国家移植的技术比较先进、生产效率较高的现代大工业经济,而且这两个部门之间长期互不关联,与这种二元经济相联系是人力资本的二元结构。在总人口中,农业人口比重大,城市化水平低,几个西部民族地区农业户口人口占总人口都在70%以上,个别地区近90%。在劳动力人口中,农业劳动力占60%以上,广西、贵州、云南、西藏在70%以上。

---

[1] 王小强、白南风:《富饶的贫困》,四川人民出版社1982年版。

[2] 杨云:《人力资本视野下西部民族地区反贫困的路径选择》,载《思想战线》2007年第4期。

[3] 同[2]。

(3) 西部民族地区贫困人口比重高

我国民族地区是我国贫困地区分布最集中、贫困发生率最高、贫困程度最深的地区。2009年，民族地区人均地区生产总值仅为全国平均水平的65.2%，城镇居民人均可支配收入仅为全国平均水平的82.9%，农民人均纯收入仅为全国平均水平的72.4%。[①]

5. 基础设施因素

基础设施是指为社会生产和居民生活提供公共服务的物质工程设施，是用于保证国家或地区社会经济活动正常进行的公共服务系统。它是社会赖以生存发展的一般物质条件。因此，基础设施的建设不仅关系到生产与发展、居民生活质量和社会福利，也在很大程度上反映了一个国家或地区的经济发展水平。而基础设施供应不足正是民族贫困地区面临的经济发展困境之一。

不过随着国家近年来对民族地区基础设施建设的投入日益加大，民族地区基础设施的落后局面有了明显改善。特别是西部大开发以来，"民族地区抓住国家实施西部大开发战略的历史机遇，其固定资产投资成为拉动经济快速增长的最大支撑，基础设施对国民经济发展的瓶颈制约明显缓解，为加快经济发展夯实了较为良好的物质基础"。[②] 但是值得注意的是，尽管民族地区基础建设取得了重大成就，但根据经济发展的需求，民族地区基础设施仍比较落后，与发达地区相比仍存在较大差距。

因此，国家对民族地区基础设施建设的政策支持和资金支援应继续实施，为全面改善其基础设施而积极行动。据国家民族事

[①] 杨云：《人力资本视野下西部民族地区反贫困的路径选择》，载《思想战线》2007年第4期。

[②] 何娟：《加快民族地区基础设施建设的思考与对策》，载《达县师范高等专科学校学报》2004年第5期。

务委员会主任杨晶表示,"十一五"以来,国家共投入1670多亿元支持民族地区公路、水运、铁路等基础设施建设,是"十五"时期的2.2倍。到2009年底,民族地区公路总里程达到88万公里,乡镇通公路比重达到98%,建制村通公路比重达到88%。其中,2006年青藏铁路建成通车,结束了西藏没有铁路的历史。目前除西藏部分地区外,边疆省区已全部实现行政村通电话。实施邮政局所改造,邮政普遍服务能力有效改善。2006年以来,中央用于民族地区的水利建设投资251亿元,一批大型水利工程相继建成并发挥效益。其中,2007年竣工的宁夏沙坡头水利枢纽工程,结束了当地灌区两千多年无坝引水的历史。①

6. 制度因素

这里所指的制度因素主要是指政府的扶贫开发机制存在内在缺陷,中央政府的扶贫开发政策在地方的实施过程中存在着较大的偏离。

一个政府的发展目标是多元化的,对于地方政府来说同样如此。"增加地方财政收入及其促进其区域经济的快速增长则是其主体发展目标,而帮助穷人摆脱贫困仅是地方政府目标中的主要目标之一。也就是说,当地方政府可能会牺牲扶贫目标以此最大限度地实现自身的主体目标。"② 在过去相当长的一段时间内,经济增长是我国的主要发展目标,与此相适应,对干部的考核评价也是以经济增长速度为主要指标,而经济增长速度中又主要以GDP增长为核心指标。GDP政绩观由此找到了现实存在的土壤。因此,在某些民族地区,"扶贫"往往只是当地政府的次要任务,

---

① 《"十一五"共投1670多亿元支持民族地区基础设施建设》,载中国新闻网,http://www.chinanews.com/gn/2010/12-22/2739392.shtml,2011年9月5日最后访问。

② 黄颂文:《21世纪初西部民族地区农村反贫困法制保障研究》,中央民族大学博士学位论文2005年,第38页。

"甚至有人把扶贫目标与其政府经济发展目标直接对立起来，对前者予以排斥和干预。如何使贫困区域的政府机构把扶贫目标当作自身主体发展目标，则是制定适宜的扶贫战略不能回避也无法回避的重要问题"①。

而在《国民经济和社会发展第十二个五年规划纲要》中，随着"坚持把建设资源节约型、环境友好型社会作为加快转变经济发展方式的重要着力点"的提出，加快转变经济发展方式成了新时期新阶段的中心与重点工作。加快转变经济发展方式首先就要改变带来诸多问题的 GDP 政绩考核机制，增加环保、民生等问题的考核比重。这将促进地方政府进一步转变政绩观，摆正政府的扶贫发展目标。

第三节 民族地区反贫困实践

民族地区是我国最主要的贫困地区。我国近八成的少数民族人口定居在西部欠发达地区，少数民族的分布与贫困人口的分布在地域特征上的吻合程度很高，民族贫困加上区域贫困的双重特殊性使得民族地区的反贫困一直受到我国政府的高度重视。

我国民族地区的反贫困战略是全国范围内的反贫困战略的一部分，民族地区反贫困的政策与制度也多包含于全国范围内的反贫困之中。而民族地区的贫困问题又集中在农村地区。因此，我们先介绍全国范围内的反贫困特别是农村反贫困的历史实践，因为这些反贫困实践同时也展现了民族地区反贫困的各个阶段与历程。然后我们再讨论民族地区反贫困中的特殊政策。

---

① 黄颂文：《21 世纪初西部民族地区农村反贫困法制保障研究》，中央民族大学博士学位论文 2005 年，第 39 页。

一、中国反贫困的历史实践

中国是世界上最大的人口大国，同时也是一个贫困人口众多的国家。作为世界上最大的发展中国家，在过去相当长的时期里，由于诸多原因，贫困一直困扰着中国。自1949年新中国成立后，特别是自20世纪70年代末实行改革开放政策以来，中国政府在致力于经济和社会全面发展的进程中，在全国范围内实施了以解决农村贫困人口温饱问题为主要目标的有计划、有组织的大规模扶贫开发。从1978年到2000年，农村解决没有解决温饱问题贫困人口由2.5亿人减少到3000万人，占农村总人口的比例由30.7%下降到3%左右，基本实现了到20世纪末解决农村贫困人口温饱问题的战略目标。进入新世纪以后，中国政府根据中国全面进入建设小康社会新阶段和农村依然存在贫困问题的基本国情，制定了新的扶贫战略，继续大力推进扶贫开发。

在新中国成立以后，我国政府的扶贫行动就开始了。50年代初，一些省政府派出工作队到困难区、困难村帮助困难户解决春耕生产的困难。60年代，国家有关部门在《加强农村社会保障工作，帮助贫下中农克服困难的报告》中提出要帮助困难户发展生产，报告中明确提出要使困难户"依靠集体经济，通过生产自救，逐步走上与其他社员共同富裕的道路"。70年代后期，国家民政部曾派出工作组分赴十几个省、区调查了解农村困难户和各地的扶贫情况，并对全国扶贫工作进行安排。从1949年到1978年改革开放前的30年，可以说是我国反贫困的第一个大的历史时期。这一时期的反贫困，从性质上看，基本上是由民政部门负责的社会救济工作，主要是向困难户、贫困户无偿提供吃饭穿衣等最为基本的、维持生存的生活资料；从方式上看，则主要是采取直接救济的"输血"方法，国家每年向贫困地区调拨粮食、衣物等救济物品，贫困户、困难户基本上是"吃饭靠供应、生产靠贷款、生活靠救济"。①

但是，真正严格意义上的扶贫，是在改革开放以后提出并大规模实施的。从改革开放开始，中国的扶贫开发大致经过了四个阶段。

(一) 第一阶段：体制改革推动扶贫阶段 (1978—1985年)

1978年，按中国政府确定的贫困标准统计，贫困人口为2.5亿人，占农村总人口的30.7%。导致这一时期大面积贫困的原因是多方面的，主要是农业经营体制不适应生产力发展需要，造成农民生产积极性低下。因此，制度的变革就成为缓解贫困的主要途径。

中国自1978年开始的改革，首先是土地经营制度的变革，即以家庭承包经营制度取代人民公社的集体经营制度。这种土地制度的变革极大地激发了农民的劳动热情，从而极大地解放了生产力，提高了土地产出率。与此同时，在农村进行的农产品价格逐步放开、大力发展乡镇企业等多项改革，也为解决农村的贫困人口问题打开了出路。这些改革，促进了国民经济快速发展，并通过农产品价格的提升、农业产业结构向附加值更高的产业转化以及农村劳动力在非农领域就业三个方面的渠道，将利益传递到贫困人口，使贫困农民得以脱贫致富，农村贫困现象大幅度缓解。

据统计，从1978年到1985年，农村人均粮食产量增长14%，棉花增长73.9%，油料增长176.4%，肉类增长87.8%；农民人均纯收入增长了2.6倍；没有解决温饱的贫困人口从2.5亿人减少到1.25亿人，占农村人口的比例下降到14.8%；贫困人口平均每年减少1786万人。

---

① 杨秋宝：《反贫困的抉择：中国50年的实践、基本经验和历史意义》，载《陕西师范大学学报》(哲学社会科学版) 1999年第12期。

(二) 第二阶段：大规模开发式扶贫阶段 (1986—1993 年)

20 世纪 80 年代中期，在改革开放政策的推动下，中国农村绝大多数地区凭借自身的发展优势，经济得到快速增长，但少数地区由于经济、社会、历史、自然、地理等方面的制约，发展相对滞后。贫困地区与其他地区，特别是与东部沿海发达地区在经济、社会、文化等方面的差距逐步扩大。中国农村发展不平衡问题凸显出来，低收入人口中有相当一部分人经济收入不能维持其生存的基本需要。

为进一步加大扶贫力度，中国政府自 1986 年起采取了一系列重大措施：成立专门扶贫工作机构，安排专项资金，制定专门的优惠政策，并对传统的救济式扶贫进行彻底改革，确定了开发式扶贫方针。自此，中国政府在全国范围内开展了有计划、有组织和大规模的开发式扶贫，中国的扶贫工作进入了一个新的历史时期。经过八年的不懈努力，国家重点扶持贫困县农民人均纯收入从 1986 年的 206 元增加到 1993 年的 483.7 元；农村贫困人口由 1.25 亿人减少到 8000 万人，平均每年减少 640 万人，年均递减 6.2%；贫困人口占农村总人口的比重从 14.8% 下降到 8.7%。

(三) 第三阶段：扶贫攻坚阶段 (1994—2000 年)

随着农村改革的深入发展和国家扶贫开发力度的不断加大，中国贫困人口逐年减少，贫困特征也随之发生较大变化，贫困人口分布呈现明显的地缘性特征。这主要表现在贫困发生率向中西部倾斜，贫困人口集中分布在西南大石山区（缺土）、西北黄土高原区（严重缺水）、秦巴贫困山区（土地落差大、耕地少、交通状况恶劣、水土流失严重）以及青藏高寒区（积温严重不足）等几类地区。导致贫困的主要因素是自然条件恶劣、基础设施薄弱和社会发育落后等。

以 1994 年 3 月《国家八七扶贫攻坚计划》的公布实施为标志，中国的扶贫开发进入了攻坚阶段。《国家八七扶贫攻坚计划》

明确提出，集中人力、物力、财力，动员社会各界力量，力争用七年左右的时间，到 2000 年底基本解决农村贫困人口的温饱问题。这是新中国历史上第一个有明确目标、明确对象、明确措施和明确期限的扶贫开发行动纲领。

在 1997 年至 1999 年这三年中，中国每年有 800 万贫困人口解决了温饱问题，是进入 20 世纪 90 年代以来中国解决农村贫困人口年度数量最高水平。到 2000 年底，国家"八七"扶贫攻坚目标基本实现。①

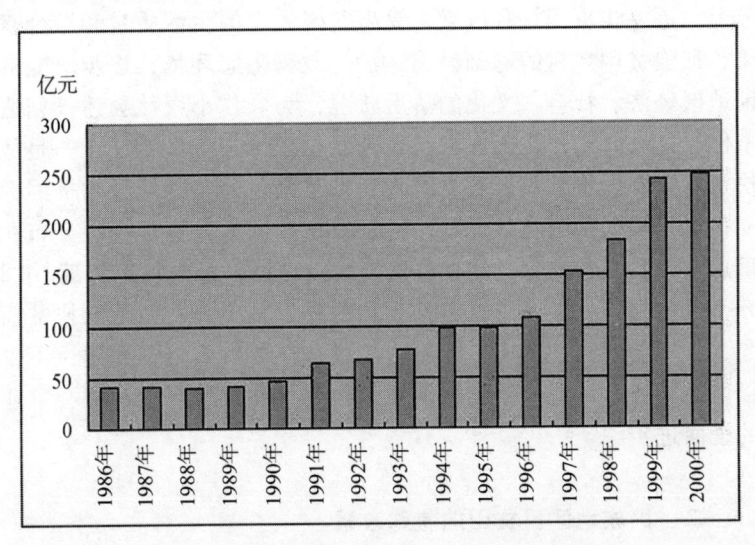

图 1　1986—2000 年中国政府扶贫资金增长情况

（四）第四阶段：扶贫开发新阶段（2001—）

2001 年以后，扶贫工作进入新阶段，从 2001 年 5 月起，我

---

① 国务院新闻办公室：《中国的农村扶贫开发白皮书》，2001 年 10 月 15 日发布。

国实施《中国农村扶贫开发纲要（2001—2010）》。这是继《八七扶贫攻坚计划》之后又一个指导全国扶贫工作的行动计划。它以贫困人口相对集中的中西部的少数民族地区、革命老区、边疆地区和一些特困地区为重点，以彻底解决极端贫困人口的温饱问题并为进入小康生活创造条件为基本内容，以开发式扶贫为主要方式，从而标志着中国政府的扶贫运动进入了一个新的阶段。

这一阶段是以建设小康社会为目标的综合扶贫开发阶段。《纲要》指出，到2010年，农村要在基本解决贫困人口温饱的基础上，进一步巩固扶贫成果，提高贫困人口的生活质量和综合素质，加强贫困乡村的基础设施建设，改善生态环境，逐步改变贫困地区经济、社会、文化的落后状况，为农村小康社会建设创造条件。这一时期，我国农村扶贫开发呈现出一些新特征：一是从扶贫对象看，将低收入农户纳入工作范围，公布了低收入贫困标准；二是从扶贫瞄准重点看，由于农村贫困人口有近一半分布在重点贫困县之外，为提高扶贫资金的瞄准性，全国认定了近14.8万个贫困村，将瞄准重点转移到贫困村、贫困户；三是从扶贫任务看，不仅解决贫困人口的温饱问题，还要解决返贫问题；不仅强调经济开发，还要推动贫困地区教育、文化、环境等社会事业的全面进步。[①]

二、民族地区反贫困的特殊政策

中国是一个多民族国家。正如我们在第二节中所分析的，由于历史原因、自然条件、人力因素、资本因素、基础建设因素和制度因素等原因，相当部分少数民族地区经济发展落后。全国348个少数民族地区县和非民族地区少数民族自治县中有257个被列为国家重点扶持贫困县。针对这一情况，中国政府十分重视

---

① 参见《中国农村扶贫开发纲要》（2001—2010年），2001年6月13日。

少数民族贫困地区的扶贫开发工作，在政策、措施方面给予了重点倾斜和特殊照顾。我们认为这些特殊政策可以从以下六个方面进行讨论。

（一）放宽标准，扩大对少数民族地区的扶持范围

国家对于民族地区给予特殊照顾，放宽标准，扩大对少数民族地区的扶持范围。具体表现有：

1980年中期，中国政府在全国范围内开展了有计划、有组织和大规模的开发式扶贫。由于中央财政资金有限，1986年中央政府决定以县为单位，对贫困落后地区进行重点扶贫，并公布了国家重点贫困县的标准：一般贫困地区1985年全县农民人均纯收入150元以下，但对民族自治地方县放宽到200元（牧区300元）以下。全国通过放宽标准而列入国家重点扶持的贫困县有62个，其中，少数民族自治地方有51个，占82%。当时确定的331个国家重点扶持贫困县中有少数民族贫困县141个，占总数的42.6%。①

1994年开始实施《国家八七扶贫攻坚计划》时，重新调整了国家重点扶贫县对象，在确定的592个国家重点扶持贫困县中，有257个少数民族县，占总数的43.4%；西部民族地区贫困县366个，占61.82%，覆盖贫困人口5408多万人，占当年全国贫困总人口的68%。另外，民族地区还确定了一批省（区）级贫困县。全国18个集中连片贫困地区中，属于边疆民族地区的就有内蒙古努鲁儿虎山地区、甘肃定西地区、宁夏西海固地区、滇东南江河、文山壮族苗族自治州、桂西北百色、河池地区、九万大山地区等。上述地区的贫困人口占全国贫困人口的50%以上。需要说明的是，两次国家级贫困县的划定均不包括西藏自治区，西

---

① 刘江：《中国西部地区开发年鉴》（1979—1992），改革出版社1992年版，第693页。

藏74个县全部列为国家扶贫对象。这是对作为民族地区的西藏的特殊政策。

从2000年开始国家实施西部大开发战略，极大地推动了西部少数民族贫困地区的发展。对未列入西部大开发范围的民族自治县，由其所在的省级人民政府在职权范围内比照西部大开发的有关政策予以扶持。从2001年开始实施的《中国农村扶贫开发纲要》，国家将中西部地区扶贫开发、贫困人口相对集中的592个县（旗、自治县、市辖区）确定为扶贫开发工作重点县，再次把少数民族地区确定为重点扶持对象。在新确定的592个国家扶贫开发确定县中，民族自治地方（不含西藏）增加为267个，占重点县总数的45.1%。同时，西藏整体被列为国家扶贫开发重点扶持范围。[①] 2002年，国务院为进一步做好扶贫开发工作，按照新的标准确定了592个国家扶贫开发工作重点县。新的低收入测定标准中按人均1300元为标准，而少数民族地区为1500元。

可以看出，中央政府在通过划定贫困县而给予扶贫支持时一直对民族地区给予特殊优惠政策，以放宽标准，最大限度地扩大对少数民族地区的扶持范围。

（二）拓宽途径，加大对少数民族地区的资金扶持力度

为加大对少数民族地区的资金扶持力度主要变现为两个方面：一是中央扶贫资金的分配重点向西藏等五个自治区以及云南、贵州、青海等少数民族人口较多的西部省份倾斜。二是专门安排"少数民族发展资金"等专项资金，解决少数民族和民族地区的特殊困难和问题。

1. 中央扶贫资金的分配向民族地区倾斜

国家在分配扶贫资金和物资时将少数民族贫困地区予以重点

---

① 国务院新闻办公室：《中国的民族区域自治》，载《人民日报》，2005年3月1日。

扶持。对少数民族贫困地区的银行贷款规模和化肥、柴油、农膜等农用生产资料的安排优先给予照顾。国家新增加的农业投资、教育基金、以工代赈、温饱工程等扶贫资金和物资，少数民族贫困地区的分配比例明显高于其他地区。据统计，1995—1997年三年间，国家对民族八省（区）共计安排142亿元扶贫资金，加快了民族地区的脱贫步伐。

国家在安排"以工代赈"资金时，将中、西部地区和少数民族贫困地区作为投放的重点。通过实物投入的方式，使少数民族贫困地区的基础条件得以改善，为脱贫致富创造良好的外部环境。据统计，1995—1997年的三年间，国家对民族八省区共投入以工代赈资金50亿元，占全国以工代赈资金总数的41%。少数民族地区大多集中在西部地区，国家为加快西部地区的发展，缩小地区间发展差距，从2000年起开始实施西部大开发战略。国家在西部地区优先安排基础设施、生态环境和资源开发等建设项目，并不断加大对西部地区的投入和财政转移支付力度，为推动西部地区发展和贫困人口解决温饱问题发挥了重要作用。[①]

2. 专门安排"少数民族发展资金"等专项资金

中央政府不仅在扶贫资金上对民族地区给予倾斜，而且专门安排"少数民族发展资金"等专项资金，解决少数民族和民族地区的特殊困难和问题。

中央财政自1955年起就设立了"民族地区补助费"。在1964年又设立了"民族地区机动金"，并通过采取提高民族地区财政预备费的设置比例等优惠财政政策，帮助少数民族地区发展经济和提高人民生活水平。据统计，仅上述三项优惠政策，到1998年国家就对少数民族地区累计补助达168亿元。1980年，中央财

[①] 国务院新闻办公室：《中国的农村扶贫开发》，载《人民日报》，2001年10月16日。

政又对五个民族自治区及贵州、云南、青海三个少数民族比较集中的省实行定额补助制度，上述三项优惠政策也计入定额补助中继续予以保留。从 1980 年到 1998 年，少数民族自治地区获中央财政定额补助达 1400 多亿元。从 1983 年到 2002 年，中央政府每年拨出 2 亿元专款用于甘肃和宁夏少数民族比较集中的"三西"（甘肃省的定西、河西地区和宁夏回族自治区的西海固地区）干旱地区的农业建设。①

针对国家当时重点扶持的 141 个少数民族自治地方贫困县的特殊问题和困难，国家从 1990 年开始设立"少数民族贫困地区温饱基金"，由国家民委会同有关部门共同按项目管理进行实施。1990—1993 年，共安排温饱基金 2.1286 亿元，实施扶贫开发性项目 221 个，这些项目覆盖了 141 个少数民族贫困县中的 117 个县，占 82%。这些项目的实施，使 30 万贫困群众解决了温饱，有 100 万贫困群众不同程度地增加了收入，促进了民族地区的扶贫工作。1994 年，《国家八七扶贫攻坚计划》开始实施，"温饱基金"的使用范围从 141 个少数民族自治地方贫困县增加到 257 个，资金规模也相应增加，从 1990 年的 4500 万元增加到 1997 年的 1 亿元，1990—1997 年，温饱基金共计安排 5.4 亿元，实施项目 563 个。"温饱基金"的设立，极大地改善了少数民族贫困地区的基础设施和基本生产条件，促进了当地支柱产业的形成和发展，有效地带动了少数民族贫困群众解决温饱问题。

此外，国家还设立了许多专用基金项目以促使少数民族的经济权利全面实现，其中包括：边境和少数民族地区教育补助费、边境建设事业补助费、少数民族贫困地区温饱基金、西藏援建项目等。国家还对民族贸易实行优惠政策，扶持其发展，为尊重少

---

① 国务院新闻办公室：《中国的少数民族政策及其实践》，载《人民日报》，1999 年 9 月 28 日。

数民族的风俗习惯和宗教信仰,适应和满足各少数民族对生产生活特殊用品的需要,国家采取建立专门生产基地、优先保证生产资金和原材料供应、减免税收、低息贷款、运费补贴等优惠政策。1997 年 6 月,国家出台了新的民族贸易和民族用品生产的优惠政策,其中包括在"九五"期间(1996—2000 年)每年由中国人民银行安排 1 亿元贴息贷款用于民族贸易网点建设和民族用品定点生产企业的技术改造,对县以下(不含县)国有民族贸易企业和基层供销社免征增值税等。①

据有关部门统计,1994—2000 年,国家共向内蒙古、广西、西藏、宁夏、新疆五个自治区和贵州、云南、青海三个少数民族人口较多的省投入资金 432.53 亿元,占全国总投资的 38.4%。其中,财政资金 194.15 亿元(含以工代赈资金 127.22 亿元),占全国的 40%;信贷资金 238.38 亿元,占全国的 37.8%。在西藏,近六年来,国家和地方政府先后投入资金 12.2 亿元,实施了多个扶贫开发建设项目。②

(三)在金融信贷方面实行优惠政策

根据学者李忠斌、陈全功的研究,国家对民族地区的金融信贷方面的优惠主要体现在以下 4 个方面③。

第一,对没有偿还能力的贫困户所欠的扶贫贷款,适当延长其还款期限,停止逾期罚息,并允许停息挂账。

第二,尽量减少贫困县购买国库券任务,对贫困户免国库券;核定贫困县上交税收基数,超收全留等。

第三,对民族贸易企业继续实行低息、低税,对民族贸易企

---

① 国务院新闻办公室:《中国的民族区域自治》,载《人民日报》,2005 年 3 月 1 日。
② 《中国农村扶贫开发纲要(2001—2010 年)》,2001 年 6 月 13 日。
③ 李忠斌、陈全功:《特殊扶贫开发政策助推少数民族脱贫致富:30 年改革回顾》,载《中南民族大学学报》2008 年第 11 期。

业经营的农副产品和少数民族生产生活必需的工业品继续实行价格补贴，对生产少数民族特需用品的定点企业所需流动资金和中短期设备贷款，以及"民族贸易县的民族贸易企业"的流动资金给予低息贷款，利率优惠 1.08 个百分点，1988 年起提高到优惠 2.88 个百分点。

第四，从 20 世纪 80 年代中期开始，对少数民族聚居的贫困地区实行信贷扶贫政策，贷款利率先是执行优惠 1.44 个百分点，后来执行优惠 2.88 个百分点。

（四）鼓励民族地区发展贸易，照顾民族特需用品生产

国家对民族贸易实行优惠政策，扶持其发展，如 1963 年开始实行利润留成照顾、自有资金照顾和价格补贴照顾的"三项照顾"政策等。为尊重少数民族的风俗习惯和宗教信仰，适应和满足各少数民族生产生活特殊用品的需要，国家不仅确定了涉及服装、鞋帽、家具、绸缎、食品、生产工具、手工艺品、装饰用品、乐器等 16 个大类、4000 余个民族用品品种，而且还采取建立专门生产基地、优先保证生产资金和原材料供应、减免税收、低息贷款、运费补贴等优惠政策。

1991 年以来，国家结合改革开放的新形势，对民族贸易和民族用品生产的优惠政策进行相应调整。"八五"期间（1991—1995 年），国家对 426 个民族贸易县的商业、供销、医药企业和 2300 多家民族用品定点生产企业在信贷、投资、税收和商品供应等方面给予优惠照顾，并设立专项贴息贷款用于民族贸易网点建设和民族用品定点生产企业的技术改造。1997 年 6 月，国家出台了新的民族贸易和民族用品生产的优惠政策，其中包括在"九五"期间（1996—2000 年）每年由中国人民银行安排 1 亿元贴息贷款用于民族贸易网点建设和民族用品定点生产企业的技术改造，对县以下（不含县）国有民族贸易企业和基层供销社免征增

值税等。①

少数民族用品作为少数民族生活的必需用品，其生产必须得到保证。照顾少数民族特殊的生产生活需要，这是民族地区反贫困的一个特殊方面，值得重视。对于少数民族生活用品的法律保障，本书的其他章节有专门讨论。

（五）组织东部省、市同民族地区开展扶贫协作

中国政府致力于在地区之间和民族之间先富帮后富，最终实现共同富裕。从20世纪70年代末开始，中国政府开始组织东部沿海发达地区和西部地区的对口支援，帮助少数民族地区发展经济和社会事业。1996年进一步明确对口帮扶，确定北京帮扶内蒙古、山东帮扶新疆、福建帮扶宁夏、广东帮扶广西，全国支援西藏。1994—2001年，15个对口支援省和中央各部委无偿援建716个项目，资金投入31.6亿元人民币（除中央政府投资外，下同）。第十个五年计划期间，全国各地支援西藏建设项目71个，无偿投入资金10.62亿元人民币。②

近年来逐步形成了完善的帮扶机制：北京帮扶内蒙古，天津帮扶甘肃，上海帮扶云南，广东帮扶广西，江苏帮扶陕西，浙江帮扶四川，山东帮扶新疆，辽宁帮扶青海，福建帮扶宁夏，大连、青岛、深圳、宁波帮扶贵州。协作双方根据"优势互补、互惠互利、长期合作、共同发展"的原则，在企业合作、项目援助、人才交流等方面开展了多层次、全方位的扶贫协作。东西部扶贫协作以改变贫困地区生产条件和生态环境，解决贫困地区群众温饱问题为重点，遵循市场经济规律，充分运用科学技术，广泛动员社会各界力量，在努力扩大对口帮扶的同时，开展各种形

---

① 《中国的少数民族政策及其实践白皮书》。
② 《中国的民族区域自治白皮书》。

式的经济合作。①

除了组织东部沿海发达省市对口支援帮扶少数民族贫困地区外，政府也发动全社会力量参与民族地区的扶贫工作。自 20 世纪 80 年代中期以来，包括中央国家机关、企事业单位、民主党派及人民团体等社会各界参与扶贫开发的部门、单位不断增多，规模不断扩大。各帮扶部门和单位都有特定的帮扶对象和明确的任务，要求没有脱贫就不脱钩。到 2000 年底，定点帮扶的部门和单位达到 138 个，共派出 3000 多名干部到贫困县挂职扶贫，直接投入资金 44 亿元，帮助贫困地区引进国内外各种资金 105 亿元。②

本书对于对口支援民族地区法律制度另有专章讨论，在此不再赘述。

(六) 对特殊民族地区和人口较少民族地区进行重点扶贫

1. 加强牧区的扶贫工作

我国少数民族自治地方有草原 45 亿亩，占我国草原总面积的 90% 以上，占少数民族自治地方总面积的 49%，我国的六大草原基本上都在少数民族自治地方。1987 年，国务院召开"全国牧区工作会议"，制定了牧区扶贫的有关政策措施，落实了每年 5000 万元的牧区扶贫专项贴息贷款，确定了 27 个重点扶持的牧区贫困县（其中 26 个县是少数民族自治地方），将牧区的扶贫工作纳入到全国扶贫工作的整体规划之中。同时，国家有关部门也积极扶持牧区建设，从 1986 年到 1993 年，中央和地方仅投放在内蒙古、新疆、青海三省区的"防灾基地"建设资金就达 53458

---

① 国务院新闻办公室：《中国的农村扶贫开发》，载《人民日报》，2001 年 10 月 16 日。

② 国务院新闻办公室：《中国的农村扶贫开发》，载《人民日报》，2001 年 10 月 16 日。

万元，帮助这些地区进行以水、草、料、棚、饲料加工、牧民定居为主要内容的牧区基本条件和基础设施建设。1995—1997 年，国家对牧区草原建设各项补助专款共计 42680 万元，极大地促进了牧区的经济发展。①

2. 对人口较少的民族重点扶贫

这一制度主要由两个部门规章构成。2005 年 1 月 1 日，国家民委、国家发展改革委、财政部、中国人民银行、国务院扶贫办联合发布了《扶持人口较少民族发展规划（2005—2010 年）》的部门规章；2011 年 6 月 20 日，国家民委、国家发展改革委、财政部、中国人民银行、国务院扶贫办联合发布了《扶持人口较少民族发展规划》（2011—2015 年）的部门规章。两个规章对扶持人口较少民族发展做出了规定。我们在下一节中将对这两个规章进行分析。

第四节 民族地区反贫困的法制化

在上一节中我们回顾了中国反贫困的历史实践，分析了民族地区反贫困的特殊政策。通过上述讨论我们可以看出，中国的反贫困实践有两个显著的特点：一是政府主导。无论是在扶贫的哪个阶段政府尤其是中央政府扮演着最重要最关键的角色，这不仅体现在扶贫资金的来源上，还体现在政府对扶贫战略实施的各个环节的支配与控制中。二是政策主导，反贫困制度法制化程度

---

① 《我国对民族地区扶贫开发特殊政策》，载中国民族宗教网，http://www.mzb.com.cn/html/report/21701-1.htm，2011 年 9 月 6 日最后访问。

低。这可以从中国政府反贫困的各个阶段和实施的措施中观察到[1]。应该肯定的是，由于具有灵活性与变通性的特征，政策主导的反贫困制度在我国长期以来的反贫困战略实践中起到了积极的效果，比较适应我国贫困地区多、分布广、差异大[2]，贫困人口人数多、贫困程度差别大等复杂的贫困现状。

一、法制化反贫困战略

虽然在反贫困中政策占据着主导地位，但是随着我国反贫困战略实施日益成熟，反贫困经验积累增加，反贫困战略和制度的法制化越来越受到学者们的关注。在这之中具有代表性的是著名经济法学家李昌麒，在他看来，"我国的反贫困是一个社会性的系统工程，包括一系列国家、组织和个人的活动，并由此而形成一种人与人之间、人与社会之间、人与自然之间的社会关系。因此，应将反贫困纳入法律规制的范围内，将其形成为人们彼此之间普遍信守的权利义务关系。简言之，我国应通过立法形式规范各种扶贫关系"[3]。李昌麒在其对反贫困法制的研究中分析了我国贫困形成的制度性原因基础，公共权力在反贫困中的作用，开发性扶贫中的基础资源配置问题，分配正义与反贫困的关系问题，贫困者的权利保障机制问题。并且认为我国应制定《反贫困法》[4]。

---

[1] 参见杨秋宝：《反贫困的抉择：中国50年的实践、基本经验和历史意义》，载《陕西师范大学学报》（哲学社会科学版）1999年第12期；《中国的农村扶贫开发白皮书》；《中国的农村扶贫开发白皮书》；《中国农村扶贫开发纲要白皮书》（2001—2010年）。

[2] 参见贾若祥、侯晓丽：《我国主要贫困地区分布新格局及扶贫开发新思路》，载《中国发展观察》2011年第7期。

[3] 李昌麒：《中国实施反贫困战略的法学分析》，载《法制与社会发展》2003年第4期。

[4] 李昌麒：《中国实施反贫困战略的法学分析》，载《法制与社会发展》2003年第4期。

法学界对于反贫困法制的研究主要有以下几个方面:

(一) 贫困的制度性成因

前已述及,制度因素主要是指政府的扶贫开发机制存在内在缺陷,中央政府的扶贫开发政策在地方的实施过程中存在着较大的偏离。而在法学学者的研究中,对于贫困的制度性成因研究主要集中在法律制度上。学者李昌麒认为,我国农村中的贫困原因与城市中的贫困原因有着相当大的差异:城市中的贫困与因国企改革而增加的下岗工人有着较大的关联,这种贫困是一种失业型的贫困,"而农村中的贫困则是多种因素共同作用的产物。从贫困的制度原因进行分析,农村中的贫困在较大程度是由不良制度或缺乏良好制度所导致的,这些制度缺陷我们可以举出若干方面,它既包括宏观层面的制度缺陷,又包括微观层面的制度缺陷"[1]。根据学者孟庆瑜的研究,贫困的法律制度原因有四个方面[2]:第一,社会产品分配权的配置和行使不当是造成中国贫困问题产生的法律制度总根源。第二,城乡二元法律制度的结构安排以及由此形成的差别法律待遇是造成我国乡村贫困、农民贫困的制度根源。第三,制度变迁、利益调整和法律救济的不足是造成我国部分城镇下岗职工生活困难和相对贫困的制度性根源。第四,我国推行的不均衡的区域发展战略以及与此相适应的法律制度的不均衡供给是造成区域贫困的制度根源。

---

[1] 李昌麒:《中国实施反贫困战略的法学分析》,载《法制与社会发展》2003年第4期。

[2] 孟庆瑜:《反贫困法律问题研究》,载《法律科学》2003年第1期。另外,关于贫困的法律制度性原因的研究,可以参见田开友、阮丽娟:《法经济学视野中的反贫困研究》,载《社会科学管理与评论》2009年第2期;赵振军:《三农问题根本在土地制度》,载《农村经济》2005年第3期;杨思斌:《法学视野中的反贫困问题研究》,载《农村经济》2005年第11期。

(二) 贫困体现了市场失灵和政府失灵

市场经济失灵与政府失灵问题是经济学术语，也是我国经济学法界经常讨论的理论问题。经济法学学者刘大洪、廖建求认为，贫困体现了市场和政府同时失灵。一般认为，市场失灵具体表现为经济外在性、公共物品的缺失、信息不对称及垄断等几个方面。贫困是经济外在的表现，同时又产生了经济外在性。然而正如市场会失灵一样，政府虽然在解决市场失灵问题时有其重要作用，但是也并非万能。而"反贫困中的政府失灵表现在政府的反贫困行为超过必要的范围，造成政府对经济的不必要或过度干预，如'贷富不贷贫'，政府反贫困经济行为往往偏好于强制的、直接的、行政命令等手段和方式造成对经济的不适当干预或达不到预期的目的；政府对社会经济贫困问题干预往往会设定不同的目标，而这些目标往往相互之间存在冲突，致使因目标不明确使贫困干预达不到减少、减缓、消除贫困的目标；各级政府之间和各个职能权力部门之间因非常明确的利益关系而形成以自我为中心的利益主体，尤其是那些拥有国家权力又分别把守农村经济发展各个领域的部门，也成为既垄断反贫经济权力又追求利益的行为主体。"[①]

(三) 反贫困责任需政府与社会共同分担

正如前面所分析的，在中国的反贫困实践中政府一直起着主导作用。当然，这种由政府承担所有的贫困任务是不现实的，应充分发挥非政府组织等民间社会的力量。有学者认为，"我国的反贫困工作是一种以国家（政府）为主导的制度变迁，反贫困战略的实施应该由政府来发动，而社会力量是反贫困工作的重要补

---

① 刘大洪、廖建求：《经济法的反贫困机理和制度设计》，载《现代法学》2004年第6期。

充"①。这是因为,"首先,政府主体在政治力量的对比与资源配置权力上均处于优势地位,它的制度供给能力和意愿是决定制度变迁方向、深度、广度、形式的主导因素,非政府主体的制度创新需求一般需得到政府的认同或批准才可能被全部或部分满足;其次,贫困问题的解决需要中央政府通盘考虑,整体规划,制定出相对统一而又具有针对性的反贫困策略,而社会组织具有各自为政的弱点,难以从全局上解决贫困问题。所以,在反贫困战略中,政府是主导,而作为非政府主体的社会组织来说,它们是反贫困中的次要力量。"②

(四)制定《反贫困法》

学者李昌麒认为,我国要构建反贫困的法律机制,就应制定一部专门的《反贫困法》,为反贫困提供制度性的法律保障。他认为《反贫困法》应该在以下方面做出规定调整:

1. 扶贫的对象及其责任。政府应该重新确定城市和农村贫困者的标准,目前所采用的标准过低,致使很多贫困人群得不到应有的救助。因此应该考虑采用新的标准,以扩大受救助群体的范围。对实行计划生育的贫困者优先予以救助。在确定救助对象的同时,还应该对救助对象设定一定的义务和责任。

2. 扶贫的主体及其责任。扶贫的主体主要应该包括各级政府、各种非营利性组织以及各种市场主体。这三种性质的主体在扶贫过程中是必不可少的。从总体上说,这三种主体在功能上具有互补性。

3. 扶贫的原则。扶贫只是一种手段,扶贫的目的在于使贫困者脱贫,因此在扶贫过程中,应该坚持救济性扶贫和开发性扶贫相结合的原则、多种主体共同参与原则、扶贫资源有效利用原

---

① 陈勃:《反贫困的若干法律思考》,载《现代法学》2002年第6期。
② 陈勃:《反贫困的若干法律思考》,载《现代法学》2002年第6期。

则等。

4. 扶贫的措施。扶贫主要通过各种资源的配给实现其功能。这首先需要政府有强有力的财政政策支持贫困者，包括实现贫困者的最低生活保障、健康保障以及就业和创业能力的提升等；同时也应该有专门促进贫困者就业的就业政策，促进贫困者创业的创业政策，保障创业者获得小额贷款的信贷政策等。同时也应该注重贫困区域的发展，政府应该提供最基本的公共产品使区域发展有最基本的硬环境，制定和实施优惠的区域投资政策和扶贫政策，以吸引市场资金进行扶贫。

5. 扶贫资金的来源和管理。除了非营利性组织和市场主体的扶贫资金外，在目前，政府的扶贫资金仍然是扶贫的主要资金来源。而且在确保资金数量的前提下，应该有一种制度确保扶贫资金能够高效地使用，确保扶贫资金不被挪用。

此外，还应建立奖惩制度。反贫困法的实施有赖于可操作性强的奖励和惩罚制度体系。[①]

二、民族地区反贫困的法律法规

我国的反贫困实践以政府为主导，以政策为主要依据。因此，反贫困法制建设比较缓慢，反贫困的法律制度还不完善，并没有形成完整而具有很强操作性的反贫困法律法规体系。对于民族地区的反贫困法制来说同样如此。

但是值得注意的是，由于党和政府长期以来对民族问题的高度重视，少数民族的反贫困和民族地区的反贫困一直受到格外重视。因此，相对其他地区来说，民族地区反贫困的法制建设具有一定的领先地位。虽然民族地区的反贫困法制也没有形成完善的

[①] 李昌麒：《中国实施反贫困战略的法学分析》，载《法制与社会发展》2003年第4期。

法律法规体系，但也已初步形成了民族地区反贫困法制的法律群，为我国民族地区的反贫困实践发挥着重要的作用。在下面我们将分别分析民族地区反贫困的法律法规、部门规章和地方性法规规章。

民族地区反贫困法律法规主要包括《民族区域自治法》和《国务院实施〈中华人民共和国民族区域自治法〉若干规定》。《民族区域自治法》是根据宪法制定的，是实施宪法规定的民族区域自治制度的基本法律。《民族区域自治法》于1984年5月31日第六届全国人民代表大会第二次会议通过，2001年2月28日根据第九届全国人民代表大会常务委员会第二十次会议《关于修改〈中华人民共和国民族区域自治法〉的决定》修正通过。

《民族区域自治法》显然不同于一般的法律。除了缀有"序言"，其引人注目之处还在于："序言"在结尾处，郑重宣告："《中华人民共和国民族区域自治法》是宪法规定的民族区域自治制度的基本法律。"在中国，除宪法在序言中宣告自己是国家根本大法外，《民族区域自治法》是中国第一个宣告自己是基本法律的法律。这表明：民族区域自治法不仅是极为重要的法律，而且是仅次于宪法的基本法律。

《民族区域自治法》共有8个部分组成，分别是：序言、第一章总则、第二章民族自治地方的建立和自治机关的组成、第三章自治机关的自治权、第四章民族自治地方的人民法院和人民检察院、第五章民族自治地方内的民族关系、第六章上级国家机关的职责、第七章附则。其中与民族地区反贫困法制有关的是第三章和第六章。这两章规定了自治机关的自治权和上级国家机关的职责，这分别对应了民族地区反贫困的两个方面：一是赋予民族自治地方自治权，充分调动民族地方积极性，利用民族地方的自然资源、民族特色等发展社会经济。二是通过确定上级国家机关的职责，将上级国家机关对自治地方的扶持和优惠政策通过法律的形式确定下来。下面我们将对这两个方面分别进行分析。

（一）民族自治地方经济方面的自治权

本书在第一章就对民族自治地方的自治权进行了讨论，对经济管理自治权的概念进行了分析与界定。应该说，本书所讨论的经济管理自治权大体上等同于这里所说的民族自治地方经济方面的自治权。因此，也可以说本书所讨论的经济管理自治权是民族地区反贫困法的一部分。由于本书各章对于经济管理自治权有详细的分析与讨论，在此我们不宜就此做论述。但是考虑到本章节内容体系上的完整，我们在这里对民族自治地方经济方面的自治权进行简单梳理，不做展开。

1. 财税管理自治权

首先要明确的是，财税管理自治权最早是由《宪法》确定的。《宪法》第117条规定："民族自治地方的自治机关有管理地方财政的自治权。凡是依照国家财政体制属于民族自治地方的财政收入，都应当由民族自治地方的自治机关自主地安排使用。"这是这一自治权在我国根本大法中的表述。

《民族区域自治法》遵照《宪法》对财税权利自治权做了更加详细的规定。《民族区域自治法》第32条第2款规定："民族自治地方的自治机关有管理地方财政的自治权。凡是依照国家财政体制属于民族自治地方的财政收入，都应当由民族自治地方的自治机关自主地安排使用。"可以看出，这是对《宪法》第117条的重申。第32条第3、4、5款则对民族自治地方享受的财政照顾、机动金的设立、超收结余资金的使用等做了具体规定。第32条第3款规定："民族自治地方在全国统一的财政体制下，通过国家实行的规范的财政转移支付制度，享受上级财政的照顾"，第4款规定："民族自治地方的财政预算支出，按照国家规定，设机动资金，预备费在预算中所占比例高于一般地区"，第5款规定："民族自治地方的自治机关在执行财政预算过程中，自行安排使用收入的超收和支出的节余资金。"

此外，第33条规定："民族自治地方的自治机关对本地方的各项开支标准、定员、定额，根据国家规定的原则，结合本地方的实际情况，可以制定补充规定和具体办法。自治区制定的补充规定和具体办法，报国务院备案；自治州、自治县制定的补充规定和具体办法，须报省、自治区、直辖市人民政府批准。"第34条规定："民族自治地方的自治机关在执行国家税法的时候，除应由国家统一审批的减免税收项目以外，对属于地方财政收入的某些需要从税收上加以照顾和鼓励的，可以实行减税或者免税。自治州、自治县决定减税或者免税，须报省、自治区、直辖市人民政府批准。"

2. 经济管理自治权

这主要体现在《民族区域自治法》第26条、第29条、第30条和第68条上。其中，

第26条规定："民族自治地方的自治机关在坚持社会主义原则的前提下，根据法律规定和本地方经济发展的特点，合理调整生产关系和经济结构，努力发展社会主义市场经济。民族自治地方的自治机关坚持公有制为主体、多种所有制经济共同发展的基本经济制度，鼓励发展非公有制经济。"

第29条规定："民族自治地方的自治机关在国家计划的指导下，根据本地方的财力、物力和其他具体条件，自主地安排地方基本建设项目。"

第30条规定："民族自治地方的自治机关自主地管理隶属于本地方的企业、事业。"对于这一规定，第68条也从上级国家机关的角度进行了进一步规定："级国家机关非经民族自治地方自治机关同意，不得改变民族自治地方所属企业的隶属关系。"

3. 外贸管理自治权

《民族区域自治法》第31条规定："民族自治地方依照国家

规定,可以开展对外经济贸易活动,经国务院批准,可以开辟对外贸易口岸。与外国接壤的民族自治地方经国务院批准,开展边境贸易。民族自治地方在对外经济贸易活动中,享受国家的优惠政策。"

4. 环境资源管理自治权

《民族区域自治法》第27条、第28条、第45条对此有明确规定。

第27条规定:"民族自治地方的自治机关根据法律规定,确定本地方内草场和森林的所有权和使用权。民族自治地方的自治机关保护、建设草原和森林,组织和鼓励植树种草。禁止任何组织或者个人利用任何手段破坏草原和森林。严禁在草原和森林毁草毁林开垦耕地。"

第28条规定:"民族自治地方的自治机关依照法律规定,管理和保护本地方的自然资源。民族自治地方的自治机关根据法律规定和国家的统一规划,对可以由本地方开发的自然资源,优先合理开发利用。"

第45条规定:"民族自治地方的自治机关保护和改善生活环境和生态环境,防治污染和其他公害,实现人口、资源和环境的协调发展。"

此外,《民族区域自治法》第35条规定:"民族自治地方根据本地方经济和社会发展的需要,可以依照法律规定设立地方商业银行和城乡信用合作组织。"

(二) 上级国家机关的职责

上级国家机关的职责具体体现在《民族区域自治法》第6章和《国务院实施〈中华人民共和国民族区域自治法〉若干规定》中。值得注意的是,《规定》的主干内容就是对《民族区域自治法》第6章的细化。前国家民委主任李德洙在谈到《规定》时说:"《规定》并不是自治法的实施细则,由于制定细则的条件还不成熟，因此，《规定》主要对《民族区域自治法》第六章（上级国家机关的职责）的内容进行了细化。在《规定》的起草过程中，我们始终把进一步规范上级国家机关对民族自治地方的帮助扶持责任，帮助民族自治地方解决经济社会发展过程中存在的突出问题，加快民族自治地方发展，作为出发点。"①

可以说，上级国家机关的职责基本上和民族自治地方的自治权是相对应的。《民族区域自治法》赋予民族自治地区一定的自治权，而在另一方面又确定了上级国家机关对民族自治地方的扶持与帮助职责。因此，对上级国家机关的职责要和民族自治地方自治权结合起来理解。由于本书对于上级国家机关的职责有专章讨论，在此仅作简单梳理。

1. 财税管理方面的职责

第62条规定："随着国民经济的发展和财政收入的增长，上级财政逐步加大对民族自治地方财政转移支付力度。通过一般性财政转移支付、专项财政转移支付、民族优惠政策财政转移支付以及国家确定的其他方式，增加对民族自治地方的资金投入，用于加快民族自治地方经济发展和社会进步，逐步缩小与发达地区的差距。"

2. 金融管理方面的职责

第57条规定："国家根据民族自治地方的经济发展特点和需要，综合运用货币市场和资本市场，加大对民族自治地方的金融扶持力度。金融机构对民族自治地方的固定资产投资项目和符合国家产业政策的企业，在开发资源、发展多种经济方面的合理资金需求，应当给予重点扶持。

---

① 《国家民委主任谈实施民族区域自治法若干规定》，载中华人民共和国政府网站。http://www.gov.cn/zwhd/2005－06/15/content_22615.htm，2011年9月6日最后访问。

国家鼓励商业银行加大对民族自治地方的信贷投入，积极支持当地企业的合理资金需求。"

3. 外贸管理方面的职责

第 61 条规定："国家制定优惠政策，扶持民族自治地方发展对外经济贸易，扩大民族自治地方生产企业对外贸易经营自主权，鼓励发展地方优势产品出口，实行优惠的边境贸易政策。"

4. 对口支援方面的职责

第 64 条规定："上级国家机关应当组织、支持和鼓励经济发达地区与民族自治地方开展经济、技术协作和多层次、多方面的对口支援，帮助和促进民族自治地方经济、教育、科学技术、文化、卫生、体育事业的发展。"

5. 支援基础建设的职责

《民族区域自治法》第 56 条规定："国家根据统一规划和市场需求，优先在民族自治地方合理安排资源开发项目和基础设施建设项目。国家在重大基础设施投资项目中适当增加投资比重和政策性银行贷款比重。

国家在民族自治地方安排基础设施建设，需要民族自治地方配套资金的，根据不同情况给予减少或者免除配套资金的照顾。"

6. 资源开发补偿的职责

第 65 条规定："国家在民族自治地方开发资源、进行建设的时候，应当照顾民族自治地方的利益，作出有利于民族自治地方经济建设的安排，照顾当地少数民族的生产和生活。国家采取措施，对输出自然资源的民族自治地方给予一定的利益补偿。"

三、民族地区反贫困的部门规章——以扶持人口较少民族发展为例

中国政府对人口较少的民族发展给予了格外的支持，这主要体现在两个部门规章上。2005 年 1 月 1 日，国家民委、国家发展改革委、财政部、中国人民银行、国务院扶贫办联合发布了《扶持人口较少民族发展规划（2005—2010年）》的部门规章。2011年6月20日，国家民委、国家发展改革委、财政部、中国人民银行、国务院扶贫办又联合发布了《扶持人口较少民族发展规划（2011—2015年）》的部门规章。两个规章对扶持人口较少民族发展做出了规定。

（一）《扶持人口较少民族发展规划（2005—2010年）》

根据这一规章，人口较少民族是人口在10万人以下的少数民族。以这个标准计算，在我国55个少数民族中，有22个少数民族的人口在10万人以下，总人口63万人（2000年第五次全国人口普查数），统称人口较少民族。

这一规划的范围包括内蒙古、黑龙江、福建、广西、贵州、云南、西藏、甘肃、青海、新疆等10省（区）中的86个县、238个乡镇、640个行政村的人口较少民族聚居区。这22个人口较少民族分别是：毛南族、撒拉族、布朗族、塔吉克族、阿昌族、普米族、鄂温克族、怒族、京族、基诺族、德昂族、保安族、俄罗斯族、裕固族、乌孜别克族、门巴族、鄂伦春族、独龙族、塔塔尔族、赫哲族、高山族、珞巴族。

发展规划的目标是通过5年左右的努力，使人口较少民族聚居的行政村基础设施得到明显改善，群众生产生活存在的突出问题得到有效解决，基本解决现有贫困人口的温饱问题，经济社会发展基本达到当地中等或以上水平。再经过一段时间的努力，使人口较少民族达到全面建设小康社会的要求。

针对人口较少民族的扶贫政策措施主要有以下几个方面：加大对基础设施建设的扶持力度，加大财政资金的扶持力度，加大信贷资金的扶持力度，加大对社会事业的扶持力度，加大人才培训力度，加大对口帮扶力度。①

(二)《扶持人口较少民族发展规划（2011—2015年）》

特别值得注意的是，这一规章改变了对人口较少民族的定义。其所称的人口较少民族是指全国总人口在30万人以下的28个民族。这一规划将人口标准从10万人提高到30万人，当然部分原因是少数民族的人口有了增长。但这一标准较之前明显宽松，显示了对人口较少民族认定范围的大幅度扩大。国家将对更多少数民族通过这一规章加以更大程度的扶持。

这一规划范围包括内蒙古、辽宁、吉林、黑龙江、福建、江西、广西、贵州、云南、西藏、甘肃、青海、新疆等13个省（区）和新疆生产建设兵团的人口较少民族聚居区，包括2119个人口较少民族聚居的行政村（以下简称聚居村）、71个人口较少民族的民族乡、16个人口较少民族的自治县、2个人口较少民族的自治州。根据这一规章，人口较少的民族是：珞巴族、高山族、赫哲族、塔塔尔族、独龙族、鄂伦春族、门巴族、乌孜别克族、裕固族、俄罗斯族、保安族、德昂族、基诺族、京族、怒族、鄂温克族、普米族、阿昌族、塔吉克族、布朗族、撒拉族、毛南族、景颇族、达斡尔族、柯尔克孜族、锡伯族、仫佬族、土族。根据全国第五次人口普查，28个人口较少民族总人口为169.5万人。

规划的目标是：到2015年，人口较少民族聚居行政村基本实现"五通十有"，人口较少民族聚居区基本实现"一减少、二达到、三提升"。具体为：人口较少民族聚居村通柏油路，通电，通广播电视，通信息（电话、宽带），通沼气（清洁能源）；有安全饮用水，有安居房，有卫生厕所，有高产稳产基本农田（草

---

① 国家民委等：《扶持人口较少民族发展规划（2005—2010年）》，2005年1月1日。

场、经济林地、养殖水面）或增收产业，有学前教育，有卫生室，有文化室和农家书屋，有体育健身和民族文化活动场地，有办公场所，有农家超市（便利店）和农资放心店。人口较少民族聚居区贫困人口数量减少一半或以上；农牧民人均纯收入达到当地平均或以上水平；1/2左右的民族的农牧民人均纯收入达到全国平均或以上水平；基础设施保障水平、民生保障水平、自我发展能力大幅提升。

在政策措施方面，与《扶持人口较少民族发展规划》（2005—2010年）相比，本规划的规定更为全面、详细，对人口较少民族的扶持力度进一步加大。政策措施主要有以下5个方面：

1. 加大资金投入力度

加大中央预算内基本建设投资安排扶持人口较少民族发展专项投资投入力度，对符合现有投资政策的工程项目，充分利用现有投资渠道予以解决，并纳入专项建设规划统筹安排。继续执行免除人口较少民族所在州县配套资金政策。重点解决人口较少民族聚居区基础设施建设问题，改善生产生活基础条件，提升基础设施保障能力。加大财政扶贫开发力度，并对人口较少民族聚居区予以倾斜支持。加大中央财政少数民族发展资金投入力度，支持人口较少民族聚居区改善生产生活条件，发展当地特色优势产业，并围绕特色优势产业加强劳动技能和生产技术培训，促进人口较少民族群众增收致富。国家有关专项建设资金对人口较少民族聚居区予以适当倾斜。地方财政特别是省级财政对人口较少民族发展也要加大投入力度。

2. 加大金融服务力度

鼓励政策性金融机构、商业性金融机构以及新型农村金融机构在人口较少民族聚居区设立营业网点或开展手机银行等金融服务，消除人口较少民族聚居区金融服务空白乡（镇），加强对人口较少民族聚居区的金融服务力度。根据实际情况，灵活运用再贷款、再贴现等多种货币政策工具，积极鼓励和引导金融机构加大对人口较少民族聚居区的有效信贷投放。继续对民族贸易和民族特需商品生产贷款实行利率优惠政策，支持民族特色工艺和产业发展。国家通过完善扶贫贴息贷款政策、安排贴息资金等政策措施，引导金融机构加大对人口较少民族聚居区发展种植养殖、农业产业化、民族文化旅游产业等的支持。

3. 加大对口帮扶力度

鼓励和支持经济较发达地区、大中城市、大中型企事业单位、人口较少民族所在地区对口帮扶人口较少民族，开展经济、干部、人才、教育、文化、卫生和科技等支援。对口支援西藏、新疆工作和东西扶贫协作加大对人口较少民族聚居区的支持力度，完善支援方式。充分发挥人民军队和武警部队在参加和支援人口较少民族发展中的优势和积极作用。广泛动员社会各界支持和参与扶持人口较少民族发展工作，鼓励开展各种形式的志愿服务、慈善捐助等公益活动。选派优秀干部到人口较少民族聚居地区驻村帮扶。鼓励和引导国际合作项目支持人口较少民族发展。

4. 加大人才队伍建设力度

加强教育培训能力建设，建立健全分级、分层、分类教育培训的长效机制。实施边远贫困地区、边疆民族地区和革命老区人才支持计划，国家实施的各类重点人才工程，对人口较少民族倾斜，并有针对性地组织开展人才特殊培养工作。

5. 加大已有政策法规落实力度

全面贯彻落实党和国家已出台的保障民族平等、促进少数民族和民族地区繁荣发展的法律法规和政策措施，切实把政策扶持转化为推动人口较少民族发展的强大动力。继续坚持"十一五"时期"优先支持、重点倾斜"的原则，在实施国家和地方批准的其他规划过程中，优先解决涉及人口较少民族聚居区的相关问题,并在政策、资金、项目上予以重点支持。[1]

在这里特别值得我们注意的是最后一条,即加大已有政策法规落实力度。以《民族区域自治法》与《国务院实施〈中华人民共和国民族区域自治法〉若干规定》为核心的法律法规中有大量与反贫困相关的规定,但是由于地方政府往往将GDP的增长作为首要甚至唯一的发展目标,而上级国家机关又存在着缺乏对民族自治地方自治权的支持,已有的政策法规面对着实施难的困境。因此,这一规章特别强调要"全面贯彻落实党和国家已出台的保障民族平等、促进少数民族和民族地区繁荣发展的法律法规和政策措施"。

四、民族地区反贫困的地方性法规与规章——以广西壮族自治区为例

根据《宪法》、《立法法》和《民族区域自治法》的规定,民族自治地方有两种立法权。其一是制定一般地方性法规的权利,这与非民族自治地方没有差别。其二是制定自治条例和单行条例的权利。根据《民族区域自治法》第19条的规定,民族自治地方的人民代表大会有权依照当地民族的政治、经济和文化的特点,制定自治条例和单行条例。

由于自治条例和单行条例在立法程序上要经过批准环节,自治区的自治条例和单行条例,报全国人民代表大会常务委员会批准后生效。自治州、自治县的自治条例和单行条例报省、自治区、直辖市的人民代表大会常务委员会批准后生效,并报全国人民代表大会常务委员会和国务院备案。因此,各民族自治地方制定生效的自治条例和单行条例很少,往往通过地方性法规和规章

---

[1] 国家民委等:《扶持人口较少民族发展规划》(2010—2015年),2011年6月20日。

的形式对民族地方的事务进行规定。各民族自治地方都有权依照当地实际制定该地方扶贫开发的地方性法规[①]与规章。

广西壮族自治区制定了有关扶贫的地方性法规、规章，为广西的法制反贫困起到了很好的法律保障作用。《广西壮族自治区扶贫开发条例》是广西关于扶贫开发的地方性法规，1995年11月14日由广西壮族自治区人大常委会通过，2002年1月21日广西壮族自治区人大常委会修改。

此外，广西壮族自治区政府在1998年制定了《广西壮族自治区小额信贷扶贫实施管理办法（试行）》的地方政府规章，推行小额信贷扶贫模式。广西是我国较早开展的小额信贷扶贫的地区。

（一）《广西壮族自治区扶贫开发条例》（2002年修改）

广西壮族自治区根据《宪法》和《民族区域自治法》，为加强扶贫开发工作，保障和促进贫困地区经济和社会发展，结合自治区的实际，制定了条例。

《条例》第4条指出："各级人民政府应当把扶贫工作放在重要位置。帮助贫困地区群众脱贫致富，全社会负有共同责任。国家机关、社会团体、企业事业单位应当参与和支持扶贫开发工作，促进贫困地区经济发展。"第5条规定了扶贫开发的主管部门为县级以上人民政府扶贫开发管理机构。

扶贫开发的主要措施有以下几种：

1. 重点发展加工业

根据第6条规定，要充分利用本地的资源优势，重点发展直

[①] 关于民族自治地方根据《民族区域自治法》的授权制定的自治条例和单行条例是否属于地方性法规，学界存在不同的看法。但根据一般通说，将自治法规归为地方性法规。但由于相关自治条例和单行条例的缺乏，我们这里讨论的地方性法规是一般的地方性法规。

接解决温饱的种植业、养殖业和相关的加工业;推行"规模开发、集约经营、市场挂钩"的方式,开发名特优稀产品;兴办农工贸一体化、产供销一条龙的扶贫经济实体,采取个体、集体、私营、股份合作等多种所有制形式,兴办资源、技术开发型和劳动密集型的乡镇企业。

2. 开展劳务输出,加强人员培训

《条例》第 7 条规定了开展政府组织劳务输出:"贫困地区应当有计划有组织地发展劳务输出,合理、有序地安排劳动力。"第 11 条是对人员培训的规定:政府要广泛开展多层次、多形式的科教扶贫及实用技术培训,不断提高劳动者的素质,提高扶贫开发效果。

3. 跨地区扶贫异地安置[①]

广西是地处祖国南疆边陲的少数民族聚居地区,同时也是典型的"老、少、边、山、穷"省区。1993 年自治区党委、政府决定,在搞好就地开发扶贫的同时,对自然环境特别恶劣,资源特别贫乏,就地开发不能解决贫困和发展问题的石山地区特困人口实行异地搬迁。实行异地安置,搬迁到生产生活条件较好的地方后进行异地开发,是从根本上解决大石山区特困群众贫困问题的可行选择。

目前,广西的自愿性移民搬迁模式的形式多样,据研究,"一些大规模的移民搬迁模式主要有自发组织县内自愿性移民搬迁模式、政府组织跨县自愿性移民搬迁模式和政府+企业组织跨地区自愿性移民搬迁模式等。这些模式经过多年的实践,取得了

---

① 关于广西自愿性移民搬迁的更多情况,可以参加陈黎明:《走出大山 走进新天地——广西实施异地扶贫搬迁试点工程纪实》,载《当代广西》2005 年第 24 期。

丰富的经验和可喜的成绩,是广西移民搬迁的典型形式。"[1]

根据《条例》第8条的规定,对大石山区、库淹区缺乏必要生存条件的特别贫困人口,可以有计划地进行移民安置。此外广西壮族自治区政府先后颁布了一系列规范性文件,如《广西壮族自治区石山地区部分贫困群众异地安置工作若干规定》、《自治区人民政府关于跨地区扶贫异地安置工作若干问题的通知》和《广西壮族自治区人民政府令(第四号)》等文件,对移民搬迁的任务、对象、政府职责、资金管理、用地规定等均作出明确的规定。这对广西跨地区扶贫异地安置工作提供了有力的制度支持。

4. 吸引外资

自治区采取优惠政策鼓励沿海和发达地区使用技术、资金、设备参与贫困地区的资源开发,兴办企业;鼓励外商和港、澳、台同胞到贫困地区投资,兴办独资、合资、合作企业。具体办法由自治区人民政府规定。

5. 土地流转

《条例》第10条规定,贫困地区可通过土地有偿租用、转让使用权等方式,加快荒地、荒山、荒坡、荒滩、荒水的开发利用。

6. 扶贫资金的使用

《条例》第12—20条对扶贫资金的使用作出了规定。第12条规定,国家分配给自治区的各项扶贫资金应当集中投放在国家认定的贫困县;自治区安排的扶贫资金应当重点扶持自治区认定的贫困县;非贫困县中的零星分散贫困乡、村和贫困户,自治区安排部分扶贫资金,不足部分由其所在的县(市)人民政府、行政公署安排资金扶持。

---

[1] 黄特军:《扶贫自愿性移民搬迁的模式研究与效果评价——以广西为例》,广西大学硕士学位论文2002年,第2页。

第 13 条规定自治区人民政府扶贫开发主管部门在制定扶贫计划时，应当会同有关部门根据贫困人口、贫困程度、资金使用效益以及回收等情况提出各项扶贫资金的投向和分配方案，报自治区人民政府批准后下达执行。

扶贫资金的使用应当遵循统一规划、统筹安排、相对集中、配套使用、确保效益的原则。扶贫开发资金只能用于扶贫开发项目，项目必须覆盖贫困户、效益落实到贫困户。扶贫项目一般由相应的经济实体承包开发，承贷承还扶贫资金。扶贫资金必须专项下达，专款专用。扶贫资金和以工代赈资金、物资必须用于扶贫开发。

第 20 条、第 21 条第 1 款对贫困户作出了规定。第 20 条规定贫困户和扶贫经济实体使用扶贫贷款，项目自有资金确有困难的，其比例可适当降低。因自然灾害造成损失不能按期归还到期贷款的贫困户所欠的扶贫资金，经扶贫开发主管部门同意，并报资金管理部门备案，可适当延长还款期限。第 21 条第 1 款规定贫困户缴纳房产税、屠宰税、城市维护建设税、车船使用税确有困难的，可向当地税务机关提出申请，依法给予减税或者免税照顾。

根据第 21 条第 2 款，设在贫困地区的企业，按照国家和自治区有关规定享受税收优惠政策。

《广西壮族自治区扶贫开发条例》是我国五个自治区中唯一一个关于扶贫开发的地方性法规，意义重大。这一地方性法规对广西的扶贫开发具有非常重要的指导与法律保障作用。

(二)《广西壮族自治区小额信贷扶贫实施管理办法(试行)》

小额信贷反贫困模式起源于 20 世纪 60 年代末期，经过近几十年的发展，在国外已有相当成功的事例，并形成了比较规范的操作程序，积累了相应的经验，尤以孟加拉国的"乡村银行"最为成功。

由于各国国情和小额信贷模式的不同，国际上对于小额信贷的定义并没有一个统一的标准。世界银行在《小额金融信贷手册》中将小额信贷定义为"小额信贷是一种经济发展途径，意在使低收入妇女和男人受益"。① 我国理论界则大多认同杜晓山对小额信贷的界定，即小额信贷"是指为低收入阶层（包括贫困户）提供贷款和存款服务"。② 通过对各国现代意义小额信贷的总结可以发现，小额信贷本身具有以下特点：（1）属于无抵押信用贷款；（2）贷款金额小；（3）以扶贫为首要目标，为家庭创造基本收入以维持生计、帮助企业生产发展，同时也包括对公益项目的支持，如（贫困人口的）医疗、教育。③

广西是全国范围内较早推行小额信贷扶贫模式的地区之一。自治区政府于1998年初制定了《广西壮族自治区小额信贷扶贫实施管理办法（试行）》（以下简称《办法（试行）》），明确了小额信贷的六项基本原则和六项基本制度，逐步形成了三线管理（党政、银行、扶贫社）、三级决策（地、县、乡）、三大机制（整贷零还的激励机制、小组联保的互助机制、规模管理的约束机制）、四大服务体系（资金投放、技术培训、购销服务、社会帮扶的服务体系）。并要求全区有计划、有步骤地全面推广。④ 实践表明，小额信贷扶贫适应市场经济条件下产业结构战略性调整的需求，而且覆盖面广，到户率高，因而有力地促进了农业产业结构升级和农村特色产业发展，并成为防止返贫和巩固农村脱贫

---

① ［美］乔安娜·雷格伍德著，马小丁、朱竞梅译：《小额金融信贷手册》，中华工商联合出版社2000年版，第1页。

② 杜晓山：《小额信贷原理及运作》，上海财经大学出版社2001年版，第23页。

③ 吴循：《小额信贷对我国经济发展的作用机制研究》，西南财经大学硕士学位论文2007年，第5页。

④ 李跃勇：《广西农行小额信贷扶贫工作的情况和问题》，载《广西农村金融研究》1999年第1期。

成果的有效形式。[1]

《办法（试行）》属于地方性政府规章。共有五章，分别是总则、组织机构、资金管理与来源、借款及还款和附则。下面我们将对这一规章做简要的分析。

1. 小额信贷的界定

上面已经提到，关于小额信贷的定义存在不同的观点。根据《办法（试行）》第2条的规定，小额信贷扶贫是指通过特定组织形式直接向贫困农户提供有偿扶贫资金支持，贫困农户自愿组成互助、互保、互督的中心、小组等自治组织，无须财产抵押，以信用获取小额、短期借款的一种扶贫方式。

为了进一步确定小额信贷的含义，《办法（试行）》还规定了实行小额信贷扶贫的几项原则，即（1）短期原则；（2）自由组合原则；（3）亲属不能同组原则；（4）妇女优先原则；（5）连环担保原则；（6）连续借款原则。

2. 小额信贷的扶持对象

小额信贷的功能不止于扶贫。中国银监会政策法规部主任黄毅在《小额信贷问题研究》中指出"小额信贷为贫困、低收入家庭以及微小企业提供一系列广泛的金融服务，包括存款、贷款、支付服务、汇款、担保、小额租赁、住房金融和其他非金融服务"[2]。可以看出，黄毅在不否定其扶贫性的前提下，提出了小额信贷服务范围不仅包括小额贷款，还包括储蓄、消费信贷、保险等其他基本金融服务。广西壮族自治区出于扶贫开发的考虑，将小额信贷主要定位为扶贫，这是符合当地实际情况的。

《办法（试行）》第3条规定，实行小额信贷扶贫方式的村的基

---

[1] 郭丽英、任志远、邓旭升：《广西扶贫开发与城乡协调发展战略探讨》，载《地域研究与开发》2006年第6期。

[2] 黄毅：《中国小额信贷研究》（上），载《银行家》2004年第12期。

本条件是：(1) 扶贫部门登记在册的贫困村；(2) 贫困农户具有一定发展经济的基本条件；(3) 贫困农户居住比较集中；(4) 经过宣传发动，贫困农户愿意接受小额信贷扶贫方式。

第 4 条规定了小额信贷扶持对象的主要条件。这些条件是：(1) 扶贫部门登记在册的有劳动能力的贫困农户；(2) 承认和遵守扶贫合作社（以下简称扶贫社）章程，愿意履行社员义务；(3) 能与其他贫困农户组成互助、互保、互督小组。

3. 小额信贷的组织机构

总的来说，根据《办法（试行）》而设立的组织机构带有浓厚的行政色彩。这一方面有利于政府在扶贫开发中的统一管理，另一方面也存在一些问题。有研究指出，"小额信贷是由银行发放贷款，由政府、银行、扶贫社和有关部门共同完成回收的一种借贷过程，根据目前情况，扶贫社工作人员多为兼职人员，也没有调动工作人员收贷积极性的措施，贷款回收率高低与其本身利益没有关系"①。

根据《办法（试行）》小额信贷的组织机构主要有以下 3 个。

(1) 小额信贷协调办公室

自治区、地区、县三级分别成立由扶贫开发办公室、财政、人民银行、农业发展银行、妇联、农村信用社、科委等部门指定专人组成的小额信贷协调办公室，负责小额信贷扶贫的计划、组织、管理、指导、协调、监督及管理人员的培训等工作，小额信贷协调办公室要在同级扶贫开发领导小组的直接领导下开展工作。办公室设在各级扶贫开发办公室。

(2) 扶贫社

实行小额信贷扶贫的乡（镇）或有条件承担小额信贷扶贫工

---

① 李跃勇：《广西农行小额信贷扶贫工作的情况和问题》，载《广西农村金融研究》1999 年第 1 期。

作的部门可成立扶贫社。乡（镇）扶贫社由乡（镇）政府牵头组建，扶贫社主任由乡（镇）的副乡长（副镇长）担任。有条件承担小额信贷扶贫的部门，扶贫社主任由该部门领导担任。扶贫社的建立以及乡（镇）、部门扶贫社主任的人选须报县扶贫开发领导小组审批。

扶贫社的主要职责有：根据当地群众的贫困状况和解决群众温饱目标，做好小额信贷扶贫规划；建立健全各项规章制度；发动贫困农户入社，审查社员资格，办理农户入、退社手续和负责执行处罚；帮助贫困村建立中心、小组，培训中心主任和小组长，指导中心、小组对社员的培训等。

（3）扶贫中心与扶贫小组

扶贫社是在乡镇一级建立的，而扶贫中心是在扶贫社之下，在贫困村建立。每个扶贫中心一般由3—5个扶贫小组组成。

扶贫小组是小额信贷组织体系的最小单位，扶贫小组由申请入社的贫困农户组成。根据《办法（试行）》第10条的规定，对申请入社的贫困农户，需经扶贫社审查合格后方可接收为社员。扶贫社社员原则上以妇女为主，每5—10人自愿组成一个小组，有直系亲属关系的社员不能同组。小组是一个互助、互督、互保集体，小组成员间有偿还债务的连带责任，即1人出现还款困难，其他组员要帮助或替其还款。小组成员要按规定签订互保协议书。

每个扶贫小组设组长1人，由小组成员选举产生。在贫困村成立扶贫中心。每个扶贫中心一般由3—5个扶贫小组组成，中心主任从各小组组长中选举产生。

4. 小额信贷扶贫资金的来源与管理

（1）小额信贷扶贫资金的来源

小额信贷扶贫资金的来源以中央和地方政府的扶贫资金为主。小额信贷扶贫资金是有偿有息、有借有还、滚动使用的专项扶贫资金。资金来源主要是扶贫贷款、发展资金、区内各级财政配套资金、风险互助金和从其他渠道筹集的扶贫资金。

(2) 小额信贷扶贫资金的运行方式

根据《办法（试行）》第15条的规定，小额信贷扶贫资金的运行方式如下：由扶贫社直接向农业发展银行承借承还并向农户发放和回收；或者由农业发展银行委托当地农村信用合作社向农户发放和回收；此外，也可采取其他向贫困农户直接投入的方式。各县扶贫开发领导小组要根据扶贫资金的数量及贫困村的自然条件、贫困户的特点，合理确定小额信贷扶贫的区域、资金数量以及资金运行方式。

值得注意的是，在这一运行方式中扶贫社的法律地位比较模糊。扶贫社法律性质如何？有研究指出，"根据广西区人民政府办公厅[1998] 78号文件规定：扶贫社应是一个为贫困户提供产前、产中、产后、技术、资金等服务的非盈利组织。不是经济实体。按照《贷款通则》，农业银行不能给扶贫社贷款"[1]。目前，虽《贷款通则》因颁布时间较早，与多项新规定相冲突而面临废止[2]，但是根据一般法理，扶贫社模糊的法律地位与"扶贫社承借承还"之间确实存在矛盾。

(3) 小额信贷扶贫资金的发放

根据《办法（试行）》第17条的规定，扶贫社必须坚持社员借款前调查、借款时审查、借款后检查的"三查"制度，定期交各类报表和资金使用情况向扶贫开发领导小组和扶贫资金管理部门报告，自觉接受扶贫主管部门和扶贫资金管理部门的监督、检

---

[1] 李跃勇：《广西农行小额信贷扶贫工作的情况和问题》，载《广西农村金融研究》1999年第1期。

[2] 《与多项新规冲突〈贷款通则〉即将废止》，载《上海证券报》，http://www.cnstock.com/paper_new/html/2007-03/09/content_52316395.htm，2011年9月7日最后访问。

查和管理。

(4) 小额信贷扶贫资金的风险金与管理费用

扶贫社建立小组及中心风险互助金,以降低扶贫资金投放的风险,确保扶贫资金的安全运行以及社员之间的互助互保。扶贫社可向社员收取借款额2%的工作费用,社员在每笔借款的最后一次还款时一次性付清。

5. 小额信贷的借款及还款

根据《办法(试行)》第24条的规定,扶贫社社员经培训并考核合格后方可借款,借款最高限额为2000元,期限一般为1年。采用"一次借款、分期还款"的整借零还方式,以1个月为还款周期,社员从借款之日起,每月还款1次,分12次偿还,每月还借款的十二分之一,最后一次还清借款本息。社员在还清借款后,经小组长和中心主任同意,可继续申请借款。

自1998年《广西壮族自治区小额信贷扶贫实施管理办法(试行)》实施以来,扶贫效果显著。在办法实施的1998年底,全区就有28个国定贫困县都组建了扶贫社,其中建立乡镇扶贫分社425个,中心小组3480个,社员小组13529个,参加扶贫社农户86596个,获得贷款支持的农户59179户。1998年全区累计发放小额信贷扶贫贷款9089万元。(其中妇联扶贫社贷款870万元)扶贫社到逾期贷款年平均回收率89%(最高的达100%,最低的为52%),农行自己直接发放这类贷款的收回率分别为70%、64%。[①] 通过小额扶贫贷款支持,贷款户收入普遍提高。这对帮助广西地区贫困群众解决温饱问题起到了很大的作用。

[①] 李跃勇:《广西农行小额信贷扶贫工作的情况和问题》,载《广西农村金融研究》1999年第1期。

第五章 民族地区产业政策法制

民族自治地方如何发挥自身的特殊优势,实现跨越式发展,是新时期民族区域自治制度发展与完善的核心议题之一,也是民族经济法研究的首要课题之一。我们认为,民族自治地方发展的首要任务就是调整产业政策,促进优势产业的发展,这将为民族自治地方社会的全面进步与和谐发展提供强大的物质基础。本章将结合民族自治地方的实际情况,从产业政策法的若干方面探讨民族地区的区域发展与产业政策,这是其经济管理自治权实现与完善的中心一环。

第一节 民族地区产业政策法制的背景

一、产业区域转移概述

(一)产业区域转移的定位

产业区域转移,是由于资源供给或产品需求条件发生变化后某些产业从某一地区或国家转移到另一地区或国家的一种经济过程。在具体操作层面上,在外在表现上,产业区域转移常常以相关国家或地区间的投资、贸易以及技术转移活动等形式表现出来。产业区域转移是一个具有时间和空间维度的动态过程,是一个包含各国间与地区间投资与贸易活动的综合过程,是对产业构成要素的各国间移动或地区间移动的描述,是各国间或地区间产业分工形成的重要因素,也是转移国或地区与转移对象国或地区产业结构调整和产业升级的重要途径。产业区域转移主要发生在发达地区和欠发达地区之间，是发达地区的传统产业向欠发达地区的迁移。①

（二）产业区域转移的意义分析

进入 21 世纪，中国决策层提出了"走出去"和"西部大开发"的战略。依靠"走出去"和进行"西部大开发"，目前的思路是：利用已经在沿海经济发达地区出现的建立在企业自主判断基础上的产业区域转移，制定恰当的战略，推动和鼓励民间企业充当"走出去"和"西部大开发"的主要角色，而国家仅在基础设施建设和政策方面提供支持。

从经济发展上来说，东亚地区的产业区域间转移给转移国（地区）和转移对象国（地区）都带来了重大的收益。在产业转移链的两头，经济发展先行国家和地区通过产业转移活动，将本国处于发展衰退期的产业向经济发展后行的国家和地区转移，可以腾出手来进行产业结构的调整，集中精力重点发展新兴产业。而产业发展后行的国家和地区则通过接受发达国家和地区转移过来的成熟技术，节省了产业发展中的巨额研究，实现了以较低成本使用确定性高的技术来发展产业的目标。

充分利用产业区域转移来促进产业结构调整和升级。产业区域转移将本地区的夕阳产业或不适宜继续发展的产业转移到其他地区，为朝阳产业和适宜在本地区继续发展的产业提供了发展空间，从而为本地区产业结构高度化创造了契机。因此，不能只转移而不调整、不升级，而应该将产业区域转移与产业结构调整、升级紧密结合起来。充分利用产业区域转移对人才、自然资源、资金等要素的重新配置作用，服务于新产业的引进、扶持以及主导产业的巩固。例如日本，其在六七十年代向亚洲 NIES（东南亚

---

① 陈建军：《产业区域转移与东扩西进战略》，中华书局 2002 年版，第 2—3 页。

新兴工业化国家)、东盟四国转移大量劳动密集型产业的同时,对从这些产业分流出来的劳动力进行了大规模的再就业培训,并进一步放开人才市场,鼓励劳动力进入新兴产业;设立专门基金,扶持企业高新技术的研究开发,降低企业的研究开发成本;对原有的工业区进行基础设施的重新建设和改造,提高信息化程度等。①

在中国现阶段以沿海发达地区企业为主要角色的产业区域转移中,一个醒目的特点就是,那些在产业区域转移过程中非常活跃的常常是中小型民营企业,它们同时也是新兴的非国有企业,它们积极参与产业区域转移,在很大程度上,不是或主要不是由于感到劳动力成本的上升,而是为了企业的发展。通过产业区域转移实现企业成长和发展,主要通过以下两个方面来实现:

(1) 资源利用。发展企业需要资源,这些资源不仅包括低成本的劳动力,还包括企业发展的外部环境,如企业设立地所在地区软硬件基础设施、市场、信息和人力资源的获取条件等,还有企业发展的将来性等。

(2) 政府的政策。在中国,无论是过去的计划经济时代,还是现在的转型经济时代,政府的支持是企业发展必不可少的条件。获取政府支持最基本的一条就是顺应政府的发展战略和发展政策,即便某些企业在积极响应政府的发展战略和发展政策方面暂时没能在实际的经济利益上带来立竿见影的好处,也可以为本企业在未来的发展过程中,利用政府手中的资源,如政策优惠、银行贷款、人才吸引、传媒宣传乃至关系疏通带来现实的利益,从而有利于企业在激烈的市场竞争中占据主动地位。

---

① 陈建军:《产业区域转移与东扩西进战略》,中华书局 2002 年版,第 67—68 页。

二、东部地区的产业区域转移的现状

由于中国在相当一个时期仍将存在大量低成本的劳动力,且国内劳动市场的地区壁垒已经打破,东部发达地区企业可以通过大量使用中西部地区的外来人员来降低劳动成本,维持自己的产品竞争力,从而延续进行产业结构调整的时间。但是这会带来一系列社会和环境问题。从经济发展的趋势看,实行较大动作的产业结构调整是迟早的事。另外,随着中国加入 WTO 和世界经济一体化的加速,中国的劳动力成本方面的优势,也将不再是中国企业的专利,外资企业同样可以利用,作为一种均衡,越来越多的中国企业也将获取在全球范围内进行资源配置的更多机会。向国内中西部地区转移生产力固然是一种较好的选择,对一些主要从事出口事业的企业来说;向更靠近出口市场的国家和地区,以及市场体制相对规范的国家和地区转移生产力也是一种选择。

向"西"转移生产加工能力,是指将中西部地区作为转移生产加工能力的重点区域。随着中西部地区的加快发展,这一地区的劳动力可能会出现回流,东部发达地区企业普遍认识到,从目前产业结构的多元化发展的角度分析,不断地进行产业和产品结构调整,是经济保持持续稳定发展的重要途径。将一些劳动密集型产业或已经在东部地区遭遇发展瓶颈的传统产业转移出去,无论从产业和产品结构调整、合理地进行产业分工的角度讲,还是从扩大市场份额、合理配置资源的角度讲,都是一种明智的选择。而这些产业转移的理想的对象地区,就是中西部地区。

三、民族地区调整产业政策的历史性机遇

现在,美国斯坦福大学和日本东京大学正在开展的比较制度分析理论研究,就是依据世界上存在多样化的制度这一现实,并在此基础上分析各种经济制度因国家而异的原因,进而提出各国

的经济制度及所制定的产业政策法。比较理论分析的最新见解认为，日本战后的产业政策之所以有效，是因为它与市场竞争进行了有机的结合。政府不是对市场竞争进行管理和控制，而是建立并发展促进市场竞争的各种制度及相应的立法。这些研究对我国的产业政策立法具有指导作用。[①] 当前，西部民族地区正面临着调整产业结构的历史性机遇，必须秉承"有所为，有所不为"的原则，选择适合本地区发展的产业来加快本地传统产业的发展，并依托本地的实际情况与资源优势，来发展新兴产业。

第二节 民族地区产业政策法的现状

一、我国的产业政策法的现状

产业政策法是调整国家产业政策制定和实施过程中发生的社会关系的法律规范的总称。它包括体现产业政策实体性内容的法律规范及关于产业政策制定和实施程序的法律规范。产业政策法是实体法与程序法的统一与结合，实体性规范规定国家产业整体上的或某类产业的基本发展方向、发展目标与重点以及产业政策实施保障措施；程序性规范则将产业政策的制定和实施纳入法制化轨道，保障其正确制定和有效实施。

对于一个发展了几百年市场经济、有着完善的市场经济制度和市场体系，且有一个优越的国际经济地位的国家或经济社会来说，在促进产业发展的过程中，更多发挥市场机制的作用当然是理性的。但是，对于发展市场经济历史尚浅，市场经济制度和市

---

① 臧旭恒、徐向艺、杨蕙馨主编：《产业经济学》，经济科学出版社2002年版，第454页。

场体系还远远谈不上完备，在国际经济中常常处于弱势地位的我国来说，就不能不同时考虑使用市场和政府两只手来调控经济运行，促进产业结构调整和产业发展。因此，运用宏观调控尤其是产业政策手段来调控经济运行就显得十分必要，但必须纳入法制轨道。

而一段时间以来，我国主要运用经济、行政手段调节产业，而较少运用法律手段，产业政策法律化程度远远不够，这导致现实中的诸多弊端，产业政策在具体实施中出现诸多变数，达不到预期的政策目标。最典型的是《汽车工业产业政策》。究其原因，主要是《汽车工业产业政策》本身并不是一部法规，其内容只有指导性作用，不具有强制力，没有相应的法律责任制度做保障，对各地的约束力不大。① 这种强烈的对比使我们认识到产业政策立法是非常必要的，产业政策立法是实施产业政策目标的有力保障。

我国于1986年在《国民经济和社会发展第七个五年计划》中第一次正式使用了"产业政策"的概念，并对产业发展提出了系统、具体的规划和政策。自20世纪90年代以来，国家陆续制定了一些包含或体现相关产业政策性质的法律、法规、规章和其他规范性文件。例如，《中共中央、国务院关于加快发展第三产业的决定》（1992）；《科学技术进步法》（1993）；《汽车工业产业政策》（1994）；《鼓励软件产业和集成电路产业发展的若干政策》（2000）；《清洁生产促进法》（2002）；《中小企业促进法》（2002）等。这表明，我国在改革开放以来的经济管理活动中越来越重视利用产业政策，并且其法律化程度也在逐步提高，这对调整我国产业结构，提高产业组织素质和产业技术水平，从而促

---

① 林兴登：《产业政策立法初探》，载《经济与法》1999年第7期。

进经济增长方式转变起了多方面的积极作用。①

二、产业政策法的实质

制定产业政策法的实质是将产业政策法制化,产业政策为其内容,法律为其形式,即产业政策获得了法律的表现形式,从而具有法律的一般性质,如规范性和稳定性。具体来说,其含义为:

(一) 产业政策法的立法宗旨

产业政策法的立法宗旨从根本上说是加强和完善国家宏观调控,有效调整和优化产业结构和产业布局,提高产业素质,促进国民经济持续、健康、协调发展。但是不同国家、同一国家在不同时期,往往根据不同的国内和国际经济、政治、社会形势确定其产业政策立法的宗旨。

当前,我国应当通过产业政策立法树立新的产业发展评价体系。不能单纯用产值和规模等指标来评价产业发展情况,而应增加效益、就业人数、对生态环境的影响等综合性指标,实现我国行业经济与区域经济跨越式发展和可持续发展的目标。

(二) 产业政策法的立法原则

产业政策法的原则是统率整个产业政策法的指导思想,也是产业政策法规范必须遵循和贯彻的基本准则。我国产业政策法的立法原则主要包括:第一,符合工业化和现代化进程的客观规律,密切结合我国国情和产业发展的特点。我国是一个地域辽阔、域情差别比较大的国家,产业政策法的制定应该充分考虑到地方化与区域化,给地方政府以更大的弹性权力空间利用其财政能力与手段来进行地方产业政策规划,以促进地方经济发展,解决人员就业。第二,符合建立社会主义市场经济体制的要求,充

---

① 王先林:《产业政策法初论》,载《中国法学》2003年第3期。

分发挥市场在国家宏观调控下对资源配置的基础性作用。产业政策的作用应该体现在解决区域经济与行业发展的问题，把政府的强制措施和引导措施分开，在尊重市场竞争规律的前提下发挥经济手段的作用。第三，突出重点，集中力量解决关系国民经济全局的重大问题。我国经济发展具有行业不平衡性和区域差异性，在由计划经济向社会主义市场经济过渡的过程中，经济发展的不同阶段发展重点也不同，需要攻克不同的难题，满足公众经济文化等利益的需要。第四，多管齐下，综合治理，具有可操作性。对于民族地区产业政策立法来说，还须遵守宪法与民族区划自治法。

（三）产业政策的制定、实施、监督主体及行为法律化

依法确定哪些机关、组织、团体有权参加产业政策的制定，哪些机构有权监督产业政策的实施，哪些机构有权对产业政策的实施效果做出评价。

在我国目前情况下，产业政策的制定主体应该是中央政府。这是由我国国家政权结构形式决定的。而产业政策的实施主体主要为地方政府和企业。我国第一、二、三产业部门又包含很多具体的产业，每一产业往往由很多政府部门分工负责，各司其职，容易出现多头管理、多头执法、权责交叉等现象，同时有些部门仅从部门利益出发，客观上造成产业政策的制定与实施中"越位"及"缺位"现象，最重要的是容易形成行业壁垒与垄断，不利于我国社会主义市场经济体制的健康发展。

改革开放30多年来我国出台了许多产业政策，大多缺少监督与评估的规定，对产业政策的监督与评估尚处于自发状态，没有形成长效的政策实施监督与评估机制，实际上是对大多数的产业政策没有进行实施的绩效监督与评估。即使这种监督是存在的，往往也是政府授权的专题调研班子和政府机关的政策研究部门承担，其活动资金来源于上级，缺乏独立性，难以对产业政策

进行客观的评估，同时，没有有效的途径保证公众参与到产业政策的制定、实施与监督，利益诉求得不到充分的表达，产业政策实施效果的评估缺乏代表性与广泛性，不利于我国产业政策的经济发展的促进作用的发挥，急需将监督与评估主体法律化。

另外，通过依法对产业政策的行为主体的权力、权利、义务进行规定来明确行为主体的行为范围和行为方式，使权利的行使有法律保障，权力的运用受到法律的制约。

（四）实施手段的法律化

产业政策的实施手段包括法律手段、经济手段和行政手段三种。改革开放初期，在计划经济向市场经济转型期，更多依靠行政手段，在市场经济发展阶段，市场机制在资源配置中发挥越来越重要的作用，经济手段也越来越重要。不论是经济手段还是行政手段，其实施过程都具有综合性、灵活性与动态性的特点，因此容易产生任意性，需要通过法制化进行规范。法律手段往往是将行政手段和经济手段披上法律的外衣，也就是说，法律手段的调整内容是行政手段和经济手段。但应注意的是，法律手段不能使经济手段原有的灵活性僵化，这要求一定的立法技术，法律可以规定应采用的经济手段的种类，该经济手段行使的上下界限，但应给予行为主体一定的自由度，使其能按照市场规律科学运作。

（五）产业政策的制定程序法律化

严格的制定程序是产业政策的科学性的保障，就我国的产业政策的制定来说，要遵循以下程序：有关部门提出产业政策草案→国家发展和改革委员会审查、协调草案→国务院有关部门、产业界、学术界等进行科学论证和民主审议→国家发展和改革委员会会同有关部门报国务院审核→国务院报全国人大或全国人大常委会审批。① 该程序是全国性产业政策的制定程序，地方产业政策的制定可以比照执行。

（六）法律责任明晰化

作为国家的一种经济政策，产业政策的规定大多是指导性和提倡性的，当然对于具体的鼓励、扶植、限制产业政策而言，它有明确的鼓励、允许、限制、禁止的规定，但对于违反这些规定应承担什么责任则很少论及。由于产业政策的这一特色，使得以它为调整对象的法律规范多为任意性、授权性的规范，禁止性、义务性规范较少。任意性、授权性的法律规范是不能施以法律制裁的，但它又明确表明了国家希望行为主体从事该行为的一种意图。为此，需要在法律中规定奖励性法律责任条款，以激励、诱导行为主体从事上述行为。这是产业政策法律责任的一个特点。②

改革开放 30 多年以来，我国产业政策规划实际上是扭曲的责任机制，无人来承担不当的产业政策及投入带来的损失。产业政策规划落实不了或执行时打折扣，也找不到责任主体；大量的政策措施有大量的财政投入，这些投入最后的损失没有人来追究责任。而最大的问题是，产业政策规划与产业政策法即便制定出来也不具有可执行性与可诉性，不能算是一部真正的法律。

三、民族地区应采取的产业政策法立法模式

强化全球竞争意识，制定有西部民族自治地方特色的倾斜型产业政策法。当今世界，产业政策法的立法模式主要有两种：一为倾斜型产业政策立法模式，二为竞争型产业政策立法模式。前者以日本为代表，后者以美国为代表。

倾斜型产业政策立法模式重视产业结构的法律调整，多见于

---

① 董进宇主编：《宏观调控法学》，吉林大学出版社 1999 年版，第 216—217 页。
② 刘文华、张雪某：《论产业法的地位》，载《法学论坛》2001 年第 6 期。

一些后发国家。它往往在法律中规定，国家集中必要的资源、资金和技术力量，实行倾斜性投入和支持，以加快本国主导产业的超常发展，力求以最小的成本、最快的速度，达到缩短同发达国家差距或增强国际竞争优势的目的。相比美国而言，日本在20世纪80年代以前是个后发国家。二战以后，日本经济发展经历了经济复兴时期、高速增长时期、全面赶超时期和结构转换时期。在每个时期，日本都不断制定稳定产业发展的有关法律法规，以集中力量有秩序地恢复和加快特定产业的发展。这些产业政策法既有统筹性，又有动态连贯性。①

竞争型产业政策立法模式倾向于产业组织的法律调整，集中于调整竞争关系与防止垄断方面，多见于一些先行国家。它强调要充分发挥市场的作用，为各类产业创造一种公平竞争的政策环境，使产业结构的调整顺应市场需求结构发展的趋势，让企业在市场机制作用下自觉地进行生产要素的优化组合和更新换代，尽可能不采取强制性的行政手段。② 1984年9月美国《经济问题》杂志曾写道："一个世纪以来，反托拉斯法已成为美国的一项具有连贯性的政策。它被用来改善产业的行为——这是我们唯一的产业政策。"③

相比之下，我国西部民族自治地方目前正处在西部大开发的背景下，发挥资源优势，大力兴办特色产业，实现产业结构的合理调整与经济的跨越式发展。因而西部民族自治地方必须集中必要的资源、资金和技术力量，实行倾斜性投入和支持，以加快本地区主导产业的超常发展。所以，西部民族自治地方必然要采取

---

① 漆多俊主编：《宏观调控法研究》，中国方正出版社2002年版，第129页。
② 李寿生：《关于21世纪前10年产业政策若干问题的思考》，载《国民经济管理》2000年第11期。
③ 转引自杨沐：《产业政策研究》，上海三联书店1989年版，第3页。

倾斜型产业政策立法模式，产业扶持政策法是其重中之重。

第三节　民族地区的产业政策立法

西部民族自治地方有着丰富的自然资源和环境资源，如何将这些得天独厚的资源产业化、市场化，使西部民族自治地方的资源优势转化为经济优势，是摆在我们面前的重要课题。调整西部民族自治地方不合理的产业结构，发挥其优势产业的潜能，同时迎接东部发达地区的产业区域转移，需要西部民族自治地方完善产业结构政策法。整个21世纪将是生物科技和网络科技的时代，西部民族自治地方特有的生物资源完全可以使其在生物科技产业方面大有作为，但西部民族自治地方欠缺技术优势和资金优势，因而必须在产业技术政策立法方面有所创新，吸引东部发达地区乃至国外的技术与资本落户西部民族自治地方，进而提升西部民族自治地方的产业发展与社会进步。基于以上分析，在产业政策法众多的类别中，我们将重点探讨与民族自治地方经济发展密切相关的产业结构政策立法和产业技术政策立法。

一、产业结构政策立法

在该方面进行地方立法比较成功的是广东省。为了加速推进广东省工业产业结构的调整优化，进一步提高广东省工业的整体素质和经济增长的质量，广东省政府制定了《广东省工业产业结构调整分行业实施方案》。该方案指出珠三角必须向山区和欠发达的东西两翼地区进行产业转移：珠三角将以电子信息产业为先导，重点发展高新技术产业、传统优势产业和现代服务业；东西两翼地区要有选择地承接一部分珠三角劳动密集型产业的转移和辐射，同时充分利用资源优势和原有的基础发展地方特色工业和海洋产业；山区和贫困地区，则立足本地资源，创造条件承接珠三角的产业转移和辐射。① 广东省的成功经验值得我们借鉴。

1. 民族自治地方需扶持的产业分析

产业扶持政策法是产业结构政策法的核心内容，主要规定需要扶持的产业的种类及扶持的手段等方面的内容。一般而言，国家需要扶持的产业主要是支柱产业、先导产业、瓶颈产业及幼稚产业。该法的特点是着眼于未来的产业优势，直接服务于产业结构的高度化。离开了产业扶持政策，就不可能实现产业结构合理化、高度化的目标。产业扶持政策法中被确定为需要扶持的产业必须具备三大基本特征：（1）能够迅速有效地吸收创新成果，并获得与新技术相关联的新的生产函数。（2）具有巨大的市场潜力，可望获得持续的高速增长。（3）同其他产业的关联系数较大，能够带动相关产业的发展。产业扶持政策法的针对性很强，且往往表现为一个个单项立法，是产业结构政策法中数量最为庞大的一种。例如，日本就曾制定过《机械工业临时措施法》、《电子工业振兴临时措施法》、《石油工业法》、《果农振兴特别措施法》等产业扶持政策法。

在优化产业结构的过程中必须注意发挥民族自治地方的特色，这方面国外的一些成功经验值得借鉴。意大利的小城市萨斯索罗集中了世界瓷砖生产量的30%，出口量的60%，使意大利的瓷砖工业获得了国际竞争优势。其发展是一个高度地方化的过程。生产瓷砖以及制造模具等相关设备的企业、生产釉料的企业和生产包装材料的企业、运输企业、与瓷砖工业有关的设计、后勤、商业广告、财务等的专业性咨询公司形成了密切的网络。萨斯索罗的工程师、经理人员、设计人员等专业人员在本地的流动性很大，可以随时解决生产中出现的问题。这些企业还建有瓷砖

---

① 蔡海智：《论珠三角的产业转移》，载《岭南学刊》2003年第1期。

产业联合会，为企业共同关心的国外市场研究等提供服务。①

针对西部民族自治地方的实际情况并结合前述的三项基本特征，我们认为，民族自治地方应结合本地方的特殊情况，考虑制定并实施以下几个方面的产业扶持政策法，以实现当地经济的跨越式发展。

2. 生物资源开发创新促进条例

生物资源产业包括绿色食品业、医药产业、花卉产业等多个方面。天然药物要运用现代生物技术、制剂技术和先进装备，开发一批以民族自治地方传统配方和民族药为基础的名优中药新品。以云南省为例，其发展目标是：组建生物医药企业集团，按GMP管理标准组织生产，提高产品质量，扩大生产规模。把市场营销放在新产品开发的首位，广泛采用现代营销观念、技术和管理方法，建设强有力的营销体系。组建天然药物工程研究中心，积极吸引人才，加大技术创新力度。优质花卉要力争把云南省建成中国及亚洲最大的花卉生产和交易中心。按"高科技、外向型、集约化"的要求，集中力量培植一批骨干企业，并依托这些企业，加强高新技术的引进、消化和扩散，在引种繁育和特异种开发、设施栽培、采后保鲜、储运及病虫害防治等关键环节上，迅速提高技术水平。以特色绿化植物和盆栽景观植物为重点，发展园林工程产业。强化营销网络建设。绿色食品重点发展有特色、符合 ISO14000 环保认证体系要求的天然、保健和功能食品。② 但是，现有的立法还远远不够，对生物资源的保护以及基因工程发展的扶持等方面均急需立法来调整。为此，我们建议民族自治地方应

---

① 邱成利、王增业、王圳：《西部增值》，中国经济出版社 2000 年版，第 87—88 页。

② 陈建军著：《产业区域转移与东扩西进战略》，中华书局 2002 年版，第 58—59 页。

优先进行生物资源开发创新方面的立法，这是民族自治地方生物产业健康发展的保障，也为中央立法提供参考，即制定《生物资源开发创新促进条例》，该条例应包括如下一些内容：

（1）由于生物资源开发创新产业多数情况下需要建立研究基地及新建厂房，因此需要大量的土地，考虑到研究开发者的此种需求，云南省应制定灵活优惠的土地开发利用政策。其中包括：将一定面积待开发土地以低价、无偿或先期注入资金扶持的方式，承包、分租或批租给某单位和个人，在开发的前期给予贷款、补贴、贴息等政策，规定几十年不变，承包或承租者拥有充分的土地使用、转让和经营管理权。

（2）生物资源是生物技术产业发展的物质基础。随着生物技术研究的蓬勃发展和生物技术产业的兴起，人们已越来越重视对生物资源的保护、储藏和利用。云南的生物产业要想有长足的发展，必须下大力气保护好云南得天独厚的生物资源。因此，必须通过法律的形式保障对云南生物资源的调查和发掘，同时建立云南省野生动植物资源的基因库。对生物资源进行调查、采集和开发过程中所形成的一系列数据及相关资料应进行版权法保护。这样，既可以避免非法调查和发掘对生物资源可能造成的破坏，也能防止生物资源的流失，达到通过法律和有效措施完成对动植物基因资源的保护和可持续利用的目的。

（3）生物资源开发创新产业研究人员必须事先向有关部门提出申请并上报有关资料，有关部门进行安全性评估，并决定是否批准。对转基因生物工程、基因技术装置以及微生物和动植物的研究和经营进行审批和登记。

（4）完善社会化服务体系。科研单位要加强绿色食品及相关技术的研究，推出一批符合绿色食品生产要求的优质、高效新品种和与之配套的先进适用技术规程。培育绿色食品市场体系和营销中介，搞好信息服务，为生产经营者提供及时准确的市场信息。完善技术推广体系,健全科技推广队伍,加快绿色食品特有生产资料的研究和开发,扩大有机农药、安全饲料添加剂和食品添加剂的生产。积极研究和生产无污染包装物。

(5)国外的成功经验表明,中介机构在生物资源开发创新产业发展过程中发挥了重要作用,是创新体系的重要组成部分。民族自治地方应大力发展从事生物技术信息咨询、技术评估专利代理等方面的中介机构,尽快以法律形式组建生物资源开发创新产业协会,规定其组织形式、组织结构、职能、法律地位,这有利于规范生物资源开发创新产业产品市场和公平竞争,避免不必要的重复建设,有利于全局性的组织协调工作。

(6)科技部的一份调查显示,我国高新技术产业所存在的头号问题是投入不足、渠道不够,尚未形成鼓励、吸引扩大全社会多渠道、多形式投资的投资体系和良性循环机制。[①] 由于生物资源开发创新产业的高风险性特征,专业银行一般不愿意进行风险投资,因此,有必要在该条例中确认风险投资公司这类特殊经营企业形式,规定各类风险投资的资金来源、风险投资运营的联合投资原则、限额投资原则和匹配原则。

(7)建立合理的利益分享机制。对生物资源进行保护的一个核心问题是开发权问题。目前世界大部分国家均认为生物资源应属于一国主权范围,并且农民的传统知识应视为一种权利方面达成共识,那么任何外国及外省的单位或个人对云南的生物资源进行开发时应与云南共同分享开发所获得的利益,包括共同申请新品种权或专利权,自身使用和使用费分享等方面。即使相关国际组织出于公益目的在云南省进行生物资源创新开发方面的研究时,也应有我国的科技人员参加,同时应当给予我国及民族自治

[①] 宋伟、杨汉平主编:《高新技术产业法律保护》,西苑出版社2001年版,第170页。

地方政府书面的通知,并应得到同意。①

很明显,民族自治地方应该通过立法进行扶持的产业还有许多,比如,旅游开发产业、民族用品产业,等等。由于本书作者研究领域的局限,在此无法进行一一探讨,但这绝不意味着这些产业不重要,相反,恰恰应该给予更多的关注,因为这些产业都是民族自治地方的特色产业,是未来民族自治地方经济发展的强劲动力。

二、民族特需用品生产企业促进法——以清真食品为例

中国已经制定了多个关于清真食品管理方面的地方性法规、规章等规范性文件,这些立法可谓是各具特色,但法律效力的层级相对较低。为切实保障信仰伊斯兰教民族的风俗习惯,维护民族团结,中国正在制定专门的《清真食品条例》,从而把清真食品的管理纳入法制化轨道。国家民委代国务院起草的《清真食品管理条例》已经列入了"十五"(2001—2005年)期间的立法规划。日前,国务院法制办对国家民委报送的《清真食品管理条例》(送审稿)向35个部门及31个省、自治区、直辖市人民政府法制办征求意见。据悉,截至2007年8月底,有19个部委和22个省、区、市法制办提出了具体修改意见。下一步,国家民委将配合国务院法制办协调有关部门并进行调研,对《清真食品管理条例》(送审稿)再做进一步修改。

(1)清真食品的定义

广大穆斯林群众必然遵从《古兰经》和《圣训》中关于饮食禁忌的规定,在我国习惯上把回、维吾尔、哈萨克、柯尔克孜、乌孜别克、撒拉、东乡、保安、塔塔尔、塔吉克等10个信仰伊

---

① 参见田艳:《建立中国植物新品种法律保护体系》,载《贵州民族学院学报》2002年增刊。

斯兰教的少数民族穆斯林能够食用的各类食品统称为"清真食品"。"清真食品"即"符合伊斯兰教法规定的、伊斯兰教法允许的可食用的食品",即广大穆斯林群众可食用的食品。1996年,在联合国粮农组织和世界卫生组织共同举办的第24届食品标签法典委员会会议上,对《清真术语使用指南草案》进行了讨论。草案中明确提出:清真食品意为被伊斯兰律法许可并且不含有或没有不符合伊斯兰律法的物质组成;没有被不符合伊斯兰律法规定的用具或设施处理、加工、运输和储存过;在处理、加工、运输和储存中没有接触过不满足以上条件的食品。

即使这些民族中的少数成员并不信仰伊斯兰教,但食用清真食品则已成为这些民族所有成员独特的风俗习惯。因此,保障这些少数民族群众食用清真食品的权利是我国政府长期以来一直重视的基本问题,并且制定了许多具体的管理法律制度。即使在大革命时期,党在广州举办的全国农民运动讲习所内,就专门设有回民餐厅;抗日战争和解放战争期间,给回族指战员多的部队和各个回民支队专门请阿訇宰牲,等等。可见,我们党和政府保障广大穆斯林群众食用清真食品的权利是有优良的历史传统的。

(2)我国现行的清真食品管理法律制度概述

尊重少数民族的风俗习惯,重视清真食品问题,一直是党和国家民族政策的重要组成部分,是民族平等和民族团结的重要内容。在《共同纲领》和历届宪法中都有明确规定。中国现行《宪法》序言中规定,中华人民共和国是全国各族人民共同缔造的统一的多民族国家。平等、团结、互助的社会主义民族关系已经确立,并将继续加强。在维护民族团结的斗争中,要反对大民族主义,主要是大汉族主义,也要反对地方民族主义。国家尽一切努力,促进全国各民族共同繁荣。我国《宪法》第4条中规定,中华人民共和国各民族一律平等。国家保障各少数民族的合法的权利和利益,维护和发展各民族的平等、团结、互助关系。禁止对任何民族的歧视和压迫，禁止破坏民族团结和制造民族分裂的行为。国家根据各少数民族的特点和需要，帮助各少数民族地区加速经济和文化的发展……各民族都有使用和发展自己的语言文字的自由，都有保持或者改革自己的风俗习惯的自由。这些规定是清真食品管理立法的依据。

国家的相关法律规定。如《民族区域自治法》、《消费者权益保护法》、《食品卫生法》、《商标法》、《广告法》、《反不正当竞争法》以及《监狱法》等法律中，都有关于各民族要互相学习，互相帮助，互相尊重语言文字、风俗习惯和宗教信仰，以共同维护国家的统一和各民族团结的条款。其中的一个重点就是保障穆斯林群众食用清真食品的权利。

部门规章。如 1978 年，财政部、国家民委、国家劳动总局发布"关于妥善解决回族等职工的伙食问题的通知"指出，对少数民族长期历史发展中形成的生活习惯，应予尊重，而不能有任何歧视。并要求有吃清真食品的少数民族职工的单位应设专灶、食堂或备有专门灶具，以解决他们的膳食。1980 年商业部发布"关于回族等食用牛羊屠宰加工问题的通知"要求：应当尊重少数民族的风俗习惯，更好地贯彻落实党的民族政策和宗教政策。他们食用的牛羊肉应由阿訇屠宰。1989 年中国民航、交通部等相继发布了关于做好对信奉伊斯兰教各少数民族旅客用餐工作的通知。2000 年教育部、国家民委联合发布了关于在各级各类学校设置清真食堂、清真灶有关问题的通知。

地方性法规等规范性文件。如《宁夏回族自治区清真食品管理条例》、《南京市清真食品管理条例》、《齐齐哈尔市清真饮食管理规定》等。此外，中国部分省市所制定的少数民族权益保障条例或散居少数民族权益保障条例也对此做出了概括性的规定。

前述关于清真食品的相关立法中规定了清真食品管理的制度与措施，主要集中在如下几个方面：

清真食品行业的准入规定。该项规定的整体精神是一致的，但还是有一定的区别。多数规范性文件中都规定，个人生产、经营清真食品的，必须是具有清真饮食习惯的少数民族。对于企业经营清真食品的规定，则有一定的差别，有的规定：企业负责人中有清真饮食习惯的少数民族公民的企业才可以经营清真食品，例如《山西省清真食品监督管理条例》；有的规定：生产、经营清真食品单位的主要负责人、采购人员、保管人员和主要烹饪人员，以及一定比例的制作工人应当是具有清真饮食习惯的少数民族，例如，《银川市清真食品管理规定》。同时必须取得《清真食品生产经营许可证》，还须向当地政府民族事务管理部门申请清真标志牌。

清真食品行业经营设施的规定。清真食品的生产工具、运输车辆、计量器具、储藏容器和生产经营场地必须专用。非专业清真食品商场、商店设置清真食品专柜，应当有穆斯林民族的人员参加经营管理，其经营人员不得与非清真食品经营人员混岗。清真食品与非清真食品应当分柜存放、分开销售。清真食品包装物，不得有穆斯林禁忌的文字和图案，不得将清真食品包装物出售或转让给非清真食品生产经营者使用。

对清真食品宰杀的规定。清真食品生产经营者使用、销售的牛、羊、鸡、鸭等肉类，必须由专门的清真屠宰点的屠宰人员按照清真屠宰畜禽的要求宰杀；外出采购的已宰杀的畜禽，应当有采购地的民族事务管理部门，或伊斯兰教协会或清真寺管理委员会出具的清真屠宰证明。

从上述清真食品管理的相关立法及制度实施的论述可以看出，我国现行的清真食品管理法律制度存在如下一些不容忽视的问题：

首先，各地立法不统一。对于清真食品行业的准入规定不一致，容易造成清真食品行业准入方面的法律规避现象的发生；法规名称不一致，有的强调管理，有的强调监督；重复立法，具体体现在有的地方已经有省级的清真食品管理方面的规定，其下面的市还要重复制定同样的市级的管理规定。

其次，管理主体不明确。清真食品的管理部门应是工商行政管理部门还是民族工作部门缺乏相关的规定，管理职权没有很好地落实，这就造成了实践管理工作中"谁都管，又谁都不管"的矛盾。

最后，管理手段过于单一。从各地关于清真食品管理的相关规定中可以看出，违反相关规定的法律后果只有行政处罚和刑事责任两种，缺乏积极的引导措施，不适合目前清真食品行业发展比较滞后的现实。

（3）少数民族基本文化权利视角下的清真食品管理法律制度的完善

根据相关的国际公约以及中国《宪法》第47条的规定，少数民族文化权利包含少数民族成员作为一个普通公民所享有的享受文化成果的权利、参与文化活动的权利、开展文化创造的权利以及对个人进行文化艺术创造所产生的精神上和物质上的利益享有受保护权；《公民权利和政治权利国际公约》第27条确认了少数民族享有自己的文化、信奉和实行自己的宗教或使用自己的语言的权利。前者是少数民族个人的文化权利，后者既是少数民族的个人文化权利又是少数民族的集体文化权利，这种权利不仅意味少数民族成员个人发明创新及享受更多文化成果等权利，而且意味着少数民族个人坚持自己的文化的权利，即个人出生时所在群体的文化、个人生活环境的文化和个人认同的文化的权利。穆斯林群众食用清真食品就是他们享有他们文化的一个重要体现。

由于我国已经签署并批准了《经济、社会和文化权利国际公约》，已经签署并正在准备批准《公民权利和政治权利国际公约》，无论是从加强对中国少数民族文化权利保障的角度，还是中国政府履行国际人权公约所确定的义务的角度，中国都应该加强对文化权利保障的立法，尤其是少数民族基本文化权利保障的立法。这样，就可以更好地保障少数民族的基本文化权利，包括穆斯林群众食用清真食品的权利。随着我国经济及社会发展水平的提高，以及公民对文化需求的日益高涨与对文化权利的重视，文化权利是一项重要的人权，应成为我国宪法中公民的一项基本权利，因此，全国人大在进行宪法修订时，应将文化权利增加为公民的基本权利。这里面的一个需要特别强调的方面就是少数民族的基本文化权利，其中包含着穆斯林群众食用清真食品的权利。

关于《清真食品管理条例》的制定。该条例的重要内容之一是清真食品的经营权问题，即谁可以从事清真食品的经营活动。广大穆斯林群众可以经营清真食品是毫无疑问的，该问题说到底就是"其他民族的群众是否可以从事清真食品行业"的问题。如前所述，目前各地的规定非常不统一，有的规定得非常具体，有的规定得比较原则，这一重要问题需要结合我国清真食品行业状况及广大穆斯林群众的愿望在该条例中予以明确规定。

（4）关于清真食品行业的产业促进法

从目前的情况看，作为《少数民族基本文化权利保障法》在清真食品方面的实施，主要应体现在政府对清真食品产业的扶持措施与管理措施上，但以前者为主。从清真食品行业的发展状况看，像伊利集团这样的龙头企业少，知名品牌少，产业化程度低，这些企业与其他行业的企业相比处于弱势，因此，政府必须通过政策和资金倾斜来促进清真食品行业的发展，比如降低经营的税费、贷款上的扶持、技术上的帮扶等。

清真食品加工行业有着独到的传统加工工艺，生产加工的食品具有民族特色，并且各地的清真食品又都有自己的特色，受到世人称赞。对于传统的一些清真食品的制作方法可以通过传统知识来进行保护，而对于在清真食品领域的其他创新性活动，则可通过知识产权法来进行保护。

同时，在食品安全日益成为政府与百姓关注的热点问题的今天，我们更应该特别重视清真食品的安全问题。对于一些生产经营者擅自加工、生产、出售不符合清真食品要求的假冒"清真"食品，引起穆斯林群众的不满的现象必须从清真食品安全的角度给予高度重视。山东阳信事件以及其他的发生在全国的因清真食品安全问题而引发的事件的教训是极为深刻的。

以上这些内容都适合规定在《清真食品管理条例》中，因为行政法规与法律相比最大的优势就是它的灵活性，有利于政府结合清真食品行业发展的状况及时调整相关的政策与措施。

在实施方面，相关管理规定应落实。关于清真食品行业的具体管理规定包括：该企业或个体工商户是否具有工商营业执照、卫生许可证、清真许可证；环境卫生、工作间卫生、工作人员卫生及健康状况是否符合清真标准及其他相关标准；相关管理法律制度是否齐备；经营人员及其他相关工作人员是否适格；鲜肉的屠宰票和检疫票是否齐备，其他清真食品是否具有正规渠道来源的票证；各种仪器设备是否印有或贴有清真字样专用标识。具体的管理部门必须重视加强前述规定的落实与实施，这是解决目前存在的一些违法现象的基本要求。

加强企业的社会责任。一般认为，企业社会责任是指公司或企业承诺通过贡献于提高员工及其家庭、当地社区以及整个社会的生活质量来支持可持续的经济发展。具体来讲，就是通过努力，在公众中确立一种积极的声誉，在有益于公司利益相关者的同时创造出一种竞争优势。这就要求公司从仅仅关注赚取利润到将包括经济的、环境的和社会的责任纳入他们的核心经营战略之中。[①] 事实上，对少数民族食用清真食品的权利侵犯的最大可能来自于企业，企业是社会的产物，作为一个社会"人"，企业占有社会上大部分的资源，相应地也必须承担相应的社会责任。承担尊重少数民族基本文化权利方面的社会责任有利于企业的可持续发展。因而相关的公司或企业必须认识到遵守国家关于清真食品管理方面的规定有利于企业的长期利益和长远发展，同时也增强了企业自身对员工的凝聚力。

三、产业调整政策立法

（一）产业调整政策法概述

传统观点认为，产业调整政策法，专指对衰退产业（日本法中也称不景气产业）进行调整的法律。衰退产业即所谓的夕阳产业，一般是指经过一段时间的发展（经历了幼小期、成长期、成熟期）后出现衰退或处于困境中的产业，即进入了产业生命周期的最后一个发展阶段——衰退期的产业。其一般特征是：产品需求量和销售量大幅度下降，技术进步率下降且创新无望，而由另一新兴产业提供的替代品却同时出现需求与销售额上升的趋势。之所以要调整和援助衰退产业，是因为这些产业对于国民经济的整体发展还具有一定的意义，对于增加就业、社会安定也有不可忽视的作用。

调整和援助衰退产业制度的基本目标是及早发现已经或即将陷入衰退的产业，根据不同产业的特点及时采取措施进行援助和调整，以减少经济损失和社会动乱。具体地讲，A. 丧失市场的产业要调整。产品一般都有其生长期、成熟期和衰退期，对进入

[①] 毛海强、姚莉萍：《公司社会责任 CSR：人力资源管理的新领域》，载《武汉冶金管理干部学院学报》2005 年第 2 期。

衰退期的产品要调整，否则将被其他新产品替代。B. 能耗高、技术落后、效益低下的产业要淘汰。产业只有不断更新和向外转移，才能达到优化。产业的新陈代谢是一个正常的过程，淘汰产业应该从被动型转为主动型，积极、主动地用新产业取代旧产业，只有这样，才能实现经济持续增长。

（二）尽快制定《产业调整政策条例》——以云南省为例

云南省已于1998年8月11日制定了《云南省人民政府关于坚决制止盲目投资整治重复建设的通知》，可以说是对产业调整的原则性规定。在改造提高传统优势产业的同时，要下决心压缩、淘汰一批市场需求相对饱和、工艺技术落后、无竞争力的产品。依法关闭国家明文淘汰、限制的小造纸、小水泥、小冶金、小化工等"11小企业"；限期整改污染严重、产品质量低劣、资源浪费严重的企业。该通知中规定了进行调整的项目：凡严重污染环境、不符合国家环保要求而又无有效治理措施的项目，严重浪费资源或破坏资源而又无力改变现状的项目，必须明令关停并转；凡生产能力过剩、开工不足、设备利用率低下的项目，不准再通过技术改造继续扩大生产能力；有市场、有经济效益但由于工艺、设备、技术落后而缺乏竞争能力的项目，与支柱产业、优势产业配套但总体水平低下的项目，要鼓励、引导、帮助其进行技术改造，使其上规模、上水平、上档次，提高产品技术含量，提高市场竞争能力；小区域内重复布点、相互争抢资源、产品趋同的项目，要引导其尽快走上联合与合并之路；产品好、市场好、设备技术条件也好，但经营管理不善、市场开拓不力，致使经济效益不好的项目，必须加强管理，进行内部整顿，尽快改变面貌；边远地区、贫困地区的项目与滇中发达地区重复的，原则上可保留，但应扶持其迅速提高水平；污染严重、不符合国家环保要求而又无有效治理措施的项目，布局不合理、生产能力严重过剩的项目，严重浪费资源或破坏资源的项目，生产工艺落后、产品没有市场、规模过小、投资效益很差的项目,资源蕴藏不明、原料供应得不到保证的项目,建设资金不落实的项目等6种情况的项目,要坚决停建。

同时,云南省还公布了《云南省限制、淘汰、禁止发展的工业产品和技术目录(第一批)》,其中规定:凡是列入限制类的工业产品和技术,原则上不得再投资建设。不论新建、技改、与省外合资合作、利用外资,不论投资额大小,各地、州、市、县人民政府(行署),省直各有关部门均不得审批项目。个别情况特殊确需投资建设的,需报省经贸委审查同意,上报省政府批准,方可建设。凡列入淘汰类的工业产品和技术,各级地方政府,环保、安全、劳动卫生、消防及企业(行业)主管部门要加大执法力度,采取有效措施,限期淘汰。除个别确属特殊,经省经贸委批准暂缓以外,2000—2005年以前必须分别淘汰完毕。凡列入禁止类的工业产品、技术,其投资项目,不论新建、技改、与省外合资合作、利用外资,均不得开工建设。任何部门不得审批此类项目,银行不予贷款。若有违反,将追究有关单位和人员的责任。各级政府(行署)及有关部门、商业银行、各有关企业要根据各自的工作职责,制定相应的规定和工作计划,认真贯彻执行本规定。在旅游风景名胜区、自然保护区、饮用水源地、经济渔业区及其他需要特别保护的区域内,一律不得再建设污染环境的工业设施。

笔者认为,这些原则性的规定同样适用于衰退产业,只是通知中没有提及进行调整和援助的具体措施。西部大开发将使云南在更广、更深的程度上参与国际竞争,面临着更多的机遇与挑战。云南的产业群必须以此为目标重新进行优化组合,这一过程的一个很重要的方面就是有关衰退产业的处理。云南处于衰退阶段的产业中的多数企业是国有企业,1995—1998年云南第一次国企产权改革之后仍然存在许多问题,三年脱困之后,问题依旧严重，主要是战线过长，素质不高，体制不顺，产权不清，机制不活，负担过重，技术落后，管理粗放。现阶段推进国有企业改革的一个重要问题就是劣势企业的出路。衰退产业往往与企业破产、职工失业现象密不可分，容易引起经济与社会的不稳定。因此，云南目前调整和援助衰退产业的任务仍然很重，以法律形式规范产业调整——制定《云南省产业调整政策条例》（拟名）就显得尤为必要。调整和援助衰退产业的措施主要包括：

（1）加速设备折旧。通过制定和实施衰退产业设备的报废量、报废时间表，采取促进折旧的特别税制，对因设备报废而产生的损失提供部分补偿等政策措施，来加速其设备折旧。在衰退产业的设备处理上，成立专门机构，由各方共同协助，对衰退产业的设备进行处理。

（2）市场保护、援助。通过限制竞争品进口剧增对衰退产业实施一定的保护，为其生产调整、资本与劳动力转移创造时机。政府还可以通过临时性的价格补贴和参与采购、促销活动，对衰退产业实施援助。在一定时期内，对衰退产业采取必要的维持措施，以避免过快转移所带来的种种经济和社会问题。但这类措施不宜长期采用，否则容易引发消极后果。

（3）促进转产。政府可以通过立法指定某个衰退产业部门减少或停止生产某些产品，协助其选择适宜的转产方向，提供转产所需的设备贷款，发放转产补贴等措施，加速其产业转换进程。

（4）技术与经营支持。政府通过协调专利与技术推广部门的工作，对衰退产业转产的目标领域提供及时的技术和经营上的指导、咨询和援助。这对衰退产业的调整是十分必要和有益的。

（5）转岗培训。即利用政府所掌握的公共教育与培训设施，对不适应转产后新岗位技术要求的职工提供培训服务。[①] 使衰退

---

① 苏东水主编：《产业经济学》，高等教育出版社2000年版，第355—356页。

产业的劳动者经过一定的培训后能较快地转移到其他产业。经验证明，随着新兴产业对员工素质要求的提高，绝大多数转岗职工都需要接受转岗培训。而企业本身的培训设施和培训能力往往又不足以自立。总之，为了减少衰退产业调整引起的社会经济震荡，政府有必要建立完善的社会化援助体系。

（6）加快建立云南省地方的社会保障体系，尤其是失业保险、失业救济和城市最低生活保障"三道防线"的建立，同时调整劳动关系，对职工实行经济补偿。

四、产业技术政策立法

（一）民族地区产业技术政策立法应注意的问题

产业技术政策法是产业技术政策在法律上的表现。产业技术政策是指政府所制定的用以引导和干预产业技术进步的政策。具体地讲，是政府所制定的用以选择部分产业以及产业关键技术和共性技术的标准，用以引导、监督、干预和促进产业技术进步和实现从技术开发到技术商品化、产业化的一系列配套政策措施。

在产业技术政策法的立法方面，我们必须注意如下几个问题：

1. 正确处理产业技术政策与其他产业政策的关系。到目前为止，大多数人只重视技术成果的转化问题，而不太重视技术成果的商品化、产业化问题。其实，技术成果的转化不能直接导致商品化、产业化，而又由于这个中间环节缺乏，使得转化的效果不好，转化率低下，从而陷入恶性循环。克林顿的国家技术政策从某种意义上说就是产业技术政策，美国的技术政策和产业政策甚至基本"合二为一"。

2. 正确处理传统产业和高新技术产业的关系。产业技术政策法的制定绝不仅仅考虑高新技术产业技术政策，高新技术产业由于其技术特点，往往是产业技术政策的一个重点，但显然不是产业技术政策的全部。传统产业和高新技术产业发展应该形成互相促进、协同发展、共同提高的局面；传统产业和高新技术产业的技术创新在促进各自产业发展创新的同时，应该尽可能互相融合。

3. 各级政府的信息服务职责。国家和各级政府应定期发布对各产业发展有重大作用的关键技术和共性技术并给予资金和政策上的支持，定期公布必须淘汰的落后生产工艺和设备，以更好地推动和支持技术的开发与创新。其中，产业关键技术是在产业发展过程中制约产业技术进步，处于瓶颈阶段的技术，产业共性技术是指在很多领域内已经或未来可能被广泛应用，其研究成果可共享并对整个产业或多个产业及其企业产生深度影响的一类技术。

（二）民族地区应进行的产业技术政策立法

在地方产业技术政策立法方面走在全国前列的是深圳市。该市颁布的该方面法规主要有：《深圳市专利申请资助管理办法》、《深圳经济特区创业投资条例》、《深圳经济特区民办科技企业管理规定》等。考虑到前述的民族地区产业与产业政策立法的现状，多数立法严重滞后于经济发展的实际，几乎产业技术的每个方面都需重新立法。

现在，民族地区面临的产业技术问题的状况与深圳当年的产业技术问题状况截然不同，民族地区缺乏一系列的产业技术政策，而深圳当年的产业技术政策问题是逐步出现并逐步解决的。同时，我国目前的产业发展已经开始步入东部发达地区向西部民族地区进行产业区域转移的阶段。一般认为，我国西部民族地区在接纳东部转移产业时应采取以下措施：（1）大力发展基础产业，为区际产业转移提供优越硬件条件及合理的"软环境"。（2）西部民族地区应从自身利益考虑接受哪些产业的转移。（3）加强民族地区的横向联合与信息共享。因而，我们认为，民族地区应制定综合性的产业技术政策法，即《产业技术政策条例》。该条例应包括如下内容：

1. 技术创新制度。技术创新是指企业应用创新的知识和新技术、新工艺，采用新的生产方式和经营管理模式，提高产品质量，开发生产新的产品，提供新的服务，占据市场并实现市场价值。企业是技术创新的主体。技术创新是发展高科技、实现产业化的重要前提。国家和各级地方政府应通过经济援助和非经济援助两种方式鼓励技术创新。经济援助政策包括财政补助、税收优惠、金融扶持等政策措施；非经济援助政策包括对研究和开发活动的组织协调、人才培养、国际合作以及有关技术发展战略的制定和实施等。

2. 技术成果转化制度。我国的科技成果转化率偏低，民族地区就更低，这直接制约了我国的科技产业化进程，现有的若干法律法规效果并不显著，需要制度创新。如科技人员参股、入股等。具体地讲，应包括如下方面：

（1）民族地区应实行技术成果转化项目认定制度，并设立专门机构，对在民族地区境内开发或引进国内外技术成果实施转化的项目，进行技术等级、市场前景、项目风险及知识产权状况等方面的认定。民族地区的科技行政部门负责组建专家库，入库的专家既要有本省的专家，也要有外省乃至外国的专家以及软科学研究方面的专家，根据项目的不同抽取省内外专家组成专家委员会经无记名投票进行认定。凡经认定的技术成果转化项目，享受民族地区的有关优惠政策。

（2）民族地区政府的科技行政部门设立"技术服务中心"。"技术服务中心"负责对技术成果转化项目进行认定；组织有关部门对技术成果转化项目的立项、工商登记注册、税务登记和优惠政策的落实等提供"一门式"服务；培育和指导从事科技成果转化的中介服务组织；采集、发布应用领域的科技信息，推广国内外科技成果，开展产学研成果信息交流；建立科技界与产业界、金融界的沟通渠道，培育高新技术企业在境内外上市。

（3）设立一个专门的民族地区的技术产权交易所。民族地区技术产权交易所应建成立足西部、服务全国、面向世界的专业化权益性资本市场，为科技项目、科技企业和成长型企业等提供产权交易和股权融资等服务。该交易所尤其要体现为民族地区经济发展服务，突出生物资源创新产业和其他优势产业的产权交易及技术成果转化。

（4）对职务成果进行转化的，成果完成人可根据不同的转化方式，获得与之相当的股权、收益或奖励。以股权投入方式进行转化的，成果完成人可享有不低于该项成果所占股份的30%的股权；以技术转让方式将成果提供给他人实施转化的，成果完成人可享有不低于转让所得税后净收入30%的收益；以自行实施转化或以合作方式实施转化的企业、科研机构、高等院校在项目盈利后3—5年内，每年可从实施该项成果的税后净利润中提取不低于5%的比例，用于奖励成果完成人。企业自主开发的非本企业主导经营领域的成果，在项目盈利后3—5年内，每年可从实施该项成果的税后净利润中提取不低于10%的比例，用于奖励成果完成人。

（5）对中央各部委、外省市和海外留学生以及国外专家带技术成果来民族地区实施转化的项目以及具有自主知识产权的技术成果转化项目，经认定后，可优先享受技术成果转化项目的贷款贴息和融资担保。其产品在民族地区政府采购中，可获得同等待遇。外省市来民族地区从事技术成果转化项目的科技人员和经营管理者，经民族地区技术成果转化服务中心推荐，准予其本人、配偶及未成年子女的户口迁入本市。

（6）提倡大专院校、科研院所的科技人员兼职办科技企业，兼职从事技术成果转化工作，所在单位应继续为科技人员从事应用研究开发提供科研实验条件。大专院校、科研院所的科技人员和管理人员离岗办科技企业或从事技术成果转化工作，允许保留其在原单位的工作关系，但同时应保守原单位的商业秘密和技术秘密。

（7）技术成果转化项目经认定后五年内，企业研制、销售产品所缴纳的营业税、企业所得税地方收入部分，由财政安排专项资金给予扶持；之后三年，给予减半扶持。

3. 技术引进制度。技术引进制度在产业技术政策法中具有重要地位。技术引进对发展中国家的经济发展和技术进步具有特殊价值，有效的技术引进是有史以来一切后发国赶超先行国的出发点和捷径。具体到民族地区的实际，该制度应包括如下一些内容：

（1）技术引进的吸收与创新应当遵守保护知识产权的法律、法规以及我国加入或者签订的国际条约、协议。技术进出口合同对技术保密有约定的，从其约定。

（2）民族地区技术服务中心负责技术引进的吸收与创新工作的组织、协调，做好宏观调控，并编制、公布本地吸收与创新重点项目指导目录和年度计划；指导年度计划项目的实施并组织鉴定和验收，限制低水平的重复引进。

（3）企业可以按照指导目录以及规定的条件和程序，申请将本企业的吸收与创新项目列入民族地区的吸收与创新年度计划。技术服务中心接到申请后，应当从专家库中抽取专家组成专家委员会，按照公平、公正、合理的原则进行评审。民族地区设立吸收与创新的专项资金，列入省级预算并逐步增加，该资金用于吸收与创新项目的低息贷款、贷款贴息和技术开发经费补贴等方面的资助。

（4）吸收与创新的技术或产品申请国内外专利的，可以分别向科技行政管理部门、专利行政管理部门和省发展和改革委员会申请专利申请费、专利维持费和专利代理费的部分资助。吸收与创新的高新技术产品出口，可以按照国家有关规定享受增值税零税率优惠。

（5）对技术引进以及技术的吸收与创新做出重大贡献的企业经营者、项目负责人和科技人员，企业应当在所取得的收益中提取一定比例给予奖励，或者按照国家和本省的有关规定将奖励额折算为股份或者出资比例，由受奖励人分享收益。

4. 高新技术鼓励制度。该制度是建立在研究与开发政策基础上的一种产业技术政策，其主要政策目标是实现本国高新产业技术研究与开发成果的产业化、商品化和国际化。当前，所有的发达国家都把经济发展的重点放在高新技术产业上，把发展高新技术、实现产业结构升级作为发展战略的核心。有些民族地区在发展高新技术方面具有一定的优势，目前必须通过制度设计来保证这些优势的发挥。目前云南已有政协委员提出了《关于制定鼓励创业投资和高新技术成果转化的地方性法规和规章的议案》，该议案已提交相关部门处理。结合民族地区实际，发展高新技术的有关制度设计主要包括：

（1）鼓励国内外风险投资机构来民族地区设立风险投资机构。凡在民族地区注册、对高新技术产业领域的投资额占其总投资额的比重不低于70%的，比照执行高新技术企业税收及其他优惠政策。并可按当年总收益的3%—5%提取风险补偿金，用于补偿以前年度和当年投资性亏损。

（2）支持国内外著名院校和科研院所来民族地区合作创办产学研基地、科研成果转化基地、培训中心、博士后流动工作站等，从事科学研究、技术开发和人才培养，以增强民族地区高新技术研究、开发实力。

（3）鼓励科技人员和出国留学人员来民族地区设立科技型企业，其股东不受户籍的限制；注册资本不能一次到位的，可在两年内分期缴付，但首期到位率（含技术成果作价部分）不能低于注册资本总额的50%。

（4）高新技术成果可作为无形资产参与转化项目投资。高新技术成果作为无形资产的价值占注册资本的比例可达35%。合作各方另有约定的，从其约定。行政机关免收企业注册时的有关费用，国家另有规定的除外。高新技术成果作为无形资产投资的价值，可经具有资质的评估机构评估，也可经各投资方协商认可并同意承担相应连带责任，同时出具协议书。企业凭评估报告或投资方的协议书，办理登记注册手续。

（5）高新技术企业和高新技术项目新建或新购置的生产经营场所，自建成或购置之日起五年内免征房产税。高新技术企业和高新技术项目的科研、生产用地，免收土地使用权出让金；免收购置生产经营用房的交易手续费和产权登记费以及相关收费；契税由财政部门按实际交纳额给予返还。

（6）民族地区知识产权局设立专利申请资助资金。凡在民族地区注册的企业、事业单位和社会团体以及在民族地区有常住人口户籍并在民族地区工作、学习的个人，全日制大专院校的学生，积极从事发明创造，向国家知识产权局专利局申请发明专利、实用新型专利和申请国外发明专利的，可以向知识产权局申请专利申请资助。其他在民族地区工作、学习持有《暂住证》的人员，其发明和实用新型专利对民族地区经济发展有重大意义的，也可以申请资助。

5. 技术设备的更新、改造制度。推动技术更新和设备改造的主要手段，是制定税收和金融上的支持措施以及限期淘汰、报废的政策措施。

第六章 贸易管理自治权

贸易管理自治权是民族自治地方经济管理自治权中的重要内容之一。我国《民族区域自治法》第60、第61条明确规定，上级国家机关根据国家的民族贸易政策和民族自治地方的需要，对民族自治地方的商业、供销和医药企业，从投资、金融、税收等方面给予支持；同时，国家制定优惠政策，扶持民族自治地方发展对外经济贸易，扩大民族自治地方生产企业对外贸易经营自主权，鼓励发展地方优势产品出口，实行优惠的边境贸易政策。

学界普遍认同民族贸易与边境贸易有着不可分割的天然联系，但对于二者之间的关系是否属于民族自治地方经济管理自治权的内容则存在不同的观点。有学者认为，边境贸易是相邻国之间的经济贸易，属于民族贸易的范畴，边境贸易是民族贸易的一个组成部分[1]；有的学者在探讨民族自治地方的经济自治权时，只提及"民族自治地方的民族贸易与民族经济自治权"，并未将边境贸易纳入其中[2]；还有学者在讨论民族自治地方贸易管理自治权时，认为主要包括边境贸易和对外贸易，并未认识到民族贸易的重要性[3]。笔者认为，民族贸易与边境贸易既有联系，又有区别，二者的内涵有相交重合的部分，但同时又有其自身的特点，在民族自治地方的经济发展中都占据着独特且重要的位置。

---

[1] 杨清震主编：《民族贸易学》，中央民族大学出版社1994年版，第149页。
[2] 包桂荣等：《当代民族经济法研究》，经济科学出版社2008年版，第177—186页。
[3] 宋才发：《民族自治地方贸易管理自治权再探讨》，载《贵州民族研究》2007年第1期。

此外，国家对于民族贸易和边境贸易陆续出台了一系列政策和规定，以促进其发展。鉴于此，本章将民族自治地方贸易管理自治权分为两个方面进行讨论：民族贸易管理自治权和边境贸易管理自治权。

第一节　民族贸易管理自治权

一、民族贸易的定义和特殊性

（一）定义

民族贸易，是指涉及我国少数民族和民族地区所发生的贸易活动，是商品流通在少数民族地区的特殊表现形式。具体是指我国沿海、内地和少数民族地区之间、各少数民族地区之间、各民族之间、各民族内部所进行的贸易活动。

"民族贸易"作为一个约定俗成的概念，最早见于1951年中央人民政府贸易部发出的《关于准备出席民族贸易会议问题的通知》中。中华人民共和国成立前，由于交通不便和社会生产力低下，少数民族地区生产生活必需品供应紧张，一些外地商人趁机利用不等价交换，欺诈、盘剥和掠夺少数民族地区的资源和产品，造成少数民族和汉族的隔阂与不信任。因此，中华人民共和国成立初期，我国民族贸易的主要任务，是针对当时商品供应短缺、少数民族地区严重存在的买难卖难的情况，组织供应少数民族地区各族群众所需要的商品（包括民族特需用品），同时，将少数民族地区的农牧土特产品、中药材等收购上来，推销出去。随着少数民族地区经济社会的发展，民族贸易的内容也在不断地丰富。

（二）特殊性

民族贸易作为特殊的商贸形式和民族文化交流方式，与国内一般贸易以及和对外贸易、边境贸易相比，除具有一定的共性外，还有其特殊性。

一是政策性。民族贸易既是商业工作的一部分，具有商业的职能，又是民族工作的一部分；民族贸易企业所从事的经营活动既是一种经济行为，又是党和国家民族政策的具体体现，是我国民族工作的重要内容和手段。国家制定一系列民族优惠政策引导、扶持和促进民族贸易的发展，民族贸易企业在国家政策的指导下组织生产，开展民族贸易。

二是民族性。民族贸易以各个民族实体作为贸易主体，服务对象主要是少数民族群众，民族贸易商品的品种和结构具有显著的民族特色，民族特点对民族地区商品交换的形成和发展基础、消费需求的习惯以及商品意识生成等方面具有深刻的影响。各少数民族由于生产方式、生活方式、风俗习惯、文化传统和宗教信仰不同，对生产和生活用品都有不同的喜爱和特定的需求。这些需求中，有些是长期生活习惯形成的，如酥油茶、奶茶、白酒、烟叶等；有些是为保持民族传统、民族特点及宗教信仰而保留下来的，如服饰、金银头饰、颈饰、腰带、哈达等。

三是区域性。民族贸易的传统交易场所主要在少数民族聚居地区，地域特点对民族贸易的经营条件、经营方式、发展规模等形成制约和影响。民族地区海拔高度相差悬殊，地形、地貌和自然条件差异很大，产业结构不同，农业、牧业季节各异。从分布地域来看，不同民族有各具特色的生产方式。例如，西藏的藏族农民多种植青稞；蒙古、哈萨克、塔吉克等族的草原畜牧业在其经济生活中占有重要地位；南方山区少数民族种植的杂粮占很大比重；朝鲜族则在北方高纬度地区种植水稻。

二、民族贸易的作用

正是由于民族贸易的上述特殊性,决定了民族贸易在少数民族地区经济发展中起着十分重要的作用。大力发展民族贸易,认真执行国家的民族贸易政策,有利于少数民族地区社会事业的全面进步,增进民族团结,促进各民族共同繁荣。

(一) 发展民族贸易,是贯彻落实科学发展观的必然要求

由于自然和历史的因素,一些少数民族地区特别是边远山区、牧区,交通不便,信息闭塞,流通规模小,商品周转慢,市场经济不发达。目前,民族贸易工作仍是商务工作的薄弱环节。加快民族贸易发展,是在经济领域贯彻落实科学发展观的必然要求,有利于促进民族地区经济发展和社会进步,有利于促进我国区域经济协调发展,进一步缩小城乡差距,促进各民族共同繁荣发展。

(二) 发展民族贸易,有利于促进民族地区经济持续、健康、快速发展

现代流通是社会再生产过程的血脉和神经,是各种生产要素集结、整合与聚变的载体,是连接生产与消费的纽带,可以带动产业结构的调整,提高劳动生产率和经济运行的效率。[①] 民族贸易是民族地区国民经济的重要组成部分,承担着连接生产与市场、引导投资和消费、保证生产供应和产品销售的重要任务。通过推进民族贸易现代化,建立高效率、高效益、高容量的流通体系,为第一、二产业提供正确的市场信息,引导并加速产业结构的调整和优化,促进民族地区经济持续快速健康发展。

(三) 发展民族贸易,有利于满足少数民族人民的消费需求,提高生活水平

不断提高少数民族人民的物质和文化生活水平,是发展民族

---

① 胡钦敏:《新时期民族贸易的地位和作用》,载《民族论坛》2002 年第 10 期。

贸易的出发点和归宿。要满足少数民族地区人民的消费需要，除了必须大力发展生产外，还要有发达的民族贸易。民族贸易部门和民族贸易企业应根据少数民族地区人民群众的消费需求，积极组织货源，通过城乡的各个网点做好消费品的供应，把花色品种丰富多彩、数量充足、质量良好、价格合理的工农业产品和民族特需用品供应给各族人民群众，满足消费需求。[①]

随着民族地区经济的发展，人民生活水平不断提高，消费需求日益多元化。推进民族贸易现代化，发展现代流通方式，有利于及时提供质优价廉的商品和方便快捷的服务，满足少数民族不断发展变化的生产、生活需要。同时，发展民族贸易，有利于引导少数民族摒弃落后的生产生活方式，改变与现代发展不相适应的、不利于少数民族自身发展的生产生活习惯。

（四）发展民族贸易，有利于发展多层次市场网络，增强民族贸易的市场竞争力

目前民族地区市场还多以初级形态为主，尚未出现在全国、区域经济内有影响的专业市场、中转地市场、集散市场。通过民族贸易辅之政府职能，就能逐步建立起一个以初级市场为基础，以区域性的专业批发市场（包括中转市场、集散市场）为骨干，以全国性、国际性旅游市场和重要商品市场为龙头的市场体系。[②] 民族地区拥有丰富的资源，能够生产具有独特资源优势的产品。通过民族贸易工作，可组建"技、工、贸一体化"或"产、供、销一体化"的新型民族贸易企业集团，对资源进行深度加工和系列开发，利用自己所处的地域，积极拓宽贸易的深度和广度，增强市场竞争力。

[①] 王文长：《民族贸易概论》，民族出版社1989年版，第58页。
[②] 吕白羽：《振兴民族贸易是民族地区经济发展的必由之路》，载《商业研究》1994年第10期。

（五）发展民族贸易，有利于推动少数民族地区社会事业的全面进步

民族贸易的发展，繁荣了民族地区的市场，商品数量、科技含量、花色品种和民族文化品位也不断提高。通过民族贸易规模、结构变化，带动民族地区第三产业的全面发展，形成独具民族地区特色的商流、物流、资金流和信息流，从而推动交通运输业、仓储业、金融保险业、旅游业、通信业的发展，繁荣民族经济。

（六）发展民族贸易，有利于增进民族团结，是全面建设小康社会和构建社会主义和谐社会的客观需要

我国是一个多民族的国家，各民族之间的团结，直接关系到我国社会主义建设事业的成败，特别是在当前国际形势风云变幻的特殊情况下，做好民族贸易工作更具有重要的政治意义和经济意义。加快民族贸易发展，大力发展商品经济，扩大民族地区对内对外开放，有利于改善贫穷落后地区少数民族群众的生产生活条件，增加少数民族群众收入，提高少数民族群众生活水平和质量，是全面建设小康社会和构建社会主义和谐社会的客观需要。

三、我国民族贸易优惠政策的演变

民族贸易政策，是党和国家根据我国民族特点与民族地区特点所制定的商业政策，是党和国家把解决民族问题同发展民族地区商品流通结合起来的具体措施，是促进民族地区商业发展的重要手段和保障，体现了国家对少数民族特殊照顾。党和国家根据不同历史时期经济社会发展状况和少数民族地区的实际需要，制定一系列的优惠政策来扶持民族贸易和民族特需商品生产发展。

随着新中国的诞生和中国人民解放军进军大西南，中国共产党组织的贸易小组为解决少数民族群众卖难买难的问题，实现公平交易，以取民心，巩固政权，带着粮食、火柴、煤油、药品进

入民族地区，开始了民族贸易。民族贸易工作在党和政府的高度重视下，先后于1951年8月、1952年12月、1955年6月、1956年5月召开了四次全国民族贸易会议，及时了解情况，总结经验，产生了扶持民族贸易的以经营资金、利润留成、价格补贴、运费补贴、专项供应、优惠利率、贷款贴息、减免税收等为内容的一系列特殊优惠政策。

20世纪50年代初，面对少数民族农牧区居民点比较分散、交通极为困难的现实，国家所实行的民族贸易方针政策是：（1）根据各少数民族地区的不同情况，应在少数民族地区有计划地、积极地建立与发展国营商业网，并采取"一揽子"公司、专业公司、流动小组、代销店等多种形式，推销土特产，供给生活与生产资料，并在有条件的地区积极扶助合作社的建立和发展。（2）除国营商业外，应团结正当私商，进行对少数民族地区的贸易，帮助少数民族人民经营商业，帮助各少数民族地区恢复与建立定期集市（初级市场），在这些市场上建立国营贸易机构或流动小组，加强市场管理，以保证公平交易，并逐渐改进交易制度。（3）贯彻公私兼顾、公开合理的价格政策，照顾产运销三方面合理的利益，采取经济领导与行政管理相结合的方法，坚决反对任何对少数民族的欺骗与掠夺；根据需要与可能，扶持少数民族地区有前途的手工业，减少因交通不便造成的日用必需品供应困难；对某些有特殊困难的少数民族地区，在发展贸易上应予以特殊照顾，对国营贸易企业的经营亏损，国家财政应列入预算，予以补贴。①

---

① 根据《中央人民政府政务院总理周恩来关于批准中贸部民族贸易会议报告并通知执行的指示》（1951年10月5日）、《中央人民政府贸易部部长叶季壮关于全国民族贸易会议的报告》（1951年11月23日整理），载商业部计划局民族贸易处编：《民族贸易文件选编》，1982年6月。

20世纪60—80年代初，国家对民族贸易和企业逐步形成了"价格补贴、补充企业自有流动资金和提高企业利润留成比例"为主要内容的民族贸易"三项照顾"政策，即（1）对在购销中出现政策性亏损的民族贸易企业实行价格补贴，对部分主要农牧土特产品收购实行最低保护价，对部分主要工业品供应实行最高限价，产生亏损由国家财政予以补贴的价格补贴照顾政策；（2）民族贸易企业自有流动资金的80%由国家财政拨款（一般地区为30%），其余20%由银行贷款解决，民族贸易批发企业自有流动资金的50%由国家财政拨款（一般地区为7%左右），其余50%由银行贷款解决的自有资金照顾政策；（3）民族贸易企业由赔钱补贴、赚钱补赔、利润留成比例为50%（一般地区为19.3%）的利润留成照顾政策。此外，对实行民族贸易三照顾地区的供销社减征所得税，在所得税率39%的基础上减征10%—20%，对民族贸易三照顾地区的民族用品手工业企业所得税实行定期减征。

"文革"期间，民族贸易政策经历了一些曲折。到20世纪80年代初期，尽管民族贸易经历了一个不平凡的曲折发展的过程，但总的来说，还是有了很大的发展。据不完全统计，少数民族地区的农副土特产品和中草药材收购总值，1980年已达到50多亿元，比1952年增长10倍多，社会商品零售总额也增长9倍多；从事民族贸易的职工590多万人，增长4倍。

20世纪80年代末90年代初，随着市场经济体制的建立，使形成于计划经济时代的民族贸易政策基本上全部失去功用。以"三项照顾"为主要内容的民贸优惠政策，逐渐失去了继续执行的体制基础。民族贸易和民族特需商品生产的发展也面临着新的问题和困难。为尽快改变这一被动局面，80年代末国家对民族贸易企业实行优惠贷款，将优惠贷款利率由80年代初的3.3‰（一般商业企业为6.6‰）上调为80年代末的4.2‰（一般商业企业为6.6‰）、后又调为9.45‰（一般商业为11.85‰），并将贷款利率差返还民族贸易企业，作为财政部门对民贸企业不再拨补自有流动资金的一种补充。[①]

改革开放后，国家各项改革政策措施相继出台，与此同时，有关民族贸易的政策也发生了变化。1991年国发16号函中明确提出了确定民族贸易县的两条基本原则——既是民族自治地方县，又是国家级贫困县。可以说，此文件及后来各部门配套文件的制定和实施，为我国20世纪90年代的民族贸易的稳定发展奠定了基础，标志着我国民族贸易工作进入了一个崭新的发展阶段。"九五"伊始，民族贸易的优惠政策简化为：优惠利率、贷款贴息、税收返还（减免）照顾，简称为新"三项照顾"政策。国务院于1997年下发了47号函，文件规定：对民族贸易县县级国有民贸企业和供销社企业的增值税税额减半征收，按先征后返50%的办法操作；对县以下国有民贸企业和基层供销社免征增值税；企业所得税根据规定，民族自治地方的民贸企业，需要照顾和鼓励的，经省级人民政府批准，可以实行定期减免或者免税政策。

2001年，又经国务院批准"十五"期间继续执行民贸"新的三项照顾政策"主要内容是：（1）继续对民贸网点建设和民族特需商品定点生产企业技术改造予以支持。贴息贷款规模由"十五"期间的每年1亿元增加到每年5亿元，利息补贴由中央财政和省级财政各负担一半；中央财政安排适量资金，支持低氟砖茶等特需商品生产。（2）继续对民族贸易和民族特需商品定点生产企业的正常流动资金贷款利率实行月息低2.4厘的优惠政策。"十五"期间，全国县级以上民贸企业享受增值税"先征后返50%"优惠约12亿元，县以下民贸企业免征增值税约10亿元。

[①] 白丹丹、白阳：《关于民族贸易优惠政策的解析》，载《企业导报》2010年第7期。

"十一五"期间，国家加大了对我国民贸县中民贸企业的政策优惠力度。自2006年1月1日起至2008年12月31日止，对民族贸易县内县级和县以下的民族贸易企业和供销社企业销售货物（除石油、烟草外）免征增值税，对国家定点企业生产的边销茶及经销单位销售的边销茶免征增值税，将"十五"期间对民贸企业增值税"先征后返50%"的征收方式改为现今的全额免征增值税的优惠政策。

2008年5月16日，商务部发布《关于加快民族贸易发展的指导意见》表示，将落实民族贸易优惠政策，多渠道利用各种资金支持民族贸易企业加强网点建设，支持民族贸易企业承担特殊商品经营业务；有条件的民族贸易县，可以将辖区内边销茶、农资等商品流通交由商务主管部门确定的民族贸易骨干企业承担，为少数民族群众提供物美价廉的商品和服务。此外，还鼓励多渠道利用各种资金支持民族贸易企业加强网点建设，建设和改造民族地区商品市场和物流中心，搭建民族贸易促进平台，鼓励民族特色商品经营企业进行技术研发与创新。

四、现行民族贸易优惠政策的主要内容

20世纪50年代的民族贸易"三项照顾"政策，在计划经济体制条件下曾对民族贸易的发展起了重要的促进作用。但是，随着我国改革开放的全面推进和社会主义市场经济体制的逐步建立，民族贸易"三项照顾"政策已不能适应少数民族地区经济社会发展形势的要求，部分政策甚至已经失去存在的体制环境。

1991年，国务院发出《批转国家民委等部门关于加强民族贸易和民族用品生产供应工作意见的通知》（国发［1991］16号）；1997年，国务院发出《关于"九五"期间民族贸易和民族用品生产有关问题的批复》（国函［1997］47号），进一步明确了我国"九五"期间对民族贸易企业实行流动资金贷款利率优惠、技术改造贷款贴息和税收优惠的新的"三项照顾政策"。2001年经国务院批准，"十五"期间继续执行新的"三项照顾政策"。优惠政策适用于省、州级民族贸易公司经营少数民族特需品、生产生活必需品、药品、书籍下乡以及收购少数民族农牧副产品的经销活动；民族贸易县内的国有商业、供销社、医药公司、新华书店经营上述商品和乡镇以下的民族贸易企业的经销活动；生产《少数民族特需用品目录》中所列商品的民族用品生产企业。这两个文件，明确了90年代以来我国民族贸易优惠政策的原则和主要内容。

（一）统一认识，加强领导

民族贸易是民族工作的重要组成部分，是党的民族政策的具体体现，对满足少数民族群众生产生活的特殊需要，加强民族团结，巩固国防，促进民族地区社会经济发展具有重要的政治和经济意义。建立由国家民委牵头，商业部、轻工部、纺织部、国家计委、财政部、物资部、人民银行、农业银行、工商银行、税务局等国务院有关部门组成的"全国民族贸易和民族用品生产联席会议"制度，发挥指导、协调、监督、服务作用，定期检查政策落实情况，制订发展规划和管理措施，研究、协调和及时解决工作中的重要问题。

（二）调整民族贸易县

根据改革开放以来少数民族地区经济社会发展的新情况，经国务院批准，国家有关部门先后于1991年、1997年两次调整民族贸易县，对有一定经济实力并已撤县建市（区）或升格为地级市的原民族贸易县做了调整，对既是民族自治县，又是国家重点扶持的贫困县做了增补。调整后的民族贸易县共有428个，同时明确，部分经国家民委批准的承担送货下乡任务的省、州级民族贸易公司和在民族贸易县境内的新疆生产建设兵团团场同样享受民族贸易优惠政策。

(三) 流动资金贷款优惠利率

1997年10月24日，中国人民银行颁布《关于民族贸易和民族用品生产贷款继续实行优惠利率的通知》，明确了"九五"期间对民贸民品生产贷款继续实行优惠利率。(1) 优惠利率贷款的范围，限于民族贸易县内国有商业企业、供销社、医药公司和新华书店经销少数民族特需用品、生产生活必需品、药品、书籍及收购少数民族农牧副产品所需要的流动资金贷款；民族贸易县、乡镇以下的基层民族贸易网点、医药公司、新华书店所需要的流动资金贷款；经审查批准的担负民族贸易县供应任务，并列入国家民委指定的送工业品下乡（县以下乡镇）的省、州级民族贸易公司所需要的流动资金贷款。民族用品生产贷款实行优惠利率的范围，限于按少数民族特需用品目录进行生产的民族用品定点生产企业所需要的流动资金贷款。(2) 优惠利率的管理。中国工商银行、中国农业银行对民贸民品生产贷款实行比正常的一年期流动资金贷款利率低2.88个百分点的优惠利率政策。凡优惠贷款利率，一律不准上浮；享受优惠利率政策的企业，其利息优惠部分的70%以上应用于补充企业自有流动资金，对不按规定补充自有流动资金和有弄虚作假行为的企业，不再实行优惠利率。(3) 利息补贴的程序。贷款银行按季向当地中国人民银行支行申报利息，并填报一式三联计息清单，一联备查，一联送人民银行，一联抄送当地民委；中国人民银行分支行审核后将贴息补给贷款银行，然后附贴息清单将补贴款项汇总上划至中国人民银行总行营业部。

(四) 税收优惠政策

2006年，将"十五"期间对民贸企业增值税"先征后返50%"的征收方式改为现今的全额免征增值税的优惠政策。自2006年1月1日起至2008年12月31日止，对民族贸易县内县级和县以下的民族贸易企业和供销社企业销售货物（除石油、烟草外）免征增值税，对国家定点企业生产的边销茶及经销单位销售的边销茶免征增值税。在政策执行期间，国家如果对民族贸易县和边销茶定点企业进行重新调整认定，按调整后的范围执行。

（五）专项贷款政策

中国人民银行在"九五"期间每年发放1亿元专项贴息贷款，由中国工商银行和中国农业银行按信贷原则对企业放贷，重点用于全国民贸民品生产的改革试点企业的技术改造和网点建设。贷款期限自贷款之日到还清本息最长为3年，贷款利率按技术改造贷款利率执行。此项贷款实行全额贴息，由中央财政和省级财政各贴一半。财政部根据项目批准通知，将中央财政贴息部分补贴给有关省、自治区财政厅。工商银行对企业发放有息贷款，企业支付专项贷款的利息由地主财政部门负担；农业银行对企业按规定利率计收利息，企业支付专项贷款的利息由地方财政部门直接补给企业。

五、民族贸易政策存在的问题和调整方向

我国传统的民族贸易政策，是在几十年的实践中被证明了的，有利于民族经济发展和巩固民族团结的，但是伴随着国家各项改革的不断推进，民族贸易政策也遇到了许多问题和困难。

（一）存在的问题

1. 民贸优惠贷款额明显减少

一是随着四大国有商业银行改革力度加大，在民族地区大刀阔斧地撤销营业网点，在某些民族贸易县市中只有农行还设有分支机构，这一现状造成了民贸企业和民族用品定点生产企业资金链的大断裂，贷款难的现象非常突出。二是原来享受优惠贷款的企业大多是国营集体企业，在2003年以后大部分企业进行了改制，随着市场化进程的加快和发展，很多企业丧失了竞争力以致解体、解散，造成了银行贷款悬空或损失。这部分企业不能按时归还到期贷款，信用评级低，使得其难以再获得银行类金融机构的贷款。

2. 民贸企业利息补贴减少

随着民族贸易优惠贷款的不断萎缩，企业获得的利差补贴也相应减少。一方面优惠利率贷款政策中所规定的"优惠贷款利率不得上浮"，在很大程度上制约了银行贷款的积极性，在市场经济的规则下，四大商业银行对整个民族地区的贷款数额大幅减少，而对举步维艰的民族贸易企业和民族用品生产企业更是拒之门外，这样极大地减少了民族贸易生产经营企业的贷款额，于是就相应减少了企业的利息补贴额。另一方面银行实行商业运作、效益优先的原则，因而随着利率市场化改革的不断深入，民族贸易和民族用品市场化贷款的各承贷行对贷款采取了有差别的灵活的利率浮动，再加上近年来，随着央行的不断加息，贷款基准利率上升较快，贴息比例没有得以相应提高，企业的贷款利息支出不断加重。①

3. 享受优惠政策的民贸企业减少

由于民族贸易优惠贷款的不断萎缩，民贸企业获得的利差补贴相应减少，加之少数民族地区生产、生活用品趋于市场化，固有的民族特需用品逐渐减少，且民族贸易企业组织结构不合理、经营观念落后和资本积累及投入不足，民族企业大量转产、倒闭，民族贸易网点大幅萎缩。同时，当前财政、税务、银行对原民贸企业和民族定点企业改革改制后产生出的民营经济主体享受民族优惠政策的资格的认可存在分歧，这也使得享受优惠政策的民贸企业大量减少。

4. 民贸政策执行不一

虽然对民贸政策已有正式的文件，但各个民族地方在执行上

---

① 张安群、段凤婷：《民族贸易优惠政策调整初探》，载《大众商务》2009年第5期。

还是有差别，对多项政策执行的口径不一。根据财税［2006］103号财政部、国家税务总局《关于继续对民族贸易企业销售的货物及国家定点生产和经销单位经销的边销茶实行增值税优惠政策的通知》精神，这一新规定是在财税［2001］69号文财政部、国家税务总局《关于继续对民族贸易企业执行增值税优惠政策的通知》基础上延伸的，而财税［2001］69号文对民族贸易企业的界定为：县级国有民族贸易企业和供销社以及县以下国有民族贸易企业和基层供销社。这两份文件的区别：一是"县级国有民族贸易企业和供销社实际缴纳增值税额先征后返50%"改为免征增值税；二是执行时间由2005年底止延长至2008年底止。对于享受税收优惠对象并没有重新作出界定，还是"县级和县以下的民族贸易企业和基层供销社"。而根据桂国税函［2007］237号的规定，享受税收优惠对象为"除石油、烟草公司以外的所有从事商贸经营的商贸企业"。[①]而云南省是对民族贸易县的所有民贸企业（不分县级以上和以下企业、不分国有、集体和个体私营企业。[②]

（二）调整方向

1. 改变贴息方式

建议由人民银行间接补贴改为直接补贴给企业。经办银行可与享受优惠利率政策的企业签订一般贷款合同，执行基准利率。人民银行根据企业出示的贷款合同和付息凭证，按规定直接将贴息支付给企业。贷款到期后，在企业未出示新的贷款合同及付息

---

① 龙小兰：《谈民族地区政策的深化与广西经济增长》，载《商业时代》2008年第24期。

② 云南省民委经济发展处：《民族贸易和民族特需商品生产优惠政策解析》，未刊稿。

证明的情况下，人民银行停止贴息。[1] 这样一方面可以缩短企业获得贴息的时间，有利于企业及时组织生产，另一方面在企业贷款逾期的情况下，贷款银行只须将其视为一般逾期贷款管理。

2. 适当调整优惠利率贷款政策

一是取消"优惠贷款利率不准上浮"的规定，允许利率适当上浮，优惠利率贷款经办行根据企业资产质量、资金运营状况以及生产经营等情况自行决定贷款优惠利率浮动水平，提高经办行的贷款积极性，最大限度地落实优惠利率贷款政策，达到企业与银行互惠互利，从而支持民族经济发展的目的。二是鉴于民族贸易和民族用品生产企业的特殊性，适当的调整优惠利率贷款的期限，对中长期流动资金贷款也实行优惠利率政策，同时不断扩大少数民族地区享受优惠政策的覆盖面，加大政策的扶持力度。

3. 转变"输血型"政策理念

一味地"输血"并不能从根本上促进民族地区经济的发展，必须转变对民族地区政策投入的观念，逐步淡化以往优惠政策的安抚与救济色彩，强化民族地区自我发展的"造血"功能。同时建立完善宏观的间接调控体系，综合运用计划、投资、财政、金融、税收体制改革后税率、利率、汇率和货币供应量等作为调控经济的重要手段。"造血型"政策才真正有利于民族地区经济的健康、可持续发展，符合科学发展观的要求。

4. 提高金融机构服务水平

上级国家机关应协调银行机构应在防范信贷风险的前提下，信贷政策应适当向民族贸易和民族用品生产企业倾斜，合理下放贷款审批权限，简化程序，提高贷款审批效率，努力为企业发展提供合理的流动资金需求。

---

[1] 张安群、段凤婷：《民族贸易优惠政策调整初探》，载《大众商务》2009年第5期。

六、加快民族贸易法治化的建议措施

(一) 加大政策的宣传力度和落实力度

政府职能部门要做好民贸民品企业优惠信贷政策的宣传工作。上级国家机关工作人员应认真准确解读民贸政策及其运作程序，并且加大宣传力度，让相关的各级领导干部、企业管理人员都能及时了解国家新的优惠政策。部门之间应加强沟通，若发现问题，及时给予解决，将享受国家优惠政策并已得到较好发展的民贸民品生产企业的成功经验介绍和推广给其他民贸民品企业，使更多的民贸民品企业能够享受到国家优惠政策，为促进民族经济发展多作贡献。[①] 支持有市场、有效益、有信用的民贸民品企业的发展。

此外，在制定优惠政策时，应注意其具体政策之间的衔接，某些可能产生冲突或者误读的地方，应有明确的说明或细则。同时，上级国家机关应加大督察和协调力度，人民银行要加大对各商业银行执行民族优惠政策的监管力度，财政、税务等政策执行单位应增强服务意识和"双赢"意识，增加执行政策的透明度。

(二) 完善民族贸易相关立法

尽管我国制定并实施一系列的民贸优惠政策以支持民贸发展，但是，针对民族贸易的立法却寥寥无几。我国现行与民族贸易有关的立法主要是《民族区域自治法》和《国务院实施〈民族区域自治法〉若干规定》，其中，《民族区域自治法》第六十条明确了民族贸易政策的扶持主体、对象、手段和制定政策的依据；《国务院实施〈民族区域自治法〉若干规定》第十二条规定"国家完善扶持民族贸易、少数民族特需商品和传统手工业品生产发

[①] 邓小刚：《对金融支持民族贸易和民族用品生产企业发展的思考》，载《新疆金融》2003 年第 3 期。

展的优惠政策,在税收、金融和财政政策上,对民族贸易、少数民族特需商品和传统手工业品生产予以照顾",进一步强化了对民族贸易的政策扶持。

1. 加快民族贸易立法进程

加强有关立法工作,国家要将切实能保障民族自治地方行使自治权的民族政策上升为法律。将现行的政策措施同《自治法》中自治权的有关条款协调与配套。不仅要宪法、基本法和若干单行法相配套,而且各层次的一系列民族法规与基本法、单行法也要互相配套。① 立法上保障民族自治地方的民族贸易管理权,严格遵守法律化的民族贸易政策,形成较完备的民族法体系。

2. 提高民贸企业市场竞争力

民贸企业自身应转变经营理念,提高民族品牌意识。借助国家实施西部大开发的良好机遇,充分利用国家给予的特殊优惠照顾政策,加快发展;把民族传统文化与消费时尚结合起来,针对不同民族不同的地域特色和文化特点,不断研究、开发和生产新的具有民族特色的、适销对路的产品,增加产品的科技含量,降低企业经营成本,提高产品档次和产品市场竞争力。② 此外,要充分利用民族信贷优惠政策,加大企业革新和科技投入,更新设备,加快企业技术改造和管理创新步伐,提升企业的综合竞争力。

3. 培养民族贸易管理人才

做民族贸易工作,不仅需要有为少数民族和少数民族地区经济建设服务的政治热情,还要求有熟练的业务素质和妥善处理突

---

① 杨花英:《民族贸易现行政策的弊端及其调整研究》,载《商场现代化》2008年第33期。

② 龙小兰:《谈民族地区政策的深化与广西经济增长》,载《商业时代》2008年第24期。

发问题的应变能力。应当采取灵活多样的培训方法,有重点、有计划地对业务骨干进行系统的理论教育和文化教育。同时,还应在民族类高校开设民族贸易专业或者课程,培养掌握现代流通理论和手段的民贸高级专门人才,充实民族贸易工作队伍,形成一支政治强、业务硬,具有开拓创新精神,能适应全面小康建设的民贸工作队伍。①

4. 鼓励成立民贸行业协会

鼓励民族地区生产企业成立各种经济协会,完善购销网络,以流通为纽带、以市场为平台,把产、购、销等环节紧密地联合起来,充分利用企业、协会等建立起利益共享、风险共担的合作共同体,开拓产品市场,拓展销售渠道,提高经济效益。以行业协会为依托,定期组织全国民族商品交易会,扩大民贸对内对外交流活动,举办展览会、产销对接会、品牌成果交流会,加大对民贸政策和民族商品的宣传,积极为民贸企业搭建营销平台,拓宽民贸产品的销售渠道。加强行业协会的法制化建设,充分利用行业协会在民贸企业的"领头羊"作用,引导民贸企业更好地运用法律武器维护自身利益,提高民族贸易行业协会的组织化、法律化程度。②

第二节 边境贸易管理自治权

边境贸易是一种特殊的贸易形式,是毗邻国之间的一种经济贸易形式。毗邻国家边境地区的民族大多跨境而居,双方边民往

---

① 杨清震:《民族贸易与全面小康》,载《中南民族大学学报》2003年第5期。
② 邹蜜:《中国民族贸易发展研究》,中央民族大学硕士学位论文2009年,第51—52页。

往有着共同的语言、生活习惯、宗教信仰，同时存在大量的亲属和血缘关系，使得彼此长期保持经济贸易往来，边境贸易在一定意义上成为原有民族贸易的延伸和拓展。边境贸易的发展，对于提高边境少数民族地区的生活水平、增进民族团结、促进边境地区的经济发展具有重要意义。

一、我国边境贸易的现状

我国陆路边境线长达22万公里，分别与15个国家接壤，在我国143个陆地边境县中，民族自治地方有112个，人口为2100多万。我国边境贸易历史悠久，长期以来一直是民族自治地方经济发展的主要推动力之一。中国自20世纪70年代末实行改革开放政策以来，少数民族地区同全国其他地区一样，按照建立社会主义市场经济体制的改革目标，实施了农村、国企、财税、金融、投资、外贸、流通、社会保障、住房等方面的一系列改革，经济体制和运行机制发生了根本性的变化，国民经济的市场化和社会化程度明显提高。同时，随着国家全方位、多层次、宽领域对外开放格局的形成，少数民族地区发挥各自的沿海、沿江、沿边特点，积极发展边贸和对外经济技术合作，对外开放进入新的阶段，在全国对外开放总体格局中的地位和作用也日益突出。

20世纪70年代末以来，国家在保留对民族地区的财政补贴并设立发展基金等多项优惠政策的同时，鼓励少数民族地区从本地的实际出发，积极开展外引内联，发展边境贸易，支持少数民族地区通过积极稳妥的改革，推动社会经济结构的调整，增强自我发展能力。

1987年，国家确定，在边疆少数民族地区选择一些条件较好的地方，借鉴国际上设立内陆开发区和边境自由贸易区的做法，加快对外开放步伐。为活跃沿边地区的经济，富裕边民，促进与周边国家的经贸合作，1992年国家决定进一步开放内蒙古自治区的满洲里、二连浩特，吉林省的珲春，新疆维吾尔自治区的伊宁、博乐、塔城，广西壮族自治区的凭祥、东兴等少数民族较为集中的内陆边境城市。1993年，国家选择了呼伦贝尔盟、乌海市、延边朝鲜族自治州、黔东南苗族侗族自治州、临夏回族自治州、格尔木市、伊犁哈萨克自治州等七个民族地区作为改革开放的试点。

20世纪80年代后，广西壮族自治区的北海市被国家列为14个沿海开放城市之一，还有一市五县列为国家沿海经济开放区；乌鲁木齐市、南宁市、昆明市、呼和浩特市、银川市、西宁市、贵阳市等少数民族自治区首府和少数民族较多的省的省会城市被国家列为内陆开放城市；国家还先后批准了桂林市、南宁市、乌鲁木齐市、包头市四个民族地区大中城市建立高新技术产业开发区。

目前，新疆已同世界上70多个国家和地区建立了稳定的经贸关系。1992年至1997年，新疆进出口贸易总额达69.9亿美元，年均增长21.1%。新疆六个开放城市和经济技术开发区、边境经济合作区各方面的建设和招商引资都取得了重大成果。新疆已开通15个开放口岸，兰新铁路复线和第二座亚欧大陆桥的贯通，使一个现代化的西北国际大通道初步形成。广西对外开放以来，外来投资亦不断增长。

随着西部大开发战略和"走出去"战略的逐步实施，我国边境贸易正面临一个全新的发展时期。

二、我国边境贸易法规政策体系及存在的问题

（一）我国边境贸易法规政策体系

目前，我国还没有专门的少数民族地区边境贸易的法律，其相关法规和现行政策散见于各种规定之中。我国《民族区域自治法》第31条规定，民族自治地方依照国家规定，可以开展对外经济贸易活动，经国务院批准，可以开辟对外贸易口岸。与外国接壤的民族自治地方经国务院批准，开展边境贸易。民族自治地方在对外经济贸易活动中，享受国家的优惠政策。

《国务院实施〈民族区域自治法〉若干规定》中规定了与外国接壤的民族自治地方经过批准可以设立边境贸易区（第13条），《对外贸易法》第59条规定，国家扶持和促进民族自治地方和经济不发达地区发展对外贸易；第68条规定，国家对边境城镇与接壤国家城镇之间的贸易以及边民互市贸易，采取灵活措施，给予优惠和便利。

1984年12月，原对外经济贸易部颁布了第一部专门规范边境贸易的管理规定，即《边境小额贸易暂行管理办法》（已失效），对边境贸易做出了这样的界定："边境小额贸易是指我国边境城镇中，经省、自治区人民政府指定的部门、企业同对方边境城镇之间的小额贸易，以及两国边民之间的互市贸易。"该解释把边境贸易分为边民互市和边境小额贸易两种形式，从经营范围和经营形式上对边境贸易作了限制，同时，规定边境贸易实行"五自原则"，即自找货源、自找销路、自行谈判、自行平衡、自负盈亏。

1996年1月3日，国务院颁发了《关于边境贸易有关问题的通知》（国发［1996］2号），进一步明确边民互市贸易和边境小额贸易的定义：边民互市贸易，系指边境地区边民在边境线20公里以内、经政府批准的开放点或指定的集市上，在不超过规定的金额或数量范围内进行的商品交换活动；边境小额贸易，系指沿陆地边境线经国家批准对外开放的边境县（旗）、边境城市辖区内经批准有边境小额贸易经营权的企业，通过国家指定的陆地边境口岸，与毗邻国家边境地区的企业或其他贸易机构之间进行的贸易活动。

1996年3月29日，原对外贸易经济合作部、海关总署共同发布了《边境小额贸易和边境地区对外经济技术合作管理办法》,明确了获得边境小额贸易经营权的企业的资格、条件以及边境小额贸易企业的经营范围。同日,海关总署又发布了《边民互市贸易管理办法》,对开展边民互市贸易的地点作了详细规定,规定互市地点应设在陆路、界河边境线附近,由边境省、自治区人民政府批准,各级人民政府有明确的批准权限;海关监管设施符合海关要求。该《办法》主要针对边境地区居民携带物品进出边民互市贸易区(点)或者从边境口岸进出境时,应当向海关如实申报物品品种、数量和金额,接受海关监管和检查等作出了规定。

1998年,又发布了《关于进一步发展边境贸易的补充规定的通知》,扩大了边民互市贸易免税的额度,继续延长对边境小额贸易的优惠,进一步明确了对边境贸易的配额管理,对其配额发放实行总体切块、地方分配的方式。

(二)我国边境贸易法规政策存在的问题

我国关于边境贸易的法律、法规是多层次的,但目前看来,仍然不能满足边境贸易的发展现状对法制的需求,仍有许多问题亟待解决,其法制环境和政策环境有待进一步改善。这主要表现在四个方面:

1. 边境贸易优惠政策的期限过短

现行边境贸易政策两三年调整一次以及我国加入WTO后对部分商品不断调整边境贸易政策的做法,使边境贸易中必然存在短期行为,制约了边境贸易的长远发展。

2. 边境贸易进口税收政策应有别于一般的对外贸易

现行边境贸易政策规定,边境贸易进口环节增值税减半征收,但按照我国增值税管理办法,边境贸易进口商品只要进入流通环节,其进项税只能按实际征收额抵扣,这样进口环节所减征的增值税又在国内销售环节补征回来,使边境贸易的优惠政策大打折扣。因而应制定有别于一般对外贸易的特殊的进口税收政策。

3. 边境贸易的出口退税问题

由于周边国家外汇短缺等原因,目前在边境贸易中以人民币结算的比重很大,按照现行政策,边境贸易出口货物办理出口退税时必须提供出口收汇核销单,但以人民币结算的边境贸易出口货物无法提供核销单,所以不能办理出口退税,制约了边境贸易的进一步发展。

4. 边境贸易进出口商品管理问题

受数量所限,配额许可证管理在一定程度上影响了边境贸易的发展。[①] 如我国部分民族自治地方与俄罗斯开展经济合作过程中,俄方因外汇问题而用实物支付,但有些物资受配额许可证数量的限制,无法运回国内,影响了我国民族自治地方边境贸易企业开展业务的积极性。

此外,民族自治地方边境贸易的优惠政策远比不上东部地区的经济特区和沿海开放城市的优惠政策幅度大,实际上限制了民族自治地方边境贸易企业的竞争力。

三、加入 WTO 对我国边境贸易的影响

2001 年 11 月 10 日,中国被正式批准加入世界贸易组织(WTO),标志着中国经济正式融入世界经济贸易体系之中。从整体上讲,加入 WTO 对中国是利大于弊。在 WTO 的框架下参与世界范围的贸易开放,将有利于中国引进外资、扩大出口、扩大就业、刺激内需,将使我国的改革开放提高到一个新的水平;但同时,由于外国资本进入中国的一些行业和领域,也会给我国的一些行业带来挑战。

[①] 宾建成:《加入 WTO 后我国民族自治地方发展边境贸易的政策及其机制探析》,载《当代财经》2004 年第 6 期。

应当看到，我国加入WTO对边境贸易产生了积极影响：一方面表现在中国的关税减让，即降低边贸进出口商品关税税率；另一方面，许可证、配额以及进出口商品数量等方面的限制逐步减少或取消。由于关税和非关税壁垒措施的削弱，通过边境贸易，周边国家的商品及服务可大量进入我国市场，我国商品及服务同样可以进入周边国家市场，为进一步拓展国际市场、扩大国外市场渗透力带来更多的机会和条件。同时，外资尤其是直接投资进入民族地区将会更加容易，直接的技术转让和人才引进也会更加容易，有利于提高我国边贸产品质量，加快少数民族地区对外合作与交流的步伐。

不可否认，加入WTO也给边境贸易的进一步发展带来了严峻的挑战：我国加入WTO后，意味着边贸的某些优惠政策将取消，国家对现行的边境贸易政策将会逐步调整，如取消进口关税和进口环节增值税的免税和减半征收政策，将边贸逐步纳入到贸易体系中；生产边贸出口商品的各种企业，都将在不同程度上经受国际市场的挑战，特别是那些不再受保护的轻纺工业，既面临着有利增加出口的新机遇，同时又面临着国外商品大量涌入、增强竞争压力的挑战。这在一定程度上或在一定时期内会影响到边贸进出口商品结构的变化，加重边贸区域发展的不平衡。此外，一些边贸企业对国际市场、国际规则不熟悉，入世后生存的环境将更加艰难。[①]

需要特别指出的是，入世后，并非所有的边贸优惠政策都会取消。诞生于1995年1月1日的WTO，主要以1994年底乌拉圭回合谈判结束所签署的关税与贸易总协定（GATT1994）为基本框架。GATT1994第24条第3款规定：GATT的各项规定不得阻

[①] 杜发春：《边境贸易与边疆民族地区的经济发展》，载《民族研究》2000年第1期。

止任何缔约国为便利边境贸易对毗邻国家给予某种优惠和便利，即一个缔约国在边境贸易上给予周边国家的特殊优惠可以不适用于其他缔约国。因此，过多的担心是不必要的。不过，WTO 为了防止边境贸易优惠可能导致的不平等竞争，同时规定，边境贸易作为"例外"贸易，其活动的半径不能超过边境 15 公里，荒漠地带不能超过 60 公里。这既是给边境贸易予特殊待遇，又是给边境贸易一种限制。因此，在制定相应的政策措施时，应该做到既要遵循国际惯例，同时又要有利于边贸发展。通过一定的缓冲期，渐渐地使边境贸易过渡到国际规范化的贸易上去。

四、我国边境贸易制度法治化的路径

基于我国边境贸易的现状，尤其是在加入世界贸易组织以后面临新的机遇和挑战，为加快我国民族自治地方边境贸易发展，应该从边境地区实际情况出发，按照 WTO 规则和鼓励我国民族自治地方经济发展的客观需要，调整和完善民族自治地方边境贸易政策与管理，进一步规范贸易行为，以促进边境贸易的健康发展。

（一）确立产业互换制度

产业互换是产业内分工的一种形式，具体是指两国某一产业存在一定的产业重合度，有各自的优势，但产业发展的水平和层次存在一定差异。两国先分别对国内从事该产业生产和经营的企业进行整合，离析出不适合在本国发展的部分。然后两国通过充分的信息沟通，从不适合对方发展的那部分中转入自己需要的产业，从而实现"削弱扶强"的目的。以橡胶产业为例，马来西亚有丰富的天然橡胶资源，而日本、韩国有较为先进的橡胶深加工技术，通过政府间的、企业间的协议，日本、韩国逐渐减少对天然橡胶的种植投入，同时从马来西亚进口天然橡胶，并强化对橡胶深加工技术的研究开发；马来西亚逐渐减少对投入大、周期长的技术研究和开发的投入,增加对橡胶种植业和初加工的投入,并从日本、韩国等引进科学的种植技术和先进的设备。[1] 这种产业互换也可以用在我国与周边国家的边境贸易中,由于我国的民族自治地方与周边国家的产业具有很强的互补性,因而可以进行长期的经贸合作,进行产业互换。

(二) 引入 OEM 制度

OEM 是英文 Original Equipment Manufacturing 的缩写,直译为原设备制造,通俗的说法就是"贴牌生产"。从产品供应者角度来说,是按照对方的要求生产对方品牌产品并由对方负责销售的交易形态;从产品购买者角度来说,是外包生产并以己方产品形式提供给市场的行为。OEM 将供应方的制造优势与购买者的销售网络、品牌优势等结合起来构成了产品的整体竞争优势,给产品供求双方都带来了实际利益。日本企业在 OEM 方面目前处于世界前列,到目前为止可以说已经形成了以日本企业为中心的 OEM 交易格局。日本与欧美企业 OEM 交易的对象主要是技术密集型、高附加值的产品,而且产品的流动是双向的、交互的;日本与亚洲 NIES 之间 OEM 的交易对象主要以中等技术含量、标准化生产产品为主;日本与东盟四国以及东亚后行发展国家和地区之间 OEM 的交易对象则是一些劳动密集型、标准化生产的产品,且产品流动是单方面流向日本的。[2]

我国与周边国家产业的差异很大,同时很多技术比周边国家要先进,周边国家又有丰富的能源,为了充分发挥双方的优势,因而我们的部分产品可以考虑在周边国家进行贴牌生产。

---

[1] 陈建军:《产业区域转移与东扩西进战略》,中华书局 2002 年版,第 58—59 页。

[2] 陈建军:《产业区域转移与东扩西进战略》,中华书局 2002 年版,第 59 页。

(三) 设立"边境特区"或"边境贸易区"

这种边境特区的设立与各种制度措施应类似于我国的沿海四个经济特区，我国的民族自治地方是中国东中部地区通往中亚、西亚、东南亚以及蒙古、俄罗斯的重要通道，具有同周边国家发展边境贸易的区位优势，发展开放型经济具有很大的潜力。《国务院实施〈中华人民共和国民族区域自治法〉若干规定》中规定了与外国接壤的民族自治地方经过批准可以设立边境贸易区（第13条）。因而应给予民族自治地方更多的优惠措施，以扩大我国对外贸易的对口国家。同时，边境特区的优惠措施是降低国内税和制定特殊的法规，主动权在国内，应尽早设立。面向上海合作组织，可以在新疆伊宁和喀什设立"边境特区"，面向俄罗斯可以在内蒙古的满洲里设立"边境特区"，面向俄罗斯、朝鲜、日本和韩国，可以在吉林的珲春和辽宁的丹东设立"边境特区"等。[①]

(四) 加强边境服务贸易立法

我国的民族自治地方拥有大量优秀的、独特的、丰富多彩的民族文化资源，与周边国家合作，共同开发旅游业，进一步探讨贸易与旅游结合的途径。因而，在边境贸易的发展中，我们要大力发展以旅游为主的服务贸易，优化服务行业结构，加快服务业的国际化合作以及相关的立法，是我国民族自治地方经济快速发展的重要途径之一。

设立"最优惠待遇"条款[②]

自西部大开发之后，中央政府从全局出发，相继做出"振兴

[①] 李峰月：《入世后民族自治地方边境贸易政策研究》，中央民族大学硕士学位论文2005年，第27页。

[②] 该设想参考了 Arie Bloed and Pieter van Dijk, protection of minority rights through bilateral treaties, Kluwer law international 1999, p.172, "most-favoured minority clause"。

东北老工业基地"和"中部崛起"等重要的经济发展战略。"最优惠待遇"条款，即比照"最惠国待遇"条款，考虑到西部民族自治地方特殊的状况，从中央政府层面来讲，国家对其他任一地区关于经济发展的优惠措施和待遇自动适用于西部民族自治地方。

第七章 财税管理自治权

我国是统一的多民族国家,有 55 个少数民族。截至目前,全国共建立了 155 个民族自治地方,其中自治区 5 个、自治州 30 个、自治县(旗)120 个。在全国 55 个少数民族中,有 44 个民族建立了自治地方。实行区域自治的少数民族人口占少数民族总人口的比例超过 70%,民族自治地方的面积占全国国土总面积的 64% 左右。这一基本国情决定了民族自治地方经济的发展滞后会影响整个国民经济的良性发展。

在中国,民族区域自治是指在国家统一领导下,各少数民族聚居地方实行区域自治,设立自治机关,行使自治权。在法律赋予民族自治地方自治机关的自治权中,财税管理自治权是一项核心的权利,它是实现民族自治地方经济自治权和发展权的财力保障和物质基础。

第一节 民族自治地方财税管理自治权概说

一、民族自治地方财税自治权的基本内涵

(一)财政、税收、财税管理自治权

财政是国家或者政府集中一部分国民生产总值的收支活动,通过这种收支活动来调节社会总需求和社会总供给,使之相互协

调，达到优化资源配置、公平分配以及稳定和发展经济的目标。[①]财政是一种以国家为主体的经济活动，或者说是一种以国家为主体的分配活动。这里的"分配"是从广义的角度讲的，既包括生产要素的分配，又包括生产成果即收入的分配。财政作为一个经济范畴，是与私人经济相对立的，它在很大程度上决定着社会财富的分配。财政作为一个历史范畴，是与国家的产生和发展形影相随的，国家是财政产生的前提，财政是国家存续的手段。从深层次的本质上分析，财政活动是国家为了实现其职能而参与社会产品分配和再分配的活动。

税收是国家为了实现公共职能，凭借政治权力，按照法律规定强制、无偿地向纳税人征收货币或者实物所形成的特定分配关系的活动。它有如下基本含义：（1）税收属于财政范畴，是国家为了实现其职能的需要，向纳税人征收货币或者实物形成财政收入的一种方式；（2）税收属于分配范畴，是国家参与国民收入分配和再分配的一种规范形式，体现着特定的分配关系；（3）当税收关系通过法律表现为法律关系时，属于上层建筑范畴，具有"权力关系"的性质，即税收是以国家政治权力为依据，体现国家意志。[②]税收是民族自治地方财政收入的主要来源，关系着地方财政运行和经济发展。

财政自治是指在一国宪法和财政法规确定的框架内，地方政府依法自主地决定和管理本地区的财政事务。[③]我国少数民族自治地方财政自治是我国民族自治地方的自治机关根据《宪法》和《民族区域自治法》的规定，代表实行区域自治的民族行使管理

[①] 陈共：《财政学》，中国人民大学出版社2002年版，第30页。
[②] 陈共：《财政学》，中国人民大学出版社2002年版，第153页。
[③] 戴小明：《中央与地方关系——民族自治地方财政自治研究》，中国民主法制出版社1999年版，第44页。

本民族内部事务和地方事务的民主权利。《宪法》第117条规定："民族自治地方的自治机关有管理地方财政的自治权。凡是依照国家财政体制属于民族自治地方的财政收入，都应当由民族自治地方的自治机关自主地安排使用。"①《民族区域自治法》第32条规定："民族自治地方的财政是一级财政，是国家财政的组成部分。""民族自治地方的自治机关有管理地方财政的自治权。"第34条规定："民族自治地方的自治机关在执行国家税法的时候，除应由国家统一审批的减免税收项目以外，对属于地方财政收入的某些需要从税收上加以照顾和鼓励的，可以实行减税或者免税。自治州、自治县决定减税或者免税，须报省、自治区、直辖市人民政府批准。"

从上述规定，我们可以看出，作为两种财政自治类型之一的民族自治地方财税自治，区别于特别行政区实行的高度财政自治，与其他一般地方财政同属于地方财政范畴又不同于一般地方财政。它是民族区域自治不可或缺的重要组成部分，是民族区域自治制度存在和发展的经济基础，是我国地方财税特有的财政现象。概括地说，民族自治地方财税管理自治权是指在国家统一的财税体制下，国家在财政收支划分、税权划分和管理权限上给予特殊的照顾，使民族自治地方获得比其他一般地方更多的管理财政的自主权和国家法定的优惠权。

（二）民族自治地方财税自治权的主要内容

民族自治地方财政自治是在国家统一领导的财政体制下，自治机关根据宪法原则和民族区域自治法及其他相关法律法规（如税法等）的规定，依照自治条例的规定和当地的政治、经济及文化的特点，制定财政自治条例或者有关法律法规的变通及补充规定等，组织财政收入，统筹分配财政资金，自主地管理本地区财

---

① 《中华人民共和国常用法律大全》（上卷），法律出版社1996年版，第18页。

政事务的活动。① 法律赋予民族自治地方财税管理自治权的内容相当丰富,其主要内容包括以下五个方面:

1. 财税自治立法权

(1) 制定自治条例和单行条例

《宪法》第 116 条规定:"民族自治地方的人民代表大会有权依照当地民族的政治、经济和文化的特点,制定自治条例和单行条例。自治区的自治条例和单行条例,报全国人民代表大会常务委员会批准后生效。自治州、自治县的自治条例和单行条例,报省或者自治区的人民代表大会常务委员会批准后生效,并报全国人民代表大会常务委员会备案。"《民族区域自治法》第 19 条再次明确重申了该项权利。

(2) 立法变通权

民族自治地方的自治机关,可根据本民族的特点和实际需要,对上级国家机关的财税法律法规在立法上进行变通或补充规定,以保证国家法律在本地区的正确贯彻。立法变通就本民族较突出的问题在立法上明确规定,调整范围有限,且立法具有较强稳定性,不能适应本民族出现的新情况和新问题,因而不能完全解决法律和民族特点的冲突,这就需要法律实施中的变通来弥补立法上的不足。对上级国家机关财税活动的决议、决定、命令和指示如有不适合民族自治地方实际情况的,可以变通执行或停止执行。对此,《民族区域自治法》第 20 条规定:"上级国家机关的决议、决定、命令和指示,如有不适合民族自治地方实际情况的,自治机关可以报经该上级国家机关批准,变通执行或者停止执行;该上级国家机关应当在收到报告之日起六十日内给予答复。"

---

① 宋才发:《民族自治地方财政管理自治权再探讨》,载《学术论坛》2005 年第 1 期。

根据上述法律规定，民族自治地方既可以在自治条例中制定关于财政的条款，又可以制定关于财政的单行条例，也可以根据上级的授权制定关于财政的变通或者补充规定，还可以变通执行、停止执行上级国家机关关于财政的决议、决定、命令和指示。截至2011年8月底，民族自治地方共制定现行有效的自治立法992件，其中自治条例139件，单行条例777件，变通规定76件。

2. 财政收支管理自治权

《民族区域自治法》第32条第2款规定："民族自治地方的自治机关有管理地方财政的自治权。凡是依照国家财政体制属于民族自治地方的财政收入，都应当由民族自治地方的自治机关自主地安排使用。"民族自治机关享有组织管理属于地方税收收入的自治权。税收是财政收入的主要来源，在现行分税制体制下，地方税和共享税中属于地方收入的部分都由民族自治地方享有和支配。此外根据自治法和预算法的规定，通过转移支付从中央财政收入中返还给地方的部分以及民族自治地方享有的国家拨给的各项专用基金和临时性的民族补助专款等，都属于民族自治地方有权自主安排使用的财政收入。

《民族区域自治法》第32条第5款规定："民族自治地方的自治机关在执行财政预算过程中，自行安排使用收入的超收和支出的节余资金。"第33条规定："民族自治地方的自治机关对本地方的各项开支标准、定员、定额，根据国家规定的原则，结合本地方的实际情况，可以制定补充规定和具体办法。自治区制定的补充规定和具体办法，报国务院备案；自治州、自治县制定的补充规定和具体办法，须报省、自治区，直辖市人民政府批准。"这些都赋予了民族自治地方的自治机关安排财政支出的自主权。

3. 财政援助的接受权

（1）通过国家财政转移支付制度，享受上级财政的照顾

《民族区域自治法》第32条第3款规定："民族自治地方在

全国统一的财政体制下,通过国家实行的规范的财政转移支付制度,享受上级财政的照顾。"第62条规定:"随着国民经济的发展和财政收入的增长,上级财政逐步加大对民族自治地方财政转移支付力度。通过一般性财政转移支付、专项财政转移支付、民族优惠政策财政转移支付以及国家确定的其他方式,增加对民族自治地方的资金投入,用于加快民族自治地方经济发展和社会进步,逐步缩小与发达地区的差距。"

《国务院实施〈中华人民共和国民族区域自治法〉若干规定》在第9条第1款中规定了国家逐步加大对民族自治地方财政转移支付力度,上级政府各种专项资金的分配应当向民族自治地方倾斜。除此之外,第9条还规定:"上级财政支持民族自治地方财政保证民族自治地方的国家机关正常运转、财政供养人员工资按时足额发放、基础教育正常经费支出。上级人民政府出台的税收减免政策造成民族自治地方财政减收部分,在测算转移支付时作为因素给予照顾。国家规范省级以下财政转移支付制度,确保国家对民族自治地方的转移支付、税收返还等优惠政策落实到自治县。"[①]

(2) 在财政预算方面享受国家特殊照顾

《民族区域自治法》第32条第4款规定:"民族自治地方的财政预算支出,按照国家规定,设机动资金,预备费在预算中所占比例高于一般地区。"《国务院实施〈中华人民共和国民族区域自治法〉若干规定》第10条规定:"国家设立各项专用资金,扶助民族自治地方发展经济和社会各项事业。中央财政设立少数民族发展资金和民族工作经费。资金规模随着经济发展和中央财政收入的增长逐步增加。地方财政相应设立并安排少数民族发展资

[①] 《国务院实施〈中华人民共和国民族区域自治法〉若干规定》,载《人民日报》2005年5月27日。

金和民族工作经费。"

《民族区域自治法》和《国务院实施〈中华人民共和国民族区域自治法〉若干规定》突出地规定了国家对民族自治地方在财政上的帮助和扶持,给民族自治地方特殊照顾,使自治机关拥有更多的管理财政的自主权。"国家设立各项专用资金,扶助民族自治地方发展经济和文化建设事业",并规定"国家设立的各项专用资金和临时性的民族补助专款,任何部门不得扣减、截留、挪用,不得用以顶替民族自治地方的正常的预算收入"。[①]

(3) 上级国家机关的帮助

《民族区域自治法》从法律上明确了上级国家机关对民族自治地方财政的帮助职责,第 55 条规定:"上级国家机关应当帮助、指导民族自治地方经济发展战略的研究、制定和实施,从财政、金融、物资、技术和人才等方面,帮助各民族自治地方加速发展经济、教育、科学技术、文化、卫生、体育等事业。"

4. 税收优惠权

《民族区域自治法》第 34 条规定:"民族自治地方的自治机关在执行国家税法的时候,除应由国家统一审批的减免税收项目以外,对属于地方财政收入的某些需要从税收上加以照顾和鼓励的,可以实行减税或者免税。自治州、自治县决定减税或者免税,须报省、自治区、直辖市人民政府批准。"为了促进民族贸易的进一步发展,《民族区域自治法》第 60 条规定:"上级国家机关根据国家的民族贸易政策和民族自治地方的需要,对民族自治地方的商业、供销和医药企业,从投资、金融、税收等方面给予扶持。"税收一向是调整产业结构、刺激经济发展的强有力手段。

[①] 《中华人民共和国区域自治法》,法律出版社 2001 年版,第 33 页。

对国家如此，对地方包括民族自治地方也是如此。[1]

二、民族自治地方财税自治权实施现状

（一）民族自治地方财税自治权的发展和成就

1950—1979年，是民族自治地方财政自治权确立和发展时期。1953年11月政务院在《关于编造1954年预算草案的指示》中就曾明确规定："民族自治区在财政上应有一定范围的自治权。其财政管理在中央统一领导分级管理的原则下，暂采取各自治区统收统支办法。除关税、盐税和国营企业外，所有在该自治区之一切收入（不论固定比例分成收入与中央调剂收入）均归其统收，而该自治区的一切支出，亦由其统支。统收统支有余者，上缴中央；不足者，由中央补助。"[2]该规定明确了民族自治区的财政自治权和"统一领导、分级管理"的原则，并始终贯彻这一原则。"统一领导"就是财政方针政策统一、财政计划统一、财政制度统一。"分级管理"就是在国家统一领导和宏观指导下，给地方和企业相对独立的、具体的管理权，以便充分调动并发挥它们的积极性、主动性和创造性。1958年，国务院制定了《关于民族自治地方财政管理暂行办法》，并经全国人大常委会批准后施行。这是我国第一个以立法形式产生的反映民族自治地方财政权限的财政法规，既贯彻了国家财政"统一领导、分级管理"的原则，又体现了民族自治地方财政享有一定的自治权的精神，初步奠定了我国民族自治地方财政体制的基础，明确划分了民族自治地方的财政收入自治权、财政支出自治权以及享受财政援助权。

---

[1] 熊文钊：《大国地方——中国民族区域自治制度的新发展》，法律出版社2008年版，第266页。

[2] 《当代中国》丛书编辑部：《当代中国财政（上）》，中国社会科学出版社1988年版，第238页。

1963年国务院颁布《关于改进民族自治地方财政管理的规定（草案）》，明确规定民族自治地方的财政是国家财政的组成部分，决定从1964年起实行"核定收支，总额计算，多余上交，不足补助，一年一定"的财政体制，更加注重对民族自治地方的财政特殊权。中央把自治区内征收的工商各税权、农牧业税权、盐税权及各地方税权均转给了民族自治地方，并加强了民族自治地方的特殊权。主要内容包括：规定了民族自治地方的预备费高于一般地区；另外追加5%的机动资金；每年安排一笔民族地区补助费；[1] 1978年增加了边境建设事业费等。

1980—1993年，是民族自治地方财税自治权转型和巩固时期。这一阶段是我国进行改革开放探索时期，民族区域自治地方财政自治权处于以"包干制"为特征的财政体制下。1985年国务院决定在全国范围内实行"划分税种、核定收支、分级包干"的体制。这个体制是在1983年和1984年两次"利改税"的基础上，按利改税后的税中设置划分了中央和自治区的共享收入，即中央收入、地方收入和中央与地方共享收入三大块。属于中央和民族自治地方的共享收入为：产品税、营业税、增值税（包括铁道、银行和保险公司）、盐税、个人所得税、国营企业奖金税、外资合资企业的工商统一税；属于民族自治地方的收入为：除上述以外的自治区所属的各种税种、地方包干企业收入、地方经营的粮食、供销、外贸企业及亏损及其他收入。自治区所属关系划分管理的各项支出，列入自治区包干范围。按照上述收支划分，中央将地方固定收入和共享收入全留在民族自治地方，仍不能抵

---

[1] 《新疆财政50年》编委会：《新疆财政50年》，新疆人民出版社2005年版，第136页。

补地方财政支出的差额部分,由中央定额补助解决。[1]

1994年至今,是民族自治地方财税自治权提高时期。根据1993年党的十四届三中全会通过的《中共中央关于建立社会主义市场经济体制若干问题的决定》"把先行地方财政包干制改为在合理划分中央与地方事权基础上的分税制,建立中央税和地方税体系"的规定,进一步深化财税体制改革,于1993年12月15日国务院发布了《关于实行分税制财政管理体制的决定》,决定从1994年1月1日起改革地方财政包干制,对各省、自治区、直辖市及计划单列市实行分税制财政管理体制。

自1952年《民族区域自治实施纲要》颁布以来,中央在宪法、民族区域自治法和各行政法规中都有关于民族自治地方财政自治权的规定,民族地区是实际财政自治权的主要受益者。不论是在建国初期,还是后来的各个建设时期,民族地区都从中央财政获得了巨大支持,得以维持地方政府的正常运转,加强地方建设,为当地人民提供基本的公共服务,效果是十分显著的。

首先,民族自治地方财政收入明显增加,缓解了民族地区的财政困难,促进了民族地区经济、文化等各项事业的发展。有效地利用国家给予的财政支持,高效地使用民族自治地方财政权力,实现民族经济和谐、长期的发展,促进民族自治地方经济稳定地增长。如通过财政转移支付的实施,西部地区基础设施得到显著改善,生态建设和环境保护取得可喜成效,重点城市和特色优势产业发展呈现良好势头,社会事业薄弱环节的加强,民族地区脱贫致富脚步加快,少数民族人们生活水平提高、生活质量得到明显改善。

其次,极大地调动了自治机关发展经济的积极性。自治机关

---

[1] 中国经济体制改革研究会:《经济体制改革报告》,经济科学出版社1995年,第87页。

行使自治权,既是自治机关所行使和享有的一种权力和权利,又是自治机关所应履行和承担的一种职责和义务。[①] 财政自治权在民族地区的落实,极大地调动了自治机关发展经济、促进产业调整的积极性。民族自治地方以财政自治权为前提、手段,从本地区的实际情况出发,自主地安排、组织经济建设,合理地调整本地区的产业结构,将财政资金更多地用在对本地区优势企业、龙头企业的扶持上面,发挥本地区财政资金的最大效用,使本地区的资源有效利用、合理配置。

(二) 民族区域自治地方财政自治权的不足

民族自治地方财税管理自治权为民族自治地方的发展带来的成效有目共睹,但是从整体上来看,仍然存在着的一系列问题亟待解决。

1. 政府职责不清晰,民族地区财税自治权受到限制

民族自治地方的权力来源于中央通过立法而进行的授权,民族自治地方也有权在权限范围内积极、主动地行使自治权。在现实的情况下,今后较长的时期内,民族自治地方不但离不开上级政府特别是中央财政的支持,而且还需要中央财政的特殊照顾,这样大大影响了财政自治权的实现和发展。改革开放以来,国家从政策上加大了对东部地区的倾斜力度,相应地减弱了对民族地区的支持,同时国家财政体制改革在某种程度上也加剧了民族地区的财政困难。中央及上级国家机关与民族自治地方所代表的利益并不完全一致,因此,有必要分清中央与民族自治地方之间在经济领域权力的权限划分,确保中央与民族自治地方各行其是、各负其责,既能够实现中央对全国经济的宏观调控,又能够保证民族自治地方通过充分行使自治权实现地区经济发展和人民生活水平的提高。

[①] 吴宗金、张晓辉主编:《中国民族法学》,法律出版社 2004 年版,第 217 页。

2. 分税制中关于中央与地方税种的划分不合理，难以实现政府间财力划分的合理化

现行分税制对中央税与地方税进行了划分，采用一刀切的办法，实行无差别的税收制度，民族自治地方的税收政策基本上无优惠可言。财税体制过于强调统一，而分级管理不足，税收权限过于集中，对民族自治地方的特殊情况和特殊的开支因素考虑不足，没有赋予地方政府必要且适当的税收管理权限，自治地方缺乏主体税种。可以说这种划分方式缺乏科学性，与市场经济的要求不相符。民族自治地方的税源大头都纳入了中央财政，留下的主要是一些收入不稳、税源分散、增收较难的小税种，导致民族自治地方财税自给能力不足，不少自治地方陷入财政资金短缺的困局。

3. 财政转移支付形式多样，力度不足，结构不合理，没有充分发挥效应

现行的财政转移支付体系中，除了少量的按均等化公式计算的转移支付外，绝大部分财政资金是采用税收返还、增量返还、体制补助、结算补助等形式分配的，基本上起不到均等化作用。转移支付的政策导向不明确，错综复杂，极不明确。目前中央的转移支付虽然规模很大而且在迅速增加，但它们没有被整合到一个以公式为基础加以分配的转移支付机制中。①

4. 现行的税收基数返还办法不具有公平性

在1994年分税制体制改革中，采用"基数法"实现税收返还，即全国统一以1993年财政收入的实际入库数为基数，按照1:0.3的系数采取无地区差别的增量返还。2002年开始又实行所得税基数返还，具体办法是以2000年为基期，以2001年实际执

---

① 沙安文、沈春丽主编：《地方政府与地方财政建设》，中信出版社2005年版，第243页。

行数为所得税划转基数,从而能使地方既得利益不受影响。税收返还和所得税基数返还最明显的特征就是转移支付的数额和增长率均以来源地的增值税、消费税和所得税税额为依据,不考虑地区差别。这一做法的初衷是保证地方既得利益,以使改革能顺利推行下去。但这种做法体现了对收入能力强的地区倾斜的原则,对民族自治地方却是不利的。因为发达地区经济发展较快,财税收入高,根据税收返还基数所获得的返还量就大;而民族自治地方多为经济欠发达地区,税源有限,财税收入低,根据返还基数所获得的返还量就小。相关研究表明,"这种保证地方既得利益的转移支付办法没有起到均衡地区财力差异的作用,不能体现公平的原则"。我国分税制改革的一个主要目标是:通过调节地区间分配格局,促进地区经济和社会均衡发展,实现基本公共服务水平均等化。但从税收返还的实施效果来看,这个目标并没有实现。

三、民族自治地方财税自治权的完善

基于上述状况,要真正加快民族自治地方经济快速发展,确实缩小民族地区与发达地区的发展差距,必须完善民族自治地方财税管理的自治权,自治机关根据民族自治地方实际情况,制定适合于本地区的财政政策,加速民族地区经济发展。

(一)规范中央与民族自治地方的关系,促进民族自治地方财税自治权的实现

1. 明确划分政府间职责,赋予民族自治地方必要的地方税收立法权和管理权限。《宪法》第116条、《民族区域自治法》第19条规定了自治机关制定自治条例和单行条例的立法自治权,即"民族自治地方的人民代表大会有权依照当地民族的政治、经济和文化的特点,制定自治条例和单行条例"。遵循"分职治事、职权下放"的原则,中央将属于一些地方财税的立法权和解释权

落实给自治机关,同时建立有效的法律约束机制,自治机关则在自己的权限范围内,根据财税法律的基本原则,依照WTO的基本要求,制定反映本地特色的财税自治法规。

2. 加强自治机关自身建设,优化财政支出。民族区域自治地方的自治机关和执法机关也应积极行使法律已经赋予的自治权,通过积极制定自治条例进一步明确和细化税收自治权,并通过制定单行条例保证税收自治权的充分实现,以提高民族区域自治地方财政资金的自我收集能力,促进民族自治地方基本建设、公共产品和公共服务质量的不断提升。①

(二) 加大转移支付力度,完善财政转移支付制度

(三) 改革税收制度,调整税收优惠政策

(四) 国家财政政策的支持和投入

(二)(三)(四)具体内容在下面的节数中将详细分析。

第二节 完善民族自治地方财政转移支付制度

一、政府间财政转移支付的含义

转移支付(Transfer Payments),源自西方经济学和西方财政学的一个概念,原为"转移"、"转账"的意思,美国经济学家格林沃尔德将转移支付定义为"政府或企业的一种不以取得商品或劳务补偿的支出②"。政府间财政转移支付,是指财力和资金在各级政府间的无偿转移。

---

① 程建:《关于民族区域自治地方财税自治权的几点思考——兼论民族区域自治地方与中央的权限划分》,载《民族法学评论》第5辑,民族出版社2011年版,第167页。

② 格林沃尔德:《现代经济辞典》,商务印书馆1981年版,第450页。

财政转移支付是在政府间第一次财政分配即分税的基础上，按政府间纵向和横向的财政经济能力差异与均等化目标的要求所进行的第二次分配。① 因此，它是分级财政体制的一个重要组成部分，是中央政府协调财政分配关系和宏观调控的重要手段。

我国发展少数民族地区经济主要通过两条途径来实现，一是赋予民族自治地方经济自治权，二是国家和民族自治地方的上级国家机关采取特殊措施帮助民族自治地方发展经济。其中，国家对少数民族地区的支持主要是通过财政转移支付制度实现的。财政转移支付是民族自治地方财政自治权中极为重要的一项，这反映在《民族区域自治法》的有关具体条文之中。《民族区域自治法》第32条中规定："民族自治地方在全国统一的财政体制下，通过国家实行规范的财政转移支付制度，享受上级财政的照顾。"

二、民族地区财政转移支付的现状分析

（一）中央对民族地区财政转移支付政策演变

1. 新中国成立以来至1994年分税制实施之前

新中国成立以后，民族自治地方的财政是建立在民族地区经济和社会落后基础上的财政，其财政收入主要靠税收来维持，财政集资能力低；财政支出中非生产性开支所占比例大，缺乏财力进行生产性投资。因而，新中国成立后国家充分考虑了民族地区的特殊性，在财政体制上一直坚持对民族地区实行一系列的照顾政策，在财政收支划分和管理权限上给予特殊照顾，使民族地方拥有比一般地方更多的自主权。具体内容有四个：一是民族自治地方的预备费计算比率高于一般地区，其中自治区为支出总额的5%，而一般省市为3%，自治州为4%，自治县为3%，均比一般地区高；二是每年按上年的正常支出决算数给民族自治地方另

---

① 李齐云：《分级财政体制研究》，经济科学出版社2003年版，第150页。

加 5% 的机动资金；三是增加一笔民族自治地方补助费，作为民族自治地方特殊性开支专款；四是收入超收全部归民族自治地方使用，而一般地区的收入超收，中央要参与分成。① 但基本上还是以"统收统支"为主要特征。

随着改革开放的步伐，我国财政管理体制也相应地做出了重大改革，"划分收支、分级包干"于 1980 年开始实行，一直到 1993 年年底。这样，以中央集权为主的财政管理体制被地方分权的财政管理体制所替代。这种新体制适用于民族地区，使民族地区政府拥有了更大的财政自治权。

2. 1994 年分税制以后

中国特色社会主义市场经济体制目标的确立内在地要求变革包干制财政体制，结合我国实际情况和国际先进经验，国务院决定于 1994 年 1 月 1 日起在全国范围内全面实行分税制财政体制（以下简称分税制）。在分税制改革中，中央为了建立与市场经济相适应的规范的财政税收管理体制，采取一刀切的做法，无论是税种归属、共享税的分成比例还是税收增长返还系数的确定上，民族自治地方都与其他省市同等对待。但同时也对民族自治地方保留了照顾补助的各项专款，1995 年国务院审定通过的《过渡期转移支付办法》将 8 个民族省区和民族省区之外的民族自治州纳入到政策性转移支付的范围，以缓解民族地区财政运行上的突出矛盾。此外，还保留了民族自治地方的税收管理权限，特别是西藏自治区还可以对其实行的地方有关税种有所变通执行，等等。

1998 年，我国开始实施西部大开发战略，中央加大对西部和民族地区的转移支付力度，对西部地区进行了大量的专项补助。

2001 年新修订的《民族区域自治法》第一次明确规定民族自

---

① 参见国务院 1996 年颁布的《关于改进民族自治地方财政管理的规定（草案）》。

治地方的自治机关在全国统一的财政体制下，通过国家规范的财政转移支付制度享受上级国家财政的照顾。根据《民族区域自治法》第62条，我国现行中央对民族地区的财政转移支付主要可分为三类：一是一般性财政转移支付，主要目标是促进各地方政府提供基本公共服务能力的均等化。从国际经验来看，各地居民享受到公共服务均质化、平准化是各国政府施政的基本目标。二是专项财政转移支付，旨在实现中央的特定政策目标。专项转移支付是指中央或上级政府为了控制地方实现其政策目标，以及对委托下级政府代理的一些事务进行成本补偿，而设立的专项补助资金，资金接受者需按规定用途使用资金。三是民族优惠政策和其他政策性财政转移支付，这些政策性转移支付的主要目的是为了体现对民族地区的特别照顾，以及为民族地区的宗教信仰、风俗习惯和特有的语言文字、教育、卫生、宣传等特殊支出需要提供资金保障，从而弥补其因特殊支出所引起的相对较高的公共服务成本。

（二）现行民族地区财政转移支付中存在的问题

1. 立法滞后，法律保障体系不完整

政府的财政资金主要来源之一为税收，中央与地方财权资金关系的体现方式之一是中央与地方政府财政转移支付制度，而我国政府间转移支付缺乏法律体系的支撑。

（1）全国性的高层次立法几乎是空白

目前，全国人大或其常委会没有对财政转移支付政策进行立法，而对于专项财政转移支付制度的立法更是少之又少。当前针对财政转移支付的法律法规只有财政部1995年制定的《过渡期财政转移支付办法》，除此之外没有更高层次的法律。立法层级低导致了以下后果：首先除财政部和地方上的财政部门体系外，其他政府和工作部门的财政权力、财政程序和财政责任就均处于法律真空状态，基于行政权力天然的扩张性派生的权力滥用的随意性，财政资金在政府之间的支出流向不再拥有能使人预先明知的确定性；其次，从对民族地区转移支付的角度讲，转移支付资金最终的归属地不再是有实际真实需要的地区，而是其主要领导具备"政治社会活动能力"的地区。这样严重的立法滞后毫无疑问会影响财政转移支付政策的制定和执行效果①。

（2）民族地区自身相关配套法规不健全

目前，我国民族地区面临投资环境差，交通、通信、供电、供水等基础设施落后等不利条件。而要改善民族地区的投资环境，既要加强基础设施等硬件建设，更重要的是要加强市场观念、法律制度等软件建设。因此制定相应法规，将一些有益的制度创新固定下来，长期利用就显得尤为重要。而目前西部民族地区显然缺乏这一系列的配套法律法规。

（3）对转移支付违法行为缺乏相应的法律规定

总体而言，现行的转移支付制度体系中对转移支付违法行为缺乏明晰的规定。2005年2月1日实施的《财政违法行为处罚处分条例》第7条规定："财政预决的编制部门和预算执行部门及其工作人员有下列违反国家有关预算管理规定的行为之一的，责令改正，追回有关款项，限期调整有关预算科目和预算级次。对单位给予警告或者通报批评。对直接负责的主管人员和其他直接责任人员给予警告、记过或者记大过处分，情节较重的，给予降级处分；情节严重的，给予撤职处分。"《条例》首次明确规定了违反国家关于转移支付管理规定的行为需要承担的法律责任，但是遗憾的是《条例》没有对何谓"违反国家关于转移支付管理规定的行为"作出明晰的规定，如果不能清晰地界定违法行为，将导致法律责任的落空。

---

① 朱毅：《完善民族地区财政转移支付的法律思考》，载《法制与社会》2010年第20期。

(4) 与现行的法律规定在某些方面存在冲突

《民族区域自治法》提倡对民族地区给予优惠与照顾,但现行的财政管理体制没能体现这一政策。如 1994 年开始实施的分税制,在基数的确定上实行"一刀切",没能对民族地区的基数进行调整,导致民族地区与其他地区按同样的标准执行,没有得到任何照顾。《宪法》是国家根本大法,《民族区域自治法》是国家处理民族问题的基本法律,而财政预算管理体制是国务院批准执行的行政制度。执行国家财政预算管理体制与"两法"所规定的国家财政优惠和照顾政策相违背,形成法律规定上的冲突。

《民族区域自治法》第 54 条规定"上级国家机关有关民族自治地方的决议、决定、命令和指示,应当适合民族自治地方的实际情况。"而国家制定的大多数政策是针对普遍问题及东部发达地区出现的问题而言,使得民族地区成为财政政策的忽略区。具体体现在国债支出、外汇留成、出口退税、中央借款、社会保障、税收支出等方面,使民族地区难以得到照顾与优惠。

2. 对财权与事权的界定划分不明确

明确划分中央政府和地方政府的事权和财权,实现财政的均衡化是分税制改革的目标。但现行分税制却保留了包干体制下的地方既得利益,没有合理调整地区间的财政分配,反而把财政包干体制下形成的财力不均带入新的分税制体制中。且中央在参与地方收入分成上采取"一刀切"的做法,即中央对地方上划的税收按基期年如数返还,并逐年递增。[①] 这些做法不但没有解决地区间不均衡的问题,反而在新体制中肯定了这种差距,加剧了地区间财政失衡的状况。

此外,因上下级政府之间事权、财权的不统一,造成部分财

---

① 黄勇:《民族地区财政转移支付制度研究》,中央民族大学 2004 年硕士学位论文,第 31 页。

政支出责任不清。自 1980 年实行中央、地方"分灶吃饭"的预算体制以后，少数民族地区不断出现上级政府出政策、下级政府出钱，以及某些支出项目的安排中上下级政府之间"钓鱼"的怪现象，这说明少数民族地区各级政府间的职责权限划分根本不清楚。而这种怪现象的存在不利于少数民族地区地方政府编制和执行预算，当然也不利于对少数民族地区社会经济发展进行长期规划，同时制约了少数民族地区转移支付制度的规范化，造成了转移支付资金的低效使用。

3. 转移支付资金分配缺乏科学的依据和标准

当前，转移支付资金分配缺乏科学的依据和标准，存在"人情款"和"撒胡椒面"现象；立项审批不规范，项目的确定和范围选择不合理；使用缺乏事权依据，亦无相应的基础设施建设法规和单项事业法规可依，随意性大，分配过程不透明；违背专款专用原则；要求地方配套资金，对于经济较发达的地区而言，是锦上添花，对于民族地区而言，往往不堪重负，甚至导致地方以假数字上报。我国财政转移支付制度缺乏法律保障，资金分配和使用办法尚待规范。

4. 缺乏相关监督机制

此外，目前财政转移支付在资金的分配方面还没有建立起一套行之有效的监督系统，当中央财政转移支付补助资金下达到地方后，地方政府支配转移支付资金存在相当大的随意性，往往不能充分贯彻中央政府通过转移支付补助所表达的政策意图，特别是当地方政府与中央政府的支出偏好不一致时，挪用资金的情况就时有发生。造成这种状况的主要原因在于，一是相关的法律法规体系的建设，比较滞后；二是财政转移支付的决策和运作，有时还不够民主、公开和透明；三是执行部门与监督部门的协调，有时还不够通畅。

三、完善民族地区财政转移支付制度的对策建议

（一）加快立法进程，使对民族地区的财政转移支付有法可循

1. 建立更高层次的民族地区财政转移支付法律制度

应积极组织制定出台如《中华人民共和国财政转移支付法》这样一些全国性法律，将专项财政转移支付制度的内容、具体用途、监督形式、法律责任等，以人大立法的形式明确下来，使得针对民族地区的专项转移支付制度有法可依。与此同时，还应该加快民族地区立法。

2. 加快民族地区财政转移支付相配套的法规体系的建设

《民族区域自治法》第73条规定："自治区和辖有自治州、自治县的省、直辖市的人民代表大会及其常务委员会结合当地实际情况，制定实施本法的具体办法。"辖有自治地方的省、自治区、直辖市的人大及其常委会，应当结合当地情况，抓紧抓好制定实施《民族区域自治法》的具体办法。具体来说，民族自治地方一定要根据宪法和自治法的精神，结合当地的实际，积极进行制定或修改本自治地方有关自治条例和单行条例的工作，增强自治法在实际工作中的针对性和可操作性。

对民族自治地方的财政转移支付立法必须坚持宪法和民族区域自治法原则，在此基础上，制定实施办法，使其具有可操作性，通过具体法律条款来规范和约束政府行为，保证民族自治地方享受的优惠政策得以贯彻执行。如制定《民族地区专项财政转移支付实施条例》等一批民族自治地区配套法规，以保障对民族地区的财政转移支付得到有效落实。通过法规规范省级政府与省级以下民族自治地方政府的转移支付制度，尤其要重视规范省级政府对民族自治县级政府的转移支付。财政转移支付立法还要体现出广泛性和灵活性，要结合实际、因地制宜、多方考虑，注重对民族自治地方财政转移支付监督和责任追究机制的建构；必须

将转移支付审批程序、检查监督和操作规则等事项纳入法制化轨道。

3. 制裁转移支付违法行为的立法

当前，转移支付违法问题的大量出现不但影响国家机关形象，而且可能进一步加剧地方财政失衡，最终形成严重的社会问题。

对违法行为做出明晰规定是财政转移支付立法的当务之急，而关键是对违法行为的种类有一些清晰的认识。应用法律条例明确列出各种情况的违法违规行为，转移支付违法违规行为应当包括转移支付资金获取过程中的违法行为和转移支付资金使用过程中的违法行为。而资金获取的违法行为至少包括：为获取资金贿赂审批机关的行为；个人决定转移支付资金分配的行为；不按时分配转移支付资金的行为；转移支付资金不按时到位的行为等。资金使用的违法行为至少包括：改变资金使用范围的行为；资金使用浪费或效益不高的行为；变更预算支出科目的行为等[1]。以上违法行为，应当在即将制定《财政转移支付法》中做出概括规定，并配以相应责任，以达到规制违法行为，保证财政转移支付有序运行的目的。就民族自治地方来讲，应根据上位法，细化转移支付的相关法律。

同时，还应对转移支付制度中的违法行为制定专门的处罚措施。针对违法行为表现形式及其查处法律依据与处罚标准、对违规违法的一级政府或部门，进行相应的处罚；对直接责任人规定行政处分方式，与此同时建议修改刑法，对转移支付中构成犯罪的严重违法行为，规定相应的刑事处罚措施，予以严厉制裁。

---

[1] 林红：《民族自治地方财政转移支付的立法现状及对策研究》，延边大学 2009 年硕士学位论文，第 43 页。

（二）根据事权与财权相统一的原则保障地方政府财权

针对当前政府间在财政转移制度上的职责存在"越位"与"缺位"的现象，必须明确各级政府职责范围，以法律形式合理界定中央政府和地方政府的事权范围。其中地方政府的事权主要是履行地方政府职能和发展地区教育、文化事业、社会保障事业发展以及其他不属于中央政府管理体制的事权。应该根据这种明晰的事权划分来调整财权划分。具体操作过程中，要兼顾效率和公平原则，从税收的征收入手，不断增强地方政府的财政实力，特别是经济落后，社会发展缓慢的民族地方。

（三）设置专门机构对转移支付进行管理

我国目前各项转移支付之间目标不统一，标准不合理，没有专门机构进行统一的安排和管理，政策目标实现难以保证。根据国外经验和我国实际情况，可以成立一个专门机构来进行财政转移支付方案的确定和支付资金的拨付，具有一定的行政职能而非纯粹的咨询机构。主要完成两项改革：（1）税收返还由"基数法"向"因素法"转变。（2）进一步加大转移支付的力度。该机构还可负责对财政转移支付的最终效果进行调查、追踪、反馈、监督和考评，使其社会效益和经济效益尽可能统一，不断提高财政转移支付资金的使用效率[1]。

（四）加强监督

建立专门的监督机构之后，还应进一步完善财政转移支付的监督约束机制。一是提高监督人员的工作能力，包括学历、职称、所从事的专业、能力、工作年限，具备条件的要通过财政部监督人员资格考试确定任期。二是明确各级监督机构职责，制定权力、义务和监督标准，并制定监督工作量化考核办法。三是实

---

[1] 林红：《民族自治地方财政转移支付的立法现状及对策研究》，延边大学2009年硕士学位论文，第42页。

行监督责任追究制度，对监督人员失职行为实行责任追究，监督人员调离工作岗位时，进行离任审计，对违反规定的行为进行相应处罚。同时，还要进行相应的司法和审计检查，建立比较完善的监督、约束机制，对违法者进行制裁，保证转移支付立法、司法和审计上的统一，确保转移支付的实施效果。

第三节 调整民族自治地方税收优惠政策的路径

一、税收优惠政策的现状分析

（一）基本含义

税收优惠是国家利用税收杠杆对经济运行进行调控的一种手段，它是主权国家为实现一定的社会政治或经济目的，通过制定倾斜性的税收法律、法规、政策来豁免或减少经济行为或经济成果的税收负担的行为。[①] 作为税制构成要素，税收优惠政策不仅是改善投资环境、引导资金流向的主要杠杆，也是促进区域经济特定地区投资协调发展的重要手段。

历史发展证明，民族地区的发展离不开税收优惠政策。由于民族地区大多数位于我国的西部地区，各民族地区政府纷纷依照西部大开发的税收优惠政策出台了一些扶持本地行业、企业和产品发展及适用于本地招商引资的税收优惠政策。但是，某些缺乏统一、规范、科学的税收优惠政策将会抑制民族地区经济的协调发展。

（二）民族地区税收优惠政策的理论依据和法律依据

我们党和国家一贯重视民族经济。毛泽东同志在领导中国革

---

① 刘斌、张国平：《对新税法中税收优惠政策的思考》，载《会计之友》2007第 10 期。

命和建设的过程中，曾明确指出："我们国民经济没有少数民族的经济是不行的"，"要诚心诚意地积极帮助少数民族发展经济建设和文化建设。"① 在改革开放时期，邓小平同志指出："我们帮助少数民族地区发展的政策是坚定不移的"，"观察少数民族地区，主要是看那个地区能不能发展起来"，"我们的政策是着眼于把这些地区经济发展起来。"② 江泽民同志指出："加快少数民族地区经济发展，对于加强民族团结，巩固边防，促进全国经济发展具有极为重要的意义……对少数民族地区以及革命老根据地、边境地区和贫困地区，国家要采取有效政策加以扶持，经济比较发达地区要采取多种形式帮助他们加快发展。"党中央、国务院于 2005 年 5 月印发的《中共中央国务院关于进一步加强民族工作加快少数民族和民族地区经济社会发展的决定（中发〔2005〕10 号）把加快少数民族和民族地区经济社会发展，促进各民族共同繁荣发展作为新世纪新阶段民族工作的主要任务③。这些都是民族地区制定税收优惠政策的理论依据和指导思想。

我国宪法第 117 条规定："民族自治地方的自治机关有管理地方财政的自治权。凡是依照国家财政体制属于民族自治地方的财政收入，都应当由民族自治地方的自治机关自主地安排使用。"《民族区域自治法》第 6 条规定："民族自治地方的自治机关根据本地方情况，在不违背宪法和法律的原则下，有权采取特殊政策和灵活政策，加速民族自治地方经济、文化建设事业的发展。"第 35 条规定："民族自治地方的自治机关在执行国家税法的时候，除应由国家统一审批的减免税项目以外，对属于地方财政收

---

① 《毛泽东文集》，第 7 卷，人民出版社 1999 年版，第 34 页。
② 《邓小平文选》，第 2 卷，人民出版社 1993 年版，第 246 页。
③ 胡锦涛：《在中央民族工作会议暨国务院第四次全国民族团结进步表彰大会上的讲话》，载《光明日报》2005 年 5 月 28 日。

入的某些需要从税收上加以照顾和鼓励的，可以实行减税或者免税。"第60条规定："上级国家机关在投资、贷款、税收以及生产、供应、运输、销售等方面，扶持民族自治地方合理利用本地资源发展地方工业，发展交通、能源，发展和改进少数民族特需商品和传统手工业品的生产。"这是民族地区制定税收优惠政策的法律依据。

《民族区域自治法》第34条："民族自治地方的自治机关在执行国家税法的时候，除应由国家统一审批的减免税收项目以外，对属于地方财政收入的某些需要从税收上加以照顾和鼓励的，可以实行减税或者免税。"第60条："上级国家机关根据国家的民族贸易政策和民族自治地方的需要，对民族自治地方的商业、供销和医药企业，从投资、金融、税收等方面给予扶持。"第63条："上级国家机关在投资、金融、税收等方面扶持民族自治地方改善农业、牧业、林业等生产条件和水利、交通、能源、通信等基础设施；扶持民族自治地方合理利用本地资源发展地方工业、乡镇企业、中小企业以及少数民族特需商品和传统手工业品的生产。"《国务院实施〈中华人民共和国民族区域自治法〉若干规定》第9条："国家通过一般性财政转移支付、专项财政转移支付、民族优惠政策财政转移支付以及其他方式，充分考虑民族自治地方的公共服务支出成本差异，逐步加大对民族自治地方财政转移支付力度。上级人民政府有关部门在专项资金分配时，应当向民族自治地方倾斜。上级财政支持民族自治地方财政保证民族自治地方的国家机关正常运转、财政供养人员工资按时足额发放、基础教育正常经费支出。上级人民政府出台的税收减免政策造成民族自治地方财政减收部分，在测算转移支付时作为因素给予照顾。国家规范省级以下财政转移支付制度，确保国家对民族自治地方的转移支付、税收返还等优惠政策落实到自治县。"

《民族区域自治法》辟出专章"上级国家机关的职责"来落

实国家对民族自治地方经济社会发展的全面帮助，从发展战略研究到优惠政策和资金扶持。国家帮助的核心部分就是在财政、税收方面给予补偿的"倾斜政策"。①

（三）对我国民族地区税收优惠政策的梳理

1. 所得税方面

对设在西部地区国家鼓励类产业的内资企业和外商投资企业，在2001至2010年期间，减征15%的税率征收企业所得税。

经省级人民政府批准，民族自治地方的内资企业可以定期减征或免征企业所得税，外商投资企业可以减征或免征地方所得税。中央企业所得税减免的审批权限和程序按现行有关规定执行。

对在西部地区新办交通、电力、水利、邮政、广播电视企业，上述项目业务收入占企业总收入70%以上的，可以享受企业所得税如下优惠政策：内资企业自开始生产经营之日起，第一年至第二年免征企业所得税，第三年至第五年减半征收企业所得税；外商投资企业经营期在10年以上的，自获利年度起，第一年至第二年免征企业所得税，第三年至第五年减半征收企业所得税。

2008年《中华人民共和国企业所得税法》第四章第25条规定"国家对重点扶持和鼓励发展的产业和项目，给予企业所得税优惠"。第29条规定"民族自治地方的自治机关对本民族自治地方的企业应缴纳的企业所得税中属于地方分享的部分，可以决定减征或者免征。自治州、自治县决定减征或者免征的，须报省、自治区、直辖市人民政府批准"。同时，还规定了非居民企业从居民企业取得的股息、红利等权益性投资收益；环境保护、节能

---

① 宋才发：《中国民族自治地方经济社会发展自主权研究》，人民出版社2009年版，第177页。

节水项目；小型微利企业；需要重点扶持的高新技术企业；创业投资企业等给予减税免税、投资抵免、税额扣除、加速折旧等优惠处理。

2. 农业特产税方面

对为保护生态环境，退耕还林（生态林应80%以上）、草产出的农业特产收入，自收得收入年份起10年内免征农业特产税。

3. 耕地占用税方面

对西部地区公路国道、省道建设用地，比照铁路、民航建设用地免征耕地占用税。享受免征耕地占用税的建设用地具体范围限于公路线路、公路线路两侧边沟所占用的耕地，公路沿线的堆货场、养路道班、检查站、工程队、洗车场等所占用的耕地不在免税之列。

4. 关税、进口环节增值税方面

对西部地区内资鼓励类产业、外商投资鼓励类产业及优势产业的项目在投资总额内进口的自用设施，除《国内投资项目不予免税的进口商品目录（2000年修订）》和《外商投资项目不予免税的进口商品目录》所列商品外，免征关税和进口环节增值税。

二、民族地区税收优惠政策存在的主要问题

（一）绝大部分税收优惠政策已基本停止执行

20世纪50年代至今，国家为加快民族地区基础产业——农牧业的发展，对农业长期实行"以率计征、依法减免、增产不增税"的定额轻税政策。70年代末国家根据民族地区偏远落后的特点，对其实行税收减免和优惠税率的照顾政策。80年代后，为增强民族地区经济发展活力，国家对民族地区实行进一步放宽税收优惠政策。进入90年代以来随着国家统一税收制度的落实和实施，因《农业税条例》已被全国人大废止，全国自2006年1月1日起已不再征收农业税及除烟叶以外的农业特产税。"国家规定

减免少数民族地区固定资产投资方向调节税"全国已停征。20世纪70年代、80年代甚至90年代初所实行的绝大部分税收优惠政策已基本停止执行,即使能够继续执行的税收政策所减免的税收也是地方应得收入。

(二) 税收优惠政策的税收优势不优

我国实行税收优惠政策,按时间、区域的不同,效果也大不相同。改革开放初期,国家首先在东部沿海地区实行税收优惠政策。开辟广东的深圳、珠海、汕头和福建的厦门作为首批经济特区,国家出台了一系列法律法规及相关政策,包括税收优惠政策。第一轮税收优惠政策广度和力度,是空前的也是以后出台的同类政策不能比及的。随着改革开放的深入发展,14个沿海港口城市相继开放,海南经济特区的设立,浦东开发和沿边、沿江的开放,国家出台了第二轮税收优惠政策。随着西部大开发战略的提出,第三轮的税收优惠政策也相继出台。但这一轮的税收优惠政策区域范围更加扩大,投资主体更加增多,但对企业性质更加严格,时间限定也有所缩短。新税法对税收优惠政策进行了统一,实行"产业优惠为主、区域优惠为辅",对民族地区明显不利。

可以看出,民族地区优惠税收政策基本上只是过去对东部沿海地区优惠政策的重复,不足以构成像当年东部地区那样的税收优势。经济特区的经济管理权限远远超出民族自治地方的权限,东部经济特区和沿海地区,尤其是东部经济特区的发展占尽"天时、地利、人和"的优势,无论是市场经济的先机、"双轨制"的便利,还是经济发展的基础莫不如此。而广大西部地区,起步时已经远远落后,市场经济的先机、"双轨制"的好处已经完全不再,加之进入WTO的因素、市场经济竞争激烈,同时面对国内国际的双重竞争,税收优惠减弱,一系列的因素形成马太效应,致使西部与东部经济发展的差距越来越大。

(三）民族地区税收优惠政策主要是直接优惠，发挥的作用有限

税收优惠有直接优惠和间接优惠两种方式。直接优惠包括减税、免税等。主要适用于建设周期短、利润高、风险低的盈利企业。其优点是见效快、透明度高、易于操作。其缺点是事后调节，手段单一，直接减少政府的财政收入；对那些投资规模大、经营周期长、获利小、见效慢的基础设施、基础产业、交通能源建设、农业开发等项目的投资鼓励作用不大。

从民族地区现行税收优惠政策看，主要做法是直接减免和优惠税率。前者是直接将发生在特定产业和项目上的税额全部或部分减免的税收优惠政策，常用于保证本地区基本产业或保证民族地区外来投资项目在开业初期有较高的投资收益，以达到吸引投资的目的；后者是在税率方面作优惠规定，鼓励作用较明确。但过分的减免会造成税负不公且对亏损及微利企业的优惠程度较小。以税收递延、加速折旧和投资抵免为主的间接减免政策是国际上通行的做法。间接优惠只是改变了财政收入的时期而不影响财政收入总量，对收入的影响相对较小。对企业而言，可较早地获得更为先进的设备，加速企业的技术改造，从而更有利于参与国际市场的竞争，尤其对资金雄厚的外资更具有吸引力。所以，对民族地区采用间接优惠手段更为重要。[①]

（四）民族地区税收优惠政策严肃性不够，效益较低

从 1994 年税制改革以来，国家税收政策中民族自治地方例外条款长期缺位，使民族区域自治政策也长期处于空置状态。我国民族地区税收优惠政策大多通过零散的法规规章公布，且只是规定了一些原则，优惠层次多、划分复杂，造成优惠政策政出多

[①] 李俊杰、陈莉：《民族地区税收优惠政策调整方向和建议》，载《中南民族大学学报》2009 年第 1 期。

门、权大于法，任意"优惠"等现象屡有发生。如在实施西部大开发税收优惠政策中，各地对如何界定、认定"新办企业"，在认识上有不同理解和看法，执行标准、宽严程度就不统一。另外有些地方为吸引外资，引发地方政府竞相攀比，有的擅自制定税收优惠政策，超出全国统一规定范围自行制定优惠政策，使税收法规丧失了应有的严肃性。

(五) 税收优惠政策的产业导向性不明

民族地区迫切需要投资的是能源、交通、通信、原材料以及高新技术产业，但现行税收优惠政策对基础产业重视不够，对科技投入以政府为主向以社会为主转变，企业用"挖、革、改"资金进行技术开发和创新以及对科技成果转化等方面仍缺乏支持力度。税收优惠政策往往鼓励内外资向建设周期短、利润高、风险低的传统工业和加工工业投资，必然会造成短期投资增多，投机行为扩大，不利于产业结构调整，加剧了经济的无序竞争和政府收入的流失，从而降低了税收对资源配置的调节作用，使制约民族地区经济发展的"瓶颈"现象始终难以缓解。

三、民族地区税收优惠政策的调整路径

(一) 税收优惠政策要与政府职责相协调

在市场经济条件下，上级国家机关应在资源配置功能上则更有所为。第一，因地制宜，灵活实施差别政策。各民族自治政府可根据规划要求，事先确定本区域产业发展投向，按照产业投向要求，严格审查入区项目，根据项目性质给予不同的优惠政策。如该项目属于鼓励发展的产业，或急需发展的产业，则既可以享受中央优惠政策（主要是减免税收部分），又可享受地方优惠政策（主要是土地使用、小税种减免方面等）；如属于一般项目则视其情况给以地方优惠；如属于限制、禁止的产业项目，要禁止入区，如为了生态建设，五小企业或以天然林开采为主的林工业

则应关闭。同时，允许有少数民族的省、市、区根据税法规定，并结合各自的实际情况，对现行的地方性税收优惠政策进行一定的调整。第二，清理不规范地方优惠政策。目前，区域性税收优惠权绝大部分仍然是由中央立法机关控制的。地方立法机关则根据不同地区不同产业发展的情况，在规定的范围内把握优惠程度，以体现税收倾斜的政策意图。但许多民族自治政府在减免企业所得税上做得貌似合法，以先征后返的形式，或是允许企业打上高新技术企业、新办第三产业企业、劳动就业服务企业、校办企业、社会福利企业等招牌，从而享受国家规定的企业所得税优惠政策。显然，这种受地方利益驱使，不惜弄虚作假，随意高套国家税收优惠政策，挖挤中央收入的税收优惠政策，不利于规范我国的税收优惠政策体系，并在某种程度上增加了企业不合理竞争的可能以及地方事权财权合理划分的难度。

（二）民族地区税收优惠政策要与民族区域自治政策相协调

税收政策是国家经济政策的重要组成部分，在税收政策中充分体现民族区域自治精神是相关国家机关的法定职责。《民族区域自治法》第六条明确规定："民族自治地方的自治机关根据本地方的情况，在不违背宪法和法律的原则下，有权采取特殊政策和灵活措施，加速民族自治地方经济、文化建设事业的发展。"第十九条明确规定："民族自治地方的人民代表大会有权依照当地民族的政治、经济和文化特点，制定自治条例和单行条例。"

自从1994年税制改革以来，国家税收政策中民族自治地方例外条款长期缺位，使得民族区域自治政策也长期处于空置状态。民族区域自治政府应该充分利用相关的政策措施制定有利于本地经济发展的税收优惠政策。一方面，有别于东部地区，不应该把税收优惠政策的重点集中在企业所得税的减免上，要注重优惠手段多元化。由于民族地区的企业效益欠佳，企业所得税在地方财政收入所占比例不高，而增值税所占比例相对较高，"生产型"增值税要逐步转向"消费型"增值税，所以应该注重间接税收优惠，如税额扣除、税项扣除、加速折旧等。另一方面，应扩大民族自治地方的税收管理权限。我国现行的税收管理体制，除了经济特区、特别行政区等特殊经济区域之外，民族地区仅享有有限的地方税减免权，其他税收管理权与非民族地区并无区别。实际上，民族地区是一个特殊经济区域，应该与其他经济特区一样享有同样的税收管理权限。

（三）民族地区税收优惠政策要与区域经济政策相协调

区域差别的税收政策在激励投资、促进区域经济协调发展方面起到非常重要的作用，特别是在经济启动阶段，运用区域差别的税收优惠政策手段能够激活这一地区的经济竞争潜力，形成独特的经济竞争优势，达到繁荣经济的目的。在西部大开发中，税收优惠政策在适用于民族地区的同时，应该在此基础上进一步优惠民族地区才能显现出民族地区的优势。要想尽快完成民族地区的现代化和工业化，必须依靠中央的扶持政策及与多方面进行合作，确保民族地区税收优惠政策与区域经济政策相协调。①

（四）民族地区的税收优惠政策要与 WTO 规则相协调

由于边疆地区绝大部分是少数民族聚居区，制定民族自治边境地区的边境自由贸易区、自由港等特殊经济区的税收优惠政策的细则条款就显得非常必要。

民族地区的边境贸易主要以边民互市贸易和小额贸易为主。首先，民族地区要把国家的边贸税收优惠政策落到实处，国家对边境贸易实行的税收优惠政策是海关对进口货物减半征收进口环节增值税和对边贸企业出口实行退税政策。其次，民族地区要实行更加优惠的边境贸易税收政策，要放宽对从事边境贸易企业的

---

① 谢逊：《促进我国民族经济发展的税收优惠政策研究》，华中师范大学 2008 年硕士学位论文，第 40 页。

种种限制,落实好边境小额贸易的税收优惠政策,保证出口商品正常办理出口退税;① 最后,中长期的税收优惠政策要以完善边境地区投资环境为重点,促进边境地区的区域经济技术合作,有效发挥兴边富民的效应。同时,民族地区重点选择区位条件相对较好的、特色经济发展具规模的或科技实力相对雄厚的地区设立保税区等,区内实行相应的税收优惠政策,加大民族地区的对外贸易,确保民族地区税收优惠政策与 WTO 规则相协调。

第四节 加大中央经济扶持力度的对策

一、专项资金和补助专款

少数民族地区专项资金主要是为支持民族地区的经济、文化建设,解决少数民族的某些特殊困难,在国家预算中每年安排的在正常经费以外用于解决有关少数民族一些特殊开支的专款。专项资金是一项有特定范围、投放内容的补助专款,它体现了党和国家对少数民族地区的关怀,扩大了党的政策的影响,增强了民族凝聚力,调动了全国 55 个少数民族建设社会主义的积极性,对逐步缩小各民族间事实上的不平等,有着积极的意义。

《民族区域自治法》第 58 条规定:"国家设立各项专用资金,扶助民族自治地方发展经济文化建设事业。国家设立的各项专用资金和临时性的民族补助专款,任何部门不得扣减、截留、挪用,不得用以顶替民族自治地方的正常的预算收入。"国务院颁布实施的《〈中华人民共和国民族区域自治法〉若干规定》其中第

---

① 张冬梅:《民族地区税收优惠政策的分析与调整》,载《延边大学学报》2007年第 6 期。

10条规定国家设立各项专用资金,扶助民族自治地方发展经济和社会各项事业。中央财政设立少数民族发展资会和民族工作经费。资金规模随着经济发展和中央财政收入的增长逐步增加。地方财政相应设立并安排少数民族发展资金和民族工作经费。

(一) 民族专项资金和补助专款的具体规定

少数民族地区专项资金能否发挥其应有的经济和社会效益,最关键的一条是管理问题。对该项资金的管理,国家民委、财政部早在1962年3月就制定了《关于少数民族地区补助费分配使用的几点意见》,明确规定了补助专款的使用原则、范围。在此基础上,国家民委、财政部又于1964年2月发文,进一步明确规定了其使用原则:用于解决少数民族地区人民在生产、生活、文教、卫生等方面国家拨给正常经费内无法解决的某些特殊困难的补助款项,必须按照专款专用和重点安排、照顾一般的原则使用,不得挪用和顶替正常经费,及应该在国家预算中归口而未归口的经费。少补费投放的重点,一般放在发展农牧业集体生产方面。

随着国家社会主义建设步伐加快,少数民族地区社会生产力也得到了较快的发展,资金投入增加,各项补助增多。国家民委、财政部于1979年7月再次制定了《少数民族地区补助费的管理规定》,明确提出:(1) 补助费使用的指导思想和总的要求是:在新时期总路线和总任务的指导下,照顾少数民族的特点,解决少数民族的特殊需要,体现党的民族政策,增强民族团结,调动少数民族人民的社会主义积极性,促进少数民族地区社会主义建设。(2) 补助费的使用范围:重点用于少数民族发展生产、文化教育、医疗卫生方面的某些特殊困难的补助开支,对于少数民族的生活和其他一些特殊困难的补助开支作一般照顾。(3) 每年的补助费指标,由国家民委向财政部提出建议,指标确定后,再由国家民委、财政部分配给有关省、市、自治区预算数;具体的安排使用由各省、市、自治区民族事务部门提出具体方案，与财政部门协商一致，共同下达。

1980年，补助费列入了地方财政包干预算中，中央财政不再单独划拨补助费指标。以广西壮族自治区为例，结合广西少数民族地区的实际，自治区民委、财政厅于1990年5月联合制定了《广西少数民族地区补助费的使用和管理办法》，进一步加强了补助费的使用管理。该办法规定：（1）对各地所要扶持的项目，不论是有偿还是无偿，各级民委、财政部门事先都要进行深入细致的调查研究，审核论证后，将其可行性报告和立项批件等材料上报自治区民委、财政厅审批。（2）对于有偿扶持的项目，规定重点支持符合党的方针政策，有利于集体事业的发展，经济效益好的项目。借出的资金，采取以经济合同的形式投放，借期一般以一年为限。对于少数项目，可适当延长时间，但不得超过二年。（3）对有偿使用的资金，除按期收回本金外，还要收取月4‰的资金占用费，对于逾期归还的，加收月6‰的超期占用费。

1995年1月，广西壮族自治区民委、财政厅又于对原管理办法进行了修订，增加了新的内容：（1）扩大少补费的扶持对象，以适应新形势、新任务的要求。（2）集中使用，操作性强，责任感明确，使各级民委真正做到有的放矢。（3）调整以往项目的审批程序，扩大各地、市民委审批项目自主权。（4）增加民委和财政的追踪、反馈和检查程序，强调两家的协同合作，并以经济效益作为衡量资金管理的重要尺度[①]。

（二）少补费使用管理中的问题

由于种种因素，少补费使用管理中，经济效益还不理想；到期资金的回收率不高，各级民委管理人员的素质亟需巩固和提

[①] http://china.findlaw.cn/fagui/xz/27/164332.html，最后登陆时间2011年8月20日。

高，不同程度地存在重争取、轻管理的错误倾向，部分地县的选项及产业布局均有待改进；还有相当多地方资金到位迟，往往是跨过了年度；同时，由于资金牵涉到两三个部门，管理程序有所不同，因而很难避免部门之间的配合会不出差错。另外，个别地方，分管人员调动频繁，执行制度不严，管理偏于松懈，致使部分项目失误或产生坏账，以致无法收回。

（三）规范对民族地区的专项补助

1. 实事求是，更新观念。民族专项资金的使用，一定要结合当地的实际情况，坚持效益优先，择优选投，力争见效的原则。在没有条件的地方，超前提出中大型项目，或在最急需解决温饱的地方，却要先上一两个基建项目等等。此类做法，都不符合民族地区的实际情况的。

2. 加强管理，提高质量。加强对民族专项资金的管理，从现实来说，具有广博深厚的内涵，需要从多棱的视角来理解和融通。综观这些年来的资金管理经验，凡对项目管理得好、抓得紧的地方，就比那些差的单位易出效益，项目的内在质量也就高于一般的水平。反之亦然。当然，项目前提条件的具备与否、诸多制度的完善程度、市场的销售状况如何，等等，无疑均是影响项目成效的重要因素，呈现纵向的展示状态。

3. 相对集中，独有建树。对过去的资金运作进行一般性的分析，从中可以看到一种现象，即少补费（还有其他一些民族专项资金）的投放过程，几乎呈一种单兵作战、势单力薄的态势，既没有和其他资金的联合投入，也未形成产生综合性效益的基础，人选的项目几乎以小、单、弱为特点。从宏观上看，资金总量投入相当可观，而从微观上分析，投放过程分散杂乱、面面俱到，难于建成对当地经济具有一定推动力的产业群体和主导企业，仅是一种撒胡椒面、社会慈善的成分居多。

4. 多搞有偿项目，抓紧回收滚动。由于种种原因，过去给人的印象中，民族专项资金都是无偿的、救济性的，实际上，在20世纪70—80年代中期，因种种客观原因，政府下拨的民族专项资金，其大部分是用在了社会性的公益事业上，为各族群众解决了一些实际问题。据统计，在少补费中，用于文化、教育、卫生、铺路、架桥、修水池等方面的无偿投入占了该笔资金的60%以上。这一状况的另一个直接结果，就是在整个经费中能投入生产的有偿部分明显减弱，地方民族工作部门通过其产生效益、回收滚动的能力太差，无法培养自身的经济实力。到了20世纪90年代，随着有偿扶持生产项目的意识逐渐加强，地方民委的参与经济事务能力明显提高，在部分地区，地方民委甚至还利用回收资金及其增值，开办实业，扶持开发，为少数民族群众脱贫致富打基础。从现代商品经济的运行规律看，资金的运动总是朝着增值的方向。即使是在民族地区，投资以及创造财富的含义，一样意味着要努力推进经济总量和物质财富的良性增长。[1] 因此，除了政策性规定的福利性质的救济资金外，其他开发资金运行目的之一，也应该重视经济效益，使钱生钱、小钱变大钱。通过科学的渠道和方式将其增量重新组合，再注入民族地方的经济建设当中，通过市场经济的运动，产生应有的社会和经济效益，对社会的建设、民族地区的发展产生一定的促进作用。

二、民族机动金[2]

（一）民族机动金的设立以及计算方法

民族机动金是根据1963年国务院批转财政部、国家民族事

---

[1] 韦志坚、罗军：《民族专项资金使用管理的思考》，载《广西民族研究》1997年增刊。

[2] 该部分参见张宝安：《怎样管好用好民族机动金》，载《今日民族》2003年第10期。

务委员会《关于改进民族自治地方财政管理的规定》（［1963］国财字第844号）而设立的。根据规定，为适当增加民族自治地方的机动财力，"国家在核定年度预算收支的时候，按照民族自治地方上年的经济建设事业费、社会文教事业费、行政管理费及其他事业费（不包括基本建设拨款和流动资金）的支出决算数，另加百分之五作为民族自治地方机动金"。规定并明确指出"云南、青海两省少数民族人口较多，机动金的安排，可以比照民族自治区给予照顾"。

1980年国家财政体制改革后，财政部在《关于财政包干后民族自治地方的各项特殊照顾的通知》（［1980］财预字第40号）中指出："以前有关民族自治地方的各项特殊照顾，包括比一般地区……多百分之五的机动金等，均已纳入地方包干范围。各地在编制预算时，要参照财政部和国家民委的有关规定进行安排，以利正确贯彻党的民族政策。"1984年颁布的《中华人民共和国民族区域自治法》第33条（2001年修正后的第32条）规定："民族自治地方的财政预算支出，按照国家规定，设机动资金，预备费在预算中所占比例高于一般地区。"

以云南省为例，云南省财政厅、云南省民族事务委员会于1991年下发的《关于印发〈云南省省级民族机动金管理暂行办法〉的通知》。1999年针对财政体制改革后，许多地方不再单独设立民族机动金的实际，在《中共云南省委、云南省人民政府关于进一步做好新形势下民族工作的决定》第十七条中明确要求"省级民族机动金2000年达到5000万元，尚未设立民族机动金的地（州、市）、县（市、区）要尽快恢复设立"，并规定"民族专项经费要随民族事业发展需要和财政收入的增长逐年有所增加"。

关于民族机动金的计算方法，1964年在财政部《关于计算民族自治地方百分之五机动资金的具体规定》（［1964］财预字第

75号）中，对支出项目和范围，具体规定如下：(1) 经建事业费：包括工业、农垦、农牧业、林业、水利、水产、气象、交通、粮食、商业、城市公用、测绘和其他经济建设事业费等。(2) 社会交通文教事业费：包括文化、教育、科学、通讯和广播、体育、卫生事业费和抚恤救济费等。(3) 行政管理费。(4) 其他事业费：包括工业、交通、农垦、拖拉机站、水产……和文教企业的四项费用；地质勘探费和其他支出。除以上各项支出外，因灾害追加的特大防汛、抗旱经费；自然灾害救济费和医药救济费；以及支援人民公社投资、水库移民建房……职工办农场、拖拉机站和职工生活困难补助等项支出，有些是属于临时性的开支，有些是属于基本建设和流动资金性质的开支，因此，均不能包括在百分之五机动资金的支出数内。

(二）以云南省为例，省级民族机动金的管理程序及安排使用情况

目前，云南省省级民族机动金由省民委和省财政厅共同安排使用，集中按项目进行管理，不切块分配，主要用于民族自治地方、民族贫困地区、边境民族地区、散杂居民族地区和城市民族工作。项目资金为一次性无偿补助，可以配合其他渠道的资金安排使用，但要做到渠道不乱、分别核算、各负其责、各记其功，不能因有机动金的扶持而减少或抽走正常渠道对项目资金的支持。

省级民族机动金项目的申报，首先由项目申请单位根据资金管理使用要求，向所属地方民委（民宗局）提出项目资金补助申请报告，由县级民委（民宗局）和财政部门评估、论证、审核后立项报地、州（市）民委（民宗局）、财政局，经综合平衡，择优筛选后提出年度项目资金申报计划，联合上报省民委、省财政厅审批。项目资金补助申请报告应包含项目可行性研究和申请补助资金等内容。

1. 项目可行性研究。按行业主管部门的技术规范编制,主要内容为:一是项目背景材料。包括资源条件、当地社会经济发展状况等。二是项目建设区域、地点(附规划图)、内容及建设规模,项目建设年限。三是项目建设的投资规模及资金来源。资金来源包括单位自筹、同级财政补助、银行贷款、其他来源、向上级申请补助额等。同级财政补助应有财政部门的资金承诺书,财政性专项资金(基金)的使用应有详细支出预算。四是主要措施。包括技术措施、管理措施、资金筹集措施。五是项目效益。包括新增生产能力和综合效益(社会效益、政治效益、生态效益、经济效益)。六是组织领导。七是其他需要说明事项。

2. 申请补助资金情况。包括:项目总体资金规模、本地投入情况、申报依据、申请补助额等。各级民委(民宗局)要做好项目年度计划和中长期规划工作,建立项目库。组织申报的年度项目计划,要与当地经济社会发展规划相衔接,项目选择符合民族机动金规定用途和国家产业政策。各地、州(市)要从年度工作计划需要出发,统筹考虑,在每年3月底前集中一次向省民委和省财政厅申报年度项目计划,之后不再零星申报项目。对确实需要特殊加以解决的项目,统一纳入下一年度项目计划申报。

省民委在各地、州(市)申报计划的基础上,提出年度项目资金安排计划,经民委主任办公会研究后,与省财政厅共同审批下达。对下达的项目资金要专款专用,严格按下达计划组织实施,严禁截留、挪用、分解、擅自改变项目资金用途。各级民委要加强对项目资金的管理使用,对项目实施情况进行监督检查,对竣工项目认真组织验收,移交使用,跟踪管理。积极配合同级财政、审计等部门开展对民族机动金使用情况的审计检查,形成年度项目资金实施情况的书面总结,在次年3月底前报省民委和省财政厅。

3. 省级民族机动金安排使用情况

云南省自1964年设立民族机动金以来，虽然随着国家财政管理体制改革，在资金的安排使用上发生了很大变化，但民族机动金的安排一直没有间断过。据统计，2001年省级财政安排民族机动金达到5000万元，全省各地、州、县、市安排的民族机动金（或相应的民族工作专项经费）达到2600多万元。仅1998—2002年省级民族机动金就达到2.2亿元，安排项目1307个。这些项目的组织实施，对促进全省少数民族和民族地区的发展进步，维护民族团结、边疆稳定，做好民族工作，推进全省的民族团结进步事业，发挥了其他资金不可替代的作用。一是完成了省委、省政府交办的重大任务，为少数民族和民族地区提供了新的发展机遇。二是促进了民族地区经济社会发展，解决了少数民族群众生产、生活中的特殊困难和问题，使他们直接感受到了党的民族政策的温暖。三是促进了全省民族团结稳定工作，解决了许多"热点"、"难点"问题。四是促进了民族教育的发展，提高了少数民族劳动者素质，使经济发展逐步转移到依靠科技进步上来。五是促进了少数民族干部素质的提高，培养了大批少数民族干部。六是促进了军警民共建，加强了军政军民团结和边防巩固。七是促进了民族工作试验示范点建设，提高了各级民委参与经济工作的能力。八是促进了各级民委自身建设，树立了民族工作部门良好形象。民族机动金的设立，体现了党和国家对少数民族地区的关怀，体现了党的民族政策，体现了社会主义的本质要求。

第八章 民族地区旅游资源法制

随着旅游业在世界各国社会经济地位中的确立,旅游经济已成为整个国民经济中的一个组成部分。民族旅游是旅游产业的一个重要方面,或者说是一个重要的旅游产品。旅游经济与民族经济的契合点在于民族文化。各民族由于历史、生存环境等所造成的文化的不同,必然造成人的生存的不同。从衣、食、住、行,从礼仪到信仰,价值观与审美观等各个方面,都是少数民族传统文化的集中体现。各民族经过历史上多次聚分离合发展到今天,独具个性的文化是其存在的保证,而这种保证在全球化的今天尤显重要。文化多样性和独特性是民族地区旅游业的亮点所在。

第一节 民族旅游开发的现状分析

在现代旅游活动中,民族旅游越来越成为一种具有特别价值的项目和形式,因为它不仅可以满足一般旅游活动和项目的需求,比如生态旅游、自然旅游、休闲旅游、乡村旅游等,又能同时了解到"异文化"的风景与风采,体验不同民族文化的风俗与风情。这就是说,到民族地区旅游可以达到上述多项旅游的目的和目标。正是由于民族旅游的巨大商业价值,因而对民族旅游的开发已经超越了民族地区,在民族地区以外的其他地区我们同样可以看到民族旅游的"影子"。

一、民族地区的旅游资源开发

目前，民族文化旅游已经成为旅游市场的最热门的旅游形式之一。其中民族文化旅游以开发以下三种旅游资源为主，包括自然旅游资源、人文旅游资源、社会旅游资源。自然旅游资源是在民族地区由自然规律形成的旅游资源，其中包括名山大川、园林洞窟、瀑布温泉、峡谷湖泊、树林草原、河流海滩、奇花异草、珍禽怪兽……其构成的旅游景点称为自然景观。人文旅游资源是少数民族在历史和社会发展中创造出来的具有长效性和永续价值的历史与文化遗产。社会旅游资源是指与少数民族社会生活有紧密联系的事物和活动，包括传统文化、民情风俗、人际关系、各种节庆、艺术表演、医疗保健、体育娱乐、工艺特产、品茗饮食等。

我国国内各地的民族旅游都在或多或少地开发各种旅游资源，但是旅游资源其本身又十分脆弱，其中许多都属于不可再生资源。并不是所有的旅游资源都值得开发或适宜于立刻进行开发，或者仅仅为了满足所有旅游者当前的需求而采取几种固定的开发模式，这些都不利于对旅游资源的合理开发利用和有效保护，也直接影响到旅游业的可持续发展。

对于该部分内容，我们将结合相关的田野调查材料以及现有的学说理论，来说明现如今各地民族旅游开发的现状以及对人文旅游资源的破坏。根据作者于2005年7—8月间对鄂伦春自治旗的调查，鄂伦春自治旗的旅游业也不例外，在全旗范围内，旅游业的发展是方兴未艾。2004年，全旗接待游客5.9万人次，实现旅游收入4705万元，有14家旅游企业，有旅游景区5处（具体情况参见下面的附表）。

附：景区景点情况表[①]

名称	经营者	企业性质	资金投入（万元）	员工人数（人）	经营项目
布苏里旅游山庄	梅大政	招商引资企业	1420	20	旅游观光、餐饮、度假、会议
博物馆	田刚	事业	258	28	旅游观光、文物展览、爱国主义教育
嘎仙洞森林公园	姚乃忠	森工企业	312	52	旅游观光、餐饮
兴安森林公园	郑建忠	森工企业	1000	63	旅游观光
达尔滨湖森林公园	姜英鹏 申坤龙	森工企业	300	12	旅游观光、餐饮、度假、会议
相思谷风景区	高宇波	森工企业		11	旅游观光、餐饮、度假
鄂伦春风情旅行社	武占利		30	8	国内旅游线路
山野特产品销售中心	陈奇		30	3	桦皮制品、根雕、山野特产品
嘎仙宾馆	赵荣			38	住宿、餐饮
诺敏山庄	刘会秀	森工企业		25	旅游、餐饮、住宿
嫩源山庄	王新华	森工企业	120	22	住宿、餐饮
憩源山庄	曹中华	森工企业	120	43	住宿、餐饮
百味香茶大世界	郭少敏				山野特产品
维勒思美食广场	阿伟光		70	32	住宿、餐饮

[①] 该调查材料由鄂伦春自治旗旅游局提供，在此表示感谢。

通过调查，我们了解到，该旗旅游目前存在的主要问题：一是在该旗的整个旅游产业的经营中，几乎没有鄂伦春族人的参与（仅在旗博物馆有1名试用的鄂伦春族讲解员）；二是只有一个名称为"山野特产品销售中心"的商店，同时也是鄂伦春自治旗旅游文化纪念品研发中心（鄂伦春民族手工艺坊），是扶持民族手工艺的场所，从事工艺品创作的人员可以将自己的作品送过来由商店进行免费代卖，目前商店的开支由政府扶持。这种"对鄂伦春族的传统旅游资源进行开发的经营行为如果缺少鄂伦春族人的参与"是否同样会对鄂伦春族文化权利带来挑战呢？从长远看是否有利于鄂伦春族文化的发展呢？

作者对鄂伦春自治旗的调查中涉及的第一个问题是"如果有外民族人在从事本民族的旅游（例如，民族文化村），您怎么看？"17人都回答"可以，不过最好是本民族的人搞，否则有些不伦不类"（当地的俗语，不正宗或假冒的意思）。至于"可以"的原因多数人认为本民族人没有资金，没有办法搞。由此可见，外民族人从事本民族的旅游被鄂伦春族认为是对其文化权利的挑战，在作者对赫哲族聚居的黑龙江省同江市街津口乡进行调查时，赫哲族人也认为此种现象是"典型的假冒行为"，由此可见，鄂伦春族人还是有比较强的保护民族文化的意识的，这也是其作为权利主体的权利意识的体现。

同时，由外民族人从事鄂伦春族的旅游开发，必然存在着其民族文化被"庸俗化"或"商品化"的风险。民族文化的"商品化"是指旅游使目的地社会关系深受市场交换规则的影响，一切吸引旅游者的东西都可以标上价格，在市场上买卖，由此引发民族传统文化的一系列变迁，其意义是多重的。① 其中的一个消

---

① 马晓京：《西部地区民族旅游开发与民族文化保护》，载《旅游学刊》2000年第5期。

极影响就是在利益的驱动下,容易导致民族文化被"庸俗化"。鄂伦春族的民族文化也是博大精深的,现在的聚居地是拓跋鲜卑族祖先的聚居地,其传统的狩猎活动中蕴涵着众多的民族习惯与习惯法,所有的这些共同支撑着这个民族的精神境界。如果由外民族人来经营鄂伦春族的旅游业,他们充其量只能理解鄂伦春文化的皮毛,无法理解其深邃的内涵,必然有损于鄂伦春文化的长足发展,使旅游者以及其他人对鄂伦春族的传统生活方式产生误解。如果这样,鄂伦春族的文化权利又何从谈起呢?正如有的学者所言,文化边缘地带旅游业的发展不是"保护下的开发",而是"开发中的保护"。[1] 少数民族的文化权利是否应该包括对少数民族文化旅游资源的独占开发权是我们应该深入研究的一个重要问题。

二、民族地区以外的民族旅游开发

民族地区以外的民族旅游开发可以说是民族地区旅游开发的姊妹篇,两者是相辅相成的,并且可能会对民族地区的旅游开发产生一定的影响,这些影响现在还不是特别的明朗。对于该部分的探讨,我们将以异地仿制型民族村为例。由于民族旅游成为旅游业的新亮点并显示出了强大的生命力,因而,民族地区以外的很多地方也在从事民族旅游的开发,这其中又以异地仿制型民族村的形式为最普遍,目前,全国比较大的类似民族村的开发模式的旅游景点主要集中在北京、深圳和云南。民族文化村主要有两种类型,实地展示型和异地仿制型。实地展示型民族村就是在少数民族聚居区选择具有典型代表性的单个村寨或重建一个民族村寨的形式,展现其民族活生生的现实生活状况,是一座立体的民族村寨博物馆。异地仿制型是指在原生环境之外的地方,因博览、旅游等经济目的而将各民族的民居建筑、民间艺术和民族风情仿制、集中于一村,多角

---

[1] 李伟:《文化边缘地带旅游业的发展选择》,载《民族研究》2004年第2期。

度、多层次地展示少数民族文化的大型文化旅游景区或主题公园。① 后者基本上是向人们提供丰富的感性材料,从动态和静态的角度,较全面、形象、生动地展示不同民族在不同历史时期的建筑、礼仪、饮食、节日、婚丧、宗教信仰和生产技艺等风俗文化,并加以挖掘,使民族文化得以保护和传承。同时,两种民族文化村在展示民族文化过程中与旅游业相结合,取得一定的经济效益。② 下面仅以云南民族村为例,探讨一下民族村这种旅游资源开发模式对少数民族文化权利所带来的挑战。

云南省社会主义学院的寸树刚在《勿使民族婚俗表演变了味——从云南民族村布朗寨的"拉郎配"说起》③ 一文中记述了如下表演过程:

> 在布朗寨的楼梯口,站着两排"布朗族"少女,每人手里拿着一个香包,随时准备往游客脖子上挂,凡被挂上香包的游客管你情愿不情愿,不问老少,一律被请上楼去当"新郎官",举行"集体婚礼"。知道底细的人嘴里喊"我们去当嘉宾",抱着头冲上楼去,更多的人掉头就走。眼看"新郎"被拉得差不多,我们也口称"去当嘉宾",才免了挂"香包"。上楼后,坐着草墩看"婚俗表演",也不过是喝"交杯酒",挨着给来宾发个"喜糖",抱"新娘"摸梁上挂着的"葫芦"一类的东西,然后"新郎"、"新娘"各站一个石头,踩着中间一个石头,搂抱着互换位置(类似汉族婚礼上的"过独木桥"),草草"闹新房"后双双入"洞房"。整个"婚礼"既无老年人来主持,也无"司仪"来念

---

① 李伟:《民族旅游地文化变迁与发展研究》,民族出版社2005年版,第123页。
② 杨兆文、徐乃瑞:《关于民族文化村产业化发展的思考——兼对云南民族村的调查分析》,载《经济问题探索》2004年第1期。
③ 寸树刚:《勿使民族婚俗表演变了味——从云南民族村布朗寨的"拉郎配"说起》,载《民族工作》1999年第9期。

婚礼"程序"（这些在少数民族的婚俗中是必不可少的），显得不伦不类，完全听从"新娘"摆布，不知里边还有一点"布朗"味没有？我的客人从"洞房"出来，我问他给了多少钱，他说"39元"。他在傣家寨中挂了"香包"已当了一回"新郎"，这次又在布朗寨被"拉郎配"，前一回他下来兴高采烈，这后一回他脸上显得非常不情愿。

上述实例使我们感受到，反映少数民族传统生活方式的重要内容之一的传统婚俗被刻意篡改并严重商业化。还有学者撰文指出云南民族村存在的类似问题。比如，民族气息淡薄，每个到云南旅游的人，都希望一踏上这块红土地便深深融入少数民族氛围中，但是，由于游客很少有机会和各族人接触，参与各具特色的民俗活动，使他们感觉游览民族村和参观一个民族博物馆没有多少区别。不规范经营行为普遍存在，部分村寨的经营者为了吸引游客，将本民族传统婚恋习俗的内容随意篡改，作为商品出售给旅游者，这在很大程度上削弱了传统民族文化的原始性。[①]

三、对民族旅游开发现状的思考

民族地区是政治、文化、经济的弱势区和环境的敏感区，旅游开发是目前对少数民族传统文化进行开发的最主要的形式之一。旅游开发要背负脱贫致富与民族传统文化传承的双重使命，可谓任重道远。旅游业的发展促使少数民族传统文化被不断挖掘，形成旅游文化。同时，随着旅游业的进一步发展，少数民族传统文化也有可能被不断地创新，这是民族旅游业发展所带来的积极影响。然而，伴随旅游业的发展也发生了大量的民族传统文

---

① 杨家娣、叶文：《云南人文旅游资源开发初探》，载《大理学院学报》2003年第6期。

化的变迁甚至被破坏的现象,由于这种现象的发生不是少数民族文化自身自然发展的结果,而是外来因素作用的结果,使许多有识之士对民族旅游业的可持续发展表示深深的忧虑。

民族文化的产业化或商品化对民族传统文化的影响非常复杂,它既可以促进民族传统文化的延续,又可刺激民族传统文化的变迁。麦坎在对巴厘岛上的旅游业做了调查以后,认为该地随着旅游业的发展而出现了文化复兴的现象,不仅当地居民的传统、文化自信心、族群认同感得到增强,而且当地的艺术创作水平也被有意识地保持下来。[①] 但同时也有另外一种我们必须予以关注的可能,旅游产业化发展过程会直接影响到少数民族传统文化的可持续发展能力,即因旅游业发展,大量外来游客带来了外来文化,对旅游地的文化冲击,使当地少数民族社区出现"汉化"、"趋同化"等现象,少数民族文化向"商品化"、"庸俗化"发展,主要表现在把民间文学艺术品有悖于原创目的地展示,宗教用品被当作装饰物出售,或者规定在特定场合或者礼仪使用的民间文学艺术作品在将其出售时得不到尊重,由非本民族人来表演本民族的舞蹈,等等。少数民族的传统生活方式因而被人误解或难以保持。正如彭兆荣先生指出的,民族旅游有可能导致以下三种误区:一是游客到民族地区旅游,他们当然希望看到所谓"原汁原味"的民族特色,可什么是"原汁原味"的民族特色他们并不完全明白。简言之,游客到民族地区旅游的动机中仍然存在着某种历史情结,即把少数民族当作"他者"看待。二是民族地区作为东道主,他们会不失时机地"装点"自己,尽可能地把本民族独特的东西表现出来,这些活动的举行主要是为了迎合游客的口味,却并不代表真正民族文化的"真实性"。真正少数民

---

① 马晓京:《民族旅游开发与民族传统文化保护的再认识》,载毛公宁、刘万庆编:《民族政策研究文丛》(第三辑),民族出版社 2004 年版,第 476 页。

族的日常生活，文化的原生形貌，大多数游客是看不到的。三是经济全球化的商品意识、市场的交易等通过旅游迅速地进入到民族地区，同时还带进了其他所谓"先进"、"发达"的东西。那些弱小的民族和族群原本就缺乏强大的抵御外来文化侵袭的能力，一些少数民族文化种类就在这样全球化的浪潮下逐渐丧失、消灭，或者变化成为"另一种文化样式"。[1]

前述这些现象被称为"文化贬低"，它是指与传统知识及传统文化表现形式有关的任何导致实质上的对传统知识及传统文化表现形式的歪曲、删节或篡改；对传统所有人的名声或荣誉以及传统知识及传统文化表现形式的完整性造成损害的作为或不作为。这些行为极大地限制了少数民族传统文化的自我更新、自我发展的能力，导致其旅游业的可持续发展受到严重威胁。这就使少数民族文化权利的重要方面——文化尊严权和文化发展权受到难以估量的损害。之所以旅游业的不规范发展会给少数民族传统文化带来这些负面影响，最基本的原因在于少数民族地区旅游生态环境的多元性和脆弱性。这就更加要求我们在旅游开发过程中尊重少数民族的文化权利，不要让这些"文化贬低"现象影响到少数民族传统文化的长远发展，进而在未来相当长的时间内影响少数民族文化权利尤其是经济性权利的实现。

第二节　民族地区现行的旅游法制

一、关于旅游的中央立法

《中华人民共和国宪法》第 9 条规定："矿藏、水流、森林、

---

[1] 彭兆荣：《旅游人类学》，民族出版社 2004 年版，第 272—273 页。

山岭、草原、荒地、滩涂等自然资源，都属于国家所有，即全民所有；由法律规定属于集体所有的森林和山岭、草原、荒地、滩涂除外。"《中华人民共和国土地管理法》第 2 条规定："中华人民共和国实行土地的社会主义公有制，即全民所有制和劳动群众集体所有制……土地使用权可以依法转让。"特定的风景名胜区总是依附于特定的土地、水、森林或其他自然资源，根据我国的前述法律的明确规定，风景名胜区所依附的自然资源是归国家所有的。

进一步讲，根据 1985 年颁布的《风景名胜管理暂行条例实施办法》规定，风景名胜资源是指具有观赏、文化或科学价值的山河、湖海、地貌、森林、动植物、化石、特殊地质、天文气象等自然景物和文化古迹、革命纪念地、历史遗址、园林、建筑、工程设施等人文景观和他们所处环境以及风土人情等。从定义上可以看出，无论是现实的旅游资源还是潜在的旅游资源，都已包括在内，民族旅游资源也是其中的一类。同时，国务院在《关于加强风景名胜区保护管理工作的通知》中明确规定："风景名胜资源属国家所有，必须依法保护。各地区、各部门不得以任何名义和方式出让或变相出让风景名胜资源及景区土地。"由此可见，中华人民共和国境内的风景名胜资源为国家所有，从法律上确定了旅游资源的所有权主体。2006 年新修订的《风景名胜区条例》以专章的形式规定了对风景名胜区的设立和保护，在保护之后又规定了对风景名胜区的利用和管理。

目前吸引大多数旅游者的旅游景区包括国家级风景名胜区、自然保护区和森林公园、历史文化名城、全国重点文物保护单位等，分别归属于建设部、国家林业局、国家环保总局、国家文物局等部门管理，也是旅游资源所有者的代表。一些寺庙道观则分属于国家宗教局及宗教协会管理，只是在一些乡村地区的旅游资源及其所有的水体、土地、森林等属于乡村集体所有。由此可见，我国绝大部分的旅游资源属于国家所有，由国务院代表国家行使资源所有权，各级政府和部门对风景名胜资源实行分级管理。由于所有权实现形式不明晰，导致实际上当地政府（县一级政府）全权代理国有资产，行使资产管理权，即管理权、经营权和所有权三权合一。

此外，1990年，国家旅游局局长刘毅签发了旅游系统1990年第1号令，正式颁布了《旅游安全管理暂行办法》，对旅游安全管理、事故处理等相关问题做出了明确规定，其中还特别规定了对外国旅游者的旅游安全管理，以确保来华旅游者的人身财产安全。1994年，国家旅游局又颁布了《旅游安全管理暂行办法实施细则》，对旅游安全方面的管理规定及各级管理部门的职责做了进一步细化和具体化。

2000年6月23日，国务院办公厅转发了国家旅游局、国家计委、国家经贸委等9个部门《关于进一步发展假日旅游的若干意见》，加强对假日旅游的管理和引导。该《意见》提出，为促进"黄金周"假日旅游健康发展，各级政府和国务院各部门要按照"因势利导、主动适应、加强协调、整体提高"的方针，积极采取有效措施解决存在的问题，加大协调工作力度，全面提高管理水平和服务水平，适应假日旅游新形势的需要。2000年10月，国家旅游局颁布了《旅游发展规划管理办法》，其中规定了旅游发展规划的范围、编制程序、审批和实施等相关问题，标志着旅游规划开始服从总体的规划编制标准，我国的旅游规划进入了规范式发展阶段。

国家旅游局继2006年8月18日颁布了《国家旅游局关于促进农村旅游发展的指导意见》之后，2007年3月16日，又会同农业部发布了《关于大力推进全国乡村旅游发展的通知》，其中提到要加大乡村旅游扶持力度、积极促进乡村旅游服务体系建设、加强乡村旅游调查研究、解决制约乡村旅游发展的瓶颈性因素、做好乡村旅游市场开拓工作、探索各种类型的乡村旅游模式等问题，这对已经形成一定规模的民族村寨旅游的发展是一个大好时机。

此外，关于民族地区旅游的中央立法还有《文物保护法》、《自然保护区条例》、《森林和野生动物类型自然保护区管理办法》、《森林公园管理办法》、《城市绿化园林管理条例》等等，也对旅游方面的相关问题做出了一系列的规定。

二、民族地区的地方旅游立法

截至目前，西部 12 个省、自治区、直辖市都已经制定了省级的地方旅游法规，对本地的自然和人文旅游资源以及旅游业的管理、保护游客的合法权益等方面做出了具体的规定。

1992 年初，云南省委、省政府出台了《关于加快四大支柱产业建设的决定》，将旅游业确立为与生物资源、矿产资源及烟草业并列成为四大支柱产业之一，并曾于 1997 年制定了《云南省旅游业管理条例》，又于 2005 年制定了《云南省旅行社和从业人员管理暂行办法》，通过这些地方性法规和规章来管理旅游市场。西藏的旅游业开始于 1980 年，经过二十多年的发展，西藏的旅游业已初具规模。1997 年，西藏自治区政府将旅游业确立为西藏的支柱产业。

1999 年，贵州将旅游业确定为新的支柱产业，贵州省旅游局在 2002 年 2 月 27 日出台《贵州省旅游村寨定点管理暂行办法》，对旅游村寨实行定点管理。该《办法》规定，凡符合旅游线路布点要求，具备旅游定点条件的村寨的旅游经营者可提出定点经营申请，经州、市（地区）以上旅游管理部门审查同意，授予旅游村寨定点标志牌后，方可以接待旅游团队。旅游村寨定点标志牌由省旅游行政主管部门统一制发。

2000 年宁夏确立了旅游业的优势产业地位，并于 2007 年通过了《宁夏回族自治区旅游条例》，对旅游安全、旅游业监管、旅游规划、对旅游业的扶持等方面做了具体规定。

2006年，甘肃省委、省政府主持召开了甘肃旅游发展大会，通过了《甘肃省旅游条例》，并出台了一系列促进全省旅游业发展的重要举措，大幅增加旅游基础设施建设资金和宣传促销经费。由于措施有力，资金到位，2006年甘肃旅游产业发展迅速，旅游总收入、接待人次等各项指标取得突破性增长。

1997年，四川省就公布了《四川省旅游管理条例》，并于2003年做了修订，其中将旅游业定义为"旅游业，是指利用旅游资源和旅游服务设施，从事旅游招徕、接待，为旅游者提供交通、游览、住宿、餐饮、购物、文娱等综合性服务的行业。"同时规定了旅游资源、旅游者和经营者的权利和义务。2004年，四川省政府又公布了《四川省省级旅游发展资金管理办法》，将旅游宣传促销费用、前期规划论证费、信息网络费、基础设施建设补助、旅游从业者的职业教育和岗位培训等做了详细规定，促进了四川省旅游业的长远发展。

广西壮族自治区于1998年也公布了《广西壮族自治区旅游管理条例》，并于2001年和2004年进行了两次修订，其中详细规定了旅游资源的保护和开发、旅游者的权利和义务、旅游经营管理者的义务、旅游安全管理、监督检查、法律责任等。

2006年9月6日，《阿坝藏族羌族自治州旅游市场管理办法》获得通过，其中对旅行社、导游服务公司、旅游客运公司、旅游业从业人员、宾馆饭店、营业性演出与娱乐文化市场、宗教活动场所、旅游安全等做出了详细规定。

2006年1月6日，《桓仁满族自治县旅游条例》获得通过，其中规定了对旅游业的扶持措施，兴建旅游项目、举办旅游活动应当尊重民族习俗。旅游安全方面的规定，对当地的五女山风景区的特别规定等。

以上仅列举了部分有代表性的民族地区的地方旅游立法，其内容有一定的相似之处，都对旅游行业及其从业人员的管理、旅游安全、旅游者的权利义务等方面的问题做出了相关规定，但各民族地区立法也都在一定程度上突出了地方特色，比较具有针对性。

三、关于民族地区旅游法制的思考

我国民族地区旅游业的发展真正起步于 20 世纪 90 年代，可以说起步非常晚，相关的旅游法制比较滞后，关于旅游法制的如下几方面问题是值得我们注意的。

（一）民族地区的旅游法制数量偏少，内容单一

从以上对民族地区旅游法制的分析可以看出，一是旅游法规的制定主体多为省级人大或省级旅游主管部门，我们众多的民族地区的人大和旅游部门制定的法规并不多，更是缺少对特定风景区的专门性旅游立法，没有体现出法制对民族地区特色旅游资源的保障作用。二是民族地区的旅游资源由于所处的环境决定，比其他地区的资源更具有地方特色和民族特色，因此，在管理和保护中，也应该体现出这一鲜明的特征来。而现实中的立法状况却无法反映这一点，很多条例在制定的时候就没有考虑到地方特色和民族特点，大多以国家或其他地方已经出台的法律、法规、条例为样本，依葫芦画瓢，结果所制定出的条例通常千篇一律，仅仅是完成了一项立法任务，无法有效实施。

（二）民族地区的旅游法制中缺少自治立法的运用

民族自治地方的自治条例和单行条例立法权是其他一般地方国家机关所不享有的，在旅游法制中，我们尤其应该发挥单行条例的立法优势，对本地区特色的旅游资源及旅游发展中存在的问题做出法律调整。这方面《桓仁满族自治县旅游条例》做得比较好，对其当地的五女山风景区的保护及旅游开发做出了特别

规定。

（三）民族地区的旅游法制中缺少对少数民族传统文化的保护，一味地重视自然旅游资源的保护

从当前已经制定颁布的一系列有关旅游资源保护的法律法规来看，一个问题就是有关自然旅游资源保护的规定较为丰富和全面，涉及森林、湖泊、野生动植物、矿产资源等各个方面，从而形成了对自然旅游资源的相对比较完善的保护体系；而对于更为丰富多彩、更具优势特色的人文旅游资源来说，立法保护工作则显得较为单薄。以云南省为例，全省仅有的10多个历史文化名城尚未全部实现依法保护，各种具有代表性的民族文化保护和传承缺乏有效的法律保护机制，除了丽江纳西东巴文化实现了立法规范、保护以外，其他如大理白族、西双版纳傣族、德宏景颇族、红河哈尼族等较有代表性和标志性的民族文化依然处于法律保护之外的真空。这一缺陷的存在，极易导致云南省最具发展潜力和代表意义的旅游资源优势特色逐渐流失。

我们必须清楚地认识到，民族地区的旅游依靠的是当地特有的少数民族传统文化，这是当地旅游发展的"根"，如果这个"根"没有了，其民族旅游很难有长远的可持续的发展，因而，我们的旅游法制必须与当地的文化法制相结合，突出地保护当地少数民族传统文化的健康发展。例如，虎跳峡是世界上最具特色的峡谷之一，为了开发旅游，迪庆和丽江两地竞相在靠本地一侧开山炸石，修筑公路，破坏了虎跳峡奇险的自然景观。

第三节 民族地区旅游法制的完善措施

我国民族地区普遍工农业产值不高，商品经济较为落后，产业结构层次较低，群众的温饱问题尚未完全解决。因此，民族地

区通过对旅游业的开发,能为社会经济发展发挥重要的作用。民族地区的旅游法制又在民族旅游的发展中起着不可替代的作用,本节将主要探讨民族地区旅游法制的具体完善措施。

一、民族地区旅游立法的完善

(一)慎重对待异地仿制型民族旅游景观

国家的总体旅游发展规划中应当对异地仿制型旅游景观的建设进行规制。这主要包括各种微缩景观、仿制景观等的建设,应该在多大范围内进行建设、建设多少、如何避免雷同、如何避免仿制的失真等问题需要经过科学的论证和评估,不可为追逐经济效益而盲目建设各种不必要的人文景观。对于异地仿制型民族旅游景观究竟是对民族旅游的发展有利还是有害,也引起了很大的争论,这就更需要我们慎重处理这类建设项目。

(二)旅游资源的管理体制法制化

有的地方擅自改变文物管理体制,将作为旅游资源的文物保护单位等国有文化遗产转让、抵押给企业作为资产经营。很多旅游资源不是一般的物质财富,而是一种文化资源,具有公共性和公益性,而旅游企业投资开发时的主要目的是追逐利润最大化,往往表现为急功近利,破坏文化遗产的恶性事件发生。例如,东方佛都旅游公司在乐山大佛附近违法建设"巴米扬大佛";再例如,山东曲阜孔庙被有关部门交由旅游公司管理,由于不懂得文物保护的基本规律,竟然"水洗三孔",孔府孔庙内大量的古建筑彩绘被冲毁,旅游公司职工开车将一尊元代记事碑撞碎,无法复原,此类事件一度轰动社会。

(三)为旅游资源包括人文旅游资源和自然旅游资源单独立法

虽说现在的自然旅游资源的立法相对于人文旅游资源立法较为完善,但还是有很多的不足之处。很多民族地区的旅游资源依托当地的自然环境,比较脆弱,急需保护,这已经得到一些地方性旅游立法的关注,但由于旅游资源是国有,我们更应该在"法律"中关注对旅游资源的保护。从一定意义上讲,对旅游资源的保护与旅游开发之间存在着一定的矛盾,因而,我们有必要为旅游资源单独立法。还有一些旅游资源是无形的,比如民间艺人的制作工艺等,这就更需要我们完善一系列与旅游立法相关的配套立法。

二、民族地区旅游执法的完善

(一) 对民族地区进行旅游资源普查

旅游范围的大小和旅游项目的多寡,是衡量旅游业发展水平的一个重要标志。而扩大旅游范围,增加旅游项目,必须从实际出发,因地制宜。这就需要加速对旅游资源的普查。目前,我们对民族地区的相当一部分旅游资源在数量、质量、条件、分布规律等方面还很不清楚,建议有关旅游主管部门拨专款组建一支由专家、学者参加的专门普查队伍,对民族地区的旅游资源进行一次全面综合性的普查,尽快将民族地区旅游资源的分布、特点、数量、质量、结构以及地域组合、开发程度、开发潜力等普查清楚,建立资源档案,制定科学可行的开发方案,为民族旅游业发展提供可靠的依据。

(二) 突出民族地区旅游的民族特色

我们应积极发掘各地的民族风情、传统习俗、民间艺术、宗教信仰、人物掌故等优良的民族历史文化遗产,使它们更具浓重的民族性、地方性、区域性而展现在游人面前;在旅游业的经营上,积极组织旅游者参与并感受具有少数民族特色的活动项目,如安排游人参与3月街、泼水节、那达慕大会召开会议、花儿会等民族节日活动,欣赏少数民族的歌舞、盛会,从中体味我国少数民族丰厚多彩的生活;在旅游纪念品方面,积极组织发明适销对路的带有民族特色的旅游纪念品和旅游用品,如金银首饰、提袋、服装、地毯、围裙和那些印有风景名胜、有纪念意义的手帕、提包等小饰物。在旅游服务方面，富有民族特色的交通工具、民族风味食品、传统手工艺品等方面，仍需进一步加强。

（三）在民族地区进行旅游开发时，要照顾到当地少数民族的利益

少数民族是民族旅游所依托的少数民族传统文化的主人，如果在旅游开发中不能调动当地少数民族的积极性并促进其参与，民族旅游就很难健康发展，这种例子非常多。比如，广西贺州黄姚古镇在开发过程中，县旅游公司组织游客赴古镇参观，住在古宅中的当地群众就把自家的牌匾藏起来，不让游客看，这300多间明清宅院是古镇最重要的人文旅游资源，群众的不配合直接导致旅游的品位下降甚至无法进行。值得一提的是，具有悠久经商传统的黄姚老街人从旅游开发伊始就表达了积极参与的意向。当地居民早在开发之初，便向县旅游局提出了"分成"要求，却被旅游局以开发的钱还不够，哪有钱分成为由拒绝。[①] 这不能不引起我们的深思。

我国近年来在新农村建设中大力发展的乡村旅游业，其产生的社会效益是多方位的、多层次的，对所在地区整个社会综合体都带来了巨大的影响。主要包括：拓展我国的旅游资源、疏散集中在城市的大量游客、为振兴农村经济开辟了新的途径、为农村剩余劳动力提供了大量的就业机会、促进当地传统文化的保护与开发、改善乡村环境、促进乡村的精神文明建设、提高乡村人口素质、促进农村各项社会事业的发展等。

目前，在很多西部地区发展比较迅速并逐渐成为当地支柱产业的旅游业主要依托的是传统社区的少数民族传统文化，包括传

[①] 尤小菊：《黄姚故事》，载张海洋、杨筑慧编：《发展的故事——社会实践与人性回归》，中央民族大学出版社2006年版，第167页。

统文化中的物质部分和非物质部分，传统社区的民众、政府、开发商都从中获得了相应的利益与回报。但与此同时，在传统文化开发过程中也存在着诸多矛盾和问题值得我们关注，否则将会影响当地旅游业的可持续发展以及传统社区的新农村建设。这其中主要的矛盾在于由传统文化开发而引发的利益分配问题，由于利益分配不均衡而引发了对传统文化本身以及旅游业发展的考验。那么我们能否根据现有的相关补偿制度的理论，来构建民族村寨旅游开发中的利益补偿制度来化解当前困扰实践的这一紧迫问题。这里所说的民族村寨旅游开发中的补偿制度，是指对传统社区的传统文化进行商业性开发或不正当性使用时，应对传统社区进行补偿的制度。

第四节 民族旅游法制中的利益补偿制度研究

一、民族地区旅游开发中利益补偿制度构建的必要性

（一）现行的民族地区旅游开发中的利益分配制度

少数民族地区的旅游开发方式以民族村寨旅游为主，当前的民族村寨旅游开发的形式比较多样，各地根据本地的实际情况，采用了适合于本地的开发模式，有的是以政府为主导的开发模式，即政府进行基础设施投资和运行，如贵州的西江千户苗寨和从江县的岜沙苗寨；有的是以基层传统社区为主导的开发模式，如贵州雷山县的上郎德村和云南泸沽湖畔的落水村；有的是引进投资商开发并以投资商为主导的开发模式，由于在开发之初很多地方缺乏基础设施建设的前期投入，采用这种模式的比较多，如云南西双版纳的傣族园。这些民族村寨旅游开发的模式虽然不同，但是，在利益分配问题上基本遵循两个基本原则，一是产权原则，二是"谁投资，谁受益"原则。对于前者，民族村寨是一个包含物质文化遗产和非物质文化遗产的有机统一的系统，其非物质部分往往不能界定具体属于某一个人，而是属于传统社区共同占有，具有明显的共同产权特征；少数民族村寨中的民居等物质文化遗产从现有法律上可以准确界定其所属的主体，比如在傣族园，村民可以利用自己的主楼搞傣族民俗表演和经营傣家乐餐饮服务。这些都体现了民族村寨旅游开发中利益分配的产权原则。对于后者，主要体现在有投资商参与的民族村寨旅游开发中对旅游门票的分配上，都是以投资商为主导的，体现了"谁投资，谁受益"原则。

长期以来，对少数民族传统文化的采集和利用，譬如收集、整理、改编等，常常被误认为原始创作，而真正的民族民间文化的参与者、传承者却很难从中受益。随着市场经济的发展和国际文化贸易的增长，在对少数民族传统文化的使用中，少数民族传统文化的拥有群体和使用者之间的利益矛盾会越来越突出，迫切需要建立包括知识产权在内的法律保护制度，以鼓励少数民族传统文化的传承和创作，合理开发和利用中国的民族文化资源。[①]这是目前学者们的主要观点，但是通过知识产权来保护传统文化的一个根本前提是传统文化的"私有"，而目前传统文化却被认为是处于"公有领域"，用于专指那些对私人所有来说不适宜而任何公共成员都有合法授权来使用的知识产权内容。在著作权法中，所有过了法定保护期的作品都将进入公有领域，成为全人类的共同财富，此时，任何人基于任何原因都可以自由地对作品进行派生演绎或其他各种开发和再开发活动，进行各种方式的使用都是合法合理的。传统观点认为，文化遗产是人类产生、使用、

[①] 吴烈俊：《中国民族民间文学艺术的法律保护》，载《西南民族学院学报》2003年第3期。

经历历史场合传承至今的人类共同财富。无论是物质文化遗产，还是非物质文化遗产，它们都是一种公共资源，具有时代性和不可替代性，具有符号和象征的作用。同时，根据我国的立法体制和《立法法》第八条第（七）项的规定，私法视角的传统文化法律保护只有在国家法律层面上才能确立。目前在传统文化的私法保护只有《宪法》、《民族区域自治法》、《著作权法》等法律中所确立的相关原则。1997年通过的《传统工艺美术条例》仍属一部行政法规，无法对传统工艺美术的私法保护提供法律依据。云南、贵州、福建、广西等地关于传统文化保护的地方性法规，由于立法权限的限制也无法对关于传统文化的民事权利做出相关的规定。因而，通过改造目前的知识产权制度来保护传统文化需要首先创立传统文化属于特定群体所有的"私有"制度，这还有很长的路要走。

（二）民族村寨旅游开发中利益分配不均衡的现实表现——以傣族园为例

傣族园位于云南省西双版纳傣族自治州首府景洪市东南27公里处，共有曼听、曼春满、曼嘎、曼乍、曼将5个傣族村寨，333户人家，1586人。早在20世纪70年代的时候，被称为橄榄坝的勐罕镇就开始有了游客，如今，傣族园已经发展成为西双版纳州第二大旅游接待点，游客量仅次于传统的风景点勐仑植物园。自从1999年正式开发以来已经走过十年的历程，这种"公司+农户"的经营模式也经历了众多考验，自始至终都伴随着公司与农户之间的利益纠纷。目前，公司已投资4600万元建成景区大门、迎宾广场、泼水广场、民族歌舞剧场、旅游厕所、水电地下管线、游览道路、主体绿化等基础设施的建设。在政府的引导下，公司以极其低廉的价格租到了村民的林地19.25亩，田地452.4亩，每年公司付给村民的土地补偿金是23.1万，但公司的电瓶车承包费、泼水广场租赁费以及允许外地人来园内办"傣族婚俗展示",这三个项目一年的收入就在30万以上,简言之,公司付给村民的补偿过低。为了深入了解傣族园公司与村民在利益分配上的冲突与风险及其可能的解决途径,作者于2009年7月对傣族园进行了田野调查,主要采用了参与观察和入户访谈的方法。以下是部分调查结果:

在资源投入上,农户提供的是傣族村民在长期生活劳作中所创造的绚丽多姿的民族文化和美丽的自然风光,确切地说,公司看中的正是这里独特典型的竹楼院落、佛寺、傣族节日、日常生活风情、自然环境等文化资源和自然资源。但是,在农户收益方面,村民们为公司打工,或者卖一点儿水果和烧烤,赚到的钱并不多。村民认为公司的作用是双重的,一方面公司的宣传扩大了傣族园的知名度,让更多的游客来到了傣族园,但是一般团队都只安排两三个小时游览傣族园,不会在里面食宿,所以总的来讲,村民的收入是有限的;另一方面,到傣族园吃饭的有相当部分是当地人,如景洪人或者勐罕镇的人,考虑到进傣族园要收门票,他们只在有熟人介绍的情况下才会来,所以,公司的存在也阻挡了一些想到傣族园吃饭但又无法绕过门票的客人。村民认为公司自己也承认傣族园最大的卖点是傣家竹楼,世代生活在傣族园里的村民及其创造并保存发展的传统傣族文化,既然景区有价值的资源都属村民所有,那么村民就应该参与门票分成。2009年傣族园的普通门票价格是100元,团体50元,本地人20元,黄金周150元,因而傣族园公司的实际收益是很可观的。

在作者进行入户访谈的时候,还了解到一个案例:目前傣族园的很多村民都有私家车,岩香叫也不例外。2009年6月的一天,岩香叫想利用自己的私家车拉几个客人进入傣族园,这样就可以躲过傣族园公司的门票,岩香叫本人也可从中获得与客人预先商谈好的额外收入,这类事情近些年来在傣族园也经常发生。但这次公司的保安拦住了岩香叫的车,请求他为车上的客人买票进入园区，进而双方发生争执，岩香叫打电话叫来三个朋友帮忙，他们四人一起殴打保安，致保安受轻伤，岩香叫因此被当地公安机关处以劳动教养三个月。透过前述案例，我们可以看出，目前傣族园内的村民与公司之间因为利益分配而引发的冲突已经白热化。通过此次调查，我们也了解到，傣族园内的五个村寨的村长每年都同公司商谈利益分享的问题，但多年来都没有解决。如果这些矛盾和问题不能及时得到妥善处理，可能还有进一步升级的趋势，这对当地的社会稳定、民族文化保护以及旅游业的可持续发展都产生了一定的负面影响。

二、民族村寨旅游开发中利益补偿制度构建的路径分析

（一）国内现有补偿制度分析

西方国家的补偿制度最早产生于近代财产的征用与征收制度。随着时代的变迁，许多西方发达国家的宪法先后抛弃了私人财产所有权不受任何限制的理念，转而倡导对私人财产所有权进行必要的限制，被征用的标的进而呈现出多样化趋势：一切具有财产价值的标的，不论是不动产还是动产，有形的还是无形的，都可以纳入征用的标的范围。然而，私人财产权作为一项基本权利一直没有动摇，对于合法权力行为造成的损失，获得救济的宪法依据只有行政补偿条款。

行政补偿是指行政主体的合法行为使行政相对人的合法权益受到特别损失，或者行政相对人为了维护和增进国家、社会公共利益而使自己的合法利益受到损失，行政机关依法对相对人所受损失予以适当补偿的制度。它是国家调整公共利益与私人或团体利益，全局利益与局部利益之间关系的必要制度。《宪法修正案（六）》第22条规定："国家为了公共利益的需要，可以依照法律规定对公民的私有财产实行征收或证用并给予补偿。"2004年3月22日，国务院发布的《全面推进依法行政实施纲要》第31条提出要"完善并严格执行行政赔偿和补偿制度"。此外，相关制度规定还存在于《野生动物保护法》（第14条）、《城市房地产管理法》（第19条）、《外资企业法》（第5条）、《土地管理法》、《森林法》、《城镇国有土地使用权出让和转让暂行条例》等法律法规中。但这些都不过是对行政补偿制度的原则性规定。2004年通过的《行政许可法》第8条规定："行政许可所依据的法律、法规、规章修改或废止，或者准予行政许可所依据的客观情况发生重大变化的，为了公共利益的需要，行政机关可以依法变更或者撤回已经生效的行政许可。由此给公民、法人或者其他组织造成财产损失的，行政机关应当给予补偿。"该规定可以说是对行政补偿原则性规定的进一步具体化。

在行政补偿制度之外，还存在着一些其他的补偿制度，比较有代表性的有如下两种，即民族自治地方的补偿和生态补偿。前者是指，2001年2月28日修订的《民族区域自治法》第65条规定，国家采取措施，对输出自然资源的民族自治地方给予一定的利益补偿。第66条规定，民族自治地方为国家的生态平衡、环境保护作出贡献的，国家给予一定的利益补偿。这些规定，确认了民族自治地方获得利益补偿的权利。同时，这项以"开发者付费，受益者补偿，破坏者赔偿"为原则的制度也应适用于民族自治地方为野生动植物保护、文物保护、历史遗迹保护等方面作出贡献的情形。而生态补偿机制研究是目前世界上生态环境建设领域研究的热点和难点问题。国内学者对生态补偿概念的理解有广义和狭义之分。广义的生态补偿机制则还应包括对因环境保护而丧失发展机会的区域内的居民进行的资金、技术、实物上的补偿、政策上的优惠，以及为增进环境保护意识，提高环境保护水平而进行的科研、教育费用的支出。生态补偿从狭义的角度理解就是指：对由人类社会经济活动给生态系统和自然资源造成的破坏以及对环境造成的污染的补偿、恢复、综合治理等一系列活动的总称。前述的这些补偿制度都是源于相对方的合法利益受损，相关方基于法律的相关规定来对相对方的受损利益进行适当的补偿，来使其受损害的利益恢复到原初状态，进而在当事各方之间寻求可能的利益平衡。但是，由于传统文化目前仍被视为"公有领域"的东西，也就是现行法律没有相关规定来保护基于传统文化而获得的利益，因而无法通过前述这些法律规定的补偿制度来保护传统社区的文化利益。因而，我们只能在现有法律体系之外寻找其他可能的路径来保护传统社区的相关利益。

（二）比照生物资源补偿机制构建传统文化补偿制度

生物多样性包含遗传多样性、物种多样性和生态系统多样性三个层次，新的物种不断形成，旧的物种逐渐灭绝，这是自然生物界进化发展的规律。人类的生存与发展，过去、现在和将来多依赖于自然界中各种各样的生物资源。这些生物资源是生物多样性的物质体现，是人类赖以生存的物质基础，对于传统文化的传承、繁荣、发展和创新意义重大。生物多样性公约（即 CBD）第 15 条第 7 款要求各缔约方采取适当的立法、行政及政治措施，建立起合理、公正的机制，使那些提供基因资源的缔约方能够分享基因资源的研究与开发的成果以及基因资源的商业及其他利用所产生的利益。其中对生物资源提供国设置了很多保护性规定，例如，要求国外的研究机构在获取遗传资源的时候应当事先告知生物资源所属国，并取得其同意；以及生物资源提供国参与技术研究和开发以及利益分配等规定。这些规定对各国的专利法产生了重大影响，尤其是得到发展中国家大力支持。2002 年，CBD 又通过了《关于遗传资源的获取及公平和公正分享因利用该资源而产生的利益之波恩准则》，更进一步将事先知情同意及利益分享原则与遗传资源相关之传统知识联结起来，赋予传统知识之使用者应获得该知识持有者之事先知情同意并应分享因使用该知识所产生利益的义务。①

1. 以利益分享为主的传统文化补偿实体制度

利益分享是 CBD 的核心思想之一,即生物资源的提供者有权从生物资源的获取者处得到适当的经济补偿,分享使用这一生物资源带来的利益。由于生物资源丰富的国家多为南半球的发展中国家,而技术先进、有条件利用生物资源产生巨大收益的国家多为北半球的发达国家,这一思想实质上是南北共同分享利益。TRIPS 和 UPOV 没有提及任何关于利益分享的问题,也没有任何调整权益所有者与资源提供者之间关系的条款。前述的《波恩准则》也指出,惠益分享机制可能因惠益的类型、各国的具体条件以及所涉利益相关者而有所不同。惠益分享机制应是灵活的,应由参与惠益分享的合作伙伴来决定,并因每一具体情况而异。惠益分享机制应包括在科学研究和技术开发方面进行充分合作,并包括那些从商业产品中产生的惠益,包括信托基金、合资企业以及条件优惠的使用许可。

由于传统文化保护是文化多样性保护的重中之重,从一定意义上讲,对传统文化的保护就是对文化多样性的保护。文化多样性与生物多样性具有很多的相似之处,在《保护和促进文化表现形式多样性公约》的制定过程中大量地参考了《生物多样性公约》的价值理念、基本原则与具体制度。虽然联合国教科文组织为了《保护和促进文化表现形式多样性公约》尽快通过,以促进文化多样性的保护,没有在该公约中明确规定利益分享制度,但这些具体的制度措施同样可以借鉴到传统文化开发与保护的具体实施过程中来。利益分享是利益补偿的一种主要形式,并不因此排除其他的补偿形式。传统文化开发也同样如此,由于经济发

---

① 周欣宜:《传统知识特殊保护制度之探讨》,载郑成思主编:《知识产权文丛》(第 13 卷),中国方正出版社 2006 年版,第 303 页。

展、工程建设等原因造成传统文化的原生环境被破坏或者直接导致少数民族迁离原居住地,以及对传统文化进行商业性使用或其他不正当使用,基于公平原则,应对少数民族进行利益补偿。生物多样性公约正式确认了各国对其生物多样性资源拥有各自的主权,要求缔约国采取措施保证资源提供国参与技术利益分享。

2. 以事先知情同意为核心的程序制度

一般而言,"事先"意味着获得权利方的知情同意必须在传统文化开发进行之前,而不是"已经进行开发过程中"或"开发完成之后",这是因为传统文化开发涉及到传统社区的文化尊严,对于不适宜进行开发的传统文化,传统社区有权拒绝,所以强调程序上的"事先"对保护传统社区的文化尊严权,意义十分重大。"知情同意"的风险管理方式意味着第三者(专家、权威机构)判断的相对化、通过强制性的自由选择来推行某种自我负责的体制。它显然是一种分散风险的技术或机制设计,把损害发生时的责任从决定者转移到决定的被影响者、从特定的个人转移到不特定的个人的集合体(社会),并让一定范围内的每个人都承担部分责任。[①]《保护和促进文化表现形式多样性公约》也确认了文化主权概念,强调缔约国对其传统文化享有主权,相应地,如果他国对其传统文化进行商业性开发,也应获得该缔约国的事先知情同意,参与开发过程,并进行利益分享。事先知情同意是对传统文化进行开发的最重要的程序制度,也并不因此排斥其他相关的磋商、斡旋、听证等程序制度。

获取和惠益分享制度,应以国家或地区范围内的全面获取和惠益分享战略为基础。该战略应以保护和可持续利用生物多样性为目的,可作为国家生物多样性战略和行动计划的一部分,而且

---

① 季卫东:《中国法治正处在历史的十字路口》,载《中国改革》2010年第1、2期。

促进公平地分享惠益。获取遗传资源过程所涉及的步骤可包括：在获取之前进行的活动、使用遗传资源进行的研制活动以及对遗传资源的商业化和其他使用，包括惠益的分享。同样地，在对传统文化进行商业开发时，也应得到中国的预先知情同意并进行利益分享。

三、民族村寨旅游开发中利益补偿制度的模式选择

虽然我国法律并没有确认传统文化补偿制度，但是，根据作者 2010 年 6 月在贵州黔东南地区所做的调查，在我国广大的社区中存在着多种事实上的传统文化补偿制度。分析这些制度的相关设计、安排以及其在实践中的运行过程，将会对我们深入研究传统文化补偿制度提供有益的借鉴及民间智慧的启发，下面选择几种比较典型的模式进行粗略的探讨。

（一）郎德苗寨的"工分制"

传统文化社区各个族群利用社区内的传统管理方式来建构操作性强、效果明显的传统文化补偿机制，是最具有实践价值的，最因地制宜的，特别值得在条件类似的地方推广。

20 世纪 80 年代，贵州省雷山县的上郎德村在省文物局的推动下率先开发乡村旅游时，重新启用大集体时期我国农村普遍采用的工分制来管理资源、分配收益。20 多年来，工分制不仅在郎德沿用至今，还在附近陆续兴起的旅游村寨中不断复制而被称为乡村旅游的"巴拉河模式"。郎德人认为，所有人都为村寨的建设和保护出过力，寨子是大家的，应该家家都受益。社区最主要的旅游项目——苗族歌舞表演由村寨集体举办，所有村民（外嫁妇女及学龄前儿童除外）均可参与旅游接待并按贡献大小计工分进行分配。根据笔者的调查，基本规则是技艺越高、服饰越精美、承担角色越多者工分越高。妇女、儿童、男人，各有工分档次；有服装和没有服装的，也有区别；在活动中唱歌和没有唱歌的，亦有区分。这些都是村委会通过召开村民会议讨论制定的章程。

他们制作了不同颜色的计分票，代表不同的场次，但是票面的额度和种类是相同的，计分票分为银角票、演员票、盛装票、长衣票、芦笙票、迎客票六类，每类的分值不同。银角票有4分和8分两种；演员票有2分、3分、6分、10分四种；盛装票有2分、3分、6分三种；长衣票有2分、3分、6分三种；芦笙票只有一种，就是1分；迎客票也只有1分一种。例如，青年女子的银饰服装计8分，跳舞5分，团结舞8分，合计21分；身着普通民族服装迎接客人的，计6分，参加团结舞表演的，计5分，合计11分；值得一提的是，这些计分票不是一次性发放的，而是分阶段发放的，并配合一系列的扣分值得出，主要有迎客迟到扣4分，没戴帽子扣1分等。同时对老人和儿童予以照顾，70岁以上的男性村民只要穿上苗族服装到铜鼓坪旁边站一下，计11分，同理，70岁以上的女性计12分。对于儿童，一至二年级的长衣计4分；三至四年级的长衣计6分；五至六年级的长衣计8分；银衣的计分办法与长衣相同，如果参加演出另加2分。为了挣到自己满意的钱，家家户户自己置办苗族盛装。另外，记工分只针对表演活动，吃饭、住宿等服务内容的生意，都是自己办自己得，所以，有条件的人家就搞"农家乐"，旅游部门要求进行厨艺培训，也都积极主动参与。有了钱的人们修建房屋，全部都是吊脚楼，而且在原有样式的基础上有自己的创新。①

由此可见，今天的工分制既考虑了每个人在歌舞表演中不同的贡献，同时又考虑到村民的整体利益，是村民们在不断协商中逐渐完善起来的，不同利益群体不断提出自己的诉求，在这个工分制中得到了体现。虽然烦琐了些，却始终体现着公平的本意。

---

① 麻勇斌：《贵州文化遗产保护研究》，贵州人民出版社2008年版，第170页。

而且，这个工分制仅限于歌舞表演，或者说是以工分制来体现文化资源的共有，它并不涉及其他的农活，也没有改变土地承包制度。① 工分制存续的 20 多年间，资源共有的观念更加深入人心。人们自觉地保护他们的传统建筑和村寨的原生风貌，社区的道路、供水、供电、展览馆等公共设施得到较好的管理和维护。②

显然，这个村寨的文化遗产保护，已经进入了良性的、自觉的社会化保护的阶段。不仅如此，如果我们能在相关立法中确认这些苗族的传统文化是属于社区集体所有的，那么每个人都有权利从对传统文化进行旅游开发的收入中获得应得的份额，即使是那些没有参与到旅游中的人。正因为我国的相关立法中还没有"确认这些苗族的传统文化是属于社区集体所有的"，郎德苗寨的利益分配方式可以看作是一种变相的补偿，事实上，这个苗寨的传统文化利益分配的方式基本是合理的，使村寨的所有人都从旅游开发中受益。当然，参与到实际的传统文化开发活动中的人都付出了自己的劳动，理应再获得一份劳动报酬。

(二) 西江千户苗寨的"奖励制"

贵州省雷山县西江村的旅游开发自 2009 年起由县里组织成立了旅游公司和景区管理局，西江村每年获得景区门票收入中的 150 万元作为传统建筑保护的奖励基金，为此，雷山县政府制定了《雷山县西江千户苗寨民族文化保护评级奖励办法》，其中规定：由村委会根据传统建筑保护情况（80%）、卫生状况（20%）、户数等三个因素进行评级后分配，新建房屋未满三年无资格参加分配，砖房用木料包装的给分比较少，砖房未进行包装的不给分，一般最少的 2400 元左右，最多的为 4000 元左右。此

---

① 本刊记者：《透视郎德的工分制》，载《人与生物圈》2010 年第 1 期。
② 李丽：《公平 PK 效率：郎德苗寨在旅游大潮中的坚守（二）》，载《人与生物圈》2010 年第 1 期。

外，还有一种奖励方式，就是景区门口的迎宾仪式，基本是一种变相的利益分配，每天村里以老人为主的队伍身穿民族服装在寨门口列出两队迎接游客，普通老人每天14.5元，吹芦笙的、盛装女孩、主持人每天20元，吹竽筒的每天17元。根据笔者的调查，2010年6月18日，参加欢迎仪式的老年妇女有65人，老年男性有13人，主持人1人，吹芦笙的8人，吹竽筒的10人，盛装女孩7人，节假日有中小学生参加，按照同样的标准计算报酬。西江的这种奖励制制定的一个基础是承认所有传统建筑及其主人对传统文化开发所作的贡献以及作为传统文化主人所应获得的利益，通过奖励来进行利益分配，进而补偿传统建筑及其主人对旅游开发的支持与配合。

(三) 岜沙村的"集体所有制"

贵州省从江县的岜沙村传统文化开发的前期投入也是在政府的主导下完成的，但该村的管理体制是门票与演出收入分开，门票一般为12元，由县旅游局派工作人员轮流值班，收取景区门票，每年门票收入的10%归村里，其余的归属于旅游局。岜沙村的演出收入单列，演出收入为每场800元，一年演出300场次左右，演员每演出一场的报酬为10元，其余的收入归村集体所有。以2010年6月27日为例，岜沙村演出队的成员共有40多人，当天连演三场，但参加演出的不足30人。扣除每场付给演员的报酬之外，一半以上的演出收入归属于岜沙村集体所有。为了维护这种集体所有制，岜沙村还在其村规民约中规定了如下几个条款来保护其传统文化，主要包括：第24条规定，要加强本村旅游景点的保护，凡是破坏旅游景点设施、风景树者的，罚款"三个一百二"，① 情节严重交司法机关处理。第25条规定，要保持古

---

① 即罚120斤米、120斤酒、120斤猪肉，意思就是罚违反村规民约者请全寨人吃饭。类似的习惯法还有罚"四个一百二"、罚"三个一百"等。

朴的传统意识，凡是7岁以上的男子头式都要留发髻，并终生保持这种发式，如不留发髻，就不能享受国家给予的优惠政策待遇。第27条规定，村内民房的建筑必须保持岜沙村原有的建筑风格，外观必须为木质；本村的其他传统习俗要长期保持，使岜沙村成为我县发展民风民俗旅游重点景区。如前所述，岜沙村传统文化开发的前期投入是在政府的主导下完成的，但是从江县政府并没有从演出收入中提取一定的份额，而是在扣除演员报酬后都留给了村集体所有，承认该社区作为文化主人所应享有的权利，可以说是对传统文化开发的另外一种补偿方式。

（四）以家屋为本的管理体制

在云南省泸沽湖畔的落水村的旅游开发中，制定了一套规范旅游从业人员行为的村规民约，同时也包含旅游收益的分配原则，这套体制是具有摩梭特色的，它的基础仍然是以家屋为本。

落水村的旅游发展是村民的自发行为，起初经历了一段混乱时期，家屋之间为争夺游客吵架，甚至斗殴，也有载客现象，一系列的混乱现象源于无章可循。正是在这种情况下，新上任的村长格则次若将旅游体制的建设放到工作的首位。他先是成立10人组成的村民委员会，又咨询村中老人，做年轻人的工作，制定村规民约。除了家庭设立的旅馆不好统筹外，所有划船、牵马、跳舞，由集体统筹安排，每个组，由全村轮流支派，每个火塘要有人参加，收入统一按火塘分配，即每个家庭都有一份统一的收入，即使是贫穷家庭只要有人参与，都能拿到一份，并且每项收费明码标价，统一管理。另外，还制定了许多罚款条例，比如，服务于游客时，如不穿民族服装，罚款；村民在公众场合吵架，罚款；向游客多收钱，罚款……随着旅游体制与规章的落实，落水村恢复了昔日的平静和谐。但是，旅游体制的推行，靠的不仅是村长的个人威信，他背后也有一定的家族背景，格则家是村里的大户，再加上汝亨、彩塔、达巴三个大家庭属于村内的旺户，这三户又与格则家是亲戚关系，所以，村长背后是四大家族，公众事务与家族力量天然地结合在一起。①

落水村的管理体制创新有明显的特点，该体制依托于传统的摩梭文化，仍然是以家屋为基础进行传统文化的管理，摩梭文化是村落集体所有的，每个人都有权利进行划船、牵马、跳舞等活动，每个人也无权阻止他人进行同样的活动，因而出现了恶性竞争等最初的混乱局面。在格则村长的主导下，制定了规范大家行为的村规民约，也同时规定了依托传统文化进行的旅游的利益分配方式，使全体村民的传统文化产权得以顺利实现。

四、民族村寨旅游开发中利益补偿的具体措施

（一）民族村寨旅游开发中利益补偿的实施机制

中国目前的补偿措施主要集中在资源开发和生态保护方面，主要有：库区维护基金、库区建设基金、矿产资源补偿费和森林植被恢复费。② 中国目前还没有对传统文化以及文化权利进行补偿的相关规定。国际社会对利益分享制度的实现机制主要有两种对立观点，即为"立法机制"和"契约机制"，前者指基于通过协商谈判将相关各方的权利和义务明确化，并纳入有关国际法中的一种利益分享解决方案。在此机制下，有关各方仍得以通过契约或协议的形式设定相应的权利义务，但不能违反立法中所确立的准则。后者指以契约的形式确定利益分享的方案，在契约中规定当事人的权利和义务，旨在通过相关主体的意思自治来实现利

---

① 刘晖：《旅游民族学》，民族出版社2006年版，第338页。
② 葛忠兴：《中国民族地区发展报告2004》，民族出版社2005年版，第64—66页。

益分享的目的。① 发展中国家倾向于选择前者，发达国家倾向于选择后者，在利益分享的实施机制上始终无法达成一致，原因在于，如果在单个的个案中通过契约机制来确定双方的利益分享方式，那么拥有先进技术和雄厚资金的发达国家开发方必然占有谈判的优势，很可能不利于对占有资源一方的发展中国家的权益的保护。

作者认为，无论采取哪种实现机制，在对传统文化进行利益补偿时应根据个案的具体情况，综合考虑不同方案的优势，在与当地受影响群体进行充分协商的基础上，进行恰当的制度设计。原因有以下几个方面：(1) 我们必须尊重民族自治地方对本地区发展方式的选择权和参与权。《在种族或民族、宗教和语言上属于少数群体的人的权利宣言》中规定，少数人有权有效地参与文化、宗教、社会、经济事务及公共生活。在不与国家法律相违背的情况下，少数人有权有效地参与全国及地区内有关其本身及居住地的决策。这是国际社会的共识，也代表了少数人权利保护的发展趋势，中国政府非常重视该宣言。毫无疑问，中国的少数民族也不例外，也应享有对自身事务，尤其是本地区发展方式的选择权和参与权。因而，我们只能建议一些可供选择的补偿方案，具体措施应由少数民族自己做出决定。(2) 目前的利益补偿主要有股份公司和金钱补偿两种形式。考虑到中国的实际情况，民族地区的多数群众文化水平比较低，如果全面地采用股份制，他们很难真正地行使他们的股东权。现代社会的股份公司的运作是有相当的风险的，由于自身文化素质的限制，股份制的补偿方式不一定适合中国少数民族的情况。作者认为，采用金钱补偿的方式可能更合适，在这方面，我们可以参照生物多样性公约的具体制

---

① 周欣宜：《传统知识特殊保护制度之探讨》，载郑成思主编：《知识产权文丛》（第13卷），中国方正出版社2006年版，第307页。

度设计。

(二) 民族村寨旅游开发中利益补偿的实施方式——传统文化集体管理

根据一般的法理,传统文化补偿的实施主体就是对传统文化进行商业性使用或不正当使用的自然人、法人和其他组织。传统文化补偿的对象就是事实上占有、使用并传承传统文化的传统社区。我国的传统社区应包含如下一些要素:(1)居住在特定的地理区域。(2)拥有共同的语言、习惯、传统或其他显著的文化特征。(3)传统上共同使用周边特定的资源。(4)人类共同体。但在事实上,传统社区的具体边界还需要根据实际情况进行科学认定。

事实上,由于一个作品是"原创"还是"改编"不仅关系到作者名誉上的满足感,还影响到作者应得的收入,正如"乌苏里船歌"案所表露出来的,改编者经常回避甚至忽略这一事实。我国的相关规章对如何平衡原作者和改编者之间的利益是有相关规定的,根据国家版权局1999年发布的《出版文字作品报酬规定》第9条,原创作品的版税率为3%—10%,演绎作品的版税率为1%至7%;出版者出版演绎作品,除合同另有约定或原作品已进入公有领域之外,出版者还应取得原作品著作权人的授权,并按原创作品版税标准向原作品的著作权人支付报酬。1993年版权局发布的《录音法定许可付酬标准暂行规定》第5条规定,使用改编作品进行录音,依第3条和第4条的规定确定具体报酬后,向作品的著作权人支付70%,向原作品著作权人支付30%。原作品已超过著作权保护期或不适用著作权法的,只按上述比例向被录制作品的著作权人付酬。但是,前述两个规章中都有"已进入公有领域除外"的排除条款,按照现在的知识产权法,我国的传统文化多数都已经进入公有领域,是无法在前述两个规章的框架内进行利益分享的。相反,如果我们能够在法律上确认传统文化补偿制度，那么传统社区至少要获得30%左右的预期利润，这将极大地激发传统社区保护其传统文化的积极性与热情，也是促进民族地区与传统社区加快发展的重要契机，值得国家立法部门从战略发展的角度来重视这一制度的创设与实施。

根据我国很多传统社区的实际情况，可以考虑由依法成立的类似"传统文化协会"的集体管理组织对传统文化补偿进行集体管理。它的职责与著作权集体管理组织的职权类似，主要包括：（1）与使用者订立传统文化产权或者与传统文化产权相关的权利许可使用合同；（2）向使用者收取使用费；（3）向传统文化产权人转付使用费；（4）进行涉及传统文化产权或者与传统文化产权有关的权利的诉讼、仲裁等。由于我国传统文化的数量众多，进而无法成立类似著作权集体管理组织会员大会这样的权力机构。所以，对传统文化补偿的集体管理组织的监督就显得尤为重要，这就要求"传统文化协会"在签订合同时，事先商请所在社区，通过当地的社区组织或者社区代表大会履行相关的民主决策手续，或者由有关专家与当地社区代表通过"一事一议"的方式进行民主决策，然后做出相关决定。同时还有必要将其每一个转让合同都向社会公众进行公示，接受公众的监督。

第九章 自然资源管理自治权

西部地区地域辽阔，土地面积约占全国国土面积的71%；能源和矿产资源较富集，资源的潜在总价值约达58808亿元；是长江、黄河、澜沧江等大江大河的发源地，号称中华"水塔"，可开发的水电资源2亿多千瓦，约占全国的2/3；又是我国中、东部地区生态安全的重要屏障。[1] 同时，西部地区又是我国少数民族主要聚居的地区，对西部的开发实际上是对少数民族地区的开发，将给民族地区的发展带来历史性的新机遇。

但是，我们不容忽视的是，我国西部民族地区生态环境脆弱，在现有技术条件落后、资金紧缺和生态环境法律制度不健全的情况下，开发和发展必然致使西部民族地区生态环境恶化，诸如水土流失严重、沙漠化面积扩大、水资源紧缺、森林资源和草原生态破坏严重、污染加剧等。西部民族地区生态环境的恶化不仅会直接导致当地生产能力的显著下降乃至丧失，而且对东部发达地区造成灾难性的影响，直接关系到国家的经济安全。毫无疑问，西部民族地区生态环境问题已经成为西部大开发首先必须面对的问题，不仅是保证西部民族地区，也是保证全国实现可持续发展的关键所在。同时，西部地区民族也拥有丰富的自然资源，如何对这些自然资源合理地开发利用，促进西部民族地区经济、社会的可持续发展，是摆在我们面前的时代课题。因此，我们在研究民族经济法过程中必须加强民族地区关于资源开发与生态环

---

[1] 葛少芸、张民义：《西部生态环境建设的资金支持研究》，载《西部论丛》2005年第7期。

境方面的立法，以使整个西部民族地区实现经济与生态的"双赢"。

第一节 自然资源管理自治权

众所周知，国家所拥有的自然资源有巨大的经济价值，进行开发时，这些潜在的价值就会变成现实的价值。这就有一个对这些价值的转换物及货币或财富进行合理分配的问题。既然这些自然资源是国家的并且是有价值的，那么任何人对它进行开发都不应当无偿获得，必须付出相应的代价，具体表现为将开发所获得的利益做合理的分配。那么应如何进行分配呢？国家应当通过税收的杠杆得到应有的份额，资源所在地同样应当通过具体的方式得到合理的份额，即对投资方在开发中获得的收益进行合理的分配。此外，还要理顺资源产品价格体系，推进资源价格合理化。① 为体现资源的价值和有助于在大开发中各民族的共同繁荣，在开发中可以采取的一个具体形式就是赋予民族地区获得利益补偿的权利和自然资源管理方面的自治权。

一、自然资源管理自治权的实证研究

民族地区生态的恶化不仅会直接威胁当地的生产能力的维持和发展，而且对东部发达地区的发展也将造成巨大的影响。对当地少数民族来讲，所造成的影响也是灾难性的。本节将结合鄂伦春族的具体案例对这些问题逐一进行详细论述。

---

① 该观点参考了杜发春：《论新型城市化的生态观：以珠江源地区为例》，载周大鸣、马建钊主编：《城市化进程中的民族问题研究》，民族出版社2005年版，第72—73页。

(一) 鄂伦春自治旗的生态环境遭到破坏

出于对鄂伦春族区域自治的深深关切,作者于2005年7—8月走访了这个充满神秘色彩的民族,对内蒙古的鄂伦春自治旗进行了相关调查。我们事先准备了调查提纲,采用提问式的方法,以入户访谈为主,以座谈会的形式为辅,收集到了许多真实的第一手资料,了解到这些少数民族的权利意识,并对一些当地人熟知但未进入学者视野的一些现象从法学角度进行了分析,并在此基础上形成了调查报告。本文选取了调查报告中的一些材料进行系统分析。

鄂伦春族居住的地区,大兴安岭纵贯南北,小兴安岭沿黑龙江斜向东南。大小兴安岭无数条银链般的山溪,汇成了许多气势磅礴的河流以及清澈如镜的湖泊。森林中到处有落叶松、红松、桦、柞、杨等耐寒树种。茂密的森林中栖息着虎、熊、鹿、狍、野猪、水獭、灰鼠以及飞龙、天鹅、野鸡等禽兽。山中盛产木耳、蘑菇、榛子、五味子等土特产品和药材,种类繁多,俯拾皆是。河中盛产多种鱼类,地下蕴藏有丰富的矿产。[1] 现如今,这样的景象已经很难见到了。由于建国后大兴安岭林区几十年来的全面开发,当地生态环境遭到严重破坏,野生动物已经接近枯竭的边缘,狩猎已经变得难以为继了。

关于环境在人类文化方面所起的作用,弗思先生概括了四个方面,环境给予人类生活极大的限制;环境在一定程度上总要迫使生活在其中的人们接受一种物质生活方式;环境一方面广泛地限制人们的成就,另一方面为满足人们的需要提供物质;环境对

---

[1] 国家民委民族问题五种丛书编辑委员会《中国少数民族》编写组编:《中国少数民族》,人民出版社1981年版,第110页。

人们的文化生活起着微妙的作用。① 其实,这四个方面在鄂伦春族的文化中都有所体现。鄂伦春族传统狩猎文化,是适应大小兴安岭地区地广人稀,动植物资源丰富这一自然环境和社会文化环境的产物。狩猎文化的存在和延续,受环境的直接控制和左右。如果人口密度达到一定程度,森林资源开发达到一定水平,狩猎生产失去了回旋余地,那么,狩猎文化自然演进过程的断裂,狩猎文化的衰落,将是难以避免的。②

目前的鄂伦春自治旗正是如此,可以说,大小兴安岭森林资源的全面开发,给国家带来了巨大利益,同时也产生了很大危害。人口严重膨胀,根据2004年的人口统计,鄂伦春自治旗人口已经达到30万,其中鄂伦春族2050人,③ 林业资源受到毁灭性损害,绿色植被、森林湿地被破坏,野生动物被大量捕杀,尤其是当地汉族群众与林场职工的破坏性狩猎,已使当地的动植物资源遭到严重破坏,造成洪水泛滥,草原退化。猎民赖以生存的生活环境、地区生态遭到破坏,以资源为优势的鄂伦春自治旗在新的经济发展时期,其资源优势已经不明显,狩猎已经难以为继了。为了给当地生态尤其是森林一个休养生息的机会,1996年1月23日,鄂伦春自治旗人民政府在调研的基础上经过慎重考虑,发布了《鄂伦春自治旗人民政府关于禁止猎捕野生动物的布告》,宣布正式实施禁猎,由此宣告了鄂伦春自治旗鄂伦春族狩猎经济的终止。

---

① [英]雷蒙德·弗思著,费孝通译:《人文类型》,华夏出版社2002年版,第32—33页。

② 何群:《环境、文化与小民族的特有发展难题——中国鄂伦春族个案》,载何群编:《土著民族与小民族生存发展问题研究》,中央民族大学出版社2006年版,第387—388页。

③ http://www.elc.gov.cn/zhaoshang/Article_Show2.asp?ArticleID = 27,最后登录时间2011年10月18日。

（二）"一旗分治"现象影响鄂伦春自治旗自然资源管理自治权的实现

目前鄂伦春自治旗面临的主要问题是，不仅生态环境面临严重的挑战，其自然资源管理自治权也因当地特殊的森林资源开发的历史而难以实现，这是因为，"一旗分治"现象严重影响鄂伦春自治旗的发展，因为"一旗分治"现象阻碍了鄂伦春自治旗自然资源管理自治权的实现，也使得鄂伦春族传统的狩猎文化所依托的大兴安岭地区的环境受到严重破坏，环境与资源管理相互影响，互为制约。所谓"一旗分治"是指鄂伦春自治旗境内包含有若干个属于黑龙江省管辖的地区或单位以及内蒙古自治区所属的森工公司和国营农场，这样，一个旗被内蒙古自治区和黑龙江省分别管理，在理论上和管理实践中都带来众多不便之处，引发许多矛盾，使管理效率低下，不利于该旗的长远发展。

根据鄂伦春自治旗志（1989—1999）记载，属于黑龙江省管辖的地区或单位有：黑龙江省加格达奇区、松岭区、大兴安岭农工商联合公司；属于内蒙古自治区管辖的单位有：内蒙古自治区大兴安岭森林工业（集团）有限公司所属森工公司（毕拉河森工公司、大杨树森工公司、阿里河森工公司、甘河森工公司、吉文森工公司、克一河森工公司）、内蒙古自治区大兴安岭农场管理局所属国营农场（巴彦农场、甘河农场、东方红农场、诺敏河农场、古里农场、宜里农场、扎赉河农场、欧肯河农场）。1966年划到黑龙江省的加格达奇区和松岭区，人口有16万多，面积18190平方公里，占鄂伦春自治旗面积的近1/3。鄂伦春自治旗与各森工公司和加松两地的关系是因"租借"而发生的税收关系，在生产、建设、就业中与鄂伦春自治旗没有任何干系。但是不能忽略和无法回避的是鄂伦春族的发展与大兴安岭的资源、生态是密不可分的，这些地区和单位对当地环境所带来的巨大影响是不容忽视的。

当年开发大兴安岭的会战阶段的任务业已完成，林业生产和其他各项建设事业都已转入正常轨道。鄂伦春自治旗认为，应该结束目前"一旗分治"的状态，把交给大兴安岭特区管辖的我旗的地方，仍归还我旗管辖。鄂伦春自治旗对加松两地归属问题的态度集中反映了鄂伦春民族的地域意识行为。地域意识行为对一个民族具有社会组织功能，即安排自我认同和调整社会体系。《鄂伦春自治旗自治条例》中的相关规定也蕴涵了这样的观点。其第二条中规定，鄂伦春自治旗（以下简称自治旗）是鄂伦春族实行民族区域自治的地方。自治旗境内有汉族、蒙古族、达斡尔族、鄂温克族、回族、朝鲜族等兄弟民族。自治旗辖托扎敏乡、古里乡、讷尔克气乡、宜里乡、阿里河镇、吉文镇、甘河镇、克一河镇、大杨树镇、乌鲁布铁镇、诺敏镇、库勒奇镇及加格达奇、松岭两个地域。第三条中规定，自治旗的区域界线受法律保护。一经确定，不得轻易变动；需要变动的时候，由上级国家机关的有关部门和自治旗的自治机关充分协商拟定，报国务院批准。作者在鄂伦春自治旗的调查中也得知，一提到"加松两地"，当地人的心情和语气可以用"气愤"来形容，也有当地的干部向作者反映说，鄂伦春自治旗归内蒙古或者黑龙江管辖都可以，只要结束目前这种"分治"的状态就对鄂伦春自治旗的未来发展很有好处。可见，鄂伦春自治旗也是有较强的地域意识行为的，他们已经认识到，"租借"地域使其自然资源管理自治权陷于名存实亡的境地。

地域的控制问题，实质是资源的控制问题。但对于鄂伦春自治旗来说，也是一个文化权利的问题。从地域意识行为对组织社会生活、保持社会体系良好运行的功能看，鄂伦春自治旗多个主体、多种异质性因素聚合，对地域、资源的使用和控制的重叠，致使这一地区的社会冲突，不仅反映在对各种资源控制权力和势力范围的角逐，而且表现为社会秩序的混乱。森林资源尽管占鄂伦春自治旗总面积的93.7%,林区占地4912832公顷,占全旗总面积的80%以上,但是,这些森林资源却不归鄂伦春自治旗管辖,一个旗80%以上的地域不归该旗管辖,实在有违一般的行政学常识。

在这个问题上,我们必须意识到,任何一种少数民族的传统文化都依托于特定的自然环境,如果少数民族不拥有其所在的民族地区的环境权,那么对其文化权利的保护就成了无源之水,无本之木。因为,"每一种文化都是不同的,因为它们要适应特定的环境条件,包括自然条件和社会条件"。[①] 此外,据2005年8月7日中央电视台经济信息联播报道:大兴安岭地区的环境资源效益达780亿元。如果我们不能妥善地解决林权问题,解决"一旗分治"的不合理现象,将来因环境资源带来的经济收益问题、潜在的环境权问题必将更加突出。类似现象在其他民族地区也是大量存在的,民族地区拥有大量优质的自然资源,却没有从这些自然资源的开发中获得相应的利益,导致这些地方的经济管理自治权以及其他方面的自治权也受到了不应有的影响,这些现象值得我们关注。

二、民族自治地方自然资源管理自治权的现状

少数民族的资源权利是少数民族经济权利的一个重要的组成部分。《民族区域自治法》第28条规定:"民族自治地方的自治机关依照法律规定,管理和保护本地方的自然资源。民族自治地方的自治机关根据法律规定和国家的统一规划,对可以由本地方开发的自然资源,优先合理开发利用。"第28条的规定确立了少

[①] [美]戴维·波普诺著,李强等译:《社会学》(第十版),转引自方慧主编:《民族地区习俗与法律的调适——以云南省金平苗族瑶族傣族自治县为中心的案例研究》,中国社会科学出版社2006年版,第270页。

数民族对本地方自然资源的优先合理开发利用权,这是少数民族经济权利的一个重要方面。这些自然资源中的绝大部分是属于国家所有的,但为了促进民族地区经济的跨越式发展,《民族区域自治法》规定了少数民族对本地方自然资源的优先开发利用权,这既是对传统所有权体制的创新,也体现了上级国家机关的职责,实践意义非常深远。

同时,《民族区域自治法》第27条规定:"民族自治地方的自治机关根据法律规定,确定本地方内草场和森林的所有权和使用权。民族自治地方的自治机关保护、建设草原和森林,组织和鼓励植树种草。禁止任何组织或者个人利用任何手段破坏草原和森林。严禁在草原和森林毁草毁林开垦耕地。"该法第27条的规定确立了民族自治地方的自治机关根据法律规定,确定本地方内草场和森林的所有权和使用权的权利。该条在事实上规定了自治机关有权对本地方内的草场和森林进行产权认定。因而,研究少数民族资源权利的实现途径,尤其是产权认定制度的实现程序、监督机制及与登记制度的协调等问题是少数民族资源权利得以实现的制度保障,有利于该项权利的顺利实施。

(一)民族自治地方自然资源管理自治权的立法现状

西部民族自治地方在环境与自然资源保护方面的地方性法规和规章的成绩是有目共睹的。除了国家有关法律法规的实施细则外,还根据自己的实际情况制定了有关规定,如《内蒙古自治区草畜平衡暂行规定》(2000年8月)、《新疆维吾尔自治区防沙治沙若干规定》(1996年)、《青海省草原监理规定》(1996年)、《宁夏回族自治区甘草资源管理办法》(1994年)等。可以说,西部民族自治地方对环境保护问题已给予了足够的认识,也已下大决心治理和保护自身的环境与自然资源建设。但是,我们也注意到,西部民族自治地方的环境与自然资源保护立法仍然存在着明显的不足。

1. 西部民族自治地方自然资源管理的立法不协调

西部各省环境和自然资源有极大的相似之处，它们共享着同样的河流、林地、草原、湖泊等，这必然要求有关环境与自然资源立法应统一和协调，否则各自的立法就不可能起到很好的作用。如涉及沙土防治、邻接省份自然资源的协调保护和开发、大江、大河的统一立法等。环境保护是一个合力问题，单靠某一个地方的努力是远远不够的。

2. 西部民族自治地方自然资源管理立法的地方特色不明显，没有充分发挥地方立法有针对性的优势和特点

综观西部各地环境保护与自然资源立法，涉及面极其宽泛，但这些立法由于受"宜粗不宜细"的影响，内容比较粗糙，一些基本的立法往往照抄国家有关立法，再简单地加上一些所谓的自己的东西。目前，西部民族自治地方环境立法的很多条文千篇一律，绝大部分是国家环境保护法的翻版。如宁夏回族自治区的《环境保护条例》只有42条，其立法尽管提到了对黄河的保护，但绝大部分是国家环境保护法的翻版。

3. 西部民族自治地方自然资源管理立法的可操作性较差

自然资源管理立法的可操作性问题是与地方特色相联系的，西部地方环境立法缺乏地方特色，其可操作性自然成问题。现在西部一些地方立法没有做细致的调查研究，也没有把出台法规是否具有可操作性放在心上，他们关心的只是尽早把法规出台颁布，因而有地方特色和可操作性的地方立法很难形成。

(二) 民族自治地方自然资源管理自治权的实施现状

1. 执法方面

在履行法定职责时，由于知识所限，执法不当，执法有误等情况都时有发生。如不明职权，越权行政或执法不到位，违反法定程序，忽视取证，执法不规范等。与此同时，执法技术手段落后又从另一个角度加剧了自然资源执法力量的薄弱。由于西部地

区的经济落后，投入到自然资源及环境执法领域的资金有限，使得自然资源及环境执法的技术手段落后，在执法实践中，自然资源及环境执法人员往往无法准确及时地采集到环境违法的证据，从而影响了自然资源及环境执法工作的顺利进行。

2. 司法方面

目前主要通过行政诉讼来解决民族自治地方自然资源管理方面所发生的争议。自然资源方面的权益是一种财产权，根据《行政诉讼法》第11条第1款第（八）项的规定，如果自然资源管理机关错误地进行了权属登记，或者没有依法进行产权确认，而使行政相对人的财产权受到了侵害的，行政相对人可以提起行政诉讼。

三、民族自治地方自然资源管理自治权的完善

（一）完善宪法关于自然资源权属的规定

改变《宪法》过于僵化的自然资源权属制度，并不是要根本改变我国自然资源国有和集体所有的基本权属制度，也不是要在《宪法》中确立西部特殊的自然资源权属制度，而是增加《宪法》中对于自然权属规定的例外性规定。该例外性规定可以作为《宪法》第9条第1款，表述为："为保护生态环境或其他公共利益的需要，按照法律规定上述自然资源可以属于单位和个人所有。"这样规定，就在宪法层面上，为有关的西部生态环境保护法律建立特殊的自然资源权属制度扫除了障碍。

（二）完善少数民族资源权利的产权认定与登记制度

少数民族资源权利的实现途径，尤其是产权认定制度的实现程序、监督机制及与登记制度的协调等问题是少数民族资源权利得以实现的制度保障，有利于该项权利的顺利实施。产权认定制度是设立权益的制度，由于我国各种自然资源分别属于多个行政部门管理，在部门之间缺乏协调甚至存在部门利益矛盾时，便出

现了权属登记冲突的现象：一块土地分别登记为农用地、林地、草地的情况已屡见不鲜，还有林地、草地被当作荒地对待的。民族自治地方需要保障自然资源权属的安全，不仅要明确权属的法律保障，还应该运用自然资源自治权做好自然资源权属登记工作，从而减少和避免权属纠纷。① 我们认为，解决该问题的核心在于统一我国现有的不动产登记制度，由一个统一的机关来负责，对所有的不动产进行统一登记。这是因为不动产都是依附于土地的，如果由一个统一的机关来负责登记，就可避免对同一个地块的重复登记。

（三）建立适应西部地区的环境影响评价制度

环境影响评价制度，是指对规划和建设项目实施后可能造成的环境影响进行分析、预测和评估，提出预防或者减轻不良环境影响的对策和措施，进行跟踪监测的方法与制度。它是一项重要的环境法律制度，也是一项把经济效益和环境效益统一起来，把人类活动对环境的影响减少到最低限度，贯彻"预防为主"原则的强制性制度。随着西部大开发的实施，许多大中型工业建设项目都将上马，一些水利枢纽、矿山、铁路、公路建设项目陆续开工，因此，《环境影响评价法》的有效实施对西部地区生态环境保护有着特别重要的意义。② 但是，西部地区由于急于多上项目吸引资金，环境影响评价大多流于形式，很难有效执行。如实施西部大开发中，水电能源开发是其中的一个重要组成部分。虽然《环境影响评价法》明确规定了在流域的水电工程开发建设前必须进行规划环境影响评价（即规划环评），但是迄今为止，我国

---

① 刘惊海、施文正主编：《西部大开发中的民族自治地方经济自治权研究》，内蒙古人民出版社 2003 年版，第 163 页。

② 祁进玉：《西部大开发与我国民族地区环境保护的法律思考》，载《甘肃理论学刊》2002 年第 6 期。

西部地区怒江等诸多流域的水电梯级开发建设前，有关规划环评的状况令人堪忧。水电建设筑坝之后阻断了原有河道的水流连续特性，从而会使河道上下游的形态、流域内的河湖关系、河口特性等发生显著变化，进而使原本依存于流域的物种构成、生态环境发生重大变化，使西部地区许多国家级甚至世界级自然保护区和稀有物种的所在地和具有许多珍贵而独特的地质地貌景观遭到无法恢复的破坏。增强西部民族自治地方自然资源开发立法的针对性就是要求这些立法必须围绕本地方的生态建设和环境保护，能够充分反映本地区的具体情况和实际需要，并且针对本地实际，集中解决问题比较突出而国家环境立法尚未规定或者不宜规定的事项。

（四）制定富有地方特色的民族自治地方自然资源管理制度

我国的民族自治地方自然资源的情况千差万别，因而各民族自治地方应根据自己的实际情况，制定富有民族自治地方特色的自然资源管理制度。例如，西藏自治区则应当着眼于西藏的生物多样性、大江、大河上游的生态环境等重点问题出台具体的措施和办法，切实抓好本地珍惜自然资源的管理与开发；甘肃、新疆、陕西等缺水省份则应当对当地水资源的保护与管理做出详细规定等。

（五）完善民族自治地方自然资源开发的决策程序

从总体上看，民族自治地方开发自然资源的决策程序应与一般地方关于自然资源开发的决策程序和民族自治地方关于其他事项的行政决策程序保持一致，尤其是我国正在制定《行政程序法》，民族自治地方更应该树立依法行政的正确观念。但是，民族自治地方自然资源的开发毕竟影响当地少数民族千百年来赖以生存的环境和生产生活方式，也由于特定的民族文化依赖于特定的生存环境，因而，民族自治地方的自然资源开发也影响他们民族传统文化的保持与传承。少数人有权有效地参与文化、宗教、社会、经济事务及公共生活。在不与国家法律相违背的情况下，少数人有权有效地参与全国及地区内有关其本身及居住地的决策。[①] 因此，基于这一精神理念，在民族自治地方进行自然资源开发时，我们应当尊重当地少数民族的意愿。体现在法律程序上，就是对于直接影响到特定少数民族利益的事务的决策可以规定相应的咨询程序或赋予他们否决权。

第二节 获得利益补偿的权利

就中国西部民族地区的工业化而言，总体上来说具有这么几个明显的特征：一是外部力量发动；二是政府投资发动；三是重工业主导；四是低效。西部地区这种"外部嵌入式的以政府投资发动的重化型"的工业化，带来了许多不良后果：导致了严重的二元经济结构，使工业化和城市化相分离，各产业间缺乏有机的联系和协调，加剧了生态环境的恶化。[②] 而民族自治地方获得利益补偿的权利正是弥补目前生态现状的有效措施之一。

生态补偿机制研究是目前世界上生态环境建设领域研究的热点和难点问题。国内学者对生态补偿概念的理解有广义和狭义之分。生态补偿从狭义的角度理解就是指：对由人类的社会经济活动给生态系统和自然资源造成的破坏以及对环境造成的污染的补偿、恢复、综合治理等一系列活动的总称。广义的生态补偿机制则还应包括对因环境保护而丧失发展机会的区域内的居民进行的资金、技术、实物上的补偿、政策上的优惠，以及为增进环境保

---

① 《在种族或民族、宗教和语言上属于少数群体的人的权利宣言》第2条。
② 杜发春：《论新型城市化的生态观：以珠江源地区为例》，载周大鸣、马建钊主编：《城市化进程中的民族问题研究》，民族出版社2005年版，第59页。

护意识，提高环境保护水平而进行的科研、教育费用的支出。[①]

2001年2月28日修订的《民族区域自治法》第65条规定，国家采取措施，对输出自然资源的民族自治地方给予一定的利益补偿。第66条规定，民族自治地方为国家的生态平衡、环境保护作出贡献的，国家给予一定的利益补偿。这些规定，确认了对少数民族的利益补偿制度，同时也规定了少数民族获得利益补偿的权利。同时，这项以"开发者付费，受益者补偿，破坏者赔偿"为原则的制度也应适用于少数民族为野生动植物保护、文物保护、历史遗迹保护等方面作出贡献的情形。只有这样，才能调动少数民族进行环境资源保护的自觉性，在生物科技时代到来的时候，使少数民族地区的资源优势转化为生物科技优势、产业优势，也只有这样，少数民族地区的跨越式发展才能变为现实。也只有这样，才能极大地推动少数民族的经济权利的实现，从而进一步推动少数民族发展权以及其他各项人权的实现。

一、对民族自治地方进行利益补偿的必要性分析

（一）资源开发给民族自治地方造成的影响——以水电开发为例

我国已经进入了一个快速开发水电资源的时代，因为我国经济快速发展和人民生活水平的提高，能源需求的缺口越来越大，能源安全成为国家安全的大问题。我国是水电资源丰富的国家，但是开发程度较低。水能是可再生能源，优先发展水电是我国能源发展战略，但是水电开发涉及对民族自治地方的利益补偿问题。因为在民族自治地方进行的水电开发给当地群众的生产和生活带来严重影响，主要包括如下一些方面：

[①] 吕忠梅：《超越与保守——可持续发展视野下的环境法创新》，法律出版社2003年版，第60页。

一是土地没有按等价交换的原则赔偿给民族自治地方的移民造成的物质上的困苦。根据广西社会科学院李甫春教授的调查,按淹没前三年平均每亩年产值,水田补偿9倍、旱地补偿8倍,广西、贵州两省区耕地平均每亩水田补偿8406元,常耕旱地每亩补偿4756元。然而,这种赔偿标准的计算方法还具有浓厚的计划经济色彩,即用行政手段定价而不是由市场决定价格。[①] 毫无疑问,在水电开发的移民过程中,民族自治地方土地的价值被严重低估了,民族自治地方应得的利益在无形中被忽视了。

二是有可能影响当地少数民族的文化权利,使民族自治地方特有的民族文化面临消失的危险。文化权利在国际人权体系中构成特定的类别,规定在《世界人权宣言》第27条、《公民权利和政治权利国际公约》第27条和《经济、社会、文化权利国际公约》第15条中。其中主要提到每个人有权参加文化生活,享受科学进步及其应用所产生的利益,享受科学、文学或艺术作品等保护所产生的利益的权利。同时,《经济、社会、文化权利国际公约》第2条中规定了国家保障文化权利的义务。文化权利的一个重要方面就是少数人群体(包括少数民族)保持其文化特性的权利(《公民权利和政治权利国际公约》第27条),这一权利可以定义为提供适当方法,包括差别性待遇,以使少数人有别于人口大多数人的特征和传统得以保留,确保少数人的权利得以实现,并在尽可能的程度上与大多数人享受同等的条件。

然而,我们目前所进行的水电开发则使少数民族的文化权利受到影响。以即将建设的怒江水电站为例,少数民族人口的比重达92.2%,有傈僳族、怒族、独龙族、普米族四个特有民族,至今还保留着刀耕火种、人背马驮等原始生产方式和文面部落等原

[①] 李甫春:《西部地区自然资源开发模式探讨》,载《民族研究》2005年第5期。

始社会痕迹。①傈僳族的艰辛迁徙，怒族、独龙族可歌可泣的创造精神，使怒江大峡谷成为一个世界瞩目，色彩斑斓的人类文化公园。生活在江边，是怒江人最基本的生活状态。怒江最主要的交通要道是沿江公路，江边也集中了怒江州主要市区县城的建筑，甚至怒江最好的水稻种植基地也在江边。怒江是一个多民族聚集的地方，也是民族习俗、民族风情保留得比较完整的地区。一个民族的存在依赖于一定的地域与环境特征，移民很可能导致一个民族文化的消失。②

三是水电站的建设很可能会给生态环境造成严重破坏。水库蓄水淹没原始森林、涵洞引水使河床干涸、大规模工程建设对地表植被的破坏和水电建设配套的新建城镇和道路系统对野生动物栖息地的分割与侵占，都将改变和影响西部地区已日益缩小的原始生态区和原始生态系统，威胁生物多样性的存在和野生生物物种的生存，加剧生物物种的灭绝。主干河流上密集的梯级水坝，将完全阻断大量珍稀鱼类的和水生生物的生活走廊，破坏其生境；贡嘎山南坡水坝的修建，将使牛羚、马鹿等珍稀动物的高山湖滨栖息活动地丧失以及大面积珍稀树种原始林的淹毁等。仅以正在修建的瀑布沟电站为例，库区淹没涉及四川雅安汉源、石棉和凉山州甘洛这三个县，共21个乡（镇），包括汉源附近大渡河河谷地带最富庶的农业区，动态移民为10—15万人，如果这些移民就地后靠安置，将给库区的生态环境带来沉重的压力和严重后果。

---

① 《怒江13级水坝开发成定局 两派专家激烈交锋》，网址：http://www.southcn.com/news/china/todaycn/200311250572.htm，最后登录时间2010年8月10日。

② 《怒江，中国最后的处女江命悬一线》，载新华网，网址：http://www.yn.xinhuanet.com/topic/2004/njkf/wen/g10.htm，最后登录时间2010年8月19日。

(二) 国家的矿产资源所有权与民族自治地方对土地的权利之间存在冲突

我国《宪法》第 9 条规定，矿藏、水流、森林、山岭、草原、荒地、滩涂等自然资源，都属于国家所有，即全民所有；由法律规定属于集体所有的森林和山岭、草原、荒地、滩涂除外。第 10 条规定，城市的土地属于国家所有。农村和城市郊区的土地，除由法律规定属于国家所有的以外，属于集体所有；宅基地和自留地、自留山，也属于集体所有。国家为了公共利益的需要，可以依照法律规定对土地实行征收或者征用并给予补偿。

根据《宪法》的以上规定，国家对矿藏等自然资源拥有所有权，可以授权或委托相关的公司或企业对这些资源进行开发，这是有宪法根据的。但是，对国家在民族自治地方所进行的自然资源开发来说，民族自治地方的群众享有对自然资源所在地的土地的所有权或使用权，这同样是有法律规定或被习惯法权所认可的。这种因为不同权利主体对空间层次不同的自然资源同时享有权利而产生的利益冲突不可避免，因此，国家授权的公司或企业在开发民族自治地方的自然资源时，应当对民族自治地方做出及时、充分、有效的补偿并对当地群众未来的生产和生活给予必要的安置。

(三) 在开发中优先录用当地工作人员有利于开发项目的顺利进行

在自然资源开发过程中经济地录用民族自治地方的人员参与开发活动，使他们进入这种新的经济活动必将逐步实现人的现代化，也是"以人为本"思想的具体实践。有些建设项目的经营者往往觉得从沿海发达地区雇佣汉族劳动力在工作效率和业绩方面效果好、成本低、容易管理，但是这种想法只计算了账面上的经济成本，忽略了"当地人参与"这个重要问题，没有计算社会成本和政治成本。① 其实这种做法是缺乏远见的。

例如，二滩电站亏损数亿元，其根本原因便在于利益主体间未能形成良好的协调关系。多元利益主体间利益的合理协调才可能促成水电工程进展顺利，发挥效益，从而最终保障国家利益的实现。就投资方而言，在市场竞争条件下，其核心在于降低工程成本，使电站具有较强的竞争力；对于地方政府而言，发挥水电工程对当地经济的推进作用、带动地区经济与社会发展是其根本利益所在；对于移民来说，水电工程开发迫使他们迁居他处，影响他们的生产、生活，甚至影响民族群体的发展，也直接涉及他们未来生产、生活的安置问题。对安置工作要有合理的投入，才能保障移民的正常发展和企业的良性运转。②

《世界水坝委员会公民指南》（于晓刚翻译）已经指出，"由于经构性不公平，文化差异和歧视，及经济、政治上的边缘化，水坝常常忽视土著和部落居民的要求，他们也无足够能力争取公平对待，因而承受水坝更多的负面影响，却享受不到水坝的利益。"这项指南建议，水坝的建设者应向受影响者充分披露信息，并且获得其明确同意后方能建设，而受影响者有权参与共同协商（谈判），以确认可执行的补偿、补救和分享利益条款。③ 虽然这个指南对我国从事自然资源开发的企业还没有法律上的约束力，但这毕竟是世界水坝委员会在水坝建设方面的指导性意见，是世界各国的共识。

同时，我国《民族区域自治法》第 23 条规定，民族自治地方的企业、事业单位依照国家规定招收人员时，优先招收少数民

---

① 马戎：《民族社会学导论》，北京大学出版社 2005 年版，第 237 页。

② 周竞红：《大型水电工程与西部民族地区经济与社会协调发展研究》，载《水利经济》2004 年第 4 期。

③ 唐建光：《谁应该在怒江开发中获益？谁又有权参与决定怒江的命运？》，载《中国新闻周刊》2004 年 5 月 20 日。

族人员,并且可以从农村和牧区少数民族人口中招收。第22条规定,民族自治地方的自治机关根据社会主义建设的需要,采取各种措施从当地民族中大量培养各级干部、各种科学技术、经营管理等专业人才和技术工人,充分发挥他们的作用,并且注意在少数民族妇女中培养各级干部和各种专业技术人才。这些规定是针对民族自治地方的企业、事业单位和自治机关的,但是,为了保证整个开发项目的顺利进行,在越来越提倡企业的社会责任的今天,对在民族自治地方从事开发活动的其他企业同样具有借鉴意义。

(四)民族自治地方为国家的生态平衡和环境保护付出了巨大的成本

民族自治地方的少数民族在长期的生产和生活中,逐渐形成了一种与当地环境休戚与共、和谐共处的关系。在许多民族的习惯法中,都有与环境保护相关的内容。以鄂伦春族为例。事实上,鄂伦春族的狩猎是有意识地维持生态平衡的。鄂伦春族的冬季围猎一般不超过三个月,然后迁移他处,打猎时禁止打动物的幼崽等都已经成为鄂伦春族关于狩猎的习惯法。同时,鄂伦春族的成年男子组织成了"护林队"来保护当地的森林,对大兴安岭的环境保护作出了重要贡献。类似的例子还有很多。但是,自1958年开始,大兴安岭林区全面开发,10万林业、铁路大军开进林区,建起了大批林场、铁路车站和工人住宅,带去了采掘、农耕、工业经济文化,一些干部和工人及其家属对当地动植物掠夺式的猎取和采集,使野生动植物及其赖以生存的生态环境遭到严重破坏,民族结构和产业结构发生了根本性的变化,对鄂伦春族的狩猎生计也产生了直接影响。

中央实施西部大开发战略以来,针对生态建设工程"投入高,周期长,范围广,见效慢"的特点,许多专家学者、政府官员基本上对建立生态补偿机制的重要性和紧迫性已达成共识,建立生态补偿机制成为影响我国西部生态环境建设成败的重要因素之一。我国的生态补偿工作才刚刚起步，而且仅体现在退耕还林领域，其实退耕还林政策只是我国建立生态补偿机制的一次成功实践，还有许多方面都需要生态补偿机制，特别是西部地区的生态环境保护继续拓宽生态补偿机制的适用范围。如解决西部地区因资源输出所付出的环境代价（西气东送，西部地区生产天然气会污染环境，输送天然气需埋设管道，这也会破坏地表植被，影响生态环境）、江河上游水资源利用与中下游用水的矛盾，生态屏障的建设与投入的矛盾，过度开垦导致的水土流失和沙漠化问题，草原过度放牧或过度耕种带来的风沙问题，以及自然保护区的保护问题等。

二、对民族自治地方进行利益补偿的法律依据

1. 我国《宪法》第10条规定，国家为了公共利益的需要，可以依照法律规定对土地实行征收或者征用并给予补偿。

2. 2001年2月28日修订的《民族区域自治法》第65条规定，国家采取措施，对输出自然资源的民族自治地方给予一定的利益补偿。第66条规定，民族自治地方为国家的生态平衡、环境保护作出贡献的，国家给予一定的利益补偿。同时，国务院实施《中华人民共和国民族区域自治法》若干规定中明确规定国家使用征收的矿产资源补偿经费时要优先考虑原产地的民族自治地方（第8条）。

3. 《森林法》第8条第2款规定，国家设立森林生态效益补偿基金，用于提供生态效益的防护林和特种用途林的森林资源、林木的营造、抚育、保护和管理。森林生态效益补偿基金必须专款专用，不得挪作他用。具体办法由国务院规定。第9条规定，国家和省、自治区人民政府，对民族自治地方的林业生产建设，依照国家对民族自治地方自治权的规定，在森林开发、木材分配和林业基金使用方面，给予比一般地区更多的自主权和经济利益。

4. 为了国家和社会公共利益的需要，国家经常要征用公民、法人或其他组织所有或使用的财产，此时需要给利益受损者以充分的补偿。如《草原法》第38条规定，进行矿藏开采和工程建设，应当不占或者少占草原；确需征用或者使用草原的，必须经省级以上人民政府草原行政主管部门审核同意后，依照有关土地管理的法律、行政法规办理建设用地审批手续。第39条规定，因建设征用集体所有的草原的，应当依照《中华人民共和国土地管理法》的规定给予补偿；因建设使用国家所有的草原的，应当依照国务院有关规定对草原承包经营者给予补偿。因建设征用或者使用草原的，应当交纳草原植被恢复费。草原植被恢复费专款专用，由草原行政主管部门按照规定用于恢复草原植被，任何单位和个人不得截留、挪用。草原植被恢复费的征收、使用和管理办法，由国务院价格主管部门和国务院财政部门会同国务院草原行政主管部门制定。

5. 在公众环境意识日益提高的今天，对公众因环境保护活动的参与而受到的损害应当给予补偿，以保护和鼓励公众维护环境平衡与可持续发展的积极性。如《野生动物保护法》第14条规定，因保护国家和地方重点保护野生动物，造成农作物或者其他损失的，由当地政府给予补偿。补偿办法由省、自治区、直辖市政府制定。

三、国外关于利益补偿的法律规定

（一）各国关于森林生态补偿的规定

1. 法国建有国家森林基金，由国家政府支持，从受益团体直接投资建立特别用途税及发行债券等方式开辟林业基金来源渠道。

2. 瑞典《森林法》规定：如果某林地被宣布为自然保护区，那么该地所有者的经济损失将由国家给予充分补偿。

3. 英国设立林业基金，主要由国家拨款投资发展造林。①

4. 原德意志联邦共和国黑森洲《森林法》规定：如林主的森林被宣布为防护林、禁林或游嬉林或者在土保养和自然保护区范围内，颁布了其他有利于公众的经营规定或限制性措施，因而对林主无限制地按规定经营其林地产生不利，则林主有权要求赔偿。②

5. 目前，德国在森林经营上采取将经济效益和生态效益相结合的方针。联邦《森林法》做了明确规定：在森林采伐方面，规定采伐量不能大于生长量；在采伐方式上，规定实行小面积采伐或择伐；在迹地更新上，规定采伐迹地必须3年以内更新。国有林承担生态功能的主体作用，国家实行全额投资，弥补直接经营单位的亏损。③

6. 奥地利政府每年的林业投资达50亿先令。在林业投入中，对退耕还林、森林抚育、高山造林、森林结构的改善给予特别关注，并把投入与对生态的改善紧密挂钩。

7. 在加拿大，森林公园、植物园、狩猎场、自然保护区等以森林为主体的旅游部门，必须在其门票收入中提取一定比例补偿给育林部门。④

---

① 刘常玲等：《浅谈我国森林生态效益补偿工作的进展》，载《河北林业科技》2002年第4期。

② 刘常玲等：《浅谈我国森林生态效益补偿工作的进展》，载《河北林业科技》2002年第4期。

③ 张志达、李世东：《德国生态林业的经营思想和主要措施》，载《中国林业》1999年第3期。

④ 毛行元：《关于森林生态效益补偿初探》，载《华东森林地理》1997年第2期。

8. 日本的《森林法》明确规定，国家对于被划为保安林的所有者加以适当补偿，同时要求保安林受益团体和个人承担一部分补偿费用。[①]

从以上各国关于森林生态效益补偿的法律规定可以看出，各国对于森林生态效益补偿问题高度重视，其主要的资金来源都是政府的财政支持。

(二) 全球视野中水利工程利益补偿与收益分享的若干模式

以下关于世界银行、埃及和美国对于水利工程利益补偿与收益分享制度的介绍摘自：王元京的《水利工程的利益补偿与收益分享问题探讨》一文，原文刊载在《中国水利》2003年第6期，在此向王老师表示感谢。

1. 世界银行模式

世界银行在制定有关非自愿移民政策时，对跨区域水利工程受损区的利益补偿与分享问题也作了相应的规定。世界银行文件规定跨地区利益补偿与利益分享的责任在于接受贷款方，必须在工程筹备过程中建立利益补偿与分享的协调机构，并向利益受损方提供充分的资源保证。

(1) 制定"投资补偿（或开发）计划"。针对跨地区水利工程利益补偿与利益分享的客观要求，世界银行强调制定一整套"跨地区投资补偿即开发计划"，把受损地区的投资补偿纳入投资预算范畴之内，使之成为整个水利工程工作的重要前期工作。对受损地区的投资补偿规划是一项综合性很强的工作，涉及受损地区从工程受益的多项政策目标。主要是为受损地区重建国家公路、桥梁及因项目建设需要的国家和地区基础设施的投资，为受损地区重建移民生产与生活基地的投资等。

[①] 刘常玲等：《浅谈我国森林生态效益补偿工作的进展》，载《河北林业科技》2002年第4期。

(2) 跨地区移民补偿方式的多样化。世界银行对跨地区的非自愿移民补偿有比较详尽的规定。强调只给受损地区以现金补偿是远远不够的，移民补偿应包括移民因迁移而蒙受的一切损失，主要是土地、房屋及其他征用财产的费用和丧失收入的赔偿，使移民补偿公平合理，真正反映市场价格和补偿物的价值，足以重建社会生活，保证移民在农业或其他部门谋求生计。

(3) 跨地区收益分享方式的设计。世界银行对受损地区的政府利益、企业利益与移民利益的保护不仅体现在补偿机制上面，而且体现在一系列利益分享的制度安排方面。利益分享主要包括两个方面：一是对个人利益实施"以土地换土地"的分享政策，就是允许受损区的土地主在得到了淹没区的土地赔偿金之后，再在移民安置区建设中得到足够数量的土地配置，同时还包括支持移民恢复收入和改善居住条件的活动费用，附加的当地新的服务、发展项目、农业推广、培训、创造就业机会及贷款等项支持。二是对公共利益实施基础设施重建或奉送政策。由国家和受益方为受损方提供国家公路、桥梁及因项目建设需要重建的国家和地区基础设施的费用。

2. 埃及模式

(1) 水利开发投资补偿的责任主体。为了搞好水利开发工程中的利益补偿与分享工作，埃及建立了一整套以中央政府为核心的大型水利项目投资机制，把受损地区的政府、企业、居民的多方面的利益补偿与利益分享要求纳入工程的投资开发预算范围，使淹没地区的各个利益群体从迁移到重建的配套工作均责任到位。

(2) 中央政府统一管理的移民补偿机制。阿斯旺高坝工程等淹没区水库淹没影响涉及埃及和苏丹两国的数万居民，使得不同地区之间移民利益补偿的困难很大，为了防止地区之间移民利益补偿的不均衡，埃及和苏丹对移民均采用集中远迁的办法。苏丹境内居民移到东部卡斯姆吉勒拉灌区，埃及境内居民移到柯孟巴省。移民经费由政府社会福利部和基本建设部统一掌握，由埃及财政部统一支付，移民区的农田开垦及排灌工程、住房、水电、道路、学校等基础设施的建设，分别由灌溉部、电力部、住房及新垦地部、公共事业部及教育部承担。移民搬迁后，生产、生活条件比搬迁以前好得多，移民都较为满意。

(3) 跨地区利益分享的主要方式。一是土地利益分享。土地分配根据移民以前是否从事农业生产而定。如原来是从事农业的，每户分配5费丹；如原来不搞农业生产，则分配2费丹。二是现金分享。移民第一年每人每月补助5埃镑，第二年为2埃镑，第三年及以后政府不再补贴。三是生产、生活设施分享。四是基础设施分享。每一移民村集中设一活动中心，建一所清真寺，并设有小学、俱乐部、邮电所、医疗所等，中学则几个村合办一个。

3. 美国模式

水资源工程由联邦、州、地方三级政府投资，美国各级水利工程中，主要分成两类：一类属于经营性或半经营性项目，要求偿还大部分建设费用；另一类属于公益性项目。防洪、鱼类和野生动物保护等建设投资可不偿还。三级政府是跨区水利开发投资补偿的责任主体。

美国跨地区的水资源开发涉及联邦政府机构、州政府机构和地方机构的诸多受益方与受损方的利益，因此，1986年美国通过的水资源开发法要求跨地区的大型水利工程项目实施联邦政府、地方机构、州、市投资费用分摊，以体现谁投资、谁受益，谁收费、谁补偿的经济原则。根据水利工程性质的不同，三级政府的投资分摊体现为4种情况：一是联邦防洪公益项目的投资分摊。以联邦政府投资为主，但要求地方分摊投资25%—50%。二是联邦水资源经营性工程的投资分摊。以联邦投资并负责移民补偿为主，地方工程则由地方负责投资补偿，同时企业集团也参与投资补偿。三是联邦水土保持公益项目。移民以联邦政府投资补偿为主，余下的要求地方投资补偿25%—50%。四是地方水利工程半经营项目。中央政府与地方政府共同承担投资，向受益者收水电费偿还投资补偿费。[①]

从以上关于世界银行、埃及和美国对于水利工程利益补偿与收益分享制度的介绍可以看出，该三种模式都充分考虑到工程建设地的实际情况，切实照顾到当地居民的利益，特别重视当地生态和经济的可持续发展。

（三）对加拿大经验的借鉴

20世纪70年代以后，加拿大重视解决印第安人的土地要求，政府与印第安人达成了第一个解决土地要求的协议《詹姆斯湾和魁北克北部协议》。该协议允许政府在保留地设立大型水电工程等开发项目，但政府要对这一地区的土著民族提供巨额补偿。协议确保了土著居民的生存经济部门和狩猎的权利，当地土著居民主要是印第安人的克里族，强调了要把地方服务部门的行政管理向克里人移交以及财政补助要用于设立生产性的现代部门。[②] 这样，不仅克里人的传统经济生活得到保护，他们一年内至少可以从事4个月的传统经济生产，还能从"收入保险专款项目"中得到现金补贴。结果使得大约1000个生产单位（4000多人）享受这一补贴，占詹姆斯湾克里人的60%。据1981—1982年的统计，每户人家从这一补贴中得到的现金高达10000加元，十分可观。[③]

[①] 王元京：《水利工程的利益补偿与收益分享问题探讨》，载《中国水利》2003年第6期。

[②] 阮西湖、王丽芝编：《加拿大与加拿大人》，中国社会科学出版社1990年版，第220页。

[③] 阮西湖、王丽芝编：《加拿大与加拿大人》，中国社会科学出版社1990年版，第221页。

这得益于麦吉尔大学人类学系的一批民族学家所拟订的 PAD 计划，即对詹姆斯湾土著民族进行研究的发展人类学计划，其所提出的能为克里人谋长久利益的开发计划被魁北克政府所采纳，因而才有以上协议的诞生。此后，魁北克省政府同当地土著人又通过协商谈判达成并签署了 2 个重要协议，即 1998 年的《苏洛瓦协议》和 2004 年的《共同开发全面协议》。此外，还有许多小的项目协议和补充协议。这些协议的主要内容，规范了魁北克省政府、开发业主和土著人在自然资源开发项目中的权利和利益关系。

再举一例。1974 年，一个跨国石油财团向加拿大能源部申请在北部的麦肯齐河谷修建天然气管道，以期把北方的天然气输送到南方和美国。管道从北海岸修起，途中经由麦肯齐河谷。麦肯齐河谷居住着两个土著民族，即德内人和因纽特人。这一计划的最终裁决权在联邦政府，在当时情况下，人们往往忽略开发计划对特定环境和居民的影响，这次在土著民族的强烈要求下，联邦政府不得不成立一个专门调查委员会来调查管道的修建是否会给当地带来社会生态和经济的影响。在整个调查研究中，调查委员会运用了民族学的文化变迁理论，尤其是土著狩猎采集民族与白人接触之后的涵化概念来分析问题。整个变迁过程是出于自愿的，也就是说，在外部现代化世界的巨大吸引下才使得他们放弃传统的生活方式。调查委员会以此模式来说明输气管的修建给当地土著民族带来的好处。但是，德内人则坚决反对这一结论。他们担忧管道的修建将给他们传统的狩猎经济造成威胁。后来，民族学家斯科特·拉什福斯对该区的食物生产和消费情况的详尽研究表明，德内人的狩猎经济至今仍是他们不容忽视的生活的来源。M. I. 阿希的研究则认为，德内人利用本地区动物志的情况比调查委员会标明的数据高得多，从而证明了调查委员会曲解了该地区生存经济的有关资料。两位民族学家的观点后来得到了进一步的证实。最后的调查报告形成两个结论：首先，向土著民族提供新就业机会的需要远非石油公司说的那么紧迫；其次，调查委员会建议暂缓修建输气管，以保护土著民族至今不可缺少的传统狩猎经济。鉴于这份报告，联邦政府决定暂时中止这项开发计划。①

（四）澳大利亚皮尔巴拉地区经验的借鉴

自 20 世纪 60 年代以来，哈默斯利钢铁控股有限公司一直从事自然资源丰富的皮尔巴拉地区铁矿石的出口。虽然土著人口仍然聚居于依靠福利的地区，但公司对熟练劳动力的需求导致非土著人大量涌入土著地区。土著群体开始反对开新矿，要求就公司在传统土地上展开的活动举行讨论。1992 年，哈默斯利钢铁控股有限公司设立了土著人培训和联络机构，目的是提供就业培训，扩大该地区的企业发展并改善基础设施和生活条件，同时保存土著遗产和文化。

截至 1997 年，古玛拉土著公司与哈默斯利钢铁控股有限公司签署了开发新矿的合资企业协议。土著男子将接受培训，学习操作机器，而且服务可以承包给当地社区。为达到这些目的，哈默斯利钢铁控股有限公司出资金额超过 6000 万澳元。②

（五）美国雷道矿场的经验

20 世纪 70 年代，阿拉斯加西北部的因纽特人成功地阻止了柯明柯股份有限公司在雷道矿场开采锌铅矿的意向。经过几年的谈判后，阿拉斯加西北土著协会同柯明柯股份有限公司于 1982 年签署了一份准许继续开采的协议。柯明柯股份有限公司同意：

---

① 阮西湖、王丽芝编：《加拿大与加拿大人》，中国社会科学出版社 1990 年版，第 216—228 页。

② 联合国开发计划署：《2004 年人类发展报告——当今多样化世界中的文化自由》，中国财政经济出版社 2004 年版，第 27 页。

采用矿区使用费形式为因纽特人支付补偿金；让阿拉斯加西北土著协会的代表加入咨询委员会；雇佣土著人以保护环境。在税收方面，雷道将在24年内向西北极地地区支付7000万美元。

截至1998年，柯明柯股份有限公司已在技术培训方面投资880万美元，几乎全部用于受雇于本项目的阿拉斯加西北土著协会股东。阿拉斯加西北土著协会也对生计活动的影响和减少排放物流入溪流的强制性措施进行监测。柯明柯股份有限公司维持灵活的工作时间表，这使因纽特人能够继续保持他们的传统生活方式。[①]

以上几个例子说明，加拿大政府采取有力措施保障《宪法》规定的土著人拥有的权利得到实施、开发项目必须吸收土著人参与决策等方面的权利得以实现。其核心，是规定当地土著人的传统生活方式必须以恰当的方式加以保留，并在自然资源开发中应该获得相应的利益份额。

四、对民族自治地方进行利益补偿的具体措施

1. 引入股份制

这是广西社会科学院的李甫春教授提出的方案：

马克思在《资本论》第三卷中提出的计算地价的公式是：地价＝地租额÷利息率。地租是由绝对地租、级差地租和垄断地租构成的。绝对地租是租用土地必须做出的支付，包括已开垦的土地和作为自然资源的土地。级差地租包括由于土地肥沃或水能丰富或矿藏富饶或风景奇特，租用后形成的级差地租Ⅰ，和土地、水能、矿山、旅游景观等经追加投资开发形成的级差地租Ⅱ。垄

[①] 联合国开发计划署：《2004年人类发展报告——当今多样化世界中的文化自由》，中国财政经济出版社2004年版，第94页。

断地租是由于开采稀有昂贵金属获得高额利润形成的地租,龙滩水电开发(资源开发)也应属此类。举例来说,比如有一片稻田,包括绝对地租、级差地租Ⅰ和级差地租Ⅱ在内的每年每亩地租额是200元。现在把收取地租改变为出卖这片稻田,让渡土地所有权,那么,每亩所获得的地价数额如果存入银行,每年所获得的利息必须同每年出租稻田得到的每亩租额相当,即200元。假设银行存款利率为5‰,每年要取得200元的利息,就需要把200元÷5‰=40000元这样一笔款存入银行。那么,这片稻田每亩的地价就应是40000元。这样来计算地价,才使土地价格体现土地价值,符合市场经济等价交换的原则,符合价值规律,因而才是科学的计算方法。现行按淹没前三年平均每亩年产值水田9倍、旱地8倍给予补偿的政策,比计划经济年代的补偿数额已有很大提高,但仍然是一种带有随意性的行政手段。给3倍的补偿遗留问题太多,移民意见太大,就提高到5倍;5倍还是解决不了移民的生计,库区普遍贫困,只好又提高到8倍、9倍,随意性很大,不是科学的补偿标准。

然后改革土地征用办法,不再由业主赔偿地价,而是引入股份制的做法,把地价作为土地所有者和使用者的股份,属于集体土地的,作为当地农民集体经济组织的股份(即库区农民股);属于国有土地的,则作为当地政府的股份(即地方国有股),参股开发水电资源,同国家电力公司、地方电力公司和其他地方国有开发公司等业主合股建设水电站,并向社会发行股票集资,创建一种以国有股和集体股为主的股份制企业。为了有别于一般的股份制,可以把这种水电资源开发模式称为联合股份制。库区淹没造成的移民安置费用从水电开发总投资中支付。由于大中型电站建设周期长,需要由开发银行发放政策性低息贷款,扶持那些耕地已用于建设电站的农民开拓新的就业门路。①

2. 征收生态环境补偿费

各种经济主体对自然资源的开发行为，虽然是一种合法行为，但其行为本身即对生态环境造成了一定的破坏，因而需要对其征收生态环境补偿费。由于事实上我国的多数可开发的自然资源都在西部民族自治地方，所以通过对资源开发企业征收生态环境补偿费来促进民族自治地方对环境的保护是符合法理的。

一个收费体系要想有效达到目标，费率必须以适当的经济状况为基础，在制约生态环境破坏者和合理考虑企业的生产成本之间达到一个平衡。在国外，征收生态环境补偿费考虑的一个重要因素是控制生态环境破坏所需的费用，因为我们对民族自治地方进行补偿的目的是使生态环境可持续发展。

根据国内外的经验，建议生态环境补偿费征收标准范围如下（具体标准应由国家环保总局制定，各民族自治地方根据当地的实际情况具体选用，但不得超出范围）。在开发自然资源的情况下，对产品进行征费的费率建议如下：①原油、天然气、煤炭（销售额的1%—2%）；②其他非金属矿原矿（销售额的2%—3%）；③黑色金属矿原矿（销售额的2%—3%）；④有色金属矿原矿（销售额的2%—3%）；⑤其他有色金属矿原矿（销售额的2%—3%）；⑥盐，指海盐原盐、湖盐原盐和井矿盐（销售额的1%—2%）；⑦木材等资源的开发（销售额的2%—3%）；⑧中药材（销售额的2%—3%）。②

从实践来看，目前我国已采用的补偿形式有政策倾斜与差别

---

① 李甫春：《西部地区自然资源开发模式探讨》，载《民族研究》2005年第5期。

② 王学军等：《生态环境补偿费征收的若干问题及实施效果预测研究》，载《自然资源学报》1996年第1期。

待遇；财政转移支付；现金或实物的直接补偿、补贴；减免税收；有偿转让；人力培训和技术援助等。

3. 对上述两种方案的评价

上述两种方案都具有积极意义，具有一定的优势。李甫春教授在经过详细的实地调查之后结合广西、贵州等地的实际情况提出了股份制让移民入股的现代补偿方式，并对补偿的标准进行了深入的研究，根据马克思主义政治经济学的原理提出了科学的补偿方案，实属该领域研究的前沿学说。王学军等人结合成本—收益方法提出生态环境补偿费应重点考虑控制生态环境破坏所需的费用，并针对不同的自然资源提出了相应的补偿费率。两种方案都非常具有可操作性。

我们认为，在民族自治地方进行利益补偿时应根据个案的具体情况，综合考虑以上两种方案的优势，在与当地受影响群体进行充分协商的基础上，进行恰当的制度设计。原因有以下几个方面：(1) 我们必须尊重民族自治地方对本地区发展方式的选择权和参与权。少数人有权有效地参与文化、宗教、社会、经济事务及公共生活。在不与国家法律相违背的情况下，少数人有权有效参与全国及地区内有关其本身及居住地的决策。[①] 该宣言是国际社会的共识，也代表了少数人权利保护的发展趋势，我国政府非常重视该宣言。毫无疑问，我国的少数民族也不例外，也应享有对自身事务，尤其是本地区发展方式的选择权和参与权。因而，我们只能建议一些可供选择的补偿方案，具体措施应由民族自治地方自己做出决定。(2) 考虑到我国的实际情况，民族自治地方的多数群众文化水平比较低，如果全面地采用股份制，使各种生产要素融为一体，共担风险，共享利益，可能他们很难真正地行使他们的股东权。现代社会的股份公司的运作是有相当的风险

[①] 《在种族或民族、宗教和语言上属于少数群体的人的权利宣言》第 2 条。

的，由于自身文化素质的限制，股份制的补偿方式不一定适合民族自治地方的情况。(3) 为了提高民族自治地方居民参与资源开发项目的能力，可以实施项目专业技术知识教育，特别是一些大型的、周期较长的建设项目，在立项之初便可考虑招收民族自治地方的有一定知识和技能的人员进行专业技术教育与培训，然后应用于项目建设及以后的管理过程，使民族自治地方居民能够广泛深入地参与到项目建设中。这也是获得利益补偿权的一种可行的实现方式。

五、民族自治地方获得利益补偿的权利的完善

(一) 扩大利益补偿制度的适用范围

前述几项法律中规定的对民族自治地方进行利益补偿的范围过于狭窄了，不利于调动民族自治地方的生态环境保护的积极性。因为民族自治地方的各种经济主体生活在我国重要的大江、大河的源头，与其息息相伴，他们与当地的生态之间存在事实上的"习惯法权"[①]。因而对西部地区的生态环境进行保护，主要应依靠民族自治地方的力量，主要是各种经济主体。在一国之内，公民在自然资源权属及开发所形成的利益分享中的次序是不同的，在这种次序关系中民族自治地方的居民优先受惠。优先受惠的依据和基础是民族自治地方居民与所在地资源的自然关系并衍生的习惯法权。国家在对民族自治地方开发资源，从国家生态环境整体利益出发提出的资源保护以及从民族自治地方输出资源，都将直接影响到民族自治地方居民对所在地资源的利益实现的可

---

① 又称习惯权利，指的是那些经过长期的、广泛的社会实践所形成的，并得到社会公认与普遍遵守的习惯规则所确认的社会自发性的权利。其显著特征在于它的历时性、民众广泛参与的普遍性、自发性与社会认同性。习惯权利的正当性即源于社会主体的普遍承认并长期信守。民族自治地方的居民与当地生态环境和部分资源之间事实上的占有与使用即属于习惯法权。

能性。国家的利益补偿制度反映的是当地居民对自然资源存在的优先受惠权要求,是对优先受惠权实施不充分的补偿。

基于以上认识,建立完善合理的利益补偿制度乃当务之急。我们认为首要的是要完善利益补偿制度的适用范围,具体立法建议如下:

1. 增加规定民族自治地方对资源保护作出贡献的,国家也要给予一定的补偿。

以野生动物为例,对野生动物的保护包括对野生动物自身的保护和野生动物栖息地的保护。前者又分为:

(1) 农民、牧民、林场主等为保护野生动物而采取的积极措施所花去的成本。

(2) 农民、牧民、林场主因保护野生动物而遭受的人身、财产或其他损失。

(3) 在干旱条件下,农民、牧民或当地居民等为保证向野生动物栖息地供水,而使自身农作物,草场等干枯所遭受的损失。

(4) 为建立完备的野生动物栖息地,使当地居民迁居。

(5) 为保证野生动物栖息地,要限制周边地区建立工厂、生活区等从而使当地经济的发展权受到限制,因此给予补偿。

(6) 因建立野生动物栖息地而占有原集体所有的土地,就给予该集体成员以补偿。[①] 我们认为,这些关于因野生动物保护而进行补偿的规定应进一步扩大适用于对民族自治地方其他自然资源以及文化资源进行保护而作出贡献的情形。

2. 《民族区域自治法》第66条规定,民族自治地方为国家的生态平衡、环境保护作出贡献的,国家给予一定的利益补偿。应明确规定该法律规定的具体内涵应包含如下内容:

---

① 曹树青:《生态环境保护利益补偿机制法律研究》,载《河北法学》2004年第8期。

(1) 水资源保护。上游地区水资源保护的投入和损失与下游地区的无偿收益存在矛盾，因而上游地区有权要求为其对水资源保护的投入进行利益补偿。我国重要的大江、大河的上游都是民族自治地方，因而这些方面的立法应充分考虑到民族自治地方的实际需要。

(2) 土地保护。保护土地，防止土壤流失，土地沙化，改变土地墒情是当前生态环境保护的突出问题，尤其在我国西部民族自治地方。为了达到这一目标，民族自治地方必然要放弃一些现实的既得利益，对他们的利益进行补偿是必须的。这也包括传统农业向有机农业的转变。以生态环境保护为目的，放弃使用有毒的残留杀虫剂或无机化学肥料，而改用有机农业生产，应对该主体提供技术支持，分担其成本投入和补偿其市场损失。

(3) 草地、灌木林、河滩或重要湿地的保护行为。这项措施主要包括：①为保护环境脆弱的草场而禁牧或限牧措施；②防治牧草的病虫害的投入；③建立的重要湿地若属于集体土地应予以补偿；④因保护湿地而使周边政府、单位、居民承担的与湿地保护相应的特别义务（作为义务或不作为义务），从而承担的额外成本或发展权的丧失，或收入的减少；⑤因保护湿地不得利用湿地水源等，从而丧失灌溉水源或饮用水源等。[①]

(4) 因生态环境保护而导致发展权的丧失。发展权是一项不可剥夺的人权，由于这种权利，每个人和所有各国人民均有权参与、促进并享受经济、社会、文化和政治发展，在这种发展中，所有人权和基本自由都能获得充分实现。[②] 如果民族自治地方因生态环境保护而使其发展权受到损害，那么民族自治地方有权要求获得利益补偿。与土地保护对民族自治地方的影响相反，这是

---

① 曹树青：《生态环境保护利益补偿机制法律研究》，载《河北法学》2004年第8期。

② 《发展权宣言》第1条。

对民族自治地方可得利益的损害。

当代城市的无序发展是生态环境保护的大敌，在美国，政府每年花巨额资金补偿那些城乡结合部面临强大发展压力的土地因放弃商业化应用而丧失的利益，目的是使它们保持原有的环境状况。这是对不动产利益减损而进行的补偿。在我国土地同样存在集体土地和个人土地使用权问题。因生态问题而使土地增值受到限制的应予以补偿。比如，为确保"西气东输"工程地下输气管道的安全，在这些输气管道经过的地方，限制农民所耕种的植物的种类，因而使农民的利益受损，对于农民利益的损失，"西气东输"工程的运营公司应给予补偿。

（5）规定企业的社会责任条款，即民族自治地方的企业在经济开发过程中，对生态环境的损失所给予的经济上的补偿。目前，西方发达国家越来越重视企业的社会责任，环境保护是其主要内涵之一。公司承诺通过贡献于提高员工及其家庭、当地社区以及整个社会的生活质量来支持可持续的经济发展。具体来讲，就是通过努力，在公众中确立一种积极的声誉，在有益于公司利益相关者的同时创造出一种竞争优势。这就要求公司从仅仅关注赚取利润到包括经济的、环境的和社会的责任于他们的核心经营战略之中。概括而言，公司社会责任可分为经济责任、文化责任、教育责任、环境责任等几个方面。这种价值理念也应体现在我国的民族自治地方的立法上。这种补偿应当带有普遍性，只要其开发行为对生态环境造成负面影响，即予补偿，这种补偿一般以税、费的形式体现，不同于环境污染损害赔偿。

（二）利益补偿制度的实施机制

1. 设立补偿基金

（1）设立生态环境利益补偿基金项目，按照前述的生态利益补偿范围分为不同的项目：野生动物保护，草地、湿地保护，土地保护（包括防沙治沙），有机农业资助，发展权补偿，等等。

（2）补偿资金的来源：生态环境利益补偿资金首先来源于环境税，国家应对一切与生态环境有关的开发与利用行为征收环境税，如与野生动物有关的经济贸易、矿产资源的开发和利用，森林的开发和利用等。该项税收应为中央地方共享税收，地方可以按比例留存，作为地方补偿资金和流域补偿资金的重要来源，中央所得的部分应全部投入到民族自治地方，以补偿其在生态环境保护方面的投入。其次是依生态环境法所得的罚款、没收所得。第三是财政拨款，中央和地方各级政府每年从财政预算中拨付出部分资金用于生态补偿。第四是国际组织、社会各界为生态环保的捐助资金，该资金可以作为特定地区或特定项目的补偿，也可依捐助者的意志用在特定的用途或项目上，也可以纳入中央、地方政府补偿项目中统一运作。第五是设立环保彩票，建立环保基金，由统一的基金组织管理。

2. 开征环境税

西部民族自治地方的环境问题日益突出，主要表现在：一是经济结构粗放。外延式扩大再生产使得资源利用率低，大多数企业的生产技术、工艺流程落后，高能耗、重污染型企业的迅速发展导致了工业污染物的排放量增长迅猛，严重地污染了大气、土壤和水源。二是过度采伐、放牧，破坏了植被资源，造成生态恶化，自然灾害频繁发生。以西北地区为例，西北地区森林覆盖率大大低于全国平均水平。青海森林覆盖率只有 0.35%，新疆为 0.79%，宁夏为 1.54%，甘肃为 4.33%，西藏为 5.84%。三是水土流失问题严重。至 2004 年，中国水土流失面积 356 万公里，占国土面积 37.1%，水土流失遍布各地，几乎所有的省、自治区、直辖市都不同程度地存在水土流失。[1] 而西部地区是水土流

---

[1] 国家环保总局：《2004 年中国环境状况公报》，www.zhb.gov.cn/dounload/2004gb.pdf.

失最严重的地区。西部部分省区水土流失面积超过其国土面积的一半。四是荒漠化严重。中国已经成为荒漠化危害最为严重的国家之一。我国荒漠化土地面积已达 262 万平方公里，占国土面积的 27%，并且每年还以 2460 平方公里的速度扩展[①]，主要集中分布在西部地区的宁夏、甘肃、新疆、青海、内蒙古等省区。其中西北及内蒙古 6 省区是我国沙化最严重的地区，总面积达 188 万平方公里，占全国沙化面积的 71.7%。五是水资源紧缺。西北地区本来干旱少雨，当地年降雨量大都在 400 毫米以下，有的仅为 100 毫米，而多年平均年蒸发量高达 1200 毫米以上，且降水量和径流量年际变化大，水资源供需矛盾突出。加之人类活动对水资源的不合理开发利用，造成西部许多湖泊萎缩干涸、河流断流或流量减小、地下水连年下降。基于此，运用税收手段保护环境，显然非常必要。

环境税，也称生态税、绿色税，通常的做法是将在特定环境问题中使用的税收定义为环境税。由于国情和税收政策的不同，各国环境税收制度的具体内容也存在差异，但其基本内容通常都由两部分构成：一是以保护环境为目的，针对污染、破坏环境行为而课征专门税种，这是环境税收制度的主要内容；二是在其他一般性税种中为保护环境而采取的各种税收调节措施，包括为激励纳税人治理污染、保护环境所采取的各种税收优惠措施和对污染、破坏环境的行为所采取的某些加重其税收负担的措施。[②]

自 20 世纪 70 年代起，不少国家就采取了各种法律和政策手段，保护自然环境和维护生态平衡。其中一些发达国家将税收也作为保护环境的一项重要政策措施，把环境税引入其税收制度。

[①] 《全国生态环境建设规划》（1999 年 1 月国务院常务会议讨论通过）。

[②] 杨杨、杜剑：《对环境税的经济学分析》，载《兰州商学院学报》2004 年第 5 期。

综观这些国家的环境税收，都是依据"谁污染，谁缴税"的原则设置的，涉及大气、水资源、生活环境、城市环境等诸多方面，其课征范围极为广泛。并且都把环境税收取得的收入专项用于环境保护，使税收在环保工作中发挥了巨大的作用。目前在部分发达国家征收的环境税主要有二氧化硫税、水污染税、噪声税、固体废物税和垃圾税等5种。

在东亚环境与自然资源经济学研讨会上，一份由中国环境规划院、财政部财政科学研究所、税务总局税收科学研究所和中国社会科学研究院财政与贸易研究所4家科研机构的环境和财税专家合作而成的环境税征收实施方案一出现，就立即引起了社会各界的关注。它提出了独立型环境税方案、融入型环境税方案和环境税费方案三种环境税征收方案。

独立环境税方案包括一般环境税、直接污染税和污染产品税。其中，一般环境税是基于收入的环境税，其目的是筹集环境保护资金，它根据"受益者付费原则"对所有环境保护的受益者进行征税，即凡缴纳增值税、消费税和营业税这"三税"的单位和个人，都是一般环境税的纳税人。税率初步确定为"三税"的1%—4%。直接污染税则以"污染者付费"为征收原则，计税依据是污染物排放量。由于目前主要排放污染物都实行了排污收费制度，因此考虑将排污费中的二氧化硫和氮氧化物的收费改为征税。以"使用者付费"为原则的污染产品税征收对象是煤炭、燃油等潜在污染产品，可细化为燃料环境税、特种产品污染税等。

融入环境税方案并不设立环境税税种，但通过对消费税、资源税、水资源环境税、城市维护建设税、耕地占用税以及车船使用税等部分现有税种的改革和完善，加上环境收费制度的配合，起到环境税的作用。该方案建议，在消费税中新增资源消耗大的、污染严重的产品税目。新增煤炭和清洁能源消费税目，实行差别税率，煤炭消费税考虑煤炭使用的环境成本，清洁能源实行低差别税率。在资源税中增加淡水资源税目、森林资源税目和草地资源税目，调整煤炭、石油、天然气和黑色金属矿原矿的资源税率，将这些资源的稀缺性和生态补偿与恢复成本纳入税率；新增水资源环境税，所有使用水的企业、单位和个人均缴纳税率为水费20%—30%的水资源环境税。通过对城市维护建设税、耕地占用税以及车船使用税等部分现有税种新增税目和税率的调整，来贯彻融入环境税方案。

环境税费方案是通过环境税和环境收费的共同作用来影响污染者的生产和消费行为。主要建议是维持现行环境收费制度，将污水处理收费、二氧化硫排污收费等目前环境收费中几个大的收费项目转为环境税，并重点考虑制定碳税、生态税和ODS（消耗臭氧层物质）税。

此外，通过税制的一些优惠规定起到鼓励环境保护行为作用的环境税支出政策也列入了环境税政策制定的考虑范围内。据悉，环境税收方案应当采取先易后难、先旧后新、先融后立的策略，首先消除不利于环保的补贴和税收优惠，其次综合考虑环境税费结合，再次实施融入型环境税方案对现有税制进行绿色化，最后引进独立型环境税。

我们认为，上述三种方案都有一定的优势，独立环境税方案中的一般环境税相当于是为所有的企业增加了一个新的税种，增加了企业的纳税负担，它和直接污染税与污染产品税的关系不好协调，对于一部分企业有重复征税的可能，因而有一定的弊端。融入环境税方案相当于是在对现有的资源税种进行整合的基础上增加一些必要的税种而构成，该方案最大的优势在于不对现有税法做大的变动，只做适当的调整即可。环境税费方案主要是改革目前的环境收费制度，改为国际上通行的环境税，在此基础上，相应增加一些新税种。

我国环境税的具体内容应包含如下一些方面：环境税的纳税

人；征收对象（是开发利用自然资源的行为还是有污染的产品）；在全国范围内制定统一的环境税标准，并且要高于治理污染的费用；减、免税的条件；环境税的用途主要应用于全国范围内尤其是西部民族自治地方自然资源开发的补偿与环境污染的治理；等等。

3. 补偿的程序

我们历来倡导程序法与实体法同样重要，对于民族自治地方的补偿法也不例外。补偿的程序是保证补偿制度落到实处的前提之一。一个完善的补偿程序立法应包括如下一些内容：

（1）补偿程序的启动。包括两个方面，自然资源开发企业的主动补偿与民族自治地方在对环境保护作出贡献时的申请补偿。

（2）补偿的标准应采用国际上通行的充分和有效的原则。充分是指在与受影响群体充分协商的基础上，补偿应至少能使移民的生活水平不低于迁移之前，并对其未来的生产、生活做出恰当的安排；使自然资源开发地的生态环境不因开发受到不应有的影响，并对资源及环境的恢复做出适当的考虑；使对环境保护作出贡献的自然人、法人或其他组织能收回其因环境保护所付出的成本、弥补可得利益损失并有适当的利润，等等。

（3）补偿的方法包括货币补偿、实物补偿和股份制等几种方式。

（4）补偿的时限应考虑民族自治地方的具体情况，进行及时补偿。

（5）补偿的救济措施应包括协商、仲裁与诉讼。尤其重要的是赋予司法机关对民族自治地方获得利益补偿权进行监督的权力，切实保障民族自治地方的政治、经济、文化自治权的实现。

第三节 民族地区的生物安全立法

加强生物安全立法，尤其是跨境生物安全，是西部民族地区的当务之急。生物安全是指生物种群的生存发展处于不受人类不当活动干扰、侵害、损害、威胁的正常状态。所谓正常状态即该生物种的个体总量处于动态平衡的稳定状态。所谓人类不当活动是指违背自然生态规律的人类活动，包括开发、利用生物资源的生产活动、交易活动和技术活动。[①] 由于生态环境问题的扩散性和移动性，跨境生物安全是指不同国家尤其是相邻国家由于人类不当活动干扰、侵害、威胁生物种群的正常生存发展而引起的问题，包括生物、生态系统、人体健康和公私财产受到污染、破坏、损害等问题。2005年11月，由于吉林化工厂的爆炸事件使松花江这条国际河流受到污染进而使俄罗斯远东城市哈巴罗夫斯克的生态面临严重的威胁就是一个典型的跨境生物安全问题。

一、西部民族地区生物安全问题的现状

我国是世界上生物多样性最为丰富的国家之一。据统计，我国拥有高等植物30000余种，仅次于巴西和哥伦比亚，居世界第三位。脊椎动物共有6347种，占全世界脊椎动物的13.97%；鸟类1244种，占世界鸟类的13.1%；鱼类3862种，占世界鱼类种类的20.3%。包括昆虫在内的无脊椎动物、低等植物和真菌、细菌、放线菌，其种类更为繁多，但由于大部分种类迄今尚未被认

[①] 蔡守秋：《论生物安全法》，载《河南省政法管理干部学院学报》2002年第2期。

识和描述,目前尚难做出确切的估计。① 可见,生物安全问题在我国具有特别重要的意义。而这些物种的大部分都集中在西部民族地区,因而民族地区的生物安全问题就更显突出。

在自然界长期的进化过程中,动植物与其天敌(包括食植昆虫,病源微生物)相互协调,将各自的种群限制在一定的栖息环境和数量范围内,形成了稳定的生态平衡系统。当一种动植物传入一新的栖息环境后,在适宜的气候、土壤、水分及传播条件下,由于缺乏原产地天敌抑制,极易大肆蔓延,形成大面积单优群落,破坏本地的动植物生态平衡,危及本地濒危动植物的生存。事实证明,引进外来物种得当,会带来巨额财富,而盲目引进外来物种,有时会破坏生态平衡,严重时甚至带来灾难性的后果。据美国、印度、南非等国向联合国提交的研究报告,这3个国家每年受外来入侵物种造成的经济损失分别为1500亿、1300亿和800多亿美元。在我国,有关外来入侵物种造成的损失也是触目惊心的,大约有120多种入侵动植物,每年因此造成的损失高达574亿元人民币。②

试举一例。飞机草与紫茎泽兰③,原产中美洲,大约于20世纪初从中缅、中越边境传入云南南部,现已广泛分布于云南、广西、四川等很多地区,仅云南就有2470万公顷。飞机草扎根后就形成群落。只要它侵入草场,就要争阳光,争水分,争肥料,抑制其他草类的生长。一般的杂草大都会被排挤出局,消失得无影无踪,两三年就使草场失去利用价值。它们以密集成片的单优

---

① 薛达元:《中国生物遗传资源现状与保护》,中国环境科学出版社2005年版,第3页。
② www.china.com.cn,最后登录时间2008年6月2日。
③ 飞机草与紫茎泽兰同科,同属(菊科泽兰属),两者的外观十分相似,只是飞机草的叶背面有绒毛,而紫茎泽兰的茎和叶柄呈紫色,"侵占欲"也更为疯狂。现在,民间普遍用飞机草来统称这两种有害杂草。

植物群落出现，大肆排挤本地植物，影响栽培植物生长、堵塞水渠、阻碍交通，目前已经严重威胁到我国的生物多样性关键地区之一——西双版纳自然保护区内的许多物种的生存和发展，紫茎泽兰含有的毒素容易引起人的过敏性疾病，用作垫圈或下田积肥会引起牲畜的蹄叉、人的手脚皮肤炎，群众因此又称为烂脚草。牲畜误食一定量中毒后，口吐白沫，严重的倒地四肢痉挛，最后腹胀，窒息而死亡，因而严重地危害当地畜牧业的发展。① 飞机草对我国西南部民族地区所造成的损害凸显了民族地区生物安全问题的紧迫性，同时，这一事件本身也是由跨境生物安全问题引发的。

自从 2002 年的"食人鲳"事件发生以来，已有诸多法律界人士呼吁我国应该制定有关生物安全的立法计划，有关部门正在抓紧制定综合性的《生物安全法》和《中华人民共和国生物安全管理条例》，但目前看来，公布实施这类基本法仍有待时日。由于西部民族地区在生物资源上的显著优势，生物资源开发已成为或正在成为民族地区的支柱产业，这种法律制度对科技开发的先导作用更是至关重要。

同时，转基因产品也是一把"双刃剑"。发达国家与发展中国家之间在生物技术水平和生物安全能力方面存在着很大差距。一些发达国家一方面将高风险的 GMO（Genetically Modified Organism）转移到发展中国家，从而转嫁风险；另一方面，在巨大经济利益的驱动下将大量的生物技术产品输入到发展中国家，对发展中国家的社会经济产生了巨大的冲击。这种做法加剧了发达国家与发展中国家之间在生物安全问题上的矛盾。

仔细研究上述现象的原因，由于自然生态环境自身演变机理的复杂性，加之人类认识水平的局限性以及研究费用、方法、技

---

① 李斌：《"人民战争"也打不赢飞机草》，载《生态经济》2003 年第 1 期。

术手段等方面的客观限制，人类对转基因生物体环境风险的科学认识相对于潜在的自然客观变化，难免存在一定的有限性和滞后性，致使科学研究不能为生物安全的有效法律保护提供充分的科学依据。而另一方面，如果转基因生物体的环境风险一旦发生，它给自然生态环境带来的灾难将是重大的或者不可逆转的，这样就产生了一个法律上无法回避的矛盾。这就要求我们在生物安全立法中引入风险防范、适度控制，以及全过程控制等原则来解决这个问题。

二、实施生物安全法律保护的可行性分析

科技创新是现代社会经济发展的新增长点，在此背景下，人类社会的科技活动日趋普遍化、复杂化。由于转基因生物技术蕴涵的巨大经济利益和商业价值，因此，在市场经济条件下，市场转基因生物技术研究、开发和使用存在着较大的经济刺激和利益驱动因素，从而导致转基因生物技术研究、开发和使用存在受经济利益支配的倾向，因而转基因生物体的生物安全问题在很大程度上存在市场失灵的现象。市场利益机制本身缺陷的存在，为国家实施生物安全的法律保护提供了前提，使得法律干预与调整成为必要。经济法因其具有的规范性、强制性、引导性等特点，日益成为国家干预、组织和管理社会科技活动的主要手段。因此，可以通过经济法律规范抑制现代生物技术发展的负效应，保证科学技术为人类福利服务。自然资源法就是这样的一类法律。

然而，市场失灵只是国家实施生物安全法律保护的必要而非充分条件。就环境问题而言，传统意义上的国家法律干预和调整，必须是以某种行为与损害后果之间具有直接的、明确的因果关系的存在为条件的，这种确定的因果关系构成了国家实施法律干预和调整的客观依据。换而言之，环境保护法和侵权行为法上确定的环境侵权针对的是科学上已经获得确凿证据、具有确定性环境损害的行为。而在引进外来物种时，对该物种对生态环境的影响我们很难评判，转基因生物体的生物安全问题更是如此，它与一般具有确定性的环境问题不同，它表现为对自然生态环境的一种不确定性风险，即人类对于转基因生物体对生态环境的损害在科学上尚难以明确确认或者尚未取得确凿的科学证据，或者说行为与其损害后果之间没有必然的因果关系，损害后果可能发生，也可能不发生。

现阶段我国主要依据《进出境动植物检疫法》作为对外来物种的生物安全问题的法律防范，该法的局限之处在于该法主要针对的是"病虫害"，即动植物的疫病，而不是物种，该法对于生物技术和转基因生物问题没有涉及，而这类问题是不可能用传统的病虫害来界定的。同时，该法不是专门维护作为国家安全重要组成部分的生物安全的特殊功能法律，而是复合型的双重功能法律，它既要保护资源和人体健康，又要促进经济贸易发展；既要防止病虫害输入，又要防止病虫害输出，这必然导致该法在执法上缺乏必要的力度。

尽管目前我国已经制定了若干有关生物安全的法规政策文件，主要是行政职能部门制定的部门管理规章。从 2001 年国务院颁布的《农业转基因生物安全管理条例》到农业部颁布的《农业转基因生物安全评价管理办法》、《农业转基因生物进口安全管理办法》和《农业转基因生物标识管理办法》，其主要目的都是为了加强生物安全管理，推动生物技术的发展。但总的看来，与国外生物安全立法发达国家相比，我国的生物安全立法的法规级别较低。美国是世界上最早在生物安全领域进行研究，并率先进行生物安全立法的国家。美国国立卫生研究院（NIH）就制定了世界上第一部专门针对生物安全的规范性文件，即《NIH 实验室操作规则》。近年来，许多国家也开始了生物安全方面的立法，并已经制定了专门的基因工程法或生物技术法，对转基因生物以及技术进行研究开发做出了规定。如欧盟从 1998 年起就开始暂停进口转基因产品。虽然今年欧洲议会对转基因食品解禁，但要求转基因食品必须加贴标签后才能出售。美国、加拿大、澳大利亚等生物技术发达国家对转基因产品的接受程度较高，但也实行较为严格的转基因安全认证制度。①

同时，缺乏专门性的生物安全法律或行政法规，有关生物安全的立法体系还很不健全，有关防治生物安全问题的制度和措施还不够得力，缺乏一部综合、系统的生物安全的管理立法，以及一套行之有效的生物安全管理法律制度，与我国面临的相当严峻的生物安全问题很不相称。

三、生物安全法的适用范围和原则

为了有效保护民族地区的生物资源并促使生物资源开发产业健康发展，民族地区急需根据本地实际情况制定《生物安全条例》或《外来物种引进管理条例》。其中规定如下主要内容：

1. 明确该条例的适用范围

生物安全问题存在于国与国之间已成定论，但由于我国地大物博，生态环境差异较大，我们认为生物安全问题不仅存在于国与国之间，对于大国来说，同样存在于一国之内的不同地区之间，一个大国内部不同地区之间潜在的生物安全问题甚至要比国土面积较小，生态环境差异不大的国与国之间的生物安全问题更为严重。这一现象目前还未引起学界的关注。以云南为例，由于云南省地处低纬度高海拔的特殊地区，境内江河纵横，气候多样，南北海拔高差达 6600 多米，复杂地形地貌造就的多样的生态条件和得天独厚的气候类型孕育着从热带、亚热带、温带、寒

---

① 毛宽桥：《浅析生物安全立法的必要性和可行性》，载《法制与社会》2007 年第 11 期。

温带到寒带的丰富生物种类。由于特殊的地形地貌，形成了动植物分布上的多种间隔和屏障，使动植物个体分布零散不均，在一定的时空范围内蕴藏量十分有限。生物资源多只是种质资源多，而经济性存量很小，每一物种都很脆弱。

同时，与中国陆地接壤的国家就有 25 个，多与民族地区接壤，这就使得民族地区的跨境生物安全问题更为紧迫。因此，民族地区的生物安全问题尤显突出，将《生物安全条例》的适用范围扩大到所有引进到民族地区的物种，包括国内其他地区的物种实属当务之急。

2. 明确防止生物安全问题的立法原则

根据各国的有关法规，除了作为共同性的法律原则的环境保护原则外，防止生物安全问题的特有原则主要是：

（1）公共安全保留原则。公共安全保留原则，即以公共利益为最高利益，从生物安全和人体健康出发去限制和控制生物技术及其产品。公共利益是指一国国家和社会的重大利益，其中应包括法律或道德的基本原则。国际上的一些政治家认为威胁国家安全的不只是外敌入侵，诸如外来物种的入侵、转基因生物的蔓延、生物多样性的锐减等生物安全问题也危及人类的未来和发展，也直接影响着国家安全。维护生物安全，对于保护和改善生态环境，保障人的身心健康，保障国家安全，促进经济、社会和环境的可持续发展，意义重大。因此，维护生物安全，正是维护公共利益的题中应有之义，生物安全是公共安全的重要内容之一。当生物技术或其产品与公共安全发生冲突时，可以适用公共安全保留原则限制和控制生物技术及其产品。

（2）风险预防原则或谨慎原则，即采取预防措施防止出现生物安全问题，如果遇到严重的或不可逆转的威胁时，不得以缺乏科学充分确实证据为理由，延迟采取符合成本效益的措施防止生态恶化。如果对某种活动可能导致对自然生态环境有害的后果存在很大的怀疑，最好在该后果发生之前不太迟的时候采取行动，而不是等到获得不容置疑的因果关系科学证据之后再采取行动。

风险防范原则重在避免环境灾难之可能性，它针对的是在科学上尚未获得确凿证据的环境风险，其要义在于，不应当以尚未获得确凿证据的科学证据为理由而推迟采取预防环境风险发生的措施，因为如果等到获得环境风险的确凿证据后再采取行动，那样环境风险一旦发生，将造成重大或者不可逆转的环境灾难。在实践中，由于采取风险防范的法律控制措施在一定程度上会限制转基因生物技术的研究、开发和转让，以及转基因生物体及其产品的生产、销售和使用，因此，运用生物安全法律保护的风险防范原则，必须掌握生物安全保护社会目标与转基因生物技术发展带来的社会经济利益之间的平衡。在对待风险防范原则的问题上，国际社会采纳的是相对主义的观点，即主张从社会可接受水平出发，对环境风险采取符合成本—效益分析基础上的法律保护。如前所述，民族地区的生物资源异常脆弱，风险防范原则就更显得紧迫而必要，更是民族地区生物资源开发创新产业健康发展的保护伞。

（3）适度控制原则。适度控制原则，是指生物安全立法主要是对生物安全的法律控制，应该适度把握法律控制与科学研究自由之间的平衡关系。如果过分强调生物安全的法律控制，限制甚至禁止正当的科学研究活动，那么就会阻碍生物技术的正常发展。在具体操作中，各国一般采取规范由严到宽的审慎态度，并在获得确定科学依据的条件下，通过逐步修改有关规范的方法来放宽实验条件。例如，美国国立卫生研究院在1976—1983年，五次对《重组 DNA 分子实验准则》进行修改，逐步放宽了实验条件，原有的限制性条款的85%被放宽或简化了，并取消了对一些实验的限制。民族地区的生物资源开发产业已呈蓬勃发展之势，与此相关的研究也走在全国的前列，如何根据既保护科研发展又尊重大众可接受的度的原则来确定对生物安全的法律控制，还需进一步研究。

(4) 全过程控制原则。全过程控制原则，是指对生物安全实施法律控制，应该从有关生物技术的研究、开发、使用开始，到一般转基因生物体的使用、释放和处置，以及相关生物产品的市场化等诸环节，进行全过程的规范和控制。从发达国家的立法经验来看，一般都是采取全过程控制，只是立法控制的重点不同。欧盟国家偏重于采取以工艺流程为基础的监控原则，通过专门性立法控制生物技术的研究、开发和使用，以及一般转基因生物体的使用、释放和处置；而美国、加拿大等国家偏重于采取以产品为基础的监控原则，通过适用相关法律中的专门条款控制转基因生物产品的市场化问题。[①]

(5) 国际合作原则。国际合作原则，是指在涉及生物安全的国际性法律文件中，强调了生物安全法律控制的国际合作。在经济贸易全球化的背景下，生物安全的国际合作尤为重要。例如，由于发达国家对生物技术及其产生的转基因生物体的法律控制较为严格，使得许多发达国家的公司将生物技术的研究开发、大田实验等转移到立法和执法较为薄弱的发展中国家。民族地区的种质资源异常丰富，已成为众多商家的必争之地，在这"千金易得，一种难求"的时代，对发达国家的跨国公司的做法必须有清醒的认识。该原则在民族地区生物安全立法中体现为，吸收和转化国际法中的有关生物安全的国际规范，借鉴和参考生物安全管理的国际惯例。

此外，在跨境生物安全问题上，更需要国际合作，尤其是与周边15个陆地接壤的国家开展广泛而深入的合作。

[①] 桑卫国、马克平、魏伟：《国内外生物技术安全管理机制》，载《生物多样性》2000年第4期。

四、生物安全法的主要制度

基于以上分析,《生物安全条例》中应规定防止生物安全问题的制度和措施,其中包括:

1. 物种引进及保护管理制度

我们必须建立引进物种名录,严格控制新物种的引进;跟踪国内外物种引进及入侵动态,及时发现新的入侵物种,力争在外来有害物种爆发前将其消灭。在物种引进方面,我们必须坚持的一个原则是:除非你有理由说明引进是无害的,除非你能够控制它繁衍生长不泛滥成灾,否则不准引进。生物技术的发展有赖于遗传资源,因此,我们必须对各类采集遗传资源的活动进行规范,以加强对民族地区本地物种的保护。对民族地区本地物种进行保护的一个核心问题是开发权问题。开发权应包含在国家对生物资源享有的主权的范围之内,因此,对民族地区范围内的任何生物资源进行开发需经主管部门批准。主管部门对于可能引起生物安全问题的科研项目不应批准。即使相关组织出于公益目的在民族地区进行生物开发方面的科研时,应有民族地区的科技人员的参与,同时应当给予民族地区主管部门书面的通知,并应得到同意。此外,任何组织在对民族地区的生物资源进行开发时应与民族地区共同分享开发所获得的利益,包括共同申请新品种权或专利权,自身使用和使用费分享等方面。只有这样,才能有效防止民族地区生物资源的流失并有助于对生物资源的合理开发和利用。

2. 生物技术风险评价制度

风险评价是指某种风险估计会造成何种伤害、产生损害的可能性和预期损害程度的措施。风险评价的标准包括转基因生物体或其产品对民族地区环境、生物多样性的保护和持久使用、社会—经济及伦理因素以及对农业和人类及动物健康造成的风险。

该项制度要求管理部门必须加强国内外危险性和具有潜在危险性的物种及转基因产品的风险性评估，并对其在民族地区可能造成的危害做出定量分析。

3. 生物技术安全事故的预警及应急制度

2001年9月24日，国家质检总局公布了《出入境检验检疫风险预警及快速反应管理规定》。该规定适用于对以各种方式出入境（包括过境）的货物、物品的检验检疫风险预警及快速反应管理。其中，"预警"是指为使国家和消费者免受出入境货物、物品中可能存在的风险或潜在危害而采取的一种预防性安全保障措施。生物技术安全事故管理方面也应采取类似的制度，对风险尚未确定的货物、物品，管理部门应向各地出入境检验检疫机构、国内外生产厂商或相关部门以及消费者发布风险警示通告；对风险已经明确，或经风险评估后确认有风险的出入境货物、物品，管理部门可以采取快速反应或应急措施，其中包括：检验检疫措施、紧急控制措施、警示解除措施等。

4. 转基因新产品开发及释放审查制度

应该说目前已实现商业化的转基因作物，在审批时都认真考虑过它们对环境的安全性。但是，中国农业生物技术学会理事长朱鑫泉说，当前国内外普遍认为农业生物技术具有巨大潜力，开展了大量研究工作，对转基因生物在自然环境释放的安全性研究则相对甚少，转基因生物环境释放的安全性评价依然缺少有说服力的科学证据。[①] 因此，民族地区必须建立严格的开发及释放审查制度，其中包括，直接获取的遗传资源只能用于开发前的研究，而不能用于直接的、大规模的开发利用。因为即使再丰富的遗传资源，在现代科学技术的毫无节制的利用下，也迟早会有一天消耗殆尽。因此，大规模的开发遗传资源必须首先建立人工繁

---

① 李虎军：《基因污染威胁中国生物安全》，载《南方周末》2002年6月27日。

育基地，而原产地又是该遗传资源最适宜的繁育基地。除了鼓励建立人工繁育基地外，还强调在重要采集区建立遗传资源保护区。在这方面，我们必须防止红豆杉的悲剧再次发生。

5. 转基因产品标签制度

该项制度实际上是维护消费者的知情权，对转基因产品接受与否最终应由消费者做出决定，而消费者只有享有对转基因产品的知情权才能真正行使其选择权。例如，新西兰的转基因食品标签的有关规定中要求凡食品中转基因成分含量超过0.1%的，都必须进行标签，以增加转基因食品的透明度，满足公众自由选择的权利。[①] 针对民族地区乃至我国消费者科学素质、环保意识相对较弱，对基因技术的风险了解较少的现实，条例应强制性要求转基因产品标明所含成分、所使用的基因技术、获取详细资料的途径，以确保消费者知情权的实现。

6. 转基因产品越境转移通报检查以及提前知情同意制度

该项制度是指转基因产品在越境转移时，出口方把待转移的转基因产品的相关情况在越境转移之前通报进口方，并获得进口方同意进口的答复。

7. 生物技术和转基因生物体的信息收集、交流和发布制度

管理部门应根据生物技术和转基因生物体的特点建立固定的信息收集网络，组织收集整理与该类风险有关的信息，并建立定期的交流和发布制度以及重大信息的及时发布制度。至于具体的期限以及何为"重大信息"应在条例中予以明确。

自然资源是西部民族地区经济发展中的重要因素。在西部大开发的背景下，如何加强民族地区的自然资源和环境方面的立法，以加快民族地区的经济发展，是摆在我们面前的时代课题。

---

① 杨朝飞：《澳大利亚、新西兰有关遗传资源管理的》，载《世界环境》2001年第1期。

民族地区的自然资源和环境方面的立法包含的内容非常丰富，有关于草原和森林资源的自治权、有关于自然资源管理保护权和优先合理开发利用权、获得利益补偿权等。此外，还有一些像《西部环境政策法》等事关整个西部地区的综合性法律是国家层面的立法，其立法权不在民族地区，因而也不在本书探讨的范围之内。

本书基于篇幅的限制，仅对民族地区目前急需制定的自然资源和环境方面的若干项法律进行了初步探讨，希望能对民族地区经济立法的完善有所贡献，希望能够促进民族地区自然资源和环境的可持续发展，更希望本书的论述能起到抛砖引玉的作用，有更多的人来关注我国西部民族地区环境资源法制的完善，以促进整个西部民族地区乃至全国的可持续发展。

第十章 民族地区集体林权制度研究

根据 2003 年统计数据显示，全国少数民族地区共有森林面积 5648 万公顷，占全国森林面积的 42.2%，林木蓄积量为 52.49 亿立方米，占全国林木总蓄积量的 51.8%。[①]少数民族林区是我国的重要生态屏障，也是我国少数民族集中居住区。因地制宜地在民族地区推进林改政策，直接关系到国家的经济建设的成败，关系到少数民族的生存发展。全国林改工作的大幕已经拉开，但是，广大民族地区由于受特殊的自然地理环境和复杂的社会历史背景的影响以及多元的民族风俗习惯的制约，集体林权制度改革面临着很多困难，存在着许多难以预料的问题。民族地区历次林权制度改革很不彻底、很不规范、很不准确，遗留下很多历史问题，各种矛盾和纠纷重重，导致了民族地区集体林权制度改革较全国其他地方普遍起步晚，且进展相当缓慢，甚至有的地方目前还在等待和观望，民族地区的集体林地确权率和颁证率大大落后于全国的平均水平。集体林权制度改革是改善民族地区民生的重要措施，有利于维护我国生态安全和促进民族团结，为从根本上解决民族地区的民生问题提供保障。民族地区虽然拥有丰富的森林资源，但其现代化起点低、进程慢，借助其丰富的自然资源，产权明晰，加快改革步伐应成为现代化的首要选择。要充分发挥民族地区丰富的自然资源的作用，发展循环经济，实现人与自然的和谐发展，就要走林业资源的物权化道路。不断完善我国民族地区的林业物权制度，充分发挥物权的激励功能，是加快民族地

---

① 国家统计局：《中国统计年鉴》，中国统计出版社 2004 年版，第 41 页。

区林权改革进程的关键要素。这次改革是一次对以林地权益为核心的森林资产权益关系进行重大调整的改革，是从体制上、机制上和制度建设上进行的一次系统的全面的落实林业产权的综合性改革。

民族地区的林权改革研究在范畴上是林权改革的重要组成部分，具有其特殊性，在本质上是改革的延伸，对理解国家与民族地区发展这样的大命题具有十分重要的意义。为什么新世纪以来林业在整个经济社会中的地位越来越重要？民族地区集体林权制度数次变革，不同的集体林权制度是如何形成、发展和变化的，它首先表现为一种历史逻辑的断裂和置换。作者认为对集体林权变革不能仅仅从经济上、生态上给予阐释，还必须关注其法律的人文关怀，不断完善使其发挥应有的作用，必然要将其上升到法律的层面。这一法制化过程是漫长的，既要有实践经验的积累，又要有法学理论的研究。改革的措施和成果不能及时反映到立法上，那么，这场改革就难以长久、持续进行。目前民族地区多种经营体制的出现，在原有问题的基础上又出现了一系列新的问题需要深入拓展研究，需要通过法律形式确认业已成熟的改革成果，逐步形成完整的集体森林资源产权法律制度体系，以规范指导推进改革的顺利深入进行。因此，就十分有必要对可能影响林权改革进程的法律问题进行探讨，并提出解决办法。

第一节　民族地区林业资源的特点

在我国，少数民族生存与发展，无疑与其居住活动的环境资源密切相关，特别是与森林和草原资源息息相关。据调查，我国有限的森林资源分布极不均匀，其中半数以上集中在内蒙古、黑龙江、吉林、四川、云南五个少数民族聚居省区。就全国范围分布状况看，东北的长白山、大小兴安岭，内蒙古的大青山，宁夏的贺兰山、六盘山，甘肃的祁连山、新疆的天山、青藏高原、云贵高原、川康地区、湘南山区、桂北大瑶山、十万大山等南岭山系，以及海南等森林地带。草原资源分配行政区划，主要分布在黑龙江、吉林、辽宁、内蒙古、宁夏、甘肃、青海、新疆、西藏、四川，称畜牧业十省区。我国草原一般又划为五大区：东北、蒙宁甘、新疆、青藏和南方草原区这些森林资源、草原资源分布的地域正是我国少数民族聚居区与之所在。[①]

一、重要的绿色生态屏障

在我国，少数民族大多生活在我国西南、西北等地区，其生存与发展和当地森林与草原资源状况密不可分。民族地区森林覆盖率较高，少数民族地区森林主要分布在西南四省（区）国有林区（川、滇、藏、桂）和西北四省（区）国有林区（陕、甘、新、蒙），两片区森林面积分别为6001.46万公顷和3131.93万公顷，森林蓄积量分别为57亿立方米和15亿立方米。[②] 同时林业分布十分不均衡，据调查，我国有限的森林资源分布极不均匀，其中半数以上集中在内蒙古、黑龙江、吉林、四川、云南五个少数民族聚居省区。就全国范围分布状况看，东北的长白山、大小兴安岭、内蒙古的大青山、宁夏的贺兰山、六盘山、甘肃的祁连山、新疆的天山、青藏高原、云贵高原、川康地区、湘南山区、桂北大瑶山、十万大山等南岭山系，以及海南等森林地带。这些森林资源、草原资源分布的地域正是我国少数民族聚居区与之所在。其中云南、广西、四川、贵州森林覆盖率较高，而西北地区

[①] 林耀华：《民族学通论》，中央民族大学出版社1997年版，第507—524页。
[②] 陈达云：《中国少数民族地区的经济发展实证分析与对策研究》，民族出版社2006年版，第42—58页。

如西藏、甘肃、宁夏、新疆、青海和内蒙古等地森林覆盖率则低于全国平均水平。[①] 此外，民族地区的森林资源主要分布在黄河、长江、澜沧江等主要流域，承载着涵养水源、防风固沙、维护生物多样性等重要的生态功能，因此，民族地区的森林资源的生态重要性不容忽视。

二、蕴涵巨大商业价值

近年来，我国林业迅猛发展，据 2006 年国家林业局政策法规统计数据，我国林业用地面积共 $19233 \times 1044 hm^2$，其中国有占 29%，集体占 71%，有林地面积中，国有林占 31%，集体林占 69%。民族地区集体林比重较大，当前民族地区正以林权制度改革为契机积极探索适合民族地区林权制度改革的发展模式，建立和健全林业经营管理的各项体制，立足民族地区资源丰富的优势，走上了多样化、集约化、多元化发展之路，推进新时期民族地区林业的跨越式发展。

三、森林文化多样

任何民族的生存与发展，都有着自身的轨迹和历程，具体到某个民族，其产生、发展、繁衍必然与其所处的地理条件、资源关系密切相关。民族森林资源丰富，起源古老。在我国西双版纳居住着以傣族为代表的许多森林民族，他们的农耕是建立在对野生植物的采撷与野生动物的猎取的基础上，与热带雨林是紧密联系在一起的，他们驯服野生动物，利用林间的空当种植粮食，发展农林经济，创造了可与农业文明相媲美的优秀的民族森林文化，使他们适应了这个地区的自然生态环境条件而与自然走向和谐的发展，即使在 21 世纪 50 年代以前，西双版纳还保存有 50%

[①] 林耀华：《民族学通论》，中央民族大学出版社 1997 年版，第 507—524 页。

的森林覆盖率。我国主要的天然林区也常常是少数民族聚居的地区，这些林区，可以说林业资源就是大多数民族群众生活的物质基础，也成为影响民族文化的重要因素，少数民族的一些传统的利用森林的方式，包括一些植树造林的习惯和方式，经过历史沉淀已形成极为独特的少数民族文化。"从森林文化的类型及其分布来看，大致可分为4个森林文化区域。一是以树种文化为突出特色的中原森林文化区域；二是以萨满教信仰为突出特点的北方森林文化区域（包括新疆）；三是以神山、神林、神水为特征的南方森林文化区域（包括台湾）；四是以佛教为主的藏区森林文化区域。"[1] 可以说少数民族地区的民族传统文化与当地的森林生态文化是紧密连在一起的。在很多民族地区都有风水树、神树，人们对这些神树充满了敬畏和崇拜之情，村约当中都规定不得砍伐和破坏，在重大的节日还要进行隆重的仪式进行祭拜，还有贵州锦屏的林业契约，石碑、石刻、民谣，这些都反映了少数民族辉煌的林业文化历史。

第二节 民族地区集体林权制度的特点

一、集体林权属复杂

民族地区集体林在林地总面积中所占比例比较高，以云南、贵州两省为例，集体林面积分别占本省林地总面积的74%、94%。在云南、贵州两省的主要林区同时也是少数民族聚居区，当地村民对森林的依赖程度较高，林业是很多少数民族赖以生存

---

[1] 张慧平、郑小贤：《现代林业与林业生态文化探讨》，载《林业经济》2007年第3期。

的生产和生活来源,在这些地区,由于历次林改的不规范和不彻底,当地农民对于林地的利用较为随意,加之林改前国有林与集体林的界限模糊,农民日常生活用材一般可以直接上山去砍,放牧和采集一直以来也都是当地的生活传统,对森林的利用,各少数民族都有自己的认识和理解,长期以来,并形成了一套独特的保护森林和利用森林的乡土知识,森林对当地农民来说,不仅是生活的来源和重要保障,还是自己民族独特的精神文化载体。少数民族一方面依靠林地来维持生计,另一方面利用其开展各种祭祀活动,人们把特定区域内的森林和林木确定为神山、神树,在传统节日期间供人们祈祷。林改之后,在这些地区就有法定权属和习惯权属并存的现象,它们互相补充,但也会发生冲突。在制定政策时,没有考虑到不同地区的差异性,比如政策要求保护天然林,但村民的采摘权利应当得到尊重,政策要求建立自然保护区,在执行时不准老百姓进入,实际上就侵害了当地村民的习惯权利。此外,尽管在民族地区很多村庄都使用了煤气、沼气等现代化的生活方式,但在某些地区,对天然林的依赖还在某种程度上存在,如利用木村修缮房屋、做棺材墓葬等习惯,随着一系列国家政策的推行,人们的生活文化习俗受到了冲击,给人们的正常生活和民族文化带来了影响,如果没有对政策的效果进行检验,没有为当地民众提供相应的替代资源和替代出路,人们就产生了对政策的怨恨和对资源的破坏。随着集体林权制度改革的不断深化,便出现了法律规定的一些权属与习惯使用的差异和矛盾,如何解决,是今后林改工作需要面临的重要问题。

二、集体林公共管理的传统性较强

在西南地区聚居了众多的少数民族,长期以来各个民族基于自己的生产、生活经验,在管理森林资源方面有着特殊的传统和制度。这些千百年形成的习俗和观念非常有效,很多地区甚至早就在很好地实践可持续森林资源经营的思想。在爱尼族由陇巴头管理陇巴林和老人管理村寨的森林在爱尼人的传统中是公认的，爱尼人不仅爱树、种树，形成保护管理森林的老人组织，另外还有很多爱护森林的不成文的规定。培根曾说过："个人单独的习惯力量是很大的，那么公有联合起来的习惯，其力量就更大得多了。"① 在少数民族地区，少数民族的习惯、习俗和文化，蕴涵在人们长期的生产生活实践当中，经过反复实践、冲突、交融后形成村民的共识。它深植于少数民族社会之中，并依靠意识形态、舆论、信念，使人们从内心予以认同和遵守，实际上发挥着法律的作用，这些习惯、传统所蕴涵的林业管理策略与其生存环境是高度适应的，正是由于这些传统实现了少数民族地区生态环境多样性、人与自然的和谐共生，使得少数民族地区的生物多样性和民族地区的文化多样性得以持续发展数千年而延续至今。

三、森林资源传统管理方式受到冲击

经过长期的生产、生活实践，民族地区的群众经过长期摸索和实践形成了特有的传统知识体系，这些知识体系中包含着人对自然的敬畏、信仰和崇拜的朴素意识，通过习惯法等规则体系维持着人与自然的平衡，同时在客观上保护了当地的生态环境，为当地村民的持续生存提供了物质基础。由于政策的频繁变动以及主流市场经济文化的侵入，使得当地群众森林资源传统管理方式受到了巨大的冲击，在民族地区，人们通过对神山林、水源林的保护来维系着当地的资源和生态的平衡，神山保护了当地物种的多样性，并可以调节气候，水源林可以保证当地居民的生活用水，但随着政策的推行及市场经济的介入，人们不再满足"靠山吃山"的传统生活方式，大面积的经济作物替代了传统的神山林

---

① 培根：《培根论文集》，水天同译，商务印书馆1996年版，第145页。

和水源林,据统计,2000年西双版纳傣族神山林的总面积只有1957年的1%左右。① 人们开始在神山林种植经济作物,对森林的禁忌也不再相信,生产、生活方式的转变使得森林保护的传统几乎丢失,大量的神山林和水源林被人工林所替代,当地社区的传统森林管理方式失去了载体,传统森林资源管理方式受到巨大冲击,或者被削弱和异化。

四、传统民族文化正逐步流失

一段古老的传说正在消沉……鹿铃要在林中迷失,篝火舞仍然在飞转,桦皮船漂向了博物馆,那里有敖鲁古雅河沉寂的涛声化冻的冰河……传唱祖先的祝福为森林的孩子引导回家的路。我也是森林的孩子,于是心中就有了一首歌,歌中有我父亲的森林,母亲的河岸上有我父亲的桦皮船,森林里有我母亲的驯鹿,山上有我姥爷隐秘的树场,树场里有神秘的山谷……

——敖鲁古雅·鄂温克诗人·维佳

这是鄂温克人对山林的共同记忆,生态移民之后,这种记忆已经慢慢消失了,作为中国最后一个狩猎民族,现在已经濒临消失了。在民族地区的发展历史上,森林狩猎文化与农耕文化共同构成了人类文化的主体,狩猎是文化之祖,民族地区的社会文化对该地区的经济和社会发展起着复杂的作用,我国的主要天然林区也常常是少数民族聚居的地区,少数民族在利用和管理森林的过程中,形成了特有的习俗和文化。近年来,随着国家法的强制推行以及市场经济的冲突,越来越多的人选择外出打工,文化的传承人的相继故去,相关的民族语言正在逐渐被遗忘,传统的民

---

① 陈剑等:《西双版纳傣族传统森林资源管理调查研究——以景洪市曼点村为例》,载《安徽农业科学》2007年第35期。

族文化大面积流失。一方面，的确有很多年轻人向往外界的生活，纷纷外出打工赚钱；另一方面，也有很多人从政府为他们建的砖瓦房中逃出来，宁愿回到自己的茅草房。国外学者杰森·克雷（JasonClay）在讨论政府设计下的标准化村庄对移民产生的影响时指出："当高地的农民被送到召'布拉（Gambel‐la）'这样的定居营地，他立即就从一个农业专家转变为没有技能、无知的一般劳动力，他的生存不得不完全依靠中央政府。"[1] 移民不仅仅是自然景象的变换。它把农民从原有的环境中移走，在原有环境中他有满足自己许多基本需求的技能和资源，因而是独立和自给自足的。农民被转到新的环境中，他们的技能几乎没有用处。也只有在这种环境中，定居营地的官员才可能将移民变成乞丐，他们要获得生存就只能服从和付出劳动力。[2] 随着天然林越来越多地划归到自然保护区，民族地区的群众已无法继续传统的利用天然林的方式，很多与之相关的民族文化也在逐渐流失，当森林民族只能把自己民谣当成回忆来歌唱，民族地区就失去了本源，注定处于底层，光是修路、建房是远远不够的。

第三节 民族地区集体林权制度的现状

一、集体林权制度立法层面

长期以来立法对于林权的权利内涵及内容都没有清晰的界定，立法如此抽象、笼统的规定，事实上已经在实际操作中影响

---

[1] Clay. Steingraber and Niggli. The Spoits of Famine. p. 23.

[2] [美] 詹姆斯·C. 斯科特（James C. Scott）：《国家的视角》，王晓译，社会科学文献出版社 2004 年版，第 341 页。

到了农民利益的获取，林权制度在立法层面上存在着较大缺陷，主要表现在：

(一) 传统立法的局限

当前以《森林法》为基础的林权法律体系框架已经基本建立，总的原则和目标已基本确定，无论在法律文件中，还是在官方讲话中，林权的物权法的定位也十分明确，但不可否认在现实生活中，林权制度的设计和运行都存在着许多不尽如人意的地方，影响了集体林权制度绩效的发挥，当前我国现行林权立法的缺陷主要表现在：在市场经济条件下，资源的流转及相关利益的再分配是一个动态过程，在客观上，要求以法的形式来规范林权的内容、界限、流转的程度等方面。《森林法》试行法案从1979年通过至今，几经修改，但仍无法满足现实需要。正如前所述，林权改革的目标是建立主体参与、生态保护、经济发展的现代林业发展模式，与之相适应的是，立法也应及时调整和修改，在现有情况下，立法的滞后和现有法律的不完备导致现实林权制度的流转缺乏必要的、有力的法律保障。新的森林资源立法将从恢复和保护森林生态系统、维护分属产权利益的高度出发，将有关森林资源产权的权限集中研究，将分散的义务统一规划，促使有关立法站到一个新的高度上来。

(二) 林权物权化保护力度不够

现行的法律规定还不能够明确地指出林权的调整对象，"林权"内涵不一，使得对林权的概念至今无法得出统一、权威的解释。民事权利意义上的林权制度仍然尚未明确。由于我国林业发展尚存在着制度设计与供给不平衡的矛盾，因此，当前立法上的首要工作是对"林权"这一概念进行独立而较为完整的结构分析，并且对林权进行规范性、合理性、科学性的制度设计。根据物权法定原则，物权的种类及其权利内容必须由法律统一规定，目前林权这一权利还未被纳入物权法保护的范围之内，有效的法律应当是对已经通过交易形成的有效权利的记录,否则人们在适用时就会无所适从,权利受到侵害时,也无法通过正当途径进行救济。"目前的法律保护单纯地强调了社会利益,对林权人的权利保护未加以足够的重视,容易造成林权人的权利往往被行政机关以保护社会利益的名义强行剥夺,致使林权人不知采取何种方式寻求权利救济形式。"[1] 基于此,一个有效的物权立法应当立足于中国的"本土资源",尊重农民的制度创新,适当借鉴国外的相关法律制度,才能够最大限度地推动中国的林权制度改革。

(三)民族地方性立法缺失

在经济发展过程中,我国地区差异明显,经济发展不平衡,特别是民族地区承担的经济任务和生态任务比重不协调,民族地方立法应因地制宜,提高自治地方的立法权限和质量,寻找各方利益的平衡点,法律经济学先驱科斯将经济学的分析方法引入了法学领域,他认为,立法是一种有效的经济活动,且立法具有促进经济发展、减少资源流动障碍和损失的作用,具有使资源达到效益最大化的功能。[2] 同理,对于民族自治地方立法,亦"注重政治功能向注重经济功能的民族法观念转变"。[3] 民族地区的法治建设要立足本土资源,加强对民族自治地方的政治、经济、文化研究,最大限度地实现少数民族权益。目前我国的民族地区关于林业立法没有尊重各地本土知识和规则,林权制度改革又是一项自上而下的改革,虽然在改革的宣传上强调"一村一策",强调

---

[1] 郭红欣:《林权改革背景下〈森林法〉的修改》,北大法律信息网 http://vip.chinalawinfo.com/newlaw2002/SLC/SLC.asp?Db=art&Gid=335597518,最后访问时间 2010 年 12 月 5 日。

[2] 理查德·波斯纳:《法理学问题》,朱苏力译,中国政法大学出版社 1994 年版,第 453 页。

[3] 吴大华:《民族法观念更新与民族自治地方立法》,载《贵州民族研究》1997 年第 4 期。

尊重历史和现实，可实际上"在正式的文件中仍然要写上符合上级口号要求的'百分之某某'云云，是一种口号上的统一和口号上的'大跃进'"。[1] 如果改革忽视"乡土知识"，就会加大制度的实施成本，效果也会大打折扣，最终妨碍改革目标的实现。因此，在民族地方立法的制定当中，要根据不同地区的情况，综观民族自治立法的内容，主要以民族语言、人才培养、文化等居多，在行使经济立法权方面的立法数量较少，其中关于资源利用和管理的数量更是少之又少。同时，立法的质量、操作性等方面均影响了民族自治立法效益的发挥。如何通过立法的方式，充分发挥地方优势，合理开发利用资源，制定出有利于本地区发展的有关法律法规。"如果民族立法忽视对民族本土资源的利用，而是简单地照搬照抄国家法律，可能会使当地的人们感到这样的法律是在添麻烦，那么人们为了追求交易费用的减少，往往会规避法律，如借助于习惯等解决问题，则这样的立法实际上没有效益。"[2] 因此，在民族自治地方立法的制定上，要充分吸收地方资源，提高立法实效。

（四）配套保障措施缺少法律法规支撑

现阶段，各地区林权制度主体改革基本完成，配套改革都在有序推进，配套保障措施的改革不仅是林权制度改革的延伸，也是集体林权制度改革的关键，如林权交易平台的建立，林业综合执法体制的健全，林权金融和保险制度的完善等，这种配套措施制度的改革效果也会影响到改革的成效，需要在林改的后续工作中，通过完善的林权主体改革制度，真正建立起集体林权制度改革的长效机制。

---

[1] 朱晓阳：《林权与地志：云南新村个案》，载《中国农业大学学报》（社会科学版）2009 年第 1 期。

[2] 朱苏力：《法治及其本土资源》，中国政法大学出版社 1996 年版，第 19 页。

二、集体林权制度实施层面

集体林权制度的改革成效，有赖于一个有利于法律实施的良好的守法、执法环境。我国在林权运作机制上，林权制度在具体运作过程中还存在一些问题，当前影响法律实施的主要因素有：

（一）行政权力错位

一直以来，政府林业主管部门在森林资源经营管理方面，对林权主体行使权利时，在行政审批与许可等方面都严重地存在政府干预过度的现象。我国《森林法》规定："国家所有的森林和林木以国有林业企业事业农场、厂矿为单位，制定森林采伐限额。"尽管法律规定了生产经营者和广大林农林权的使用权，但是在具体实际操作的过程中，还存在某些地方政府在利益驱动下，利用其权力资源牟取私利，同时损害了广大村民的集体权利。从来没有哪个制度否认国家对私权的干预和限制，法律既要保障政府依法行政，也要维护林农与政府、财产权与行政权的平衡关系，以防止政府滥用权力。因此，只有对政府林地流转进行必要的、合理的法律制约才能对林权进行有效的法律保障。

（二）缺乏有效的监督机制

目前仍有一些地方，集体林权流转存在不公开的现象，流转的方式上很不规范，实际内容上也存在侵害农民利益的情况。对林地流转的监管，虽然是一种事后行为，但却可以促进林地利用的效用最大化。目前虽然各地出台了一些相应的流转办法，但由于没有统一的法律法规进行指导，在流转的范围、形式、程序上都存在很大差异，因此，统一规范和完善关于流转的法律内容显得尤为迫切。

三、集体林权制度运行层面

（一）林地规模化程度低

无规矩不成方圆。制度更带有根本性、稳定性、约束性和长期性。实践证明，没有制度或有了制度执行不好，必然会给事业造成损害，影响和制约经济社会的发展。林改后林地的细碎化导致小生产状态也是目前林业发展的重要障碍，林权确权到户以后，一个显而易见的问题是林地细碎、条块分割，不利林地规模化经营。林改分山到户后，每家每户分配到的数量都不一，多则百亩，少则几亩，经营目标的分散，很难将林农组织起来。在林权制度改革过程中，林地在集体内部进行均分。出于对公平的要求，林地分配实行好坏搭配、远近搭配，这就导致了林地的细碎化。林木具有自然生长时间长，林业生产劳动生产时间短的特点，决定着正规化的林业是一种规模化经营性质的产业。马克思在《资本论》中写道："造林要成为一种正规的经济，就需要比种庄稼更大的面积。因为面积小就不可能合理的采伐森林，难以利用副产品，森林保护就更加困难等。但是，生产过程需要很长的时间，它超出私人经营的计划范围，有时甚至超出人的寿命周期……因此，没有别的收入，不拥有大片森林地带的人，就不能经营正规化的林业。"

（二）林地收益分配制度的不规范

民族地区大多地处偏远山区，由于民族地区的村民信息资源不对称，享受国家公共利益资源不公平，长期以来没有从社会获得发展的机会和资源。所以，利益分配机制作为林权制度的实现机制，其运行格局的合理与否，直接决定了改革的成败。利益关系的有序性有赖于法律手段的调整与维护，决定了社会利益关系的变化是社会法律制度发展的基础与动力。就目前民族地区的林权利益分配机制而言，其分配的原则和标准还有不确定和不合理的成分。林权制度立法对林权制度的分配机制不明确及相关制度的不完善,在一些地方,受利益驱动,外来资本上山,在农户承包的林地的使用权的转让过程中,政府的权力无限扩张和滥用,不仅非法干预了农户承包经营权流转的自由,而且违背《农村土地承包法》的规定,权力监督的失衡、信息不对称等因素又会导致农民非理性的、马拉松式的上访。这些情况随时都可能引发严重的民族冲突和矛盾,给社会的和谐与稳定造成极大威胁,不可避免地导致林地收益分配的混乱和无序,最终阻碍林地产权制度的正常运行。因此,完善相关法律法规,完善相关的利益分配机制已刻不容缓。

(三) 激励机制尚未形成

在制度变迁过程中,能充分激发当事人参与的内在动力,调动其积极性,在林权的诱致性制度变迁中,农民通过制度变迁获得的收益与其努力程度应当是一致的。在林权制度的强制性制度变迁中,政府在其中起主导作用,新的制度变迁可能对农民来讲无利可图,这样的制度变迁是得不到农民支持的。人类历史上无效率的产权制度之所以成为"常态",其根源主要就在此,历次的林权制度改革失败恰好证明了这点。国家可以制造出集体所有权,但却无法保证其有效率。按照普遍接受的解释,集体所有制下有效激励不足是导致集体经济效率低下的主要原因,国家控制的集体经济由于缺乏激励而无效率,其关键在于国家对农民所有权的剥夺。但是低效的体制在边际上存在着潜在的利润,使所有权的改革有可能盈利。诺斯指出"无效性之所以会存在,可能是由于统治者没有强有力的选民与之作对,这种力量如果存在,就会通过实施有效规则来反对统治者的利益。这也可能是由于监督、计量及征税成本非常高,通过不甚有效的产权所获得的税收比有效产权时更多。这一观点是对效率观点的一个改进"。①

第四节 民族地区集体林权制度改革的社会分析

制度设计与实施是不同的,这是因为制度在实施过程中会受到许多不确定因素的干扰,而影响制度的实效。集体林权制度改革是一项复杂的系统工程,其中遇到的原因多种多样,各地区情况各异,问题也比较复杂,其中既有政策因素、法律因素,也有自然、历史、社会、经济等多方面的因素,是这些因素交叉渗透的反映。运用多学科理论进行分析和研究当前改革中存在的问题,既是理论指导的需要,更是实践工作的需要。我国民族地区集体林权制度改革遇到的困境是由多方面原因造成的,主要内容有:

一、政治因素分析

(一) 林农理性发展中的国家职能错位

"价值观的转变是社会变革最重要的前提条件。"② "在生存保障前提下,市场化是农民理性转化的推动力量。"③ 如果说在传统社会里农民的生存理性有其产生和存在的必须性,那么对于小农的这种生存理性必须加以正确引导和校正,否则,就可能成为

---

① [美] 道格拉斯·C. 诺斯:《制度、制度变迁与经济绩效》,陈郁等译,上海三联书店1994年版,第70—71页。

② [美] 安德·韦伯斯特:《发展社会学》,陈一筠译,华夏出版社1987年版,第32页。

③ 赵峰:《农民理性:传统、市场和国家——农民理性发展的规范分析》,价值中国网 http://www.chinavalue.net/Article/Archive/2010/6/11/6507.html,最后访问时间2010年6月11日。

市场化的阻碍，这就要求国家对农民的发展及农民发展理性的建立承担更多的职能。在集体林权制度改革过程中政府是改革的设计者，资源的掌控者，面对孤立的、弱势的林农，地方政府要采取适当措施化解来自下层林农的要求和压力，"一分就绿，一分就富"只存在于神话当中，对于林农而言，正如斯科特在《农民的道义经济学：东南亚的反叛与生存》一书中所说，"农民家庭的问题，说白了，就是要生产足够的大米以养家糊口"。所以，在确权到户后，林农才将能种的地方都种上了经济作物，这是"理性"的本能表现，但是我们光谴责这种"理性"是毫无意义的。在斯科特对东南亚农村社会经济的研究中，市场势力对传统农村的侵入成为农民生存理性强化和对"安全第一"原则依赖加强的重要背景。土地和劳动力转化为商品，使"村民们越来越失去对土地的控制……农产品的价格越来越受到非人格化的市场波动的影响"。其结果，也强化了农民对市场化进程和技术进步的抵制。问题是制度的"不理性"而非农民行为的"不理性"。[①]由于政府在资源控制方面具有的规模和成本优势是谁都无法比拟的，在传统社会向现代社会转型的市场化过程中，制度保障机制的建立和健全是政府不可推卸的责任。在林权制度改革过程中的政府职能错位，甚至政府行政权力滥用的问题，如果对此问题没有足够的认识，不能采取有效措施进行防控，政府权力的运作就会严重偏离改革的方向，政府的非理性的、违背经济发展规律的强度干预就会反过来成为制约民族地区经济社会发展以及健康、顺利实施改革目标的重要因素。在改革过程中，政府的职能应定位在对林权的界定和保护、提供公共产品及服务、有效制度的供给、林权制度的实施监督等方面，而不能僭越。

[①] 赵峰：《我国农地产权制度的实践、问题和对策》，载《经济纵横》2001年第8期。

翻看各地的集体林权制度改革，几大经济指标都被放在最显眼的位置，凡是经济指标高的地方，也都视为改革成功试点，其经验被广泛宣传并加以推广，且不说全国地方差异较大，就林业的周期特点来讲，林业基本上是属于投入成本高、见效慢、周期长的产业，而且林业本身的发展本身涉及的关系和环节就多，受市场的影响波动也比较大，很多地方也才刚刚完成试点，而地方政府官员在其短短几年的任期里靠着所谓的经济指标实现自己任职内的"政绩工程"，以此来评判改革的成效本身就不具有完全的说服力。

根据财政分权理论，各级政府在不同领域提供公共产品具有不同的职能分工，涉及全局性和全国规模的公共产品应由中央政府负责提供，而具有地方规模和地域限制的，应当由地方政府提供。① 作为一项由国家主导的制度改革，中央不能把责任都转移给地方政府，也不能仅通过数字来考核地方改革的完成情况，特别是民族地区在财政能力有限的情况下，要承担更多的生态任务，要完成各项经济指标，显而易见的结果就是底层的民众的诉求被忽视或重视不足。

（二）民主参与机制有待健全

现代政治学的一个常识是，"市场力量即是民主力量"。② 美国著名政治学家亨廷顿认为："民主的前景取决于经济发展的前景。"③ 在中国，到目前为止似乎还发现不了民主力量的存在。原因何在？中国的市场主体中所有者群体总体上不合格，中国的市

---

① 杨静：《统筹城乡中农村公共产品供给：理论与实证分析》，经济科学出版社2008年版，第137页。

② 梁木生：《产权改革的理性路径：梯度变革产权》，http://www.chinaelections.org/newsinfo.asp? newsid=178945，最后访问时间2011年12月20日。

③ [美]萨缪尔·亨廷顿：《民主的第三波》，载《民主与民主化》，商务印书馆1999年版，第383页。

场力量难以成为现代民主力量。① 集体林权的改革，与早期耕地改革比起来，问题更多一些。除了林地的特殊性质而产生的问题之外，一个重要的原因就是少数人不公平地侵占了多数人的权益。从根本上看，农村的政治制度现状是影响林权改革的重要因素。在党的领导下，我们广大农村的法治建设和政治建设已经取得了阶段性的成果并且逐步步入正轨。可在客观上，过去集权体制的影响仍然在农村占有不可忽视的地位，一些农村还存在相对突出的非制度化现象：（1）农村组织对当地农民权利漠视。在农村，个别村干部滥用手中权力和越权的现象异常突出，部分乡镇、村集体常常越过林权的法定规范内容，对村民的权利进行干涉和破坏，导致这些村镇里林地权利人的基本权利难以真正实现。（2）农民本身法律和权利意识淡薄，在面对纠纷和林改事项时往往都任由村干部指令，农村事务处理时广泛存在"家族控制"、"一言堂"等不公正现象，即便法律对调整征占林地的条件、程序有明确规定，在这种情况下难以体现政治民主的本意。（3）村民会议和村民代表会议等农村民主、公开组织往往运行不规范，难以体现民主公平的要求，对农民林权及相关权益的维护造成了极大影响。对比土地承包制度改革过程，为什么耕地改革中这些现象相对要少呢？一个重要因素是当时民主比较多，早期耕地改革的相对公平是基层民主较多的结果，而今天林地改革的相对不公平是基层民主不够的结果。为什么分田到户的改革搞得比较公平？其实就是与民主分不开，大家通过开会来分田，每个人既是改革者，又是被改革者。当前，各个地方政策都把林权民主会议的签到的人数，林改会议召开的次数作为考核政绩的标准，民族地区的农户普遍文化素质偏低，对政策的理解能力还有

---

① 梁木生：《产权改革的理性路径：梯度变革产权》，http://www.chinaelections.org/newsinfo.asp? newsid = 178945，最后访问时间2011年2月20日。

待提高,如果知情权保障的不到位的话,很可能在强大的外来资本介入和行政权力的干预下做出非理性的判断,这样的民主方式是与改革相违背的。

(三)民族地区的林业政策倾斜力度不够

政策是制定和执行法律的基本依据,我国地域辽阔,区域差异较大,区域政策正是基于这种地区差距客观存在的现实,区域经济政策是"政府为优化资源地域空间配置、预防与解决区域经济运行过程中出现的各种问题而制定和实施的一整套政策体系。它是政府为控制区域差距的扩大、协调区际关系而实施的一系列政策的总和"。[1]

民族地区由于历史的、社会的、民族的原因,生产力不发达,大多过着自给自足的生活。由于受到交通条件、民族传统习惯、自身经营能力等方面的限制,林业产业发展相对缓慢,即使有所拓展,但依旧无法改变既有的产业结构。同时,民族地区的林农偏低的文化素质、过小的农地经营规模、相对封闭的市场环境,决定了其在林地流转市场竞争中始终无法取得优势地位。民族地区林业、生态环境的特殊性决定了区域林业政策在政策取向、政策目标、政策内容上与其他地区的差异性。在民族地区改革过程中,虽然制定了优惠政策,但是,这些政策还存在倾斜力度不够,多临时性和短期性的规则,这些规则既不透明公平,也容易被政府滥用而成为"设租"、"寻租"的工具。就集体林权制度改革,以作者调研的情况来看,在政策设计的过程中,对民族地区生态林业的政策倾斜的扶持还远远不够,对于民族地区林业政策中文化关怀体现得不够明显,村级的民主治理环节与非民族地区没有任何区别,可以说,对于民族地区的集体林权制度设计

---

[1] 杜肯堂、戴士根:《区域经济管理学》,高等教育出版社2004年版,第237页。

过多地仿照了一些试点省份的做法，对于民族地区的林业发展和特殊性没有予以足够的关注和照顾。正如陈育宁在《路在何方——迈向21世纪的西北民族地区》中所说，"依据经济发展规律，资源性产业的先行投入是经济大发展的必要前提，否则待经济发展到一定阶段，将会不可避免地出现断层。"因此，在下一阶段的配套改革阶段，为了使国家林业政策得到落实，实现区域之间的协调发展，要通过税收、价格等手段对民族地区的林业产业予以优惠，使产业倾斜与地区倾斜有机地结合起来，实现"民族地区倾斜"与"产业倾斜"的统一。[①] 同时，民族地区自身也需要加强制度创新，不能完全依靠中央和上级提供制度供给，要结合自身优势，把握社会发展脉搏，实现民族地区自身的跨越式发展。

二、经济因素分析

上层建筑是由经济基础决定的。所以，农村现有的经济发展水平，决定了作为上层建筑有机组成的农村法治的发展演进。林权作为一种法定的权利，其贯彻实施的顺利与否，将在很大程度上受农村经济的发展水平影响。当前，我国的部分偏远的乡村中贫穷仍然是极为普遍的现象，那里的村民靠毁林种田、砍伐林木和无节制进行畜牧来维持生计，给当地的林地资源造成了极大的破坏，致使水土流失、农业生产歉收，自然环境严重破坏，农民的生活水平进一步下降，经济社会发展迟滞。可见，在这些贫困的偏远地区，林业发展与生活水平息息相关。与之相伴的是，在经济发展落后的农村，村民缺乏法律意识，不会使用法律作为解决争议和处理纠纷的工具，林地纠纷出现时，往往单纯依靠村干

---

① 刘宗林、曾昭华：《试论对民族地区的政策倾斜与体制创新问题》，载《黑龙江民族丛刊》1994年第4期。

部调解、决断或双方和解。在这样经济落后的地区,林业经营水平也受到了非常大的限制。因此,我国广大农村农业生产力水平低下的特定环境,必然导致林业法制制度建设缺乏物质支持。制约民族地区集体林权制度改革进程的经济因素有:

(一)森林资源的稀缺与森林资源的价值上涨

资源的稀缺性理论,资源稀缺性指相对于人类无限的需求而言,森林资源是一种重要的自然资源,也是一种稀缺的自然资源。根据经济学的相关理论,在经济学中资源是指用于生产能满足人类需要的用品或劳务的那些物品。在一定时期内,相对于人类无限需要而言,可用于生产物品和提供劳务的资源总是不足的,这就是资源的稀缺性。① 经济学家认为,资源的稀缺是相对的,并且是永恒的,人们无法改变资源稀缺的现实,只能通过提高资源的利用方式来提高对资源的利用效率。但事实并非如此,譬如一片森林,如果不过度采伐,成长率基本可以与采伐率持平,就无所谓"永恒的稀缺性",但过度砍伐,资源的"稀缺性"就出现了,于是乎人们就寄托于提高资源利用来维持资源的可持续性,孰不知,无论怎样提高利用率,与人们无节制的欲望相比,总是不够的,也就是说"资源的稀缺性"无法通过提高效率来解决问题,只能通过总量来控制采伐率。但纵观中国目前所有改革基调,无一例外地都是强调"效率优先、兼顾公平",结果必然是经济数字上去了,生态质量下降了,总量节约和提高效率在"效用最大化"的基调上是根本对立的。在调研中,一位林业站的工作人员在谈到生态环境问题时,就西双版纳的地理、气候条件,其实无需对生态环境保护过多投入,森林只要放个几年,人不去破坏,自然就可以实现生态保护的目的了。中科院动物所

---

① 邓光君、徐传波:《新编西方经济学教程(微观部分)》,华中科技大学出版社 2008 年版,第 4 页。

的解焱博士在评价云南金光集团提出的"开荒造林"的提法时指出:"自然界本身有他们的生长能力和表现能力。人类总是说这荒那荒,实际上,用生态学的眼光来看,他们都是很富有生机的地方。其实如果人类不再进行干扰,以思茅这样的气候和土壤条件,几年之后,很自然地就能长出很好的杂木林。"[1] 但现状是"橡胶狂热"正笼罩着西双版纳,"正科、副科,不如橡胶树栽两棵",我们应明白,无论再怎么提高资源的利用效率,也必须懂得尊重自然,不能打着"提高资源利用效率"的旗帜来无节制地消耗资源。正如恩格斯在《劳动在从猿到人转变过程中的作用》中曾指出:"我们不要过分陶醉于我们对自然界的胜利。对于每一次这样的胜利,自然界都报复了我们","我们必须时时记住:我们统治自然界,绝不像征服者统治异民族一样,绝不像在自然界以外的人一样,相反的,我们连同我们的肉、血和头脑都是自然界,存在自然界的;我们对自然界的一个统治,是在于我们比其他一切动物强,能够认识和正确运用自然规律。"

(二) 交易规则模糊与激励机制供给不足

林地流转体系是一种淡化所有权、符合林权制度变迁的现代化方向的制度安排,在某种程度上能真正实现资源配置的最合理的方式,改革的目标是希望通过林地流转机制来提高林地的收益率,但由于流转的交易规则不健全等因素使得在某些地区林地的流转出现了严重的异化现象,违背了集体林权制度改革的目标和初衷,有些地方为了完成引资目标,不考虑是否具备流转条件、不尊重农户意愿,急于推进流转,变相剥夺农民的生产资料。由于确权到户的工作刚刚完成,流转体制的建立和健全还处于摸索阶段,其机制还有待完善,在林木价值上涨之后,各地林地流转在数量和规模上有不断扩大的趋势,中介组织缺乏,监督主体缺

---

[1] 冯永锋:《拯救云南》,内蒙古人民出版社2006年版,第189页。

位，使得在林地流转过程中还存在着寻租行为，流转市场化程度低，当前的林地流转还处于一种自发、无序的状态，但流转速度越来越呈现出加快的趋势，目前为止，我国还没有建立起一套完整规范的集体林地流转程序进行指导，由于分散的农民谈判能力较弱、信息不对称、流转的运作程序相对复杂，在某些地方出现了地方及基层政府侵犯农民权益的现象，这其中有体制的问题，更多的则是法律滞后、交易规划模糊、中介机构缺乏、信息不健全等方面的诸多因素的综合作用，这些因素都在一定程度上影响了集体林地的流转。"林地使用权的流转是权力和少数'先觉者'的行动在实践上，林地使用权趋向于森林的规模经营，特别是森林经营大户成为林地使用权购买的主导力量。林地使用权的流转成为权力和少数'先觉者'的行动，这些'先觉者'凭借着资源权力优势心底想的是乘老百姓还没有觉悟过来，先赚一笔。"①

纵观中国历次制度改革，基本的路径都是从无序到有序、从不完善到完善的过程中，在此过程中，会出现交易不公平、民众利益受损等情形，社会在进步和不断发展，社会和公民对政府的期望提高了，对改革造成的负面影响容忍度却降低了，更加考验政府的执政能力。当前，林农的收入增长主要来源于林木价值的上涨和部分政策性让利，而林木价值受市场影响波动较大，政策性让利只是暂时而为的措施，尚未建立起长效的激励机制，缺乏有效的利益激励和合理的成本分摊机制，在部分地区改革效果不甚理想，宁愿外出务工，也不愿意对林地进行投入。因此，在配套改革阶段，要侧重对林改激励机制的研究，降低林业平均税负水平，改善林业生产条件，增加林区基本公共产品供给，使商品林经营者和公益林建设者都能获得社会平均利润，建立健全集体

---

① 姜春前：《中国南方集体林产权改革研究》，中国林业出版社 2008 年版，第267页。

林权制度改革的长效保障机制。

(三) 林地小规模经营与大市场之间的矛盾

林地细碎化是从土地细碎化概念借鉴而来的，林地细碎化问题由来已久，主要根源是我国人多地少、历史上的平均主义，历次改革的简单化的平均主义分配方式则加剧了林地细碎化现状。在调研的几个村庄基本上都是地块之间不相邻，面积不平均，无法规模经济。林权改革后林地细碎化的基本状况是我国人均林地数量是世界上最少的国家之一，林地的细碎化已成为制约林业经济持续稳定发展的重要因素之一。在调研的 A 村已基本完成土地平整，[①] 至于林地的调整，村里人并不关心，一方面村民依赖林地的程度不高；另一方面林地的认定在面积、肥沃程度和距离等方面要求的程度比土地更高，通过对等交换的方式来减轻细碎化程度难度更大。林木生长周期较长，受到自然因素、市场因素的可能性更大，因此，林业经营的风险也更大。当前的农户家庭经营规模较小，林地分散，投资者获取较大规模的林地需要与多个经营权主体进行谈判，同时也增加了交易成本，林地经营资源优化配置也很难实现。

由于历史文化、民族传统和经济意识的原因，少数民族经济基本上属于小农经济模式，从调研点的情况来看，基本都是以家庭为单位进行林地的经营活动，每天早上林农割胶之后，出售给橡胶加工厂，并且每家每户的林地分散，细碎程度严重，目前林地的超小规模的平均化零散经营，不便耕作，影响机械化的合理使用，使科学技术推广受到限制，与林权制度改革的效率初衷相悖。作为一项前所未有的林地改革，集体林权制度改革尚处于摸

[①] 土地平整的含义就是将以前各家分散耕种的承包地、自耕地（仅指水田）全部回收，经平整后再按照现有人口平均分配，让每家的土地能连成片进行种植。游志能：《新农村建设视野下的曼恩村土地平整工作调查》，未刊稿，2009 年。

索过程之中，作为一种制度创新，在解决了林农的经营自主权之后，在极大地激发广大农民的生产经营积极性的同时，也使林业生产小型化、分散化了。由于地块细碎、分散经营，农民信息渠道不畅，只能进行单一品的种植；同时一家一户的小生产难以进行科学的计划和管理，加大了生产成本，并严重阻碍着林业科学技术的推广。

三、文化因素分析

（一）保守、排他的山区文化

民族地区大多依山而居，民族文化的主要表现之一就是山区文化，山区文化与平原文化相比，最突出的特征是保守性、排他性。[1] 山区文化有其积极的一面，适应力和生存能力强，同时，山区文化消极的一面成为拉大山区文化与先进文化差距的主要原因，"细娃没有见过簸箕大的天"，"一碗苞谷饭，一杯晃荡酒，知足常乐。一壶酒，一炉火，除了皇帝就是我。"小农经济思想浓厚，只顾眼前利益。民族地区的节日非常多，逢重大节日，一定要大规模庆祝，平时，村民之间互相吃请也比较频繁，橡胶价格上涨了，互相攀比的风气也越来越盛行，家家都要修新房，还要买新车，有的人家汽车根本用不上，但为了"面子"也要买。此外，山区文化还有保守性、排他性的特点，从历史上来看，民族地区大多远离中原地区，受中央限制也较少，逐步形成崇尚个性的文化特征。民族地区旧的价值观、意识形态、文化、习俗等都不同程度地保存着、延续着，这些意识形态、价值观是在相对封闭的环境中发育成长起来的，由于与外界的交流融合不够充分，与现代市场经济的要求存在不同程度的冲突，并成为民族地

---

[1] 陈钊：《山地文化特性及其对山地区域经济发展的影响》，载《山地学报》1999年第2期。

区市场化和现代化的阻力和障碍。个人和区域整体文化保守进而严重阻碍林改工作的顺利进行。中国农村是一个具有浓厚伦理传统的社会,在相对封闭的生活环境下,不同民族、不同地域的居民对待技术和制度变革的态度等方面,都存在较大差异,民主与法治精神先天不足,小农经济对于市场经济所倡导的自由、平等理念在理解上存在先天的认识不足,对外来的规则、制度难免会产生排斥心理,如果在改革过程中制度设计者不能有效地帮助农民理解政策及制度,这些外来制度不能内化成农民的行为准则时,乡土社会在遭遇外来制度冲击时,农民就难免产生对抗、抵触情绪,阻碍了民族经济融入现代市场经济的步伐。

(二) 乡土知识发生断裂

关于乡土知识的定义,国内外学者有很多讨论,其中较为全面的阐述其各要素定义是:"乡土知识是在某个特定地理区域的人们所拥有的知识和技术的总称,这些知识使得他们能从他们的自然环境中获得最多收益。这种知识的绝大多数是由先辈们一代一代传下来的。但是在传承过程中,每一代人中的个体(男人或妇女)也在不断的改编或在原知识上增加新的内容以适应周围环境条件的变化。这样,他们又把改编和增加后的整个知识体系传授给下一代人,这样的努力为他们提供了生存的策略。"①

长期以来,各族人民在森林开发和利用的生产实践中,逐渐形成了许多行之有效的保护和管理森林的好方法,这些生活、生产经验贯穿于日常生产、生活当中,变成习俗,形成了自己独特的乡土知识和民族文化。乡土知识包含农耕、建筑、生育等各个方面,它为当地社区解决生产、生活问题提供了基本的策略,可以说乡土知识是村民赖以自然生存的根本。少数民族在长期的历

---

① IK&DM (Indigenous Knowledge and Development Monitor). 1998. Reaction. Indigenous Knowledge and Development Monitor. 6. (3).

史发展与演变的过程中逐渐形成了自己民族的乡土知识，少数民族关于森林与民族生存发展的知识体系是博大精深的，它不同于既定的法制，却渗透在乡村生活的各个方面，这些乡土知识对于社会秩序的规范、社会治安的稳定，还有对生态的维护等，有着不可估量的作用。

西双版纳的傣族素有种植铁刀木的习惯和传统，西双版纳的傣族一般都居住在坝子里。为解决燃料问题，傣族先民早在400多年前就引种铁刀木，铁刀木又称黑心木，具有生长快、很少受虫蛀，燃烧值高等特点。一家只需种上几亩铁刀木，一年的烧柴问题便可解决。傣族是我国56个民族中唯一一个栽培铁刀木这种植物作为薪材的民族，形成独特的铁刀木文化。铁刀木越砍越生长旺盛，种植一片铁刀木薪炭林，一般可以连续砍伐近百年，这是一种有益于保护天然森林的民族传统。铁刀木是西双版纳傣族的一种民族象征。作为一种传统，铁刀木薪炭林既在客观上节约了劳动力、保护了热带雨林，又在精神上积淀出热爱森林、保护家园的民族生态观。

傣族村寨周围有大面积的热带森林，不缺乏烧柴，栽种铁刀木薪炭林有着深刻的地方文化内涵。通过种植在村寨周围的薪炭林，傣族不需要在热带森林中砍伐，从而保护了该地区的热带森林。这也是傣族聚居地区保留了大面积森林的重要原因之一。"铁刀木都种植在傣族村寨的周围，与热带森林、水田、家庭庭院等一起组成了传统的'森林—铁刀木林—家庭庭院—水田'农业生态系统，从而更加突出了傣族的民族特色，使得人与自然和谐相处。"[①] 这些都是傣族人民积累千百年历史经验总结，发展林农种植业上的重大历史贡献。

---

① 赵世林、田蕾：《论傣族文化生态与生态文化的区域性》，载《学术探索》2007年第5期。

为了短期经济效益，市场经济向铁刀木栽种传统展开了冲击，20世纪90年代末期，随着工业化和现代化进程的快速推进，地处偏僻的傣族村寨基本家家户户都用上了液化气燃料。液化气能源取代铁刀木成为村民主要的能源，傣族农民种植与保护铁刀木的优良传统失去了直接的使用价值。加之，种植橡胶的巨大诱惑，村民基本将原先种植的铁刀木砍光种上了橡胶树。如今的傣族村庄，已从以往的"黑心树"环绕的村庄，变成了一个橡胶林环抱的村庄。

面对经济作物扩展和天然森林锐减，村民更多的是叹息，年长者十分留念人少地多野兽出没的年代，而年轻人却认为社会在发展，这是必需的代价。乡土知识本身具有很强的地域性和地方文化性，它是基于当地人与当地环境间长期的互动而积累的经验。同时，乡土知识也十分脆弱。在经济和政治的压力下，在外来文化、制度的冲击下，当地的文化习俗和实践很容易受到冲击，从而造成乡土知识的流失。现在唯一能够做的，就是要明确地方性知识的运行所依存的地方性情境，制度设计应当以人为本，发展自我，这才是民族地区前行的驱动力，在具体的制度中要对与生产方式相伴随的文化进行完整的保护，保留传统文化的内核。

（三）宗族主义意识复苏

费孝通先生在其著作《乡土中国》中提出的"差序格局"的概念，实际上包含着宗族的社会关系结构。费先生认为西洋社会是团体格局，而中国社会是差序格局，"以'己'为中心，像石子一般投入水中，和别人所联系成的社会关系，不像团体中的分子一般大家立在一个平面上的，而是像水的波纹一般，一圈圈推出去，愈推愈远，也愈推愈薄"。[①] 宗族组织是以血缘关系为基

---

① 费孝通：《乡土中国》，三联书店1985年版，第21页。

础，具有一定独立性、自治性的民间组织。宗族，社会学家称为"拥有共同祖先的同姓亲属群体"[①]。在国家权力逐渐在农村收缩、农民得以实行民主自治的时候，家族复苏现象也逐渐增多，并且引发了一些问题，引起了人们的普遍关注，宗族势力在中国农村销声匿迹了几十年后，在林改过程中有复苏的趋势。德国著名学者马克斯·韦伯从社会学的角度总结了20世纪以来中国社会的基本特征，给出一个概念，叫做"家族结构式的社会"。他认为，在中国，无论是城市还是农村，宗教组织在社会生活中都起着重要作用，在同一地域中生息劳作的家族依靠地缘关系组成村落共同体，构成以共同的风俗习惯和规范为纽带的自治群体，在内部实行自给自足的自然经济，是一个一切以传统为准绳的，封闭、自律的社会生活组织，政治组织和社会组织自上而下都打上了父系家长制的烙印。实际上，韦伯用家族文化把中国社会区别于西方社会或其他社会，明白地指出传统中国的家族宗族组织太过于发达，已经能够满足个人大部分的经济和社会生活需要，以致个人主义无从发展，也限制了市场的发展。[②]

在当代中国，在行政管理较弱的乡村中，非民主性的权威在社区管理中占据了支配地位，农民由于法治观念的淡薄，往往利用宗族的旗帜，形成对政府的压力和制约。特别是林权制度改革实施以来，森林资源重新分配，这些资源的权属很大程度上决定了各个家庭以及村庄的经济状况，在村庄与村庄之间、村民之间因为地界划分问题所产生的矛盾由此而引发，表现在山林纠纷上，争祖宗山或族山，大村庄欺负小村庄等。在一些村庄正是由

[①] 肖业炎：《对宗族势力与农村稳定的思考》，载《山东公安专科学校学报》2001年第3期。

[②] 苏国勋：《理性化及其限制韦伯思想引论》，上海人民出版社1988年版，第153页。

于宗族势力参与和介入,使一般纠纷恶化为村与村、族与族之间的团体械斗,宗族械斗是宗族势力蔓延的必然结果,也是民事纠纷升级而形成的解决宗族间利益冲突的暴力方式。宗族势力介入在山林纠纷中,挑起大规模群体闹事事件,在很大程度上将阻碍国家与社会公共事务的正常运行。

四、其他因素分析

我国地域辽阔,境内高原、盆地、沙漠、丘陵面积广阔,自然条件差异大,林地在国土面积中所占的比重小是基本国情。同时,集体林比重高。西南地区集体林在林地总面积中占有非常高的比例,云南、贵州、四川集体林占本省林地总面积的比重分别为74%、94%和49%。近年来,受土地沙漠化、盐碱化、水土流失等自然因素的影响,林地面积逐年减少已成为不可避免的趋势,这些因素均增大了林改的难度。低密度、离散化的人口分布,边缘化的区位条件,恶劣的自然地理环境,落后的交通和信息条件,使得这个地区的交易成本极高,以分工为特征的市场交换由于高昂的成本而无从开展。

第五节 民族地区集体林权法律保障机制的完善

一、民族地区集体林权制度改革的应然价值目标

(一) 民族地区经济、社会、环境协调发展

如果在林权改革过程中出现少数民族的结构性贫困或民族间的发展差距不断扩大的趋势,这势必会对民族地区乃至整个地区的经济发展和民族关系带来消极的影响。林权改革过程中的利益均衡就是要保护权利人之间的利益达到均衡状态。即国家、集体

和个人的利益。民族地区经济、社会、环境协调发展主要体现在林权改革过程中的经济效益、环境效益以及社会效益三个方面协调发展。经济效益是指人们对开发利用林地资源时获取物质财富的需要，但由于我国林产品目前供给不足，还不能最大限度地满足人们对林产品开发和利用的要求。确定森林分类经营管理的类型和规模、优化林地资源配置，使林地更好地满足林农的需要是林地利用效益的重要内容。另外，少数民族地区是国家生态安全的重要屏障，因此做好生态环境建设的意义十分突出。生态建设的主体是林业，其是承担保护森林生态系统、保护和恢复湿地生态系统、治理和改善荒漠生态系统及维护生物多样性、弘扬生态文明等重要职责的集合体。此外，在本次林改过程中，不仅涉及经济秩序和社会公德，还包括林地开发与流转的秩序和安全，社会弱势群体的保障以及国家发展和进步所需的公共设施和公务服务。当前，林权改革对生物多样性保护和生态安全的问题几乎未作考虑。为此，建议将集体林区天然林的保护、恢复与改善列入林权改革的工作目标。不同地区对林权改革的期望和要求不一样，再加上林权改革的针对性很强，并不是给每个村或每个农户都能带来翻天覆地的变化。经济不可能毫无顾忌地发展，它受到资源、环境、社会、文化等复杂因素的制约，盲目地推进经济发展，超越资源、环境的承载能力，破坏了社会、文化发展的基础，经济就会迅速衰退，最终也无法满足发展的需要。云南、贵州两省部分林区情况相对复杂，这里居住着少数民族，他们有管理森林的特殊历史传统，而且这些地区往往是生态保护区。要针对这些具体情况进行分类实施，以保护好农民利益特别是弱者的权益，充分保证林权改革还权于民、让利于民的宗旨。自治立法在经济主导的同时应树立生态本位原则，强调在维护自然环境和其他文化资源的前提下对其进行科学、合理的利用，以保证民族特色文化产业的可持续发展。

(二) 充分地赋权与参与

世界银行在 2005 年提出了这样的定义：参与是一个过程，通过这个过程，参与者在创新的发展上，在决策上，以及在他们能够影响到的那些资源上，施加影响并参与控制。包括参与要素（参与者、项目、技术和参与程度）和参与过程（参与者识别、特征和构成，参与程度识别，参与技术选择，参与的应用与评估）。[1] 参与式发展理论认为：发展主体自身，作为发展的主动力是外界不能取代的。一般情况下，发展就是提高一个地区的人认识自己并解决自己的问题。要想解决问题，外地人就应该尊重当地人的行为，主要是激励、帮助他们进行教育、发展和创新，并把决策和行事权尽量交给当地人，由他们通过自身的努力和作为增强发展的能力和责任感，从而最大程度获益。中国的林业资源管理，一直比较注重政府的作用，从历次改革的历程来看，以政府主导的方式对林业资源进行管理和配置有其一定的合理性和效益。此次集体林权制度改革亦遵循以往林业制度改革的传统，是一次自上而下的改革，从各地的官方报告也可以看出在三年或五年内完成某些具体化数据的目标等。然而，资源的可持续利用并不能单靠政府主导的管理模式来实现，由于定位及认识差异等因素对改革的理解会存在相当大的偏差，我们在采访林业有关官员的时候，在涉及林权改革的困难、障碍或纠纷等问题时，得到的多是"农民法律意识淡薄，素质有待提高"等答案，不可否认的是，在改革过程中会存在上述问题，但事实上，对于世代居住在民族地区林区的村民而言，由于文化、习俗等原因，他们才是森林资源的最忠实的守护者，对森林他们有着独特的感情和理解，有着世代相传的独特的管理模式。联合国开发计划署早在 1993

---

[1] 林群：《参与式森林生态系统管理模式构建与风险评价研究》，中国林业科学院 2009 年博士学位论文，第 40 页。

年就强调：发展是"人的发展，为了人的发展，由人去从事的发展"。坦桑尼亚共和国的第一位总统 JuliusNyerere 先生曾说过：一个国家、一个村寨，或者一个公社不能够被发展，只有她自己才能发展、才能强大自己。这是因为真正的发展意味着人的发展，人的素质的提高。因此："如果要使发展实实在在地出现，人必须参与进去。因为这是真理：发展是人的发展。道路、建筑物的建设，农作物产量的提高，以及其他大自然的物质本身不意味着发展，它们仅仅是发展的工具，发展的手段和发展的结果。道理很简单，一条通向自由光明的大道，只有当旅行者走在上面时才是有用的。"[①]

云南、贵州聚居了众多的少数民族，他们当中的很多人世代依赖森林为生，一直以来拥有采取特定的森林经营管理模式，一些地方的经营管理模式堪称非常有效。在历史上，他们很少采取分户管理的方式。与此相反的是，在汉族人居住的地区，人们习惯集中财力、物力、由集体安排人专门管理的模式，以减少分户管理的成本与风险。从集体林产权制度改革的根本目的考虑，也应该大力提倡参与管理的模式。作为集体林产权制度改革的主体，只有当地的村民才是森林资源最忠实的维护者，制度的参与主体是制度发挥作用的最直接、最能动的因素，研究参与主体的态度取向，有助于林权制度顺利推进，林业相关配套政策的制定和实施，也有利于提升林权制度的绩效。

（三）生态优先

我们在云南调研时，曾对农民参与林地经营时是否考虑保护生态环境，同时兼顾生态和社会效益进行了调查。结果显示，高达 70.1% 的林农表示暂时不把生态保护作为其生产经营时必须考

[①] 云南参与性发展协会：《参与性：拓展与深化》，中国社会科学出版社 2006 年版，第 154 页。

虑的因素。还有地方的林农在进行生产经营时采取了对环境破坏严重的炼山方式,整地和培育林木时采取了极易诱发水土流失的全垦,除草过程中则采用污染严重的化学药剂。在山林产权分到户之后,林农成为林地经营主体,他们的生产经营积极性提高很快,与之伴随的是由于林农的短视和相关知识的缺乏,他们的开垦经营一味追求经济效益而忽视了生态保护等问题,并在生产经营中采取了一系列不规范的行为,从而引发了部分生态负外部性问题。以上种种在我国林业生产经营的历史上一直不同程度存在着,并且在林改实施后有愈演愈烈之势,这样的行为不仅阻碍了林农经济收益的持续增长,也抑制了林业资源的可持续经营和科学发展。

森林本身包含生态价值与经济价值。森林资源产权化的目的是使之成为市场交易的客体,而经济规律决定了经济利益最大化的追求目标,其规律在一定程度上忽略了对天然生态的保护。可以看出,市场经济规则并不适用于生态公益林及具备重要生态功能的弱质林木系统。所以,制定森林资源产权制度的先决问题应当是:将起到生态功能的森林资源从一般意义上的产权客体的范围中分离独立出来,对之进行产权化的终极目标应当是促进其生态效能的全面实现而非完成真正意义上的市场化。

(四) 坚持本土化的制度安排

朱苏力教授认为"立法必须在原有的民德中寻找立足点。立法为了自强必须与民德相一致"。[1] 与国家法相比,尽管少数民族地区的习惯法并不复杂,但不代表理念的落后,在制定法律之前,要充分考虑到地方的特色习俗,并将当地少数民族的习惯习俗和环保惯例等体现在法律条文中,使之法典化、成文化,最终与法律高度契合,这对我国当前环境下的法制建设有重大意义。

---

[1] 朱苏力:《法治及其本土资源》,中国政法大学出版社1996年版,第22页。

鉴于传统习惯的作用和影响力，如果在林权制度改革时将传统习惯作为重要因素予以考虑将会使改革的方案更加人性化，使农民更易接受，使政策和法律的推行更加顺畅。

在中国古代，统治者对森林进行管理时，虽然强调专制权力对森林的控制，但同时也照顾到了老百姓的生活习惯以及文化传统。很多情况下，农村的纠纷解决在很大程度上是依靠民族文化拥有的地方性知识来完成的。民族地区的习惯、道德、惯例、风俗等从来都是一个社会的秩序和制度的一部分，在很多民族村庄都有自己处理本村事务的民间权威组织，推选当地有声望的长者充当村寨的监督者和纠纷调解者，这些具有中国特色的民间组织，在集体林权的救济方面应当发挥应有的作用，以节约权利救济的成本。民间组织对于集体林权的权利救济要有序合理地在法律的范围内进行，从而保障集体林权救济有效地进行。如果我们在分配、评估、经营集体林权的时候充分考虑到尊重当地习俗和传统，兼顾到地区的文化惯例，就会在很大程度上化解改革产生的冲突。

二、民族地区集体林权制度保障机制之完善

（一）立法规则之完善

1. 加强民族自治地方性立法

民族立法是民族地区经济发展的重要法制保障，民族地区林业资源丰富，森林资源是民族地区社会经济发展重要的物质基础，也是民族地区的独特优势。过去一些民族地区在自然资源的开发过程中，由于缺乏科学的认识和严格的管理，资源破坏、环境污染等问题十分突出。这不仅造成了自然资源极大的浪费，还阻碍了民族地区经济的可持续发展。因此，在民族地区的自然资源开发的过程中，要不断建立和完善自然资源开发利用和保护管理的自治法规体系。我国民族地区集体森林资源产权法制建设应更加注重科学立法，兼顾考虑地区之间的不同特色，完善对立法合理性的研究。我国民族地区关于森林资源保护方面的第一个变通规定是《黔西南布依族苗族自治州执行〈中华人民共和国森林法〉变通规定》。该规定是少数民族行使变通权的创举，不仅对当地的林业资源建设起到了重要的作用，而且对我国森林资源的立法具有重要的参考价值。[1]黔西南布依族苗族自治州的成功经验具备一定的科学价值和实践价值，值得其他民族自治地方研究学习，同时也对进一步规范森林资源保护，强化民族自治地方性立法具有比较积极的意义。

2. 完善集体林权各项法律制度

（1）完善权属制度。我国现行的民事通则对集体林的所有权并没有明确规定，这就造成了集体林所有权主体模糊不清，一些地方的集体林事实上被少数村干部甚至村干部个人拥有。当前，我们亟待完善法律，明确集体所有权的代行主体，对以上的不正常状况予以规范、纠正。综合考量代行主体的性质和实际情况，代行主体不应该带有行政色彩，所以乡（镇）基层政府、村民委员会等行政机构或准行政机构和"农村集体经济组织"都不是合适的代行主体。将村民小组界定为代行主体是最为恰当的选择。理由如下：首先，村民小组是原来的生产队改制演化而来，掌握着大部分的林地等生产资料，经过改革开放以来的积累演变，农户已经以生产队（村民小组）为基本单位形成了稳定而紧密的土地利用关系。以村民小组作为代行主体，体现了对历史和现实情况的尊重，也能防止农村基层组织利用职权收回属于村民的林地，保护村民的权益。其次，村民小组是与农民最接近的组织，掌握保存着本地林地和土地的基本情况，具有管理信息的资源优

---

[1] 乔世明：《民族自治地方资源法制研究》，中央民族大学出版社2008年版，第47页。

势，对林地的合理利用及处置具有特别的意义。再者，村民小组已经在相当程度上实现了去行政化，其地位与农户基本平等，由村民小组作为代行主体，与农户建立相对平等的法律关系，既可以发挥保障农户免受行政侵权的作用，又可以直接减少发包方对农户的侵权。当然，村民小组要担当起代行主体的职责，其自身还存在一些缺陷。这就需要在法律上对村小组的权利作进一步的明确。首先要明确村民小组法人的主体资格，赋予其相应的民事权利能力和民事行为能力，保证村民小组成为集体林地所有者后享受组织机构和资金，能够以自己名义独立承担民事责任等。其次要明确村民小组成为集体林地所有者后所享有的权能，包括签订林地承包合同以及监督合同实施、获得收益、对抗非法侵害的权利等。还要把村民小组不应承担的行政事务尽量剥离，避免多余的行政事务与林地承包事项挂钩。

（2）**完善流转制度**。当前，现行法律对林权客体没有准确的定位，理论界对林权的体系也认识不一，在某种程度上导致了使用上的混乱，现实中，林权的流转主要通过转让、租赁、拍卖等方式进行。林权制度改革主体阶段完成之后，第二阶段的中心任务就是如何建立完善的林权流转制度，我国目前林权流转制度还存在制度供给不足，流转方式并未实际发挥出应有的潜力；流转方式单一、融资难等问题，林权的顺利流转是市场经济的必然要求，当前务必要规范林地的流转，健全相关法律法规，保障林权流转的健康发展。要深入推行以下措施：

（a）确定流转范围。以流转客体考虑，《森林法》第十五条规定："用材林、经济林薪炭林和国务院规定的其他森林、林木和其他林地使用权"可以进行流转；第三款规定："除本条第一款规定的情形外，其他森林、林木和其他林地使用权不得转让。"由于外涵没有进一步解释和界定，需要在实践中进一步明确。特别是实践中争议比较大的"四荒"地，是否允许流转，立法上应当进行明确的界定。建议在修订立法时将森林资源、森林、林地、林木纳入到流转范围内，使之做到统一、协调、规范。

（b）明确流转限制。我国森林资源总量极为有限，在既定的目标之下，既要放活经营权，又要实现林业发展的经济效益和社会效益，当前，我国林木流转的机制还略显粗糙，流转的流通机制不畅，投入不够，影响了林业投入活动的积极性。国家在加大政策和资金投入力度的同时，对于林权的流转必须加以必要的限制，这样才能促进产权流转自由，最大限度地保障林民的合法权益。特别是对生态公益林的用途限制，当前的情况下，大多数抱怨公益林的补偿低，对于公益林流转的呼声极高，我们认为，在当前的情况下，公益林的改革是集体林权制度改革的底线，一旦放开，关乎国家的生态建议和生态安全，不应当纳入流转的范围。

（c）规范流转程序。规范流转程序，加强流转管理，以确保林地流转的顺利进行。目前，各地针对流转的现实需要，各省市都制定了相应的法规，例如《西双版纳州集体人工商品林林地林木流转管理办法（试行）》（2009年9月1日）。我们在这里认为，应该因林权的性质，对林权流转加以区别对待。对集体林权的流转进行了规定，即通过公开竞价的招标、拍卖等形式，必须经过本集体经济组织2/3以上成员或村民代表同意，然后申报由上级人民政府批准；如果拥有的条件相当，应该优先考虑由本集体经济组织成员购买；林权流转方案必须公开。应遵循申请、许可、协议、登记和公示等程序来进行。

（3）完善集体林权承包经营制度。在产权明晰的前提下，同时要维护林地承包经营的物权地位，这是新集体林权制度改革的重中之重，集体经济组织的农户对集体林地使用权和林木所有权享有平等的初始分配权，即承包经营权。依据《中华人民共和国物权法》第127条规定："县级以上地方人民政府应当向土地承包经营权人发放土地承包经营权证、林权证、草原使用权证,并登记造册,确认土地承包经营权。"林地承包经营权的性质为用益物权。林地家庭承包经营,是指在保持林地农民集体所有和林地用途不变的前提下,将林地使用权及其林木所有权落实到家庭承包经营,农民通过承包经营即取得了林地承包经营权,可以依法使用、收益、流转并且在承包林地被征用、占用时获得补偿的权利等。

(4)完善公益林效益补偿制度。林业资源配置与一般资源的配置相比有其自身的特点,针对我国目前生态脆弱的现状,应当建立起一套生态保护与森林资源合理利用法律体系,当前补偿制度的补偿范围、补偿对象、补偿标准方面还存在着不尽如人意的地方。《森林法》明确规定,国家设立森林生态效益补偿基金,建立了森林生态效益补偿基金制度。目前,国家与经营者签订的责任合约中对于补偿期限的问题没有涉及,这是补偿制度中一个空缺的要素,而且补偿标准过低,集体林权制度改革后,商品林和公益林的收入反差进一步加大,绝不能以牺牲农民的利益换取所谓的生态目标,这是不切实际的。现阶段对公益林的使用还没有形成交易市场,导致了集体公益林所有者或经营者的权益损失。因此,为了实现集体公益林的可持续经营,健全公益林的补偿制度非常必要,在具体补偿上要根据公益林的不同经营措施分树种进行补偿,建立专项基金,拓展多渠道的补偿途径,调动农民和全社会发展生态公益林的积极性。

(二)管理机制之完善

从林木生长的自然特点来看,地域差异是十分明显的,因此,完全依靠中央政府统一提供集体林权制度改革政策显然是不够的,也是不切实际的,但必须注意的是,由于林地资源的特殊性决定了国家必须采取适当的保护政策,而地方利益有时又与国家整体规划的目标利益相冲突,因此,在具体的管理机制上,应当在中央政策的指导和监督下,各地政府发挥地方特色作用,因地制宜地实行林改政策。具体而言,对于地方林业主管部门来说,确权发证只是协助农民完成了界定林权的阶段性任务,在后续的工作中,各级行政部门应将工作任务定位在制订相关法律、法规、条例、政策、措施和年度计划等制度;明确专门的林权管理机构,加大调处林权纠纷的力度;在当前加快扶植农村集体组织和培育农户市场主体意识的同时,国家必须对政府在林地流转市场中的职能进行明确的定位,对政府工作人员的林地流转调控行为进行规范,为林地流转市场的完善与发展提供良好的环境;建立林地流转的监测预警机制从而减少林地流转的盲目行为,为林地流转提供方向性的指导。

(三) 配套机制之完善

1. 完善林权登记制度

林权登记制度是国家林业主管部门根据权利人的申请,将申请人因林业资源开发利用所产生的物权以及物权变动的事项记载于林权登记簿的事实。《森林法》第3条第二款明确规定:"国家所有的和集体所有的森林、林木和林地,个人所有的林木和使用的林地,由县级以上地方人民政府登记造册,发放证书,确认所有权或者使用权。"《中华人民共和国森林法实施条例》第4条及第5条对林权登记的内容及主管机关进行了规定。但在实践中仍然存在林权登记的机关不统一,职权划分不清,多头登记的情况,例如,初始登记和抵押登记由两个不同的机构进行等。林权登记发证是我国集体林权制度改革的一环,林权登记作为不动产登记的一种,相关法律法规的完善更显迫切。

2009年11月25日,福建省第十一届人大常委会第十二次会议通过了《福建省林权登记条例》,这是全国首部规范林权登记发证的地方性法规。条例共8章36条,包括总则、一般规定、初始登记、变更登记、注销登记、抵押登记、法律责任及附则。条例的出台为林权登记的顺利开展提供了法律依据，其中不乏亮点，例如条例明确了林权登记类型，引入预告登记制度，创新了共有林权权利人持证方式，并规范了林权登记程序。《条例》规定："对已经采取家庭承包以外的其他合法方式发包的集体林地，农村集体经济组织成员与本集体经济组织按照家庭承包方式签订集体林地使用协议的，可以依法申请。"就是参照物权法的预告登记制度，林农可依法申请集体林地使用权预告登记来保护其未来的家庭承包经营权。有利于维护林区稳定，保障本集体经济组织成员的承包经营权。除此之外，各地对林权登记的相关法律文件位阶还比较低，有些地方基本是以规范性法律文件和政府红头文件的方式出台的，内容上与《森林法》、《森林法实施条例》与《物权法》等法律也没有形成良好的衔接，目前，全国正在大力开展集体林权制度改革，各地方权力机关可以参照福建等省市的做法逐步完善林权登记制度，在立法中明确登记对林权变动的公示效力；对于林权人的登记请求权；登记机关对错误登记的情况，应该对权利人提供必要的救济；明确登记机关对林权登记的实质审查责任等。

2. 完善林业税费制度

我国林业税费种类多、税率高、税费过重，林业税费问题一直被认为是阻碍我国林业发展的主要原因之一，农业税取消之后，林业税如何改革，如何通过税费改革让利农民，刺激林业增长，这些都是林业税费改革无法回避的问题，可以说林业税费问题是配套改革工作中的重中之重。目前，各省基于各地情况出台了一些税费改革措施，如浙江省通过停收"两金"，即"育林基金和更新改造资金"的措施来减轻林农负担，还有些地方通过取消特产税和不合理收费等方式来减轻林农税费负担，似乎林农的税负重的问题已经得到解决，但"林区的现实却显示，税费改革的利益增量是以'谁占有森林资源谁获利'的路径来传导的"。①但在林区，拥有广大森林资源的并非农民，林农并不是税费改革的最大受益者。以江西省为例，《江西省林业服务收费项目及标准》规定的林权交易的费用主要有："森林资源资产调查费（1000 亩（含）以下按 4 元/亩收取，1000 亩以上按 2.5 元/亩收取）；伐区作业设计费（6 元/立方米）；产权交易费（1000 亩（含）以下按亩 2 元/亩收取，1000 亩以上按 1 元/亩收取）；查档费（20 元/宗次）；森林资源资产评估费（50 万元及以下的小规模流转按服务标的 0.6% 收取）；木材检量费（木材检量费 6 元/立方米、毛竹检量费 0.15 元/根）。"②对于以上收费项目，林农没有选择的权利，更谈不上讨价还价，有悖于产权自由原则，另外，进入林权交易市场后还要经过各个部门的层层审批势必会提高交易成本。而对于减少的税收和费用，资金缺口如何填补，对于欠发达地区主要是通过省财政转移支付予以补助，其他地区原则上自行消化，这样，林业部门的税费来源没有了，自身又面临着经费来源等问题的压力，寻租等问题就可能随之而生，对于林农来讲，林农进入交易市场的隐性成本就会增加，就会面临税费改革后新的窘境。因此，单纯以"让利"为方式的税费改革不具有持续性，同时也会带来新的弊端。在今后的改革过程中，要将林业税费制度纳入公共财政体系；建立现代林业建设需要林业基金制度，做到"取之于林，用之于林"，实行轻薄税负，让利于民，减轻经营者的负担，建立起有利于刺激林业良性发展的税费机制。

---

① 郑宇、张敏后：《林业税费时期的政策需求分析——基于林农的小规模经营林业经济问题》，载《林业经济问题》2009 年第 3 期。

② 《江西省林业服务收费项目及标准》http：//xxgk.wanzai.gov.cn/xxgk/lyj/xxgk/cjxx/xzsyxsf/2010 - 01/201001250913251405.html，最后访问时间 2011 年 2 月 3 日。

(四) 评价体系之完善

从以往单纯追求物质文明的经济增长模式到今天实现社会可持续发展的建设目标，这是符合社会发展方向的，同时也是我国实施可持续发展战略的必然选择。在现阶段各项配套措施还没有完全建立起来的情况下，类似集体林权制度改革的这种大型社会工程仍然面临着诸如思想意识、技术、资金、政策、制度保障等方面的准备不足，对于集体林权改革可能会引发的矛盾也要充分地考虑进去，而不能沉迷于各种改革绩效指标，例如激励措施问题、后续产业的发展等问题，人们思想观念和农民的生产方式转变问题、政策配套问题、资源管理问题。集体林权制度改革是一项宏观的社会工程，要承受着巨大的政策风险，其有效性和持续性面临巨大的挑战，不单是把林子分下去，还要考虑政策如何不反弹的问题，要考虑如何把改革有效而持续地开展下去。

因此，建议在集体林权制度中引入社会影响评价体系，对改革可能产生的或隐含着的正面或负面的社会影响进行评价，包括成本投入、环境、性别平等、弱势群体、地方文化、公共卫生、民族地区的习惯权属是否受到尊重等因素，那些潜在的负面影响如不能得到事先评估和消除，不仅会使该改革无法深入地进行下去，而且会耗费巨大的人力、物力、财力，增加社会成本，而且可能会因此延迟改革进程，并最终影响经济收益。目前关于退耕还林的社会综合影响的研究初步形成一定的成果，集体林权制度改革的社会评价指标体系也可以借鉴其中的评价方法和评价体系。目前已有学者建议出台《社会影响评价法》，旨在要求政府作出公共决策时，事先评估可能引发的各种社会影响和社会风险。

三、习惯法在集体林权制度改革过程中的功能及其考量

（一）少数民族习惯法在集体林权制度改革过程中的价值提升

"只要对社会生活简单地观察一下就可以使我们相信，除了由政权强加的法律规则外，还存在着某些法律规定，或至少是具有法律效力的规定。过去存在，现在仍然存在着一些并非从总体社会的组织权限中产生的法律。"① 几千年来，少数民族习惯法经过不断发展完善，至今保留下来，保有强大的生命力并渗透到各个领域。有学者在评价习惯法的作用时甚至说："少数民族习惯法是民族文化的集大成者，是民族文化的主要载体，实际上这是个民族的百科全书。"② 从法的多元化角度透视习惯法，我们看到，关于森林资源保护和生态保护内容是少数民族习惯法很重要的组成部分。民族地区多生活在林区，可以说，森林资源就是少数民族发展的物质依托，同时，少数民族人民在长期的生活中也形成了一套关于人与森林、环境和谐共处的森林生态文化，这些习惯长期地被当地民众自觉地遵守和认同，并经过反复适用，因而形成了具有约束力的民族林业习惯法，在林权改革过程中，面对森林砍伐现象的治理，林业纠纷的解决等问题，重新审视、挖掘各民族在处理人与森林关系的习惯法，对于提高林权制度改革绩效，创造和谐的生态环境无疑具有积极意义。少数民族习惯法在集体林权制度改革过程中的价值主要体现在以下几个方面：

1. 林业习惯法可以成为林权立法的来源

社会多元带来法律多元的现象，民族习惯法作为中华法系的

---

① [法] 布律尔：《法律社会学》，许钧译，上海人民出版社1987年版，第22页。
② 高其才：《中国少数民族习惯法论纲》，载《中南民族学院学报》1994年第3期。

一个重要组成部分，就民族地区的林权改革而言，由于各地区文化、经济、自然状况等差异，不可能在方方面面都作出规定。在林业法律法规没有作出规定的方面，而少数民族习惯法规范中有很多有益于改革实施的规定，是对现行森林资源法律保护的补充，补充了林业法律法规的不足。少数民族习惯法中一些理念对林权改革过程中的森林资源管理、乡村秩序治理以及纠纷解决等都具有积极作用，虽然国家法律在现代社会的地位越来越重要，但它们只是道德和正义的底线，对于人们行为的规范在很多领域还存在法律空白，需要制定法以外的其他规范。少数民族习惯法中一些理念对林权改革过程中的森林资源管理、乡村秩序治理以及纠纷解决等都具有积极作用，多元化的社会表明，除了所谓的正式的法律之外，还存在大量的非正式法律，存在大量的习俗、惯例，对于其中一些与国家法基本精神、原则和制度相一致的部分，国家法在制定过程中也应该不断吸收和借鉴，尊重并发挥其积极作用，弥补国家法的空白，同时对当地林权的改革能起到良好的推动作用。

2. 林业习惯法有助于集体林权制度改革的实施

由于少数民族习惯法规范与林业法律法规相比，具有群众性、自发性、自律性、确定性、可行性的特点，因此，在调整林权法律关系时，习惯法规范更易于为当地老百姓所接受，操作性更强。少数民族习惯法，在一定程度上来说，是他们长期遵循的行为道德、伦理的积淀。它对于维护社会的生产、生活以及社会的安定团结，起到过积极的作用。有些少数民族地区的群众，根本不清楚《森林法》和《物权法》等国家法律的内容，对国家法的认识也仅停留在砍树、烧山要坐牢、罚款等层面上，但是对村规民约中"盗树罚款"却知道得很清楚。此外，还有一些林事禁忌的内容都有利于森林资源的保护，如黎族先民认为"树老生精，所以凡是古树或已有人祭祀过的大树，均被视为神树，严禁随意砍伐。"① 这些习惯法的制约，使得民族地区的人们可以按照传统有秩序地生活。当对森林的保护内化成当地人们的信仰时，这些规则就很容易得到人们的认可和执行。如果当地民众法律意识比较淡薄，对林权改革的内容几乎一无所知，甚至无法理解林权改革目标，就可能会对林权改革产生抵触情绪，但如果当地的习惯法对林权改革支持和认同的话，在很大程度上有助于改变林权改革实施难的现状。换句话说，林业立法只有成为当地习惯法意义上的行动规则，才能得到多数人的共同遵守，执法成本也会相对较小。

（二）习惯法与国家法在改革过程中的冲突与调适

1. 少数民族习惯法规范与现行林权法律的冲突

民族地区通常是林权纠纷矛盾冲突最为激烈的地区，特别近几年在家族势力复苏的背景下，一些林权纠纷案件历经政府裁决、法院一审、二审判决，仍然得不到执行。在处罚方式方面：在一些村规民约当中有一些不符合林业法律法规的规定，如开除村籍等，在处罚的范围和种类上也有超越国家法之嫌，这些习惯法规范中处罚的伸缩性和随意性都形成了与林业法律法规的冲突。

2. 少数民族习惯法规范与现行林权法律制度的调适

（1）在法的创制层面上，国家法要吸收习惯法中合理的部分，对于习惯法而言，具有植根于社会生活中的合理性，甚至在某些民族地区较之国家法更容易被了解为什么在一定区域内较之国家法更容易被人们普遍认可和接受，更具有亲和力和说服力，具有强大的社会调控功能。因此，国家法必须充分尊重并吸收这些有价值的本土资源，在立法过程中，借鉴习惯法中的积极因

---

① 《黎族习惯法在森林环境保护中的作用》，载《琼州学院学报》2008 年第 4 期。

素，将其纳入到国家法体系之中，这无疑是对国家法有益的补充。此外，也可以充分发挥民族自治地区行使自治权的优势，将适宜于当地发展的习惯法，在不与国家法基本精神相冲突的前提下，通过变通立法加以确立。

（2）在司法层面上，充分发挥基层法院法官的调解作用，进一步发挥调节机制的作用。民间调解在某种程度上，它还起到沟通国家法和习惯法在文化上的隔阂和阻挡，为两者的良性互动提供一个正式的制度性对话渠道的作用。① 随着经济社会的发展，国家法也慢慢向乡村进行推进和渗透，越来越多的少数民族和民族地区汉族人懂得依靠法律保护自己的合法权益，但传统的作用依然存在。贵州省高级人民法院院长张林春认为：民族地区的法官应把调解作为首要措施，他们应做到"定分止争，案结事了"，做一个促进社会和谐，善于解决民间纠纷的好法官。基层法官在处理案件的过程中应注意恰当运用非正式的法律资源，法律的目的不在于树立权威，而是在于妥善地处理纠纷和化解矛盾，维持秩序。因此，在维护国家主权及刑事领域要坚持国家法的主导地位，而在某些民事领域，则要对民族习惯法给予充分的尊重，在法律没有相应规定的情况下，可以依照适当的习惯规则来合理解决。

四、完善民族地区集体林权制度的纠纷解决机制

社会的调整和治理机制应当是多元化的，同理其解决纠纷机制也应该是多元化的。所谓纠纷是指"一定范围内的社会主体相互之间丧失均衡关系（equilibrium）的状态"，社会均衡关系就是

---

① 李燕：《从法社会学角度浅探国家制定法背景下的民间习惯》，http://www.legalinfo.gov.cn/index/content/2010-07/02/content_1117300.htm，最后访问时间2011年2月8日。

社会秩序（social order），所以也可以说纠纷就是社会秩序失衡而产生的混乱状态。① 民族地区的林权纠纷是指在民族地区处理林权关系时的一种失衡状态。林权纠纷作为纠纷的一种，与其他纠纷类型相比，具有地域性、主体的特定性，内容的涉林性以及纠纷解决的动态性等特点。民族地区的林权纠纷不仅涉及民族地区的治安状况和社会环境，更关乎民族地区的和谐和稳定。对于民族地区而言，更多的还是情理关系。由此，笔者以为，民族地区的林权纠纷的格局应当是：以国家公权力为前提下，以民族地区的民间调解为支点，以其他形式为补充的多元化纠纷解决机制。如此进行建构，既是凸出国家法向乡村社会的多渠道渗透，同时彰显民间法的制度补充和规范供给的作用，同时，也兼顾到了积极利用民间"三老"等民间社会资源的力量。

（一）路径选择——多元化的纠纷解决机制

当今社会，各种纠纷不一而足纷繁芜杂，单纯依靠国家法律和司法机构难以化解所有矛盾。我们在面对种种纠纷时，要考虑到有时纠纷解决的成本过大，有时诉讼解决存在一定局限性，而且总体上，从解决和救济的角度考量，我们需要更多的协调化解机制，来达到更好的处理效果。总之，社会和自力救济已经越来越成为民事纠纷的最佳解决途径，如何制定好判决以外的替代性纠纷解决机制（ADR）已经是亟待完善的重要课题。埃里克·波斯纳指出，非法律合作的体制总是在某些方面优于、在另一些方面劣于法律的解决办法，而法律的介入则会以某些复杂的方式损害或者促进非法律合作的潜在规范（background norms）。② 正是由于整个法治社会的治理机制和规则体系的多元化，纠纷的途径

---

① ［日］千叶正士：《法与纠纷》，三省堂1980年版，第45—50页。
② ［美］埃里克·波斯纳：《法律与社会规范》，沈明译，中国政法大学出版社2004年版，第5页。

也理应是多元的。"法律制定者如果对那些促进非正式合作的社会条件缺乏眼力,他们就可能造就一个法律更多但秩序更少的世界。"①

中国人民大学法学院多元化纠纷解决机制研究中心主任范愉教授认为,多种多样的纠纷解决方式以其特定的功能和运作方式相互协调的共同存在,所结成的一种互补的、满足社会主体的多样需求的程序体系和动态的调整系统。多元化是相对于单一性而言的,其意义在于避免把纠纷的解决单纯寄予某一种程序(如诉讼),并将其绝对化;以人类社会价值和手段的多元化为基本理念,重视民间和社会的各种自发的或组织的力量在纠纷解决中的作用;为当事人提供多种选择的可能性以实现不同的价值。② 随着集体林权制度改革的深入,带来的是各种社会利益的重新分配与组合,各种纠纷也随之而来,仅靠诉讼机制无法承担纠纷解决的全部任务,多元化纠纷解决机制及非诉讼机制对多元社会的建构有着特殊的现实意义,幸运的是,近年来我国多元化纠纷解决机制理论和实践发展得非常快,2009年7月,最高人民法院公布了《关于建立健全诉讼与非诉讼相衔接的矛盾纠纷解决机制的若干意见》,对各类调解与诉讼的衔接机制、各类仲裁与诉讼的衔接机制进行了规范,扩大了赋予合同效力的调解协议的范围,允许当事人申请确认和执行调解协议。2010年8月28日,《中华人民共和国人民调解法》正式通过,并于2011年1月1日起施行,标志着我国多元纠纷解决机制改革进入了一个新的发展阶段。《最高人民法院关于建立健全多元纠纷解决机制的若干意见》已

---

① [美]罗伯特·C.埃里克森:《无需法律的秩序——邻人如何解决纠纷》,苏力译,中国政法大学出版社2003年版,第354页。

② 中国人民大学:《"多元化纠纷解决机制发展的新阶段"研讨会综述》,http://hyh138888.fyfz.cn/art/540326.htm,访问时间2011年5月27日。

经起草了第五稿，目前正向各地法院征求意见之中。由此看来，立法者通过制定法律的形式来推动和促进社会的进一步转型，既保证法律稳定性又体现法律的适应性。同时，在解决林权纠纷过程中，要注重加强基层调解组织建设，充分发挥乡村等基层组织处理林权纠纷的积极作用，利用和发挥"村规民约"在林权纠纷解决中的特殊作用，做好基层组织调解与行政调解、诉讼的对接，对于基层调解所达成的协议，赋予民事合同的效力，尽可能地通过调解化解纠纷，为仲裁和诉讼打下良好基础。

（二）乡土资源——传统规则的力量

如何有效地化解林权纠纷是当前林权制度改革中的最突出的难题之一，在民族地区，由于历史遗留、国家政策调整等原因，林权纠纷更为复杂，所以从某种意义上来说，林权纠纷的化解是构建和谐民族关系的重要内容之一，在林改过程中林业部门充分尊重当地习俗，充分发挥少数民族习惯法的作用，利用寨老和族长、村规民约等当地乡土资源，不走司法程序，不搞行政裁决，充分依靠群众、依靠"三老"，积极引导、稳妥调处了存留的山林权属争议问题，有效避免了围绕林地归属、林木财产纠纷而引起的群体械斗、打架斗殴事件的发生，促进了农村社会的和谐发展。少数民族聚居地区，它的特殊性决定了在这样的民族聚居地区适用国家法一定要与民族地区的具体情况相结合。林权纠纷案件大多属于因历史原因遗留的问题或"敏感地带"的问题，解决林权纠纷的一部分最终要经过政府行政裁决和法院判决，这样才能从长远上解决问题。在实践中县、乡、村的调解机制可能达到了化解纠纷的目的。但在调解中一旦出现当事人不履行协议的情况，调解即告失败，所有的纠纷又重新回到了原点。调解机制只是暂时消除不稳定因素，但"权威性"不强，从实践上看调解效果不如政府裁决和法院判决。长期以来少数民族人民创造出了许多解决林权纠纷的好经验，不仅在林业立法，在执法和司法判决中也要充分吸收借鉴,合理利用民族习惯中的有益成分,为林权改革提供强有力的司法支持。正如朱苏力教授所言:"在国家制定法和民间法发生冲突时,不能公式化地强调以国家制定法来同化民间法,而是应当寻求国家制定法和民间法的相互妥协和合作。"[①]

(三)他山之石——域外非诉讼纠纷解决机制的启示和借鉴

目前,世界上通常把法院以外的各种非诉讼纠纷解决方式统称为代替性纠纷解决方式(Alternation Dispute Resolution, ADR)。[②] 在变革时代,对有效解决纠纷的需求也是空前的,我们国家在不断完善各项司法制度改革的同时,也在积极地寻求诉讼外的各种纠纷解决途径。随着传统诉讼资源的不足及社会多元化的需求,非诉讼纠纷解决方式则以蓬勃的姿态进入了我们的视野。

在美国,社会各界对 ADR 的扩大适用寄予威望,希望它们能创造出更符合当事人需要的解决方案,减少对法律和律师的依赖,促进社会的更新与发展,改造当事人之间的长期关系,并使受该项纠纷影响的非当事人的痛苦得到减轻或解除。[③]在日本"ADR 从司法领域到行政领域,并为私人实体所促进的许多领域有可能被广泛采用"。[④]与此相对,我国也拥有悠久的、以民间调解制度为代表的非诉讼纠纷解决的实践传统,但非诉讼纠纷解决机制无论其理据,还是形式与规则,都无法脱离其深植其中的社

---

① 朱苏力:《再论法律的规避》,载《中外法学》1996 年第 4 期。
② 范愉:《非诉讼程序(ADR)教程》,中国人民大学出版社 2002 年版,第 10 页。
③ [美]斯蒂芬·B.戈尔德堡:《纠纷解决——谈判、调解和其他机制》,蔡彦敏等译,中国政法大学出版社 2004 年版,第 7 页。
④ [日]小岛武司:《诉讼制度改革的法理与实证》,陈刚等译,法律出版社 2001 年版,第 185 页。

会文化，替代性纠纷解决机制在每一种文化中都有其历史渊源，囿于经济、政治、社会、文化等因素，国外的非诉讼纠纷解决方式虽不能全部移植，但国外 ADR 在规则技术层面的有益经验仍具有一定的启示和借鉴作用。具体表现在：

1. 启示之一：立法助推

以美国为例，美国 ADR 运动是 ADR 被制度化的过程，美国支持 ADR 的立法始于劳动争议等具体领域，在劳动争议以外的其他领域，也多为单行法授权使用 ADR 方式。20 世纪 90 年代，联邦层面的 ADR 专门立法发展迅速，最为典型代表的法案有：1988 年国会通过的《法院附加仲裁法》（Court-Annexed Arbitration Act）；1990 年通过的《民事审判改革法案》（Civil Justice Reform Act）；1990 年的《协商立法法》（Negotiated Rulemaking Act）；1990 年的《行政争议解决法》（The Administrative Dispute Resolution Act）；1998 年的《替代性争议解决法案》（Alternative Dispute Resolution Act）。①

通过立法形式来推动 ADR 的发展，将成熟的改革经验上升为法律，从单行法设定 ADR 到 ADR 专门立法，立法机关通过立法途径推动某一领域的改革，这一旦获得成功，将是一种有效的制度变革道路。当然，国外 ADR 不是凭空产生的，而都有其特定的社会环境，同时也依赖于一系列的制度保障机制，同时还为其配备相应的专业人员、提供经费保障等各项措施，使得 ADR 得以实实在在运作并迅速扩张的前提。

2. 启示之二：设立专业机构

美国在构建 ADR 时还创造了司法 ADR 的形式。美国从联邦

---

① 《美国 ADR 对完善我国非诉讼纠纷解决机制的借鉴意义》，载《政府法制研究》2007 年第 9 期，http://www.chinalaw.gov.cn/article/dfxx/zffzyj/200809/20080900040715.shtml，访问时间 2011 年 5 月 29 日。

法院到州法院都程度不同地建立了"法院附设型的 ADR",以致 ADR 被称为"美国民事诉讼中不可缺少的部分"在法院内附设仲裁、调停等制度,这种 ADR 也被称为"诉讼之内的 ADR"[①]。此外,还有国家的行政机关或类似行政机关所设或附设的纠纷解决机构;作为民间团体或组织的 ADR 机构等。可以说美国 ADR 与传统司法解决方式互相配合组成了多元化的纠纷解决机制,成功地缓解了司法部门诉讼压力,提高了纠纷解决效率,使社会矛盾纠纷得以及时化解,因而得到其他国家的学习和仿效。

考虑民族地区的林权纠纷比较复杂,可以考虑在这些地区专门设立林权属纠纷调解机构,其性质应为行政机关委托的林权纠纷调解机构,对其职责、人员配备、经费来源、监督管理应做出明确的规定,在人员构成上,应当配备具有相应技术知识、法律知识的人员,吸收当地的乡村精英,集中精力解决林权纠纷,有利于纠纷的最终解决,也有助于民族地区和谐和稳定。

对于资源环境诉讼的诉前解决机制,我国部分省市的法院已先行做出尝试,例如 2008 年 8 月,江苏省常州市新北区人民法院环境保护巡回法庭成立,设在常州市环境监测支队内。新北区法院指定专人每周定期现场办公;主要的职责包括:接受有关环境保护的法律咨询、环保行政纠纷诉前调解、审理涉及环境执法的行政案件和环境污染损害赔偿案件等。2010 年 5 月 25 日,福建省漳州市中级人民法院林业审判庭正式更名成立为生态资源审判庭。该审判庭实行刑事、民事、行政"三合一"的全新审判模式,不仅可以实现专业化审判,公正高效地解决涉及生态环境的纠纷和案件,而且还可以通过系统化研究,推动生态环境保护观

---

① 白绿铉:《美国民事诉讼法》,经济日报出版社 1996 年版,第 67 页。

念调整与立法完善,最终实现法律的生态化。[①]

最高人民法院2009年7月24日公布《关于建立健全诉讼与非诉讼相衔接的矛盾纠纷解决机制的若干意见》,《意见》建立健全诉讼与非诉讼相衔接的矛盾纠纷解决机制的主要目标是:充分发挥人民法院、行政机关、社会组织、企事业单位以及其他各方面的力量,促进各种纠纷解决方式相互配合、相互协调和全面发展,做好诉讼与非诉讼渠道的相互衔接,为人民群众提供更多可供选择的纠纷解决方式,维护社会和谐稳定,促进经济社会又好又快发展。我们有理由相信在诉讼机制与非诉讼机制不断完善的相互结合下,林权纠纷能够得到越来越好的解决,不断地促进社会主义和谐社会的建设。

3. 启示之三:专业化的技术支持

集体林权改革带来的产权细分、林权市场化流转、林农的要求的理性化,使得对林权专业知识程度要求更高,林纠纷的调处涉及许多林业方面的专业知识,如果处置不当或者工作做得不细致,不但会加大改革成本,更会影响到民族地区的稳定和团结,在作者考察的村庄也是由于林地测量不准,而导致 A 村林改会议开了好几次,民众对此意见比较大,因此,改革能否顺利进行离不开技术手段的支撑和辅助。

在美国,构成推动 ADR 发展的另一类民间力量是由 ADR 执业者组成的各种协会,他们为会员提供培训、信息、资源共享,也制定执业标准和道德规范作为自律,应当注意的是,这种 ADR 执业者协会实际上已经成为 ADR 方式高度专业化的必需。从微观来看,促进纠纷有效解决的关键是解决从业者的素质和能力,国外可供借鉴的经验是,ADR 工作人员的专业化。反思我国民间

[①] 《我国环保法庭的历程》,http://bbs.hjajk.com/showtopic-17.aspx,访问时间2011年3月20日。

调解，在人员的素质和机构的专业化建设方面还有许多方面需要提高，将来可以引入竞争激励机制以便吸引更优的纠纷解决组织和人才，也可以与政府、法院等部门与学校、研究机构建立交流平台，由他们来提供纠纷解决的培训和研究资源。作者认为，借鉴国外的 ADR 制度，可以减少诉讼过程的专门化、技术化因素，通过设置解决纠纷的替代性程序分流林权纠纷案件，实现纠纷解决机制的多元化，从而在根源上解决问题，有助于和谐、稳定的法治社会的建立。

第十一章 企业管理自治权

第一节 企业管理自治权概述

一、概念界定

企业是从事生产、流通和服务等经济活动,为社会提供商品和服务,通过满足社会需要来获取盈利,实行独立核算,进行自主经营、自负盈亏的基本经济单位。企业是拥有人、财、物、场地、活动、目标、信息等资源的经济实体。在通过满足社会需要而获取盈利的过程中,企业必须追求"减少投入,增加产出"效益目标,其中追求最大化利润是企业的基本目标。[①] 企业不同于事业单位,不以营利为目的,服务于社会公益事业为宗旨而进行的社会经营管理活动。企业作为具有法律人格的独立的经济实体,同时还必须承担相应的社会责任。

关于管理的定义,由于人们强调的方面不同,解释众多。至今仍没有较为一致的观点。有人认为,管理是指导人类达到目的行动;有人认为,管理就是让他人完成事务。管理者的主要职责在于如何指导部下使之充分发挥力量去完成工作;有人认为,管理是一只器官,因其具有管理功放而存在;有人认为管理就是决策;有人认为,管理就是为在组织团体中工作的人们建立一个有

---

① 胥悦红:《企业管理学》,经济管理出版社2008年版,第2页。

效的环境，以利于发挥最高工作效率而达到团体目标；有人认为，所谓管理就是人类为了使系统的功效不断提高，所从事的一系列活动。社会主义工业企业管理的内容，根据业务范围，静态分割来看，主要包括计划管理、生产管理、技术管理、质量管理、设备管理、物资管理、劳动工资管理、成本管理、财务管理等方面。从动态过程看，工业企业管理的内容，是贯穿企业一切活动过程始终的，即贯穿于企业生产经营的三大环节（生产前的准备、生产过程、生产后的工作）之中的。[1] 企业管理是指按客观规律来研究企业合理安排生产经营活动的管理科学。[2]

管理的职能是指管理系统中管理主体在整个管理活动中的职责与功能。最早对管理职能进行系统论述的是20世纪法国人法约尔，他提出了计划、组织、指挥、协调、控制五项管理职能，被誉为"五职能"学说。以后，不同的管理专家提出了对管理职能的不同观点，也是众说纷纭，看法不一。张泽起在其主编的《现代企业管理》一书中将企业管理职能划分为计划、组织、领导、控制和创新五项。计划职能是指组织中的各项活动实施以前，都要进行通读、谋划、提出目标和实现目标的途径、程序、办法等。组织职能是对实现组织目标的各种要素和人们在社会经济活动中的相互关系进行组合配置的活动。领导职能是一种影响并感召人们去追求某些目的的行为过程。其内容是激励、沟通、指挥、协调、团结等。控制职能是指人们在执行计划的过程中，由于受到各种因素的干扰，常常会使实践活动偏离原来的计划。为了保证目标及为此而制定的计划得以实现，就需要具有控制职能。控制职能是指对所属各部门、各环节、各层次的动作与管理

---

[1] 王明贵、顾亚声主编：《企业管理与实践》，东南大学出版社1990年版，第13页。

[2] 胥悦红：《企业管理学》，经济管理出版社2008年版，第31页。

活动情况进行监督、检查和调节的全部过程。控制的实质是使组织计划与实际作业动态相适应。创新职能是指企业在科学技术迅猛发展，社会经济活动空前活跃的现代市场条件下，企业为在竞争中立于不败之地而进行的机制创新、制度创新、管理创新、技术创新和产品创新。[①]

本书所谓企业管理自治权就是企业在按照市场经济规律运行的过程中，不受外部干扰而进行自主决策、自我经营管理的各种活动的总称。根据《民族区域自治法》第 30 条的规定，民族自治地方的自治机关自主地管理隶属于本地方的企业、事业。该法第 68 条中再次强调，上级国家机关未经民族自治地方自治机关同意，不得改变民族自治地方所属企业的隶属关系。

民族地区的企业事业由于其所在地区的特殊性，在政策上也有很多的优惠政策给予倾斜照顾和扶持，因此除了拥有一般的企业事业管理自主权外，还应体现民族地区特殊性更多的自治权，对企业内部实行自我有效地管理，对企业外部进行自由经营的活动。根据民族地区实际情况和特殊性，企业事业管理自治权主要有以下内容：企业文化管理自治权、技术创新管理自治权、员工管理自治权、人力资源管理自治权等。

二、企业文化管理自治权

20 世纪 80 年代初，由于日本管理后来居上，美国就专门派出一个考察团对日本进行考察。结果发现，日本管理的成功，不是资金和技术的成功（这两方面美国都远胜于日本），也不是具体方法的成功（日本的管理方法也基本上来源于美国），而是基于东方文化基础上，把西方的管理艺术同日本具体管理实践结合的成功。对此，很难用一种具体的管理方法来人为描述它，因此

[①] 张泽起：《现代企业管理》，中国传媒大学出版社 2008 年版，第 36—37 页。

取名为"企业文化",即东方文化与西方管理艺术结合的成功。进入90年代以来,企业文化就成为我国人们议论的热门话题,但对于什么是企业文化,不管是理论界还是企业界,说法不一,各有千秋。这也说明企业文化是一个新的需要不断探讨的问题。[①] 对于我国民族地区的企业事业单位来讲,企业文化管理的自治权具有其特殊性,企业文化作为企业发展的精神动力,对企业保持活力和持续发展具有重要作用,对于民族地区企业在其他方面比较薄弱的情况下,更应该注重对企业文化的研究,塑造自己独具特色的企业文化。

1. 企业文化定义

企业文化是一种客观存在的现象。优秀的企业文化,能够使企业成为一个高凝聚力的社团,使人们在共同的价值观念的指导下自觉地从事各自的工作,雇员不再是雇主提高劳动生产率而利用的对象,个人目标与企业目标自然地融为一体。[②] 目前对于"企业文化"尚无统一的标准定义,作为一种文化现象。企业文化有广义、狭义之分,广义上是指企业在社会实践过程中所创造的物质财富和精神财富的总和,主要是指企业在生产经营过程中逐渐形成的、由全体职工共同持有的价值观念、经营哲学、企业目标,思维方式、行为准则等,从狭义上讲,是指企业在长期的经营管理过程中所形成的独具特色的思想意识、价值观念和行为准则,是一种具有企业个性的信念和行为方式。通常,企业文化指的是以价值观为核心的企业内在素质及其外在表现,也就是狭

[①] 马山水、李劲东:《我国民营企业管理热点问题研究》,经济科学出版社2007年版,第1页。

[②] 陈国山、戚文革:《矿山企业管理》,北京冶金工业出版社2008年版,第16页。

义的企业文化。[1]

2. 企业文化构建

企业的有效运作，必须依靠严格的规章制度与条例，必须依靠制度的规范性和程序性，从而与工业文明的节奏和效率相一致。然而，制度管理的本质是对"物"的管理，即一种程序性的控制与管理（因为物质的运动是可以用程序性的逻辑进程来把握的），但是如果用它来制约人、管理人，则把人也作为一种制度规范性的程序设计而处理了，从而背离了人性的需要和特点。在这样的管理环境内，人只能作为制度的派生物而存在，作为机器的附属物而运转，人性受到彻底的摧残。企业文化的管理，则把人从制度的框架中解脱出来，把制度的需求转为一种经过专门设置的价值理念，从而和人的价值需求结合起来。所以，作为一种管理艺术，企业文化从根本关系上改变了人性的被动性，恢复了人性价值和意义，从而实现了某种特定的管理意境：实现团体目标和个人目标统一，约束与自由统一，管理与被管理统一，物质鼓励和精神鼓励统一，工作和生活统一。

与制度系统一样，企业文化作为一种柔性管理也形成自己完整的系统，一个核心：企业精神和企业价值观；两类范畴：企业精神和企业形象，两者分别构成企业的内在文化与外在文化；三个层面：核心层面、制度层面、制度结构与范式层面行为方式和文化氛围层面；五大内容：企业目标、企业价值观、群体意识与传统、企业形象、领导风格。由此，可以对企业文化做出如下定义：企业文化是指在企业里形成某种特定的文化观念和历史传统，以共同的价值标准、道德标准和文化信念为核心，最大限度地调动企业职工的积极性和潜在能力，将企业内各种力量聚集于

---

[1] 东华大学旭日工商管理学组织：《现代纺织企业管理》，中国纺织出版社2008年版，第209页。

共同的指导思想和经营哲学之下,齐心协力地实现企业的目标。

实际上,人们进入企业,并不是简单地来挣一份工资,寻找一份收入,而是把一生中最宝贵的时间、最有价值的生命奉献给了企业。因此,人们实际上是在寻找一种氛围,寻找一种人事环境,寻找一种价值理念,寻找一种能够发挥自己长处的环境。因此,如果不能构筑一个具有共识力和凝聚力的人事环境,就不可能是一种成功的管理模式。企业文化的构建,不仅和企业内"制度管理"构成一个互补的整体,而且独创了一种管理意境,融合了制度管理和条例管理内容;以一种柔性管理的文化形态,在冷冰冰的物质结构之外,构筑了一种文化需求和氛围,以适应人性、人情和人的自身价值提升的要求。而其内在特定的导向功能、激励功能、凝聚功能、融合功能和辐射功能,则大大提高了管理绩效。企业文化作为柔性管理艺术,标志着企业管理的成型与成熟。①

3. 民族地区企业文化管理自治权的特殊性

尽管企业文化功能多、有许多优点和可取之处,但不可忽视的是,企业文化又是一把"双刃剑",既有有利的一面,也有不利的地方,因此不能说它是"馅饼",也不能简单说它是"陷阱",关键看企业如何进行文化运作。从我国企业的企业文化建设看,问题多出于未能正确理解企业文化建设的内涵,也未能认真地进行企业文化的建设工作。从更深的层次讲,已经建设起来的企业文化也有可能束缚企业的变革,束缚人们的思维,从而制约企业的发展。

而我国民族地区的企业在企业文化的建设中由于长期以来认识肤浅,看不到自身的优势,不注意对自己具有历史和民族特色

---

① 马山水、李劲东:《我国民营企业管理热点问题研究》,经济科学出版社2007年版,第1—3页。

的企业文化进行开发,而是重形式,轻内容;重模仿,轻创造;重短期,轻长远;重少数人行为,轻广大员工参与;重国外引进,轻历史挖掘;重形象,轻管理等;甚至把企业文化看成是领导布置的任务,或一时的盲目冲动。要克服这些弊端,我们必须重视企业精神的创立和企业核心价值观的塑造,完善企业管理制度和提高企业领导者素质。

民族地区企业建立一个良好的企业文化是进行科学管理的重要前提和保证。在企业文化建设中,我们注重用带有民族感情的方式去用激励、感染、引导企业员工,挖掘他们的潜能、调动职工的工作热情,那么不论是在何种恶劣的工作环境下,都能克服重重困难,圆满完成合同规定的任务。在该过程中也会形成企业新的价值观,职工会自觉关心生产质量,关心生产成本,关心技术进步,关心市场和企业的发展。这种经济因素与文化因素的结合,很自然地把职工的个人需要、精神追求转化为一种群体意识,这正是企业在发展中急需培育的企业精神。企业文化与企业管理相互交融,相辅相成,企业管理的加强,可以给企业文化提供良好的环境,而优秀的企业文化又为搞好企业管理提供了方向和动力,有助于促进管理的科学化、现代化。

民族地区企业的企业文化建设存在的问题比上面所述更为突出,由于民族地区企业所处的地理环境、条件,管理者及其员工的思想观念尚未转变,使得对企业文化的认识存在很多的片面之处,或者对企业文化根本没有认识。因此,民族地区企业要想真正形成自己特色的企业文化,就应该多考虑当地实际情况,结合民族特色构建自己的企业文化,做到立足历史传统,结合地区实际,利用当地丰富的自然资源,借助自己特有的文化作为载体形成自己的企业文化。同时,民族地区的企业产品和服务也要结合社会发展趋势,做到与消费者的心灵变化相一致,这样开发出来的产品才会具有市场。

民族地区现代企业文化的形成对其现代企业制度的建立具有重要的作用，而现代企业制度的形成，还需要企业依据民族地区的特点，得到更多的政府政策的支持。政府应给企业更多、更大的经营自主权，比如像很多边境民族地区可让其自由进行对外边境贸易以发展经济。在企业管理上要尽量做到尊重少数民族的感情需要，不能以"一刀切"的方式来解决在企业发展中出现的民族问题。要大量培养少数民族人才和选拔少数民族干部以支援民族地区企业人力资源不足的情况。做到转变观念、提高素质、培育具有现代企业的价值观和企业精神。

三、技术创新管理自治权

中共中央、国务院发布的《关于加强技术创新、发展高科技、实现产业化的决定》中，技术创新的中国官方定义与熊彼特的创新定义在精神上是基本一致的，范围比较宽，可称为广义的技术创新，其余定义均局限于与技术密切相关的新产品和新工艺的成功实施，可以称为狭义的技术创新。[1]

此处技术创新是从狭义上来界定的，是指创新者借助于技术上的发明与发现，通过对生产要素和生产技术进行新变革，并使变革取得商业上成功的一切活动。技术创新具有规律性、主观能动性、风险性、连续性、飞跃性和新颖性等特征。[2] 企业是技术创新的主体，"技术创新是持续竞争力的源泉"。技术创新可以给企业带来巨大的盈利，可以使陷入困境的企业焕发新的生机，技术创新已成为现代企业生存与发展的基础。目前，世界上许多国

---

[1] 周道生、赵敬明、刘彦辰：《现代企业技术创新》，中山大学出版社2007年版，第26—27页。

[2] 李垣：《企业技术创新机制论》，西安交通大学出版社1994年版，第36—37页。

家都纷纷采取措施推进本国的技术创新活动。然而，我国民族地区长期以来在传统体制束缚下，企业的技术创新问题一直未受到重视，学术理论界也研究不多。但众多事实已反复表明：若不充分重视技术创新活动，不采取得力措施来推进我国企业的技术创新活动，就难以实现"经济建设必须依靠科学技术，科学技术必须面向经济建设"的战略方针，难以真正搞活企业。[1] 企业具有自主经营、自负盈亏、自我发展、自我约束的特征。民族地区企业也不例外，同时作为民族地区企业，它还有其自身的特殊性。其技术创新的动因及所面临的困难也与其他地区的企业有所不同。民族地区企业在促进民族地区经济发展中具有举足轻重的作用。除了自身创新研发之外，政府支持政策在民族地区表现得尤其明显，很多企业都是受到民族地区宽松的企业政策而相继在各民族地区落地生产，民族地区企业的技术创新主要表现在三个方面：产品创新、工艺创新、服务创新。民族地区企业要想在竞争中求得生存和发展，也必须加强对技术创新的研究和实践。

一是产品创新。对于企业来说，产品是由劳动凝结和物化劳动转移并通过市场实现其价值的物品。产品创新是指通过技术创新过程所获得的并在市场上旨在实现其商业价值的新产品。按照产品创新程度，产品创新一般可分为模仿型、改进型、换代型和全新型等四类。

二是工艺创新。工艺只是技术中的一个要素，它是渗透在技术活动或生产活动中的一种组合性要素或结构性要素。工艺是指技术活动或生产活动中的操作程序（流程）、方式方法和规则体系。显然，工艺创新不同于产品创新，是另一类技术创新。工艺创新主要有以下几种类型：围绕提高产品质量等级品率的工艺创

---

[1] 王明贵、顾亚声主编：《企业管理与实践》，东南大学出版社1990年版，第231页。

新；围绕减少质量损失率的工艺创新；围绕提高工业产品销售率的工艺创新；围绕提高新产品产值率的工艺创新；围绕节约资源和降低成本的工艺创新；围绕有益于环境的工艺创新。

三是服务创新。服务是指不以实物形式而以提供活劳务的形式满足他人（含社会或个人）某种需要的活动。服务是一种为社会创造价值的产业。对企业而言，服务作为商品进行生产和交换，并且形成了一种与物质产品的生产、流通和消费交织在一起的无形产品。同时，服务又具有直接维系企业生存与发展的作用，服务创新就是在此基础之上对其所提供的服务所进行的各种内容改进或形式变化以达到提高服务质量目的的活动。哥伦比亚大学管理学教授彼特·科雷萨提出了服务模式的七条设计原则：第一，了解顾客；第二，争取一劳永逸的服务；第三，促进增加价值的自我服务；第四，提供一站购物服务；第五，让顾客设计产品；第六，把能力转变为服务；第七，建立长期顾客关系。[1]

民族地区企业的产品创新除了具备一般企业产品的特点外，还具有地域性或民族性特征，这也是民族地区企业产品竞争的优势所在。其工艺创新也大多是体现民族特色的传统手工艺方面，主是是对民族传统手工艺的传承、发掘、保护以及发展。这也是其他地区企业所不具备的产品工艺特征。民族地区企业在服务创新方面，主要体现其特有的民族风俗习惯，以极具地方民族特色的服务理念，给顾客带来一种全新的消费体验。

四、员工管理自治权

以人为本，是现代企业管理的核心，现在世界上的各种管理

---

[1] 刘振武、刘炳义、董秀成、张建军：《企业技术人创新与管理》，石油工业出版社2004年版，第72—87页。

学说，无不强调以人为本。① 讲究人本原理，即在一切管理工作中，始终把人的因素放在首位，并以人的积极性、主动性和创造性为管理的核心和动力。② 而经过30多年的改革开放，我国企业在人力资源管理方面取得了巨大的进步，创造了令世界瞩目的"中国奇迹"。但是，不容置疑的是我国绝大多数企业尤其是民族地区的企业还处于经验管理的阶段，存在诸多弊端：管理的基础工作薄弱，如定额不科学，计量不规范；管理观念落后等问题，企业在管理上与规范化、系统化和科学化的管理存在一定的差距。

首先，要使员工服从管理，管理者必须以身作则严格要求自己，许多员工眼中的管理者，都具有某种他人所没有的特质，若你不具备某种独特的风格，就很难获得下属的尊敬。在此特质中，最重要的即在于管理者的"自我要求"。只有先管理好自己，才有资格去管理员工，也才能使员工信服。

其次，要明确员工管理的目标，做任何事情都有一个目的或目标，只有明确目标，才有方向和为之奋斗的动力。员工管理也是一样，应使员工明白企业制定的目标，以确保其实现。使企业每一位成员都了解其职责、职权范围以及与他人的工作关系，定期检查员工的工作绩效，使员工得到成长和发展。协助并指导员工提高自身素质，以作为企业发展的基础。恰当及时的鼓励和奖赏，以提高员工的工作效率，使员工从工作中得到满足感。

第三，正确看待与衡量员工之间的差异，因人而异，量才而用。员工之间肯定存在个性、气质、性格、能力、兴趣等方面的差异，企业管理者应正确看待这些差异，作为一个优秀的企业管

---

① 陈德述：《盛德大业——儒学与企业管理》，四川人民出版社1995年版，第6页。

② 张峰：《企业管理》，中原出版传媒集团中原农民出版社2008年版，第54页。

理者，必定也是一个资源合理安排的管理者，如何把每个员工都安排在最合适的岗位，使其发挥自己的特长，人尽其才，为企业获得最大的效益，才是管理者所应具备的管理艺术。对员工进行培训，让员工不断成长，多与员工沟通，为员工与管理者之间或员工之间搭建有效的互动平台，如电话、信箱、电子邮箱等沟通渠道。

第四，建立员工激励制度，让员工和企业一起成长。防止员工压力过大，变压力为动力。处理好企业与员工，员工与员工之间的利益冲突，做到企业就是员工之家。大胆放权，让你的员工参与管理，增添企业发展活力，按企业效益的提高即时增加员工薪酬，给员工真正想要的和真正有效的，举行企业文化活动，凝聚企业精神，形成企业团队管理，使员工之间，管理者与员工之间形成强大合力，为企业发展奠定坚实的信用根基。

企业对员工的管理自治权主要体现在对员工的流动过程中。员工流动大概有如下几种类型：（1）按规模分有员工的个体性流动和组织性流动。所谓个体性流动是指以个体为对象的流动，该行为对企业、社会等无明显影响；组织性流动是指某一个行业中大量企业员工流动并对企业带来巨大的影响。如最近几年江浙一带服装业、纺织业等由于大量企业员工流失而引起的组织性流动。（2）按流动意愿分为自愿流动和非自愿流动。企业员工流动包括自愿流动和非自愿流动，其中非自愿流动的原因大多是被企业解雇或被迫辞职，而自愿流动则是出自企业员工个人的原因。（3）按流动效果分为效益流动和非效益流动。员工流动又可以分为有效流动和非有效流动，其中有效流动是组织人员的合理流动。对组织有益，而非有效流动会给组织带来负面效果，如某公司招聘到一名出色的销售人员，该员工的流入使公司的业务有明显的进步，那么这就是一次效益流动；反之，某企业解雇了一位优秀的财务师，致使该企业在一项投资计划中出现错误，那么这就是一次非效益流动。(4) 按流向范围可分为国际流动和国内流动。国际流动是指人员(特别是人才)跨越国界的流动,包括人员流向其他国家的企业以及流向跨国公司在本国设立的分支机构等。国内流动是指人员在本国之内的流动,国内流动又可以分为企业间流动和企业内部的流动。企业内部的流动是指员工在企业或公司内部进行的流动。其中企业内部的流动也可以分为员工的横向流动和纵向流动。横向流动一般是指员工的平行调动和岗位轮换。纵向流动一般是指新员工安置、晋升、降级、辞职和退休等。而确定员工是横向流动还是纵向流动的关键是确定组织结构中职位的分布,由于不同地区、不同企业在组织机构中存在差异,因此职位上的变迁可能在这家企业属于横向流动,而在另一家企业却属于纵向流动。企业间的流动就是我们通常所理解的员工流动,即员工依靠劳动力市场,离开一家企业进入另一家企业的行为。其中企业间的流动也可以分为两种,即员工流入和员工流出。员工流入主要是由招募、选拔、录入、评估等一系列活动构成,也就是指企业从外部招聘合适的人员;员工流出则是指员工由于各种原因离开企业的行为,包括解雇、辞职、退休等。[①]

从上面的员工流动的过程中我们可以看出,员工的个体性流动、非自愿性流动、效益性流动对企业的影响都是相对来说比较小的,而组织性流动、自愿性流动以及非效益性流动都可能会给企业带来巨大的影响,如企业大规模的人员流动,要么会带来很大的经济效益,如体制变革。要么会造成重大的经济损失,如发生商业原因发生的高层员工集体辞职的情况。无疑会给企业带来致命的影响。企业解雇优秀员工致使企业在经营过程中因缺乏相关技术决策人员而导致重大损失的情况也并不鲜见。尤其是在现

[①] 马山水、李劲东:《我国民营企业管理热点问题研究》,经济科学出版社 2007 年版,第 330—331 页。

代市场竞争日渐激烈的企业制度下,员工按照市场价值规律的流动,在市场中寻求自己利益的最大化也无可厚非,随着全球经济一体化进程的深入发展,员工更是跳出国内局限而在国际市场上寻求自身的定位。因此,就需要企业在管理员工流动的过程中强化自身优势,从各方面科学合理地配置其相应的人力资源。在实现企业利益的同时,为员工创造各种环境以留住优秀的企业员工。

五、人力资源管理自治权

人力资源一般是泛指能够作为生产要素投入经济活动中的劳动力的数量。从宏观的角度来看,人力资源是指全国或者一个地区具有劳动能力的劳动者人数的总和。从微观的角度来看,人力资源则是指企业可以利用且能够推动企业发展的具有智力劳动和体力劳动能力的劳动者数量的总和。①

1. 人力资源

人力资源管理就是根据企业发展战略的要求,有计划地对人力资源进行合理配置,通过对企业中员工的招聘、培训、使用、考核、激励、调整等一系列过程,调动员工的积极性,发挥员工的潜能,为企业创造价值,确保企业战略目标的实现。人力资源具有能动性、可激励性、时效性、再生性、差异性、社会性等特点。人力资源管理的内容与程序主要涉及职务分析、人力资源规划、招聘和使用、考核、激励、培训。

现代企业制度下,要求企业能够按照市场经济中的价值规律、供求规律、竞争规律和适用于社会化大生产的各种科学规律去组织、领导和管理企业。同时企业还必须建立一套科学规范的组织管理体制,主要是股东会、董事会和监督会、经理层等合理的公司运作机构。在信息化高度发达的今天,企业应注重人力资

---

① 郎宏文:《企业管理基础》,黑龙江教育出版社2007年版,第291页。

源管理的信息化。其意义一是提高人力资源管理工作的效率；二是规范人力资源管理的业务流程；三是为企业和员工提供增值服务。①

2. 经营管理者建设

企业经营管理者队伍建设一要建立公司法人治理结构，在股东会、董事会、监事会和经理层之间形成有效的制衡机制。二要全面提高经营者素质，培养和造就高素质经营管理队伍。三要把坚持党管干部的原则同依法选择管理企业经营者结合起来。四要加强培育经营管理者人才市场，促进他们的合理流动和优化配置。五要调动经营者的积极性，逐步建立和完善企业经营者的激励和约束机制。六要党组织支持股东大会、董事会和经理依法行使职权，在大、中型公司制企业，党的负责人以及治理结构中各利益主体的党员负责人都要按照有关规定和程序，分别进入董事会和党委会，以便形成统一的决策监督机构。②

3. 培训与能力提升

企业在经营过程中，还要随着经济社会的发展，注重对自身人力资源的发展，提供各种培训机会以提高员工自身的专业能力和企业文化素养。即时发展并更新企业所需要的人力资源，人才的竞争始终是决定企业在市场竞争中成败的关键。企业拥有一支优秀的经营管理者和高级技术员工队伍，是企业继续稳健运行，不断发展壮大的重要保证。

上述几个方面谈到的有关经营管理者的问题主要涉及分配问题和人事问题，分配问题即建立企业内部的激励机制，涉及经营管理者利益和劳动者利益两个层次的问题。建立现代企业制度，

---

① 刘庆相、饶颂：《企业管理概论》，武汉理工大学出版社 2008 年版，第 29 页。
② 梁建人：《企业管理对策与区域经济发展研究》，河南人民出版社 2008 年版，第 22—23 页。

必须培养高素质、职业化的企业家队伍，从各方面创造条件使经营管理者能发挥更大的作用，要承认经营管理者是一个具有独立利益的单独阶层。人事问题是企业人力资源在企业管理中的优化配置问题，合理科学的人员安排，不仅能提高工作效率，同时也能给企业带来良好的经济效益。

第二节 企业管理自治权的运行

一、企业管理自治权的现状

民族地区的企业自治管理权在改革开放以来虽然取得了巨大的成就，但是存在的问题也不可忽视。主要表现在两大方面：一是企业自身问题制约了企业的发展，二是外部环境对企业发展的影响。

（一）企业自身因素

1. 企业策略失误

战略决策就是对企业的生产、经营、管理等重大事情进行决断定策。决策需要丰富的知识和经验，需要把握市场和根据自己的实际。决策出现问题是许多企业最终走向失败的重要原因之一。可以说，决策出现问题是最大的失误。决策失误包括产品决策失误、企业营销决策失误，对产品定位不清晰，对目标市场的选择不准确，对生产流程和管理缺乏经验，控制不了企业的生产效率，缺乏市场经验，对市场判断不准确。企业投资、营销策略不当。项目选择失误，选择落伍产业，选择自己不懂的行业，选择竞争激烈的行业，资金运作失误，企业陷入财务危机筹资不当，开支过大、负债过多投资资金不足，政策选择失误，投资没有保障，产品质量和市场运作等缺乏足够的专业知识。

2. 用人、管理失误

管理不善,是许多企业陷入困境的主要原因。用人理念上的错误,如任人唯亲、求全责备、唯学历论等。企业内部管理漏洞多,尤其是缺乏必要的管理制度的经验。缺乏应对危机的经验,面对危机常常感到茫然无措,无从下手。缺乏市场竞争的经验,面对竞争往往手足无措,容易陷入竞争的误区。管理者自身素质不高,文化知识有限,制约企业发展,经营观念落后,不能跟上时代的发展,看到消费者的社会需求,部分企业管理者不是潜心钻研企业业务发展,而是千方百计去投机取巧、欺骗消费者,随着市场日益成熟和规范,科学的经营理念越发显得重要。

3. 经营理念错误、不注重塑造自身品牌

企业管理者的经营观念往往决定着企业的发展前景,一般来说,狭义上的经营观念的错误有以下几方面:一是投机取巧;二是欺骗顾客;三是赌博心理。广义的企业经营理念的失误还包括:生产理念错误,即生产项目、操作程序等的失误。营销理念错误,即在把握市场、顾客、价格、服务上的观念错误。质量经营理念的失误,即假冒伪劣产品骗人或本企业产品质量过不了关。民族地区的企业最大优势就是要有自己的特点,因为其特殊的地理风俗习惯形成了不同于其他地区的企业品牌,地方特色浓厚,如果一味地照搬别人的经验,重复别人的套路。那只会把自己的东西都丢了,同时别人的东西也学不好。经济规律把握不准确,容易陷入经济困境,脱离时代发展步伐。企业要想获得长足发展,必须紧跟时代发展的步伐,与时俱进,开拓创新,企业的发展,必须跟上时代的发展,其中包括生产、经营、消费、观念和技术的时代性等几个方面。一个企业如果不能跟上时代和社会的发展,失败也将是不可避免的。消费者追求及其生活方式的变化反映着社会发展趋势及市场的变化。同时还要考虑消费者的个性化需要。

4. 管理能力跟不上，缺乏计划性

管理能力欠缺，没有远见卓识。对生产经营管不住，也管不好，没有相应的规章制度或者即使有也形同虚设。没有起到真正的制约作用。管理者没有因人施教，对不同的员工采取同样的管理方式，管理者盲目自信，战备管理缺乏，竞争管理较差，管理者竞争意识较低或根本没有竞争意识，部分企业管理者整天想的不是如何改进管理，提升效益，而是投机取巧，得过且过，缺乏应有的危机意识，同时也不具备相应的应对危机的意识，企业一旦陷入困难，往往不知所措，贻误重整时机。

5. 技术创新比较欠缺

企业自身的技术创新比较欠缺具体体现在：

一是技术创新的宏观环境尚未健全。民族地区企业由于其特殊性，享受国家的政策优惠措施，但是政策措施落实不到位。民族地区企业以技术开发、技术转让、技术咨询、技术服务和技术密集产品的研究开发、生产经营为主营业务，面向很普遍，企业享受优惠政策往往要经过多个行政部门机构的层层审批，手续繁杂，耗时费力，享受到优惠政策时，其成本有时候比不享受优惠政策还要高，使得优惠政策失去了其原本意义。

二是创新激励机制不足。技术创新的主体是企业，技术创新的直接参与者是科技工作者，因此，技术创新首先是企业和个人追求利益最大化的产物，其次才是社会和经济利益最大化的结果。但实际情况是我国对技术创新的奖励，过多强调了国家、集体和个人利益的一致性，而忽视了个人利益，从根本上打击了个人的创新积极性。同样，企业的利益也往往得不到保证，企业技术创新在税收优惠、信贷支持等方面的激励制度也得不到落实，挫伤企业创新的积极性。在企业内部，对科技人员激励方式尽管多样，但实际激励力度不够。

三是现代企业制度建设滞后，制约了企业技术创新激励机制

的形成。我国民族地区部分企业产权仍不明晰、职责不够明确，还不符合现代企业制度的基本要求，企业的经营管理层和核心技术开发人员等与企业之间没有产权关系，导致企业成员缺乏创新愿望和热情。

四是风险投资体系不健全，缺乏资金保证。技术创新的特点是投入大、风险大，当然成功后的回报率也相对较高。在目前我国金融界尚未建立技术创新风险投资体系的情况下，民族地区企业由于企业经济实力贫弱，对风险投资的认识也存在很大误区，还存在有投机取巧的投资倾向。

(二) 外部环境因素

1. 违反国家政策法规

民族地区企业违反国家政策法规的现象也比较普遍，有的企业是因为不了解、不懂得国家政策法规而违法，有的企业是明知故犯，这类企业一般都是大企业，基本上属于私营企业，也不排除个别国有企业。它们生产假冒伪劣产品、进行不正当竞争、偷税漏税、投机钻营等。

2. 社会环境中的不良因素

社会环境中的一些不良因素，也是企业发展中的绊脚石，可能导致企业出现问题，甚至可能导致企业的最终失败。经济发展离不开稳定的社会环境，企业的运行也受社会治安等因素的影响。如果治安不好，偷窃、抢劫等事件也常常会成为企业陷入困境的原因。企业在发展过程中，始终离不开政府和相关部门的管理和指导，只有在政府的有效管理和引导下企业才能走上健康发展的道路。但是，有的经济管理部门把企业作为自己随心所欲的"摇钱树"，乱收费、乱集资、乱摊派、乱罚款等。而且还有部分执法人员不依法执法，不同部门之间的重复收费、罚款等情况，导致很多企业不堪重负而停止营业。"疏通关系"成为企业得以运行的前提。市场竞争本是产品、质量与服务的公平竞争，可一些市场行为却要在"市场之外"进行才能成功。这主要是因为目前我国管理市场的机制不完善，个别执法人员把手中的权力作为自己牟利的手段，这常常使得企业在开展业务之前先要搞好关系。这也成为很多企业头疼的原因之一，很多企业就因为没有关系而不得不关门大吉。

3. 科学技术水平落后，发展缓慢

企业的竞争，最直接有效的就是科技水平的竞争，技术进步会给一个企业带来引领技术前沿的积极效果，同时也会因为技术的发展而进一步提高企业的生产经营效率，使企业更好、更快地实现自己的利益。科技水平的高低实质上是人才水平的高低，因此，人才的流动对民族地区企业发展影响不可低估。传统经济体制和传统的经营观念抑制了创新动力。尽管20余年的经济体制改革已取得很大进展，但是在完善的市场经济体制尚未建立起来之前的转轨时期，民族地区企业与其他企业一样仍摆脱不了传统经济体制和传统经营观念的束缚。如企业经营管理者短期行为比较普遍，企业经营管理人员缺乏相应的技术知识和创新意识，创新精神不足，缺乏创新的主动性，限制了技术创新的视野。普遍缺乏以创新精神为核心的企业家精神和创新的社会氛围。

二、企业管理自治权的完善

针对企业民族地区企业在自我管理的过程中存在的上述问题，大致可从如下几个方面着手改进。

对于企业自身出现的问题而言：

1. 针对策略失误

企业应建立科学的决策机制，具体应加强对投资管理的研究论证，保证有序、高效地进行管理投资，保持投资建设方案的动态调整，运用其他投资风险防范对策选择成本低，效益高的项目，商场如战场，企业应在科学机制下，把握时机，及时、全面准确决策。考虑问题要周到，依据目标，在有计划地进行决策的同时还要及时纠正错误，分析影响理性决策因素，做出科学、理性决策。

2. 加强对管理者的培养

要想企业真正充分行使其管理自治权，就必须提高管理者自身能力，使企业管理者在企业发展过程中真正起到关键性的作用。这也是保证企业决策正确的前提。同时也是企业管理者用人得当的关键，因为企业招聘人才时管理者是考察者，其必须具备相应的考察能力才能使人力资源在企业发展过程中人尽其才，才尽其用。

3. 依靠科技，强化管理

靠科技发展市场，靠品牌拓展市场，靠管理巩固市场，靠文化凝聚人气。科技在任何时候都是第一生产力，只有科技水平上去了，其他的问题才能得以迎刃而解。民族地区企业要想发展自己，科研能力必须要有所提升，产品的竞争力也同样是来源于自己的科研产品在同行业的前沿性。俗语说"管理有章法，管理无定法"，要使企业有条不紊地运作，管理是重要的一环，注重管理者素质的培养和提高。加强企业自身积极性的培养，通过灵活多样的措施来发展市场，民族地区由于所占原材料资源丰富，劳动力成本也相对较低，这是其优势，不足之处就是缺乏品牌优势，因此，民族地区企业事业应根据民族地区自身优势，转变观念，发掘特色产品，加强技术创新，树立自身品牌。走出地区限制，最终形成自己的特色品牌。现代企业制度所要求的管理科学，就是要求企业能够按照市场经济中的价值规律、供求规律、竞争规律和适用于社会化大生产的各种科学规律去组织、领导和管理，构建科学的企业管理机制。

对于企业外部因素的影响，有如下建议：

1. 经济环境不完善

企业的发展必须要建立在良好的经济环境之上。政府宏观经济环境对于企业的运行和发展至关重要,国家建立的经济环境和政府政策为企业发展所提供的金融、流通、价格等条件,以及为企业发展所提供的机遇等,都直接对企业的健康运行和发展有着重大影响。

2. 坚持政企分开

政府作为社会经济活动的宏观管理者,应找准自己的角色定位,不应过多地干预企业自主经营管理权,除非在不得已的情况下,否则政府在其他任何情况下都不应该插手企业在自由市场经济条件下的管理活动。行政职能与企业活动必须明确界限,明确各自职能。政府对企业进行管理,主要体现出政府的社会经济管理职能,主要运用经济、法律手段,辅之以必要的行政手段,对企业进行间接管理,如运用利率、汇率、税率等宏观调控手段,通过市场发出信号去影响企业;企业通过这些信号去安排自己的产、供、销活动,市场成为政府与企业之间的中介层,政府不能越过中介层直接去干预企业,企业也不能越过市场直接去找政府。只有这样,才能做到真正意义上的政企分开,同时也能预防官商勾结而引起腐败和犯罪。

3. 提高法律意识

随着社会法律制度的越来越完善,人们对违法犯罪经营的企业也是深恶痛绝。企业经营者一定要加强提高自身法律意识,做到合法经营,才能使企业立于不败之地。一般来说,企业要多学习以下几方面的法律法规:国家相关部门制定的产业政策和工商法规。企业经营者要根据实际情况,取得合法经营后,才能从事经营活动。税法知识,要了解所从事的经济活动的有关税目种类和税率标准,增强纳税观念,加强作为纳税人的责任感,在经营中应将各种税目支出,作为经营效率核算的主要项目,及时照章纳税,切不能因为个人的一时贪念而偷漏国家税金。企业自身从事经营活动所涉及的行业管理规定,行业管理规定是政府根据行业特点制定，用以约束和维护行业经营秩序，具有法律效力的行政法规。凡在该行业经营的单位和个人，都必须遵守有关的行业规定。企业经营者，只有切实加强自身法律意识，在经济活动中要遵守法律和法规，这样才能避免贪小便宜吃大亏的盲点。①

民族地区企业由于多处于我国中西部地区，企业各方面的管理理念相对于东部沿海发达地区的企业而言都比较落后，由此导致的管理者自身素质不高，缺乏有效的激励机制和培养环境，同时由于地区环境的差异，民族地区企业所面临的社会环境与东部地区企业也有很大的差别，主要是很难接触前沿科学技术信息，以及无法准确及时地把握市场经济规律，对企业发展的与时俱进构成影响，更不用说开拓创新了，人力资源的大量流失也使得民族地区的企业缺乏相应的发展后劲。许多民族地区培养或引进的人才都会由于各种原因而向东南沿海一带流动。因此，企业除了要做好以上各方面的建议外，还要利用国家对民族地区的各种优惠政策，充分地发挥自己拥有的管理自治权。努力创造条件，想方设法留住人才，用自己拥有的管理自治权营造自身的企业优势。为企业作长远设计，保证企业持续健康快速发展，为民族地区的经济发展作出更大的贡献。

第三节 民族自治地方的企业社会责任

一、企业社会责任概述

随着国际社会企业社会责任的实践及理论研究快速发展，在

---

① 宁凌编：《诊断企业问题：中小企业管理的十大盲点》，中国经济出版社2008年版，第8页。

我国坚持社会经济可持续发展战略和建立和谐社会的背景下，深入分析和研究企业社会责任问题具有十分重要的理论和现实意义。

企业社会责任（Corporate social responsibility，CSR），目前理论界一般认为其概念率先由英国学者欧利文谢尔顿（Oliver Sheldon）于1924年提出。当前，在企业、媒体、政府以及学术界，对于公司的社会责任或公司公民身份有许多的解释，但对其定义目前尚无统一标准，而是在不断地完善和发展的。尽管各个时期其含义不尽相同，企业在创造利润、对股东利益负责的同时，还要承担对员工、对社区和环境的社会责任，包括遵守商业道德、生产安全、职业健康；提供就业岗位；保护劳动者合法权益；防止环境污染；节约使用国家资源等。[①] 企业的社会责任要求企业必须超越把利润作为唯一目标的传统理念，强调要在生产过程中对人的价值的关注，强调对消费者、对环境、对社会的贡献。

（一）企业社会责任的概念

尽管没有一致的定义，但是一般都能接受世界可持续发展商业会议对CSR定义：公司承诺通过贡献于提高员工及其家庭、当地社区以及整个社会的生活质量来支持可持续的经济发展。具体来讲，就是通过努力，在公众中确立一种积极的声誉，在有益于公司利益相关者的同时创造出一种竞争优势。这就要求公司从仅仅关注赚取利润发展到将包括经济的、环境的和社会的责任纳入他们的核心经营战略之中。概括而言，公司社会责任可分为经济责任、文化责任、教育责任、环境责任等几个方面。

也有学者把公司社会责任看做一个涵盖各种公司责任的整体概念。Joseph McGuire认为，公司社会责任的概念，是指公司不仅负有经济的与法律的义务，而且对社会负有超越这些义务的其

[①] 胥悦红：《企业管理学》，经济管理出版社2008年版，第178页。

他责任。Davis 等提出的"扩展圈"理论认为,公司社会责任内圈包括产品、工作和经济增长等有效完成公司经济功能的最基本的责任;中圈包括行使经济功能必须认识到其对社会价值和优先权的影响,如对环境的关心、雇佣、员工关系等;外圈是公司应承担的新出现的和未明确的责任,以广泛投入改善社会环境的行动(如解决贫困问题等)。

1999年1月,在瑞士达沃斯世界经济论坛上,联合国秘书长安南提出了"全球协议",并于2000年7月在联合国总部正式启动,该协议号召公司遵守在人权、劳工标准和环境方面的九项原则,给出了对公司社会责任的具体要求,其内容包括:企业应支持并尊重国际公认的各项人权条约;绝不参与任何漠视和践踏人权的行为;企业应支持结社自由,承认劳资双方就工资等问题谈判的权力;禁止强制性劳动;禁止使用童工;禁止任何对员工的歧视行为;企业应对环境挑战未雨绸缪;主动增加对环境保护的责任;鼓励绿色环境科技的发展与推广。

从前述对企业社会责任的发展历程与内涵分析中可以看出,目前的企业社会责任的关注范围主要限于劳工权益保护、环境保护、企业文化、消费者权益保护等一些方面,从企业到社会甚至联合国都对该问题给予了极大的关注,已成为可持续发展的一个重要内容。

(二)企业社会责任观念的变化

按照全息理论,一个完整的社会由经济、政治、文化、道德、伦理等范畴构成。所以,企业的社会责任也包括其经济责任、社会责任和文化责任。当然,人们对企业社会责任的认识,有一个过程,是逐步完善起来的。美国农工大学管理学教授里奇·W. 格里芬把西方企业社会责任观念的变化划分为三个阶段。1930年以前为第一阶段,权威性的看法认为,企业的社会责任是通过管理获取最大利益。持这种观点的人认为,企业获得最大利润就是为社会提供了最大的利益,当时大多数人都充分肯定了通用汽车公司提出的"凡对通用汽车公司有好处的就是对国家有利"的口号。

然而,到了经济大萧条时期,这种看法就过时了。人们突然发现,企业的效益和社会效益并不完全统一,大量商品过剩,社会购买力下跌,生产和消费出现了对抗性的矛盾,人们需要一种新的形式来沟通各方面的关系,这是第二阶段的观点。从那时候开始,管理者成了许多大股东的托管代理人,在很长一段时间里,人们都把托管管理看做调解股东、供应者、顾客和公共社会利益等方面矛盾的一种好方式。持这种观点的人认为,企业公司与公共社会是伙伴关系,应为彼此的生存而共同努力。

20世纪60年代出现了第三阶段的看法。这一阶段的特点是动荡不定,许多美国人的幻想破灭,对企业产生了不信任感。因而有人提出了生活质量的管理观点。这种观点认为,企业与公共社会并不是伙伴关系,相反,企业的利益必须服从于和服务于社会的利益。持这种观点的人提出了与第一种观点截然相反的口号:"凡是对社会有好处的,就是对企业有利的。"

企业社会责任三阶段理论,实际上是伴随着企业生产力及社会生产力发展而形成的三种观点。第一种是"企业中心论",这在卖方市场情况下,社会对商品需求超过了社会对商品的供给,由此导致企业生产越多,社会得益越多的价值趋向。第二阶段是"企业社会分离论",由于社会购买力的限制,企业生产的大量商品已经无法为社会所全部吸纳,社会生产和消费出现对抗性冲突,由此出现两者分离。第三阶段为"社会中心论",社会生产力已经高度发达,在有形商品范畴内,社会生产能力已经超过社会需求。这时再拼命生产,不仅造成整个社会总供给与总需求混乱,而且导致社会资源的破坏和浪费。从企业的历史责任和经济责任看,不被社会所吸收的生产实际上是一种破坏,一种对社会资源的破坏,对将来社会资源和文明的过度掠取和犯罪,由此提出"凡对社会有好处的,就是对企业有好处"的观点。企业的运作不能以局部收益为准则,而只能以社会效益为准则。①

(三) 我国企业社会责任研究的背景

1. 国际社会的企业社会责任运动及理论研究的推动

从 20 世纪 20 年代起,西方企业已逐渐认识到自身发展和社会的关系,开始了以捐赠的方式回馈社会,并逐步建立了企业社会责任守则。到了 20 世纪 90 年代,随着经济全球化的不断加深,使得企业传统价值观正在发生变化,更加关注自然资源、生态环境、劳动者权益和商业伦理,更多地承担对利益相关者和社会的责任。国际范围内的企业社会责任运动也开始突破企业各自的企业社会责任守则,形成了履行社会责任的全球契约。第一个用于第三方认证的全球社会责任标准——SA8000 也于 2001 年正式在全球范围实施,虽然这只是一个自愿选择而非强制执行的社会责任标准,但它已经对全球企业的生产、经营和管理活动带来了不可估量的影响。

2. 构建社会主义和谐社会的需要

和谐社会是一个以人为本的社会,是一个可持续发展的社会,是一个大多数人能够分享改革发展成果的社会,是社会各个阶层和睦相处、经济社会协调发展的社会,是人与人、人与自然协调的社会。其中企业的社会责任承担尤其重要。企业作为经济活动中最活跃的部分,它的一举一动直接关系着上至政府,下至员工、消费者和社区的和谐发展。企业社会责任本质上是企业对其自身经济行为的道德约束,强调在经营过程中对人的价值的关注,注重企业活动中人的健康、安全和应该享有的权益,注重企

---

① 林军、杨齐:《企业公民理论与我国企业管理变革》,甘肃民族出版社 2009 年版,第 14—15 页。

业对社会的贡献。而这些正是和谐社会所追求的目标。福特汽车公司董事长兼首席执行官比尔·福特说过："一个好企业与一个伟大的企业是有区别的：一个好的企业能为顾客提供优秀的产品和服务，而一个伟大的企业不仅能为顾客提供产品和服务，还竭尽全力使这个世界变得更美好。"

3. 建立科学的可持续发展观的要求

科学的发展观不同于传统的发展观。传统的发展观偏重于物质财富的主张而忽视人的全面发展，简单地把经济主张等同于经济发展，忽视社会的全面进步，忽视人文的、资源的、环境的指标。传统发展观使人类经济奇迹发展，积累了大量物质财富，但也为此付出了巨大代价，资源浪费、环境污染和生态破坏的现象频频出现，给人类社会的发展造成了难以估量和弥补的损失。科学的发展观要求人们在发展经济的同时兼顾与资源保护和生态环境的保护，采取"新发展模式"或"新经济增长模式"，实现经济的"绿色清洁增长"，这是作为社会一分子的企业应该承担的社会责任。

4. 跨国公司对中国出口加工业的社会责任要求

随着欧美等世界贸易大国越来越多地从包括中国在内的发展中国家增加进口，大量"血汗工厂"的事实被曝光。特别是1993年11月深圳致丽玩具厂火灾事故发生后，海外的劳工组织和非营利组织对外资企业在中国违反劳工标准的行为进行了强烈批评，并成立了"玩具安全生产联合会"，以促使劳工标准在这些企业实施。一些劳工组织和跨国公司还针对中国的劳工问题，制定了专门的"工厂守则"要求中国的出口加工企业遵守。跨国公司通过企业社会责任的履行对中国出口企业施加越来越大的压力，特别是对常年单纯靠"低成本制胜"的中国企业而言，社会责任及其量化标准，已成为我们得以进入西方市场的新门槛。

二、企业社会责任的内容

新《公司法》第 5 条规定:"公司从事经营活动,必须遵守法律、行政法规,遵守社会公德、商业道德,诚实守信,接受政府和社会公众的监督,承担社会责任。"从而首次在法律中明确了企业的社会责任主体地位,这意味着对传统企业的角色或目标定位的突破,无疑是我国企业社会责任法制化建设中具有里程碑意义的重大突破。然而,新《公司法》第 5 条毕竟是一个原则性条款,旨在宣示一种价值取向和行为标准,对企业社会责任的含义、性质、特征内容等并没有明确地进行规定。一般而言,原则性条款面临的大难题就是抽象宽泛、无所适从。因此,如何将该条的立法精神具体化,赋予其确切的可操作性内容,并通过一系列具体的制度的设计使其在实践中得以贯彻和落实,仍然是企业社会责任法制建设中的难题。因此,进一步探讨和明确企业社会责任的含义、性质、特征等,具有非常重要的意义。[①]

(一)对职工的社会责任

企业对职工的合法权益的保障,是企业最基本的社会责任之一。企业对员工的权益责任,主要是保证企业和员工之间建立和谐的劳动关系和良好的内部环境,保障员工的文化生活与个人发展。企业与员工之间虽然是建立在契约基础上的经济关系,但除此之外还有一定的法律关系和道德关系。经济关系简而言之就是劳动和雇佣关系,法律关系是对经济关系的法律规定,道德关系是在肯定经济和法律关系的前提下,揭示了企业对雇员之间还有相互尊重,信任的关系。依照利益相关者理论企业对雇员的发展和完善应当负有一定的责任。企业对雇员的基本经济责任和法律

[①] 秦守勤:《企业社会责任法律制度研究》,江西人民出版社 2008 年版,第 13 页。

责任是企业必须履行的伦理底线，企业在这方面对雇员的责任有：保证雇员的就业择业权，劳动保持权，休息休假权，安全卫生权，保险福利权和教育培训权。企业如果违背或忽视了员工的正当权利，就会构成企业不道德行为，应当受到法律道德的双重制裁。从伦理底线规定的企业对员工的责任是抽象意义上的责任，企业真正对员工负责任还要靠具体的行动，企业在实践中实施对员工的伦理责任需要做到以下几个方面。

1. 在劳动合同方面

企业应确保与员工之间签订的劳动合同得到合法、合理、有效的全面履行，这是员工权益得到维护的前提。劳动合同的订立和履行，必须在合法、合理的基础上，尊重和保障员工的权利。劳动合同的订立、履行、变更、解除和终止劳动合同，必须符合法律、法规的规定。劳动合同的订立，遵循平等自愿、协商一致、诚实信用的原则，以书面形式订立，以员工容易理解的语言如实告知劳动者工作内容、工作条件、工作地点、职业危害、安全生产状况、劳动报酬、社会保险、福利待遇，以及劳动者希望了解的其他与订立和履行劳动合同直接相关的情况。双方当事人各自留存合同文本，当事人必须履行劳动合同规定的义务。工会应该为员工提供有关签订劳动合同的指导和帮助。

2. 工作环境安全与保障

员工为企业工作是为了获得报酬维持自己的生存和发展。但是，企业不应以为员工提供工作为由而忽视员工的生命和健康。企业公民应当关心每个员工的身体健康和转动安全，保护员工，避免他们在工作中受伤和生病，特别要做好容易伤害人体工种的防护工作。如采矿、深海作业和化工，由于工作本身给员工带来的伤害，企业必须严格、积极履行相关责任。同时企业公民在工作环境的安排上也必须符合健康标准，不得让员工在危险、恶劣、有毒、有害环境下作业。① 员工在企业内部的工作环境好坏，体现了员工的基本权利和人格是否得到充分尊重和保障。用人单位应当依法建立和完善劳动安全卫生、劳动纪律、职工培训、休息、休假以及劳动定额管理等方面的规章制度，并得到有效执行。

3. 保障和保险

按国家相关法律、法规规定按时、足额为全部员工缴纳社会保险，并根据企业具体情况为员工提供补充保险。

4. 休息、休假权利

员工的工作时间以及婚假、产假、带薪休假等权利必须按照国家法律、法规执行，并在劳动合同中加以保障。若出于生产经营需要，在保证员工身心健康的前提下，经过与工会和员工协商同意，并制定详细的实施细则后可以延长工作时间。

5. 职工收入保障

劳动合同中商定的工资、奖金、福利、补贴等薪酬，按合同支付给劳动者。在员工开始工作前为其提供书面的、易于理解的工资待遇信息，并且在每月支付工资时为员工提供书面工资信息。建立员工收入的平等协商机制、员工收入与企业效益同向变化机制和特殊贡献奖励机制。

6. 工会组织

企业应建立健全工会组织，支持员工参加工会，支持工会依法开展各项活动。定期和工会沟通，积极回应工会及其代表所投送的报告、建议及意见书等。工会代表职工依法和企业开展工资协商和集体合同签订。企业侵犯劳动者合法权益的，工会应当依法维护劳动者的合法权益。企业规章制度直接涉及劳动者切身利

---

① 林军、杨齐：《企业公民理论与我国企业管理变革》，甘肃民族出版社 2009 年版，第 74 页。

益的，应当经职工代表大会或全体职工讨论，提出方案和意见，与工会或者职工代表平等协商确定。

7. 倡导民主、尊重人格

企业公民应当为员工提供参与企业管理的渠道，使得员工有机会进行企业自我管理。虽然在企业中员工处于劳动者、接受管理者的地位，但是劳动者一样有参与企业管理的权利。特别是对影响员工利益的企业重大决策、未来发展等重大问题有发表意见和建议的权利。而企业公民应当尊重员工民主管理企业的权利，重视员工的意见和要求，能够调动员工的劳动热情和工作的积极性，有助于工作效率的提高。企业公民应当尊重每一位员工的人格，在与员工交流中应诚实、共享信息、保护员工信息。当与员工产生纠纷时应诚恳协商，不得在性别、年龄、宗教等方面对员工进行歧视，不得损害员工的心理与尊严。[1] 企业应保证员工在工作环境中的人格尊严不被侵犯。在招用、薪酬、培训、晋升、社会保障、解聘或退休等方面，不因为员工的民族、种族、国籍、宗教信仰、残疾、年龄、性别、身体状况等原因而采取歧视性措施。保证男女员工同工同酬和同样的发展机会。不干涉员工在不侵犯企业及其他员工合法权益的合理范围内的风俗习惯和信仰。

8. 妇女、未成年员工保护

未成年员工是指任何年满 16 周岁但未满 18 周岁，受雇于某企业，从事有偿劳动并接受用人单位管理的劳动者。依照国家有关规定招收未成年员工的，在工种、劳动时间、劳动强度和保护措施等方面严格执行国家有关规定，不得安排其从事过重、有毒、有害的劳动或者危险作业。并给予比成年员工更多的关怀。

---

[1] 林军、杨齐：《企业公民理论与我国企业管理变革》，甘肃民族出版社 2009 年版，第 75 页。

不得安排女职工在经期、孕期和哺乳期从事禁忌从事的劳动。女职工在孕期、产期、哺乳期内的，应该执行相关权益保障性规定，并给予更多关怀。

9. 健康的关怀

保证员工对工作中可能影响其身心健康因素的知情权。定期跟踪、发布可能损害员工身心健康的信息，定期对员工身心健康状况进行检查，采取综合手段减少职业病和其他疾病对员工的危害。对于员工的非工作意外情况，企业设立专门的员工救助、支助体系和基金。

10. 文化生活

员工在企业中的文化生活，体现了企业对于员工精神需求的满足和保障，是企业社会责任的重要体现。企业应投入人员和资金，建立健全并发展文化、体育等相关设施，满足员工的基本文化生活需要。有固定的人员和机构负责员工的文化活动，定期组织员工进行旅游、体育比赛及其他文艺活动。充分理解和尊重员工文化背景的差异性、多样性，营造不同文化特性的个人和群体之间的和睦关系，发展既具有民族传统特色又适应时代要求的企业文化。关心员工的工作与生活，倡导工作与生活的平衡，帮助员工更好地处理工作与生活的关系，在努力提升员工工作质量的同时，提升员工的生活质量。

11. 为员工提供平等就业机会促进员工发展

企业公民应当平等对待员工，提供平等的就业、升迁、受教育机会。如在职业选择上要反对各种各样的歧视；在就业政策中要体现男女平等，少数民族地区企业要主动吸收少数民族人员就业；企业要为不同性别、年龄、民族、肤色和信仰的员工提供平等的职业升迁机会，不得人为划定限制；在接受教育方面，企业要为员工创造良好的条件，使员工在为企业工作的同时，有机会提高科学文化水平，使员工的自我发展和完善成为可能；为员工提供合适的工作岗位和相对公平的报酬；重视员工的利益，按时足额支付工资，按当地政府规定为员工缴纳失业、养老和医疗保险，努力改善员工的工作条件和物质待遇。[①] 企业在保障员工基本权益的基础上，还要充分考虑员工发展，提供教育与培训，鼓励员工参与企业决策，使员工不断分享企业发展成果。为员工的职业发展创造必要的条件，并建立系统的培训计划、职业规划。对新员工进行必要的职业培训，确保其拥有必需的信息和技能。对因非员工个人原因而被解聘的员工，应酌情考虑培训其重新就业的基本技能。

12. 决策参与、发展共享、对管理者的激励

企业建立健全相应的员工参与企业决策渠道，定期向员工通报企业的重大经营活动和决策，鼓励员工提出意见和建议。共享企业发展成果。根据企业发展情况，持续增加员工收入和福利，尽量提供稳定而持续的工作岗位，建立长期稳定的雇佣关系。企业管理者作为公司的高层员工，对公司的发展壮大，日常稳健运行都起着十分关键的作用，同时，管理者也是企业的代表，应该率先垂范，遵守职业操守，不断提高个人素质，遵纪守法，遵守社会公德和企业规章制度，作为企业代表承担相应的社会甚至是法律责任，因此企业应为管理者提供加薪、奖金、晋升或股权分享计划等激励手段，鼓励管理者充分发挥其聪明才智，为企业发展增添更多的活力。

总之，企业应构建合理的激励约束机制，保障员工各项权益，促进员工全面发展，为员工创造价值；为员工提供安全、健康的工作环境是企业的首要责任。重视员工的健康和安全，改善人力资源管理；企业要为员工提供平等的就业、升迁、接受教育

---

① 林军、杨齐：《企业公民理论与我国企业管理变革》，甘肃民族出版社2009年版，第74—75页。

机会。在职业选择上要反对各种各样的歧视，在就业政策中要体现男女平等，对少数民族地区企业要主动吸收少数民族人员就业。企业要为不同性别、年龄、民族、肤色和信仰的员工提供平等的职业升迁机会，不得人为划定限制。企业为员工提供民主参与企业管理的渠道，为员工提供自我管理企业的机会。

（二）对消费者的社会责任

企业应重视消费者的权益保障，有效提示风险，恰当披露信息，公平对待消费者；提升专业服务能力，深化服务内容，切实保证消费者得到优质的服务，提供合适的产品给消费者等。企业对消费者的最基本责任——向消费者提供安全可靠的产品。企业对消费者的第二个责任——尊重消费者的知情权和自由选择权，使消费者尽可能多地了解企业的产品，在公平交易的前提下自由地选择产品。企业对消费者的社会责任主要是诚信责任。企业应确保产品安全，真实科学地传递产品和服务信息，充分保障消费者各项消费权利，保障消费安全，自觉接受消费者监督。对于消费者的社会责任，企业应做到如下几个方面：

1. 保证产品质量安全

企业对消费者的最基本责任就是向消费者提供安全可靠的产品和服务。消费者购买企业提供的产品或服务是为了满足自己的物质和精神需求，而如果企业向消费者提供了不合格，甚至有安全隐患的产品和服务，不仅不能满足消费者的需求，而且会对消费者带来人身伤害和财产损失。[①] 确保产品符合相关国家或行业质量及安全标准，积极主动进行产品质量安全知识的宣传，保障产品消费安全。在同行业内，提供比其他企业品质更好、价格合理的产品。确保相关投入，对现有产品进行持续改进和创新。

---

① 林军、杨齐：《企业公民理论与我国企业管理变革》，甘肃民族出版社2009年版，第77页。

2. 消费者权益保障

全面保障消费者的安全权、知情权、选择权、公平交易权、求偿权、结社权、获得知识权、人格尊严受尊重权、监督权等。对因产品质量原因及其他方面的商品缺陷而引起的消费者人身及财产的损害，应积极主动地给予赔偿或其他救助。积极对产品、服务实行追踪，定期发布产品信息、服务质量报告和市场反应报告，及时对产品、服务进行检测，对产品使用状况和服务状况进行信息公布，建立缺陷产品召回及补偿制度。注重营销伦理，产品设计满足消费者的身心健康和社会发展要求，定价公平合理，不胁迫或捆绑销售，不从事违背商业道德的活动。以健康文明方式进行广告及商业宣传，商品信息真实且有科学依据。杜绝有悖社会公德的内容与表现形式，引导积极健康的消费生活文化。

3. 接受消费者监督

企业应自觉接受消费者监督，对消费者的投诉，应有专门部门及时有效地处理，认真听取意见和建议，并建立健全相应的工作规范。无法及时解决的，应主动告知消费者其他解决问题的途径，或及时向有关部门或消费者协会反映。积极主动以各种方式处理消费者意见，并及时给予回应或者改进。

4. 提高售后服务的质量

有专门的售后服务中心承担商品的修理、更换、退货的责任和义务，提供热情周到的服务。建立便利、有效的售后服务渠道，及时准确地向消费者提供产品售后咨询服务。

（三）对环境保护的社会责任

我国《环境保护法》对企业的环境保护责任有明确规定。环境，是指影响人类社会生存和发展的各种天然的和经过人工改造的自然因素总体，包括大气、水、海洋、土地、矿藏、森林、草原、野生动物、自然古迹、人文遗迹、自然保护区、风景名胜区、城市和乡村等。企业作为环境保护的一个重要主体，同时也是环境污染的一个很主要的来源，因此，对环境的保护具有不可推卸的责任。该法规定，一切单位和个人都有保护环境的义务，并有权对污染和破坏环境单位和个人进行检举和控告。对保护和改善环境有显著成绩的单位和个人，由人民政府给予奖励。建设污染环境项目，必须遵守国家有关建设项目环境保护管理的规定。建设项目的环境影响报告书，必须对建设项目产生的污染和对环境的影响作出评价，规定防治措施，经项目主管部门预审并依照规定的程序报环境保护行政主管部门批准。环境影响报告书经批准后，计划部门方可批准建设项目设计书。

开发利用自然资源，必须采取措施保护生态环境。产生环境污染和其他公害的单位，必须把环境保护工作纳入计划，建立环境保护责任制度；采取有效措施，防治在生产建设或者其他活动中产生的废气、废水、废渣、粉尘、恶臭气体、放射性物质以及噪声振动、电磁波辐射等对环境的污染和危害。新建工业企业和现有工业企业的技术改造，应当采用资源利用率高、污染物排放量少的设备和工艺，采用经济合理的废弃物综合利用技术和污染物处理技术。建设项目中防治污染的措施，必须与主体工程同时设计、同时施工、同时投产使用。防治污染的设施必须经原审批环境影响报告书的环境保护行政主管部门验收合格后，该建设项目方可投入生产或者使用。

防治污染的设施不得擅自拆除或者闲置，确有必要拆除或者闲置的，必须征得所在地的环境保护行政主管部门的同意。排放污染物的企业事业单位，必须依照国务院环境保护行政主管部门的规定申报登记。排放污染物超过国家或者地方规定的污染物排放标准的企业事业单位，依照国家规定缴纳超标准排污费，并负责治理。水污染防治法另有规定的，依照水污染防治法的规定执行。对造成环境严重污染的企业事业单位，限期治理。被限期治理的企业事业单位必须如期完成治理任务。禁止引进不符合我国环境保护规定要求的技术和设备。因发生事故或者其他突然性事件，造成或者可能造成污染事故的单位，必须立即采取措施处理，及时通报可能受到污染危害的单位和居民，并向当地环境保护行政主管部门和有关部门报告，接受调查处理。可能发生重大污染事故的企业事业单位，应当采取措施，加强防范。生产、储存、运输、销售、使用有毒化学物品和含有放射性物质的物品，必须遵守国家有关规定，防止污染环境。任何单位不得将产生严重污染的生产设备转移给没有污染防治能力的单位使用。

具体说来，企业环境保护的社会责任主要表现在以下方面：

1. 环境保护的管理体系

构造环境导向企业管理体系要在政府规制、相关法律、绿色标准以及环境伦理道德等外部环境的压力下以及利益相关方要求、环境价值和绿色竞争力的吸引和环境责任等内部因素驱动下形成。其关键是多维的企业目标，特别是考虑了环境利益的绿色利润目标设定。其运行的核心是在环境导向企业战略引导下，从经济维度、环境维度、社会维度等多维度的绩效评估以及由此形成的 ISO14000 环境管理制度和生态化组织平台包括了清洁生产、绿色营销、供应链绿化、环境管理、环境审计、环境会计、循环管理等企业运行体系。[①]

2. 环境影响评价

对环境影响做出评价和报告，描述企业生产经营对环境造成的重大影响和隐患，根据评价对生产经营进行调整，必要时停止相关生产活动。评价应向监管机构和相关方通报，可能情况下应提供给利益相关方查阅。

3. 清洁生产、生态保护

----

① 马洁：《构建环境导向企业管理体系研究》，新疆人民出版社 2007 年版，第 95 页。

不断采取改进设计、使用清洁的能源和原料、采用先进的工艺技术与设备、改善管理、综合利用等措施，从源头削减污染，提高资源利用效率，减少或者避免生产、服务和产品使用过程中污染物的产生和排放，以减轻或者消除对人类健康和环境的危害。对产品和服务的设计、制造、运输、使用、回收等提出符合清洁生产的标准要求，将环境保护的管理措施贯穿于生产过程和产品的整个生命周期中。积极参与区域性和全球性的生态保护计划，例如参与二氧化碳减排等国际公约的活动。谨慎考虑经营活动及产品可能存在的对生物多样性及生态系统的影响，采取有效措施预防和减少不利影响，对造成破坏的应予以恢复和补偿。经营活动涉及欠发达地区的居民和生态时，应考虑具有保护生态和缓解贫困导向的综合商业模式。[1]

4. 污染物排放

企业生产经营需要耗费大量物资和能源，产生的废水、废气、废料极易污染环境。为此企业有责任在项目筹划和决策时，同步考虑防污治污问题，避免先污染后治理。确保"三废"排放达到国家规定标准，做好"三废"处理工作，将污染降到最低限度，同时积极运用生态环保技术，开发绿色产品。[2]满足污染物达标排放、总量控制要求，逐渐降低污染物排放总量，为社区居民提供良好的环境。

5. 资源节约、废物利用

合理利用资源是社会可持续发展的重要条件，节约资源已经成为全社会的共识。通过建立有效的约束和激励机制，积极参与

---

[1] 林军、杨齐：《企业公民理论与我国企业管理变革》，甘肃民族出版社2009年版，第73页。

[2] 林军、杨齐：《企业公民理论与我国企业管理变革》，甘肃民族出版社2009年版，第72页。

创建节约型社会的各项活动，建设节约型企业。在经营活动中减少不可再生资源的消耗，提高其利用率，积极开发和使用替代资源。确定关键指标来监测、控制和降低单位产值的资源消耗及水耗、能耗，将节能、节水和资源综合利用纳入对经营活动的考核范围。重视废物回收、利用及再生利用，将循环经济的理念贯穿企业发展过程中。

6. 节能办公、绩效管理

企业根据实际情况，对员工进行节能办公意识教育和培训，并建立和实施规范、有效的节能办公管理体系。针对重要的环境参数，建立相应的管理、评价系统，并将评价结果与各利益相关方进行沟通。对环境参数进行持续改进，以获得良好的环境绩效。

7. 绿色统计、监测和预防

对生产活动及有关环境事项进行确认、计量、评价，并对结果进行报告，针对企业对环境资源的消耗，计算应承担的环境资源维护及补偿责任。建立和维护可靠的程序，以识别、监测和评估潜在的环境事故或紧急情况，采取措施预防和减少可能伴随的环境影响及污染事故的发生，针对各种环境污染事故制订并演练应急预案。

8. 环境管理创新、环境贡献

积极借鉴和移植先进企业的环境管理创新成果，培养员工的环境意识，建立创新激励机制，促进环境技术及管理创新。主动承担环境建设和修复补偿，主动承担环境公益事业和宣传教育，主动捐赠环保基金、赞助环保等社会公益事业。

企业的环境保护责任就是要优化资源配置，支持社会、经济和环境的可持续发展；尽量采用资源利用率高、污染物排放量少的设备和工艺，应用经济合理的废弃物综合利用技术和污染物处理技术等，树立人与自然和谐的价值观，努力做到尊重自然、爱护自然、合理地利用自然资源。以绿色价格观为指导,强化绿色角色意识,实施绿色管理,积极倡导绿色生产和绿色消费。严格自律按照绿色审计的要求,把绿色审计作为企业管理的一部分,进行严格的企业自我管理。

因此,企业加强环境保护、消除对环境不利影响,促进人与自然和谐,绿色生产,绿色审计等,是企业履行社会责任的重要组成部分,它体现了环境正义和责任公平的原则。企业应当自觉遵守国家及地方有关环境保护的法律、法规、标准和政策,致力于建设环境友好型和资源节约型社会。企业要致力于保护和改善环境,防治污染和其他公害,保障人体健康,促进社会可持续发展。

(四) 对社区与公益的社会责任

企业应支持社区经济发展,为社区提供服务便利,积极参与社区建设等公益活动,努力为社区建设贡献力量;企业要与所生存的社会环境相融合,为社会事业作贡献,是企业对政府责任的又一表现。努力提高社区居民的生活质量,争取赢得社会的广泛支持和认同。安排相应的人力和财务,支持社区发展。积极参与社区活动,支持社区教育。鼓励员工成为志愿者,并为志愿者活动提供支持。积极参与慈善等社会公益事业,不以捐赠和慈善为名从事营利性活动,积极吸纳残障等特殊人群,妥善为其安排适当的工作岗位,加强残障职工的教育培养和技能培训,按时缴交残疾人就业金,为残障职工提供人性化的劳动条件和劳动保护。积极关心和帮助其他社会弱势群体的生存和发展。积极投身社会公益活动,努力构建社会和谐,促进社会进步等。

三、民族自治地方的企业社会责任

企业是社会的产物,作为一个社会"人",企业占有社会上大部分的资源,相应地,也必须承担相应的社会责任。从对企业社会责任的发展历程与内涵分析中可以看出,目前的企业社会责任的关注范围主要限于劳工权益保护、环境保护、企业文化、消费者权益保护等一些方面,从企业到社会甚至联合国都对该问题给予了极大的关注,已成为可持续发展的一个重要内容。民族地区的企业也不例外,但有其特殊性,首先,民族地区企业营业不可能脱离所在社区的自然或人文环境而独立进行,必须关注有关环境条件对自身营业的利弊,并扬长避短。其次,民族地区企业与其所在社区之间的关系应是良好的互动关系,不可能人为斩断与其所在社区的联系,需要积极参与到社区诸如道路、水利、交通等基础设施以及绿地规划、社区教育、社区医疗、社区救助等公益事项中去,回馈社区,求得所在社区公众的接纳及认可,听取建议,接受监督,在平衡自己与所在社区居民利益的基础上经营自身的事业。

民族自治地方由于地理位置、政策法规、经济发展水平和人文环境等因素的特殊性,民族地区企业在承担社会责任方面必然有其特殊性。将企业社会责任的最新理论成果引入民族自治地方企业履行社会责任进程,在民族区域自治的制度背景下去考虑民族地区企业社会责任现状,寻求民族自治地方政府、企业和各民族公众关系的良性互动,为推动各民族共同繁荣提供现实科学依据具有很强的理论价值和现实意义。以企业为主的法人在民族法实施方面的责任主要包括如下几个方面:

(一) 尊重少数民族风俗习惯

1. 尊重少数民族风俗习惯的具体内容

"每一个民族,无论大小,都有它自己的、只属于它而为其他民族所没有的本质上的特点、特殊性"。[①] 民族风俗习惯是各个

---

① 斯大林:《马克思主义和民族殖民地问题》,人民出版社1961年版,第328页。

民族在长期的历史发展过程中形成的生活方式,具体表现在饮食、服饰、居住、婚庆、节日、禁忌、礼仪等许多方面。民族风俗习惯与每个民族的心理、文化、思想感情有着密切联系,具有敏感性的特点,一个民族往往会把其他民族对待本民族风俗习惯的态度看做对待自己民族的态度。他们很自然地认为:对本民族风俗习惯的尊重,就是对本民族的尊重;对本民族风俗习惯的轻视,就是对自己民族的轻视。因此,任何不尊重少数民族的风俗习惯的言行,都容易刺伤民族感情不利于民族团结。① 对民族地区的企业来说也是如此,如果不尊重少数民族的风俗习惯,不仅仅是伤害民族感情,对企业的健康发展也会产生消极的影响。《消费者权益保护法》第 14 条规定,消费者在购买、使用商品和接受服务时,享有其人格尊严、民族风俗习惯得到尊重的权利。

　　随着经济的发展和改革开放的不断深入,各民族地区的少数民族人口不断地向广大城镇地区的企业输入,使企业不得不将尊重各少数民族的风俗习惯纳入自身的发展规划,同时也是对党和国家尊重少数民族风俗习惯,民族平等法律政策的回应。许多地区都相应出台了关于尊重少数民族风俗习惯暂行规定,比如沈阳市尊重少数民族风俗习惯暂行规定中就有企业单位对于少数民族风俗习惯予以尊重的专门规定。第 3 条规定,各级行政机关保障少数民族公民有保持或者改革自己风俗习惯的自由。任何单位和个人都应尊重少数民族的风俗习惯。第 6 条规定,对少数民族生产、生活所特需的商品,有关部门要指定专厂(车间)、专店(专柜),积极安排生产或组织货源,以保证供给。对指定生产、经营少数民族特需商品微利、亏损的企业,有关部门应根据国家有关规定,酌情给予适当照顾或低息贷款。第 7 条规定,单位和

---

　　① 《中州统战》政研室:《什么是民族风俗习惯?党对民族风俗习惯的政策是什么?》,载《中州统战》1997 年第 3 期。

个人从事清真食品生产、经营的，须经民族工作部门同意后，到工商行政管理部门办理《营业执照》。从事生产、经营清真食品的单位和个人，必须严格遵守《辽宁省清真食品生产经营管理规定》。第8条规定，凡有相当数量回族等（含维吾尔、哈萨克、东乡、柯尔克孜、撒拉、塔吉克、乌孜别克、保安、塔塔尔，下同）少数民族职工的单位，应积极创造条件设立清真专灶、食堂；人数较少的，应备专门灶具，以解决他们的膳食；对不能设清真专灶或另备灶具的单位，应按有关规定，发给回族等少数民族职工伙食补助费。第16条规定，宾馆、旅店、招待所及其他公共场所，不得因其是少数民族或生活习惯不同，拒绝接待。第17条规定，禁止使用对少数民族带有歧视和侮辱性质的称谓、地名、碑碣、匾联等。禁止在新闻、出版、影视、音像、广播、广告、演出以及其他活动中带有歧视和侮辱少数民族的内容。①

违反规定的根据具体情况处以教育或罚款，责成检查，停业整顿或吊销营业执照，向受害人赔礼道歉并限期纠正。从上面的规定中可以大概总结出对少数民族风俗习惯的尊重主要表现在：

（1）保持或改革自由。企业应尊重少数民族的特殊的风俗习惯，并同时尊重其有保持或改革其风俗习惯的自由。我国宪法规定，各民族"都有保持或者改革自己的风俗习惯的自由"。民族的风俗习惯对于民族的发展和进步有着重要的影响。进步的、健康的风俗习惯，可以发扬民族的优良文化传统，提高民族的自尊心和自信心，促进民族文化的繁荣发展。落后的陈规陋习，是不利于民族的繁荣发展，甚至阻碍社会进步的。因此，必须具体分析，区别对待。中共中央统战部在1958年12月给中共中央一份

---

① 沈阳市人民政府：《沈阳市尊重少数民族风俗习惯暂行规定》，http://www.people.com.cn/item/flfgk/dffg/1995/B142004199501.html，2011年11月30日最后访问。

请示报告中提出:"对于少数民族的风俗习惯,应当作具体的分析,按照不同的情况区别对待。凡是有利于社会主义生产建设、有利于民族发展的风俗习惯,应当继续保持,并进一步发展,使它更有利于生产力的发展;凡是不利于社会主义建设、不利于民族发展的风俗习惯,在群众要求改革时应当加以支持。至于那些对社会主义建设、对民族发展影响不大的风俗习惯,可以不加过问。有些风俗习惯,有坏的一面也有好的一面,对于这一类风俗习惯,好的一面要加以发展,坏的一面要逐步地适当地加以改革。"这个意见,今天仍然具有指导作用。

对于民族风俗习惯的改革问题,党和政府一贯坚持由少数民族群众自己改革,防止包办代替和强迫命令的做法,而且通过法律规定保障改革的自由。对此,各族人民非常欢迎和拥护。早在1950年,毛泽东同志在《不要四面出击》一文中说:"少数民族地区的风俗习惯是可以改革的,但是这种改革必须由少数民族自己来解决。"1951年9月,毛泽东同志又说:"如果不是出于各族人民以及和人民有联系的领袖们自觉进行,而是由中央人民政府下命令强迫地去进行,而由汉族或者其他民族中出身的工作人员生硬地强制地去进行,那就只会引起民族反感,达不到改革的目的"。1957年8月,周恩来同志指出:"对于反映在文化方面的风俗习惯,不要随便加以修改。""风俗习惯的改革,要依靠民族经济基础本身的发展,不要乱改。"在尊重少数民族风俗习惯的同时,也要防止有些人借尊重风俗习惯之名搞封建迷信活动,防止有些人利用落后的、不健康的甚至有害的风俗习惯,破坏国家的法律和政策,危害人民的生命和财产。

(2)在儿童教育方面。在有条件的企业,应专门为其设立有民族特点的教育机构,如幼儿园里的教职工也应配备相应的少数民族成员。没有条件的单位也可以联合兴办幼儿教育机构。

(3)对特殊饮食习惯的尊重。在少数民族职工较多的单位,应当设立专门的灶社,主要是供应清真食品,杜绝社会上出现的清真不清或清真不真的情况发生。组织相关清真专门食品生产部门为少数民族职工提供专门的特需食品。对少数民族职工还应当发给相应饮食补助津贴。

2. 企业尊重少数民族风俗习惯的意义

第一,有利于民族平等,实现企业内部的民主化管理。我国各民族的风俗习惯源远流长,体现着各民族独有的民族特点和民族形式,往往是一个民族区别于其他民族的标志。尊重各民族的风俗习惯实质上是坚持各民族平等原则的具体体现,对民族风俗习惯的侵犯,也就意味着对民族平等权利、民主权利的践踏。我国《宪法》规定:"中华人民共和国各民族一律平等",各民族"都有保持或者改革自己的风俗习惯的自由"。《刑法》把"侵犯少数民族风俗习惯罪"归入"侵犯公民人身权利、民主权利罪",旨在维护民族平等,保护少数民族公民的民主权利。因此,无论从政策还是法律上讲,国家都保障少数民族有保持或改革自己的风俗习惯的自由,保护了少数民族的平等和民主权利。

第二,有利于增强企业内部的凝聚力。民族地区的企业必然有很多员工来自各少数民族,各民族对本民族的风俗习惯有着特殊的感情,周恩来同志曾指出:对民族风俗习惯"如不尊重就很容易刺激感情"。一个民族往往把自己的风俗习惯被理解、尊重看成是对自己整个民族的理解和尊重,从而表现出愉悦、友好;如果受到嘲弄、侵犯,就会看做被轻视和侮辱,从而表现出不快、愤怒乃至仇恨,由此可能造成民族间的隔阂、不和,有的甚至酿成不幸的冲突。因此,尊重各民族的风俗习惯才会有利于维护和加强民族团结,对于企业内部的凝聚力起到关键的作用,一个企业如同一个国家,稳定才是发展的前提,而凝聚力的增强,又给企业带来源源不断的发展动力。

第三,有利于塑造特有企业文化。企业文化是现代企业不可或缺的企业元素之一,是一个企业永葆生机活力,持续健康发展的内在动力,缺少企业文化的企业必定不是长久的企业,因此,民族地区的企业,用发展的眼光来看待各民族的风俗习惯并应尊重各民族的风俗习惯的多样性,许多风俗习惯是民族文化的重要组成部分。各民族风俗习惯反映了各民族独特的生活方式及在此基础上形成的道德风习,使企业文化在内容和形式具有鲜明的民族特色,不同的民族风俗习惯为企业文化的发展增添活力。

(二) 尊重少数民族语言文字权利

《中华人民共和国宪法》和《中华人民共和国国家通用语言文字法》都规定"各民族都有使用和发展自己的语言文字的自由",还规定"少数民族语言文字的使用依据宪法、民族区域自治法及其他法律的有关规定"。《中华人民共和国民族区域自治法》第10条规定,"民族自治地方的自治机关保障本地方各民族都有使用和发展自己的语言文字的自由,都有保持或改革自己的风俗习惯的自由。"第21条规定,"民族自治地方的自治机关在执行职务的时候,依照本民族自治地方自治条例的规定,使用当地通用的一种或者几种语言文字;同时使用几种通用的语言文字执行职务的,可以以实行区域自治的民族的语言文字为主。"[1]

企业尊重少数民族的语言文字权利首先体现在企业名称的使用应遵守民族自治地方的相关规定。例如《巴音郭楞蒙古自治州语言文字管理条例》第4条规定,自治州内通用蒙古、维吾尔、汉三种语言文字。第12条规定,库尔勒城市公共场所、公用设施的名称和铁路、公路、民航的站名,应当使用蒙古、维吾尔、汉三种文字。根据该规定,在巴音郭楞蒙古自治州的所有企业牌匾应同时使用该三种文字来制作,如果某个企业没有这样做,那

---

[1] 李锦芳:《中国少数民族有使用和发展自己语言文字的权利》,载《人权》2005年第5期。

么它违反了《巴音郭楞蒙古自治州语言文字管理条例》的原则精神和具体规定,也就违反了企业的社会责任,该企业没有自觉地实施民族法,应当承担相应的法律后果。

此外,民族地区的企业或者产品销往民族地区的企业的产品标识标注除按照国家的相关规定使用规范中文、汉语拼音、外文之外,还要注意少数民族文字的使用,即尽可能地在企业的外包装上使用少数民族文字,这既是对少数民族语言文字权利的尊重,也会使该产品在民族地区消费者中产生良好的社会影响,促进产品的销售,相应增加企业的利润。

还需要强调的是企业的工作语言方面,如果某企业中的少数民族员工达到一定的数量,那么该企业的工作语言中可以考虑增加使用少数民族语言。

(三)尊重少数民族文化

充分尊重各民族特色及文化,尊重各种文化存在、传承和发展的平等权利。在产品和服务的设计、生产和销售过程中,尊重不同民族的文化传统。积极与政府、民间组织或个人合作,保护文化遗产。通过企业的影响力,积极倡导健康的社会文化风尚和社会价值取向。

《公司法》第5条规定,公司从事经营活动,必须遵守法律、行政法规,遵守社会公德、商业道德,诚实守信,接受政府和社会公众的监督,承担社会责任。事实上,对少数民族权利侵犯的最大可能来自于企业,如果企业在经营过程中加强对少数民族权利的保障,有利于企业维持良好的公众形象并获得长期利润。承担社会责任,符合公众对企业的期望,有利于建立良好的公众形象,赢得社会广大消费者和投资者的认同,并最终给企业带来长期的、潜在的利益。尊重少数民族的文化尊严、文化产权、生活方式等传统文化因素,必将会使企业树立良好的社会形象,对企业凝聚力的增强与企业远期竞争力的提升具有不可忽视的作用

（四）少数民族特需用品供应

1. 少数民族特需用品

新中国成立以来，我国政府在对少数民族群众生产、生活的特殊需要给予照顾的同时，在民族用品生产上根据不同时期的特点，以省、区、市为单位，多次制定过民族用品产品目录，在《少数民族特需用品目录》规定的范围内，给以不同的照顾。随着时代的进步、市场的扩大和人民群众生活水平的提高，少数民族生产、生活概念的内涵和外延均发生了一些变化，简单地用民族用品的概念，只能运用在一般意义上的产品，如进而以此为依据享受国家给予的优惠政策，既不符合市场经济条件下的公平竞争原则，也不利于鼓励真正的特需用品生产企业。因而，国家民委与有关部委共同就少数民族特需用品的概念进行了初步认定。确定为：少数民族特需用品是指反映目前少数民族群众生产、生活特殊需要的、具有一定历史文化传统特色的用品。"目前"是指当前正在使用的。已被历史淘汰的不予考虑，但含某些体现社会进步的特需用品的替代品。"少数民族"是指我国除汉族外的55个民族。"特殊需要"是专指少数民族特殊生产、生活需要。"特色"是指具有鲜明的少数民族历史文化传统风格的、必须适合少数民族生产、生活特殊风俗习惯。使用"用品"一词，是为了与一般商品相区别，不含奢侈品。侧重少数民族特殊生产、生活所用。①

关于少数民族特需用品的内容，主要是规定在《少数民族特需用品目录》里，主要包括11类。即（1）针纺织类；（2）服装类；（3）鞋帽类；（4）日用杂品类；（5）家具类；（6）文体用品类；（7）工艺美术品类；（8）药类；（9）生产工具类；（10）

---

① 《少数民族特需用品目录》，http://zhidao.baidu.com/question/45886336.html?an=0&si=，最后访问时间2011年12月1日。

清真食品类；(11) 边茶（紧压茶、砖茶）类。对具有清真饮食习惯的民族给予充分的尊重，还从政策上扶助清真食品业的发展；对少数民族传统节日给予相应的假期；对少数民族丧葬习俗给予尊重并提供必要的帮助；刑法规定，国家工作人员侵犯少数民族风俗习惯，情节严重的，处两年以下有期徒刑。

对少数民族特需用品定点生产企业的相关要求在《关于确定"十五"期间第一批全国少数民族特需用品定点生产企业的通知》里有明确规定：

一、此次确定的民族特需用品定点生产企业，是以《少数民族特需用品目录（2001年修订）》为依据，在对各地上报的企业进行严格审查和反复协商后确定的。请各地各有关部门密切配合，认真落实好国家对民族特需用品定点生产企业的优惠政策。二、各民族特需用品定点生产企业要认真执行党和国家的民族政策，切实做好民族特需用品的生产供应工作。国家民委每年将会同有关部门对民族用品定点企业进行检查、复核，对不再生产民族特需用品的企业，取消其民族特需用品定点生产企业资格；对于今后有生产民族特需用品的企业，可在不超过"九五"时期民族用品定点生产企业数量的前提下酌情增补。三、本通知自下发之日起执行。

"九五"期间所确定的民族特需用品定点生产企业，凡未能列入本通知的，自即日起停止享受有关民族特需用品生产优惠政策。①

2. 优惠政策

对从事少数民族特需用品生产的企业，给予政策上的优惠。

---

① http://www.chinaacc.com/new/63/67/158/2006/2/wm15057046112260021813-0.htm，最后访问时间2011年12月1日。

经国务院批准，我国在"十五"期间对民族贸易网点和民族用品生产企业继续实行流动资金贷款优惠利率、技改贷款贴息和税收优惠三项政策。具体地讲，这三项优惠政策贯穿于流通和生产两大领域。流通领域泛指由国家确定的民族贸易旗（县）内的商业、供销、医药、新华书店等经营性企业，我们习惯称为民贸企业。

具体优惠政策为：（1）中国工商银行、中国农业银行、中国建设银行、中国银行对民贸企业贷款利率比正常的一年期流动资金贷款利率低2.88个百分点的优惠利率政策。优惠利率的范围限于民族贸易旗（县）内商业企业、供销社、医药公司和新华书店经销少数民族特需用品、生产、生活必需品、药品、书籍及收购少数民族农牧副产品所需要的流动资金贷款；民族贸易旗（县）乡镇以下的基层民族贸易网点、医药公司、新华书店所需要的流动资金贷款；经审查批准的担负民族贸易旗（县）供应任务，并列入国家民委指定的送工业品下乡的省、地级民族贸易公司所需要的流动资金贷款。（2）对民族贸易旗（县）内商业企业、供销社、医药公司、新华书店等民贸企业进行民贸网点建设所取得的固定资产贷款给予贴息，贷款由中国工商银行、中国农业银行根据贷款条件自主审批发放，利息补贴由中央财政和省级财政各承担50%。（3）对民族贸易旗（县）的民族贸易企业和供销社企业销售货物，按实际缴纳增值税税额先征后返50%，对旗县以下（不含旗县）的民族贸易企业和基层供销社销售货物免征增值税。生产领域泛指由国家确定的少数民族特需用品定点生产企业，我们习惯称为定点企业。具体优惠政策为：（1）对少数民族特需用品定点生产企业生产贷款利率比正常的一年期流动资金贷款利率低2.88个百分点的优惠利率政策，范围限于按《少数民族特需用品目录》进行生产的民族用品定点生产企业所需要的流动资金贷款。（2）对少数民族用品定点生产企业进行民族用品生产技术改造所取得的固定资产投资贷款给予贴息，贷款由中国工商银行、中国农业银行根据贷款条件自主审批发放，利息补贴由中央财政和省级财政各承担50%。[1]

民族贸易和民族特需商品生产供应工作，是党的民族政策的重要内容，是民族工作的重要组成部分，对满足少数民族群众生产、生活的特殊需要、加强民族团结、维护社会稳定、促进民族地区经济社会发展具有重要的政治和经济意义。《中华人民共和国民族区域自治法》第60条和第63条分别规定："上级国家机关根据国家的民族贸易政策和民族自治地方的需要，对民族自治地方的商业、供销和医药企业，从投资、金融、税收等方面给予扶持"，"上级国家机关……扶持民族自治地方合理利用本地资源发展地方工业、乡镇企业、中小企业以及少数民族特需商品和传统手工业品的生产"。《国务院实施〈中华人民共和国民族区域自治法〉若干规定》第12条规定"国家完善扶持民族贸易、少数民族特需商品和传统手工业品生产发展的优惠政策，在税收、金融和财政政策上，对民族贸易、少数民族特需商品和传统手工业品生产予以照顾，对少数民族特需商品实行定点生产并建立必要的国家储备制度"。在党中央、国务院的关心和支持下，"十一五"期间扶持民族贸易和民族特需商品生产政策（以下简称优惠政策）落实情况总体良好，得到了民族地区、少数民族群众的广泛拥护。[2]

3. 完善民族贸易和民族特需用品生产优惠政策

发展民族贸易和民族特需用品生产，既是我国经济工作的重

---

[1] http://wenwen.soso.com/z/q168936446.htm? pid = ask.box, 2011年12月1日最后访问。

[2] 张庆安：《给力民族企业发展服务少数民族民生——"十一五"期间全国扶持民族贸易和民族特需商品生产优惠政策落实情况》，载《时事观察》2011年第6期。

要内容,也是民族工作的重要任务,是党的民族政策的具体体现。中央民族工作会议强调,要完善民族贸易和民族特需用品生产优惠政策,扶持民族医药和清真食品产业化发展。这对于满足少数民族群众生产、生活特殊需要,促进民族团结和社会稳定,具有重要的政治和经济意义。

党中央、国务院高度重视民族贸易和民族用品生产。新中国成立后,国家对少数民族居住的边远山区、边远牧区县(旗)的商业企业(包括商业、供销、医药企业),在自有资金、利润留成、价格补贴三个方面给予比一般地区更优惠的照顾政策。1952年首先对民族贸易企业的自有资金给予照顾,并把利润全部留给企业。从1963年起,国家对这些民族贸易政策进行了调整,一是规定对民族贸易零售企业的自有资金定为占流动资金的80%(一般为60%),批发企业的自有资金定为占流动资金的50%(一般为7%);二是将民族贸易企业的利润留成比例定为20%(一般为3%);三是对边远山区和牧区的部分主要农牧土特产实行最低保护价,对销往这些地区的主要工业品实行最高限价,国家给予补贴。这些优惠政策一般被称为民族贸易"三项照顾"政策,对促进民族贸易发展、满足少数民族群众生产、生活的特殊需要发挥了十分重要的作用。

随着我国经济体制改革的深入进行,国家对民族贸易"三项照顾"政策进行相应的调整,扶持方式有所改变,扶持力度有所加大,目前已逐步形成了一整套特殊优惠政策。主要有:一是设立民族贸易贴息贷款。1991年为4000万元,1997年以后增加到1亿元,主要用于民族贸易网点建设和民族用品定点生产企业的技术改造,利息补贴由中央财政和地方财政各承担一半。二是实行贷款利率优惠。从"八五"计划开始,对民族贸易县和民族用品生产企业的贷款实行比正常的一年期流动资金贷款利率低2.88个百分点的优惠政策,利差由中国人民银行补贴。三是实行税收优惠。在 2005 年底以前，继续实行原有税收优惠政策，即对民族贸易县县级国有民贸企业和供销社企业销售货物，按实际交纳增值税先征后返 50%。对县以下（不含县）国有民族贸易企业和基层供销社销售货物免征增值税。四是对边销茶实行优惠政策。在 2005 年底以前，对国家定点企业生产和经销单位经销的边销茶免征增值税。同时，还建立边销茶国家储备制度。

要进一步完善民族贸易和民族特需用品生产优惠政策，加大扶持力度。抓住当前有利时机，继续调整、完善政策措施，在税收、金融和财政政策上，对民族贸易、民族特需用品和传统手工业品生产予以照顾，特别要对民族医药和清真食品产业化发展加大扶持力度。对少数民族特需用品继续实行定点生产并建立必要的国家储备制度。我国是一个多民族的国家，将长期处于社会主义初级阶段，各民族之间经济社会发展水平和生产、生活方式的差异也必将长期存在。只要民族差异存在，党和国家对民族贸易和民族特需用品生产的特殊扶持政策就会存在。要在深入调查研究的基础上，继续制定实施适应时代发展要求、更具可操作性的优惠政策，促进民族贸易和民族特需用品生产健康稳定发展，更好地满足各族群众生产、生活需要。①

国家对民族用品生产优惠政策，支持民品企业扩大再生产，其目的就是促进少数民族特需用品的生产和供应，使民品定点生产企业能够更好地为少数民族和民族地区服务。少数民族特需用品生产批量小、品种繁杂，利润低，且缺乏市场竞争力，为使定点企业用好、用足政策，更好地服务于少数民族的生产、生活需要，各地区民委与相关部门和单位应加强密切联系和沟通，加大民族用品定点企业的服务力度。切实抓好优惠利率政策的宣传工

---

① http://www.gog.com.cn/hezpd/system/2006/05/08/000970457.shtm，2011 年 12 月 1 日最后访问。

作,使定点企业充分了解国家的相关政策,不仅增进了民族团结,而且对于促进优惠政策落实起到了至关重要作用。贯彻落实好国家有关民族用品优惠政策,既为生产企业提供了强有力的发展后劲,又有效地解决了企业发展中资金不足的问题。[1]

四、企业社会责任的实现方式

(一)实业界自律

自 20 世纪 70 年代以来,许多跨国公司开始在公司规划中自觉加入"公司社会责任"的内容。具有代表性的跨国公司社会责任方案有:履带拖拉机公司 1974 年推出的"世界商务行为守则和经营准则",强调为谋求长期利益,公司以对社会负责任的方式处理经济事务;汽巴—盖奇化学公司提出公司的经营除以经济为标准外,还要考虑对东道国发展的影响。在我国民族企业界,也普遍认识到公司承担社会责任的必要性。中央电视台与普华永道的联合调查中,对于民族企业承担社会责任和义务的重要性这一问题,有 43% 的上市公司回答"非常重要",34% 回答"重要",23% 的回答是"一般";在所有被访者中,没有领导人说"不重要"。但同时许多企业家都指出以下几点:上市民族企业最重要的社会责任不是支持福利及公益性的社会活动,而是把民族企业搞好,向政府纳税;另外上市民族企业没有权力在未经企业股民同意的情况下将资金用于社会福利或公益事业。[2]

在我国市场经济体制逐渐趋于完善的过程中,行业协会凸显其特有的自律功能。行业自律作为行业协会的首要功能,主要表

---

[1] 《天津市落实国家对少数民族特需用品定点生产企业优惠政策工作情况的汇报》,http://www.seac.gov.cn/gjmw/zt/2006 - 09 - 15/1165557026117377.htm,2011年12月1日最后访问。

[2] 樊鸿雁:《民族企业的社会责任》,载《时事观察》2008 年第 4 期。

现为通过行业自律规章对协会成员进行约束。行业协会自律的形式包括章程、行业道德规范、行业自律公约等。民族企业作为我国市场经济体制下的一类特殊重要的经济实体,其社会责任的履行关系到民族地区经济民生的发展,对社会主义现代化建设的顺利进行也有不可忽视的作用。

1. 定义及条件

这里的实业界的自律主要是针对民族地区企业的社会责任而言的,是行业自律的细化及具体表现。即在企业内部,以及企业之间的自律,它主要是通过企业内部的自我约束和企业之间联合组成的行业协会在协会成员体系里进行相互监管的行为。它是政府监管的重要补充。

从企业层面来说,企业要参与到行业协会中来,是有一定条件的,行业协会成员共同的利益是企业实行自律的基础,自律收益又是行业协会发展的内在动力。但同时,行业成员共同的利益又可能构成企业集体不自律的诱因。企业存在的目的是追求利益的最大化,企业参与行业协会进行的自律行为也是带有利益动机的,企业自律收益主要分为排他的自律收益和非排他的自律收益,排他的自律收益是参与到行业协会的成员就有的利益,非排他的自律收益是参与自律体系就会获得的收益,排他的自律收益是参与自律体系并遵守自律规章,自觉自律的那部分会员企业专门享有的收益。这些自律收益主要包括绩效收益、声誉收益、身份收益以及政策收益四类。

行业协会参与自律的条件包括内部条件和外部条件,内部条件主要是从企业层面到协会层面的自律。行业自律是行业内各企业的集体自律,而各企业能够进行集体自律的基础是各行业成员存在共同利益。自律收益构成了行业自律有效发挥作用的内在动机。行业成员的自律收益可以被分为排他的自律收益和非排他的自律收益两类。这里的排他和非排他都是针对行业协会内部而言的，并非指对行业协会之外的其他行业成员的排他或非排他。非排他的自律收益是参与自律体系就会获得的收益，排他的自律收益是参与自律体系并遵守自律规章，自觉自律的那部分会员企业专门享有的收益。这些自律收益主要包括绩效收益、声誉收益、身份收益以及政策收益四类。绩效收益是指企业参与行业协会之后由于成员集体行动服务于自身运营，降低了交易成本，以及通过利用自律体系获得的潜在交易机会，通过自律平台推广自己的技术产品所获得的收益。声誉收益是指企业加入行业协会后通过行业协会平台而博得政府、消费者等在诚信、质量等方面的认可，最终实现在市场上的良好声誉，以达到企业获利的目的。身份收益是由于企业加入行业协会所具有的成员资格而获得的合法利益。政策收益是企业加入协会而附加的各种政策优惠所带来的利益。行业协会的合法性基础是实现企业自律的基本前提。外部条件主要是从国家层面到社会公众。政府监管和制裁的威胁是行业自律得以建立的外部前提，来自社会的压力是促进行业自律有效发挥作用的催化剂。

2. 企业自律的形式及作用

企业对自身所应承担的社会责任的内容即是企业自律的内容，主要是对职工的社会责任、对股东的社会责任、对消费者的社会责任、对政府的社会责任、对社区公益的社会责任、对环境的社会责任等，而民族地区企业除此之外还要尊重少数民族文化、语言传统风俗习惯等特殊的社会责任。详情上文已有介绍，此处不再赘述。行业协会从其产生之日起，就具有强大的"立法"功能。[1] 正所谓"无规矩不成方圆"，任何一个行业从其成立之日起，都会制定一系列的规章制度以保证行业及行业内成员

---

[1] 余晖：《WTO体制下行业协会的应对策略——以反倾销为例》，载《中国工业经济》2002年第3期。

的健康运行和发展,企业也不例外,也制定有其企业章程以指导其日常生产经营活动。作为民族地区的企业同时还要在章程里根据地区实际情况制定特殊的章程内容。总的来说,企业自律的形式主要表现为以下几个方面:

(1) 章程。章程是一个行业协会的基本规范,我国的行业协会都有通过会员大会或者会员代表大会制定的行业协会章程的权力。章程一般规定了行业协会的名称、性质、宗旨、业务指导和监管部门、办公地点;行业协会的职责范围、会员的入会程序、会员的权利和义务、会员的退会和除名程序;行业协会的组织机构及其负责人的产生和罢免;行业协会的经费来源及资产的管理和使用原则;行业协会章程的修改程序;行业协会的终止程序及终止后的财产处理等事项。①

(2) 行业自律公约。自律公约也就是企业之间自发组织的或者在第三方如政府主导下的企业之间或行业内成员之间签订达成的自我约束、相互监管的关于行业领域内一系列交易规则的约定。签订之后不得违反,否则应承担相应的行业责任。对于企业社会责任而言,比较有代表性的公约如2007年银监会《关于加强银行业金融机构社会责任的意见》、2007年国资委《关于中央企业履行社会责任的指导意见》、2007年《浦东新区企业社会责任导则》、2005年《中国纺织企业社会责任管理体系》、2006年《深圳证券交易所上市公司社会责任指引》、2009年《中国银行业金融机构企业社会责任指引》……无论是"意见"、"导则",还是"指引"形式的规定,都对企业的社会责任做了明确的规定。

(3) 行业道德规范。所谓职业道德,可以说是一个职业行当

---

① 陈承堂:《论行业自律》,载《江苏警官学院学报》2006年第1期。

内的人们为了维护自己职业生活而形成的制度或道德伦理规范。[①]企业是法人，具有法人人格，从其对承担的责任内容（即对职工、股东、消费者、环境以及要尊重少数民族特殊的风俗习惯）来看，其行业道德规范显而易见。而且在企业成员的章程中是必须要有所规定的，这也是法律的强制性要求。

（4）企业自律的作用。关于企业自律的作用，有积极作用，也有消极作用，此处主要介绍企业自律对民族地区企业实践其社会责任的积极作用。首先，行业自律可以解决市场失灵问题。第二，行业自律所建立的"合理的"经济壁垒，可以促进企业的成功。第三，行业自律可以防止官僚拖延，鼓励技术创新。第四，行业自律可以减少溢出损害，防止共同制裁。第五，行业自律可以为企业带来良好的声誉。第六，行业自律可以降低替代威胁，促进行业内合作。[②] 民族地区企业要履行好自己相应的社会责任，进行企业自律很有必要，只有通过行业自律，相互监管，自我约束，并加上政府监管的补充作用，以行业自律为基础，科学监管为补充。才能使企业更好地完成社会责任的任务。

（5）行业自律的优势与局限。其优势主要表现在：有利于政府职能转变、减轻政府负担、降低规制成本、由于行业专家的参与所带来的专业性和针对性、更高的行业标准、减轻了信息不对称的问题（由于政策的需求、制定与规制均源于同一利益集体）等。局限主要表现在：①缺乏法律保障。目前中国还没有专门的行业协会法，而主要通过《社团登记管理条例》对所有非营利性组织进行管理，虽然涵盖了非营利组织的共性，但却缺乏对行业组织的针对性。②权利和权力不足。这主要是由法律授权、行政

[①] 苏力：《阅读秩序》，山东教育出版社1999年版，第56页。
[②] 常健、郭薇：《论行业自律的作用及其实现条件》，载《理论与现代化》2011年第4期。

授权及会员企业权利让渡的不充分引起的。③缺乏监督,尤其是对行业组织的资金运用的监督目前比较薄弱。④中介地位的模糊性。从理论上讲,行业组织本应是介于企业与政府之间的中介组织,但是在中国行业组织更多的是作为政府的延伸机构而存在,既有被企业俘获的可能,也存在被政府利用的危险。⑤规制不足。目前中国行业组织的自律功能作用发挥得不明显,与法律这种硬规制相比,非强制性的行业组织的规制偏软,导致了中国行业组织的行业自律效果不明显。⑥行业组织自身的反竞争性。如价格联盟、市场分割、共同抵制等,2008年11月发生的沈阳72家房地产商的"价格联盟"事件,就是一个很好的例证。

总之,作为一种可能的市场治理手段,行业自律在约束市场主体不良行为、维护市场秩序、促进政府职能转变等问题上具有重要的作用和意义。分析行业自律的定位、动因、模式和局限,有助于选择有效的方式促进行业自律功能的发挥。①

(二) 社会舆论

除了政府的行为和法律的规范之外,社会舆论的作用也至关重要。在社会舆论有效监督的大环境下,民族企业为了自身的利益会更好地把自己的行为跟社会的利益结合在一起。社会舆论的监督主要的内容是什么?给予好的企业褒奖,给予坏的企业谴责。我们知道民族企业的商誉或曰美誉度与产品品牌效应高度相关,如果社会上对那些积极承担社会责任的民族企业形成比较好的品牌认知,而抵制那些不好的民族企业的产品。这样就可以进一步把民族企业追求利润的行为,跟社会的利益紧密结合起来,

---

① 常健、郭薇:《行业自律的定位、动因、模式和局限》,载《南开学报》2011年第1期。

使民族企业自觉承担起应负的社会责任。①

1. 定义理解

舆论是社会公众对现实生活及其现象、事件或问题的相对一致性意见。这表明：公众是舆论的主体，而现实生活及其现象、事件或问题则是舆论的客体。舆论产生于客体及相关信息的传播。对于企业来讲，企业在履行社会责任的过程中就是舆论的客体，而其社会责任的履行状况如何则是与客体相关的信息，都可以列入社会舆论的范围。而且企业履行社会责任与现实生活中的每一个公民的切身利益息息相关，因此，用社会舆论的方法来监督企业履行社会责任，随时给予肯定或批评建议，并与政府监督管理相结合，其取得的社会效果也是相当明显的。

2. 舆论特征

舆论的形成，一般具有以下一些特征：第一，舆论具有不特定多数性（或称公众性），要视事物与公众利害关系的大小而定，这个多数不可能由舆论机关来决定，也绝无此种控制力，是由事物自身运动发展所规定的。舆论代表着社会事态发生与发展基本相适应的不特定多数人的舆情。第二，舆论具有目标的一致性（或称共同性）。针对某事、某人、某个问题，舆论的目标比较集中。第三，舆论具有愿望的接近性，舆论在某一历史阶段或时期，反映了不同阶级、阶层的认识接近和共同的愿望、要求。第四，舆论具有时间的持续性，舆论有一个酝酿过程，或在一个短时距内，或者持续的时间很久，这是正确和谬误两种舆论在进行较量，正确的舆论就会在某种条件（或场合）下强烈地反映出来，形成一种进攻之势。第五，舆论的发生、扩张和收到成效有个过程。② 现代社会通讯高度便捷，信息更新速度极快，通过社

---

① 樊鸿雁：《民族企业的社会责任》，载《时事观察》2008年第4期。
② 何微：《舆论的形成及特征》，载《报刊之友》1998年第3期。

会舆论对企业履行社会责任进行监督的方式也是多种多样。总的来讲，主要有电视报刊、大众传媒、网络舆论、新闻舆论等方式对社会万象进行自由点评，网络舆论是近年来国内舆论学、新闻学、传播学等学科研究讨论的热点问题，其对人们的社会生活影响也是日渐增强。

3. 舆论导向

舆论是指运用舆论操纵人们的意识，引导人们的意向，从而控制人们的行为，使人们按照社会管理者制定的路线、方针、规章从事社会活动的传播行为。具体来说，舆论导向包括三方面内容：对当前社会舆论的评价，对当前社会舆论及舆论行为的引导，就某一社会事实制造舆论。中国共产党充分认识到新闻媒体反映、传播、影响、引导舆论的巨大作用，一直赋予国内媒体舆论导向的职责。面对复杂多变的世界，能否坚持正确的舆论导向，如何做到舆论导向的正确，益显重要。根据中国传播学者对舆论形成、反映、传播和引导规律的研究，北京广播学院新闻传播学院副院长雷跃捷教授在《新闻理念》一书中，总结出新闻工作者进行正确舆论导向应达到的四个要求：（1）宜解不宜避，坚持舆论引导的鲜明性。（2）宜缓不宜急，把握舆论引导的渐进性。（3）宜全不宜片，讲求舆论引导的辩证性。（4）宜诱不宜硬，注意舆论引导的启发性。[①]

4. 政府引导

当前很多问题都能在网络舆论中得到或多或少的启示，从而为政府政策决定提供了可以借鉴的民意依据，起到了良好的积极作用。尤其是在形成普遍民意的情况下，更推进了社会各方的关注和对问题的解决。但事物往往有其两面性，把握不好，网络舆

[①] 曾小明：《网络舆论及其导向管理》，国防科学技术大学2008年硕士（MPA）学位论文，第14—16页。

论也是有可能走向另一个极端,从而对社会生活造成不利影响,对企业承担的社会责任也是一样,因而社会舆论就需要一个正确的引导,主要是政府进行引导。

企业的社会责任履行需要社会舆论的监督,同时更需要大众传播媒体和政府对社会舆论进行正确的引导,民族地区因其特殊的历史传统和独特的民族风俗习惯,更需要政府在社会舆论方面给予正确引导,尽量避免因触犯少数民族特殊的风俗习惯而带来各种社会问题,民族地区企业是民族地区社会经济发展的一个重要组成部分,社会舆论也会给企业的发展带来不可避免的影响,因而要发挥社会舆论的正面作用,加强政府引导,促进地区发展和社会和谐稳定。

(三) 认证

较之于前两种方式,这种方式才刚刚兴起,还处在推动过程中,较典型的有:社会国际(SAI)、公平劳工协会(FLA)、服装厂行为标准组织(WRAPP)、贸易行为标准组织(ETI)和工人权利联合会(WRC)等组织先后制定各自的社会责任标准,由于涉及的领域不同,它们的要求也各不一样。概括讲,这种方式具有以下几个特点:(1)认证不是官方行为,虽不具备直接的强制性,却起到了间接的强制性效果。对积极树立企业良好社会公众形象的企业和组织来说,具备一定的软约束;(2)从目前的情况看,这种方式的标准还没有形成真正意义上的国际标准,所以,在实际操作中比较混乱,社会争议也比较大;(3)借口维护人权和保护劳工的身心健康,迎合了某些组织和个人的心理,因此,具有更大的隐蔽性和欺骗性。正是由于这种方式具备较强的隐蔽性,有可能成为新的国际贸易壁垒;(4)这种方式受到了一些政府、劳工组织、各行业协会,如美国政府、美国服装和纺织品工人协会的大力支持,成为与前面两种方式交互使用的备选方案;(5)日渐细化的认证条款,使得交易成本得以大幅降低。这种方式提出了一个更具有指标尺度的规范的标准,使衡量企业的社会责任更具体化。具体量化的指标体系不仅大大加强了该项制度在现实中的可操作性,而且降低了制度的运行成本。[①]

---

① 黎友焕:《SA8000 与中国企业社会责任建设》,中国经济出版社 2004 年版,第 31—34 页。

参考文献

一、中文专著类

[1] 包桂荣:《当代民族经济法研究》,经济科学出版社 2008 年版。

[2] 邓小平:《邓小平文选》,人民出版社 1994 年版。

[3] 戴小明:《民族法制问题探索》,民族出版社 2002 年版。

[4] 国家民族事务委员会经济发展司、国家统计局国民经济综合统计司:《中国民族统计年鉴》,民族出版社 2006 年版。

[5] 高其才:《中国少数民族习惯法研究》,清华大学出版社 2003 年版。

[6] 金太军:《中央与地方政府关系建构与调谐》,广东人民出版社 2005 年版。

[7] 康晓光:《中国贫困与反贫困理论》,广西人民出版社 1995 年版。

[8] 李步云等:《中国立法的基本理论和制度》,中国法制出版社 1998 年版。

[9] 林谷容:《中央与地方权限冲突》,台北五南图书出版公司 2005 年版。

[10] 李占荣:《民族经济法研究》,民族出版社 2003 年版。

[11] 凌纯声、林耀华等:《20 世纪中国人类学民族学研究方法与方法论》,民族出版社 2004 年版。

[12] 李甫春:《中国少数民族地区商品经济研究》,民族出版社 1986 年版。

［13］李占荣：《民族经济法研究》，民族出版社 2009 年版。

［14］李茂兴、施本植、张继涛主编：《边境贸易理论与实务》，德宏民族出版社 1992 年版。

［15］罗必良：《从贫困走向富饶》，重庆出版社 1991 年版。

［16］《马列著作选读》（哲学），人民出版社 1988 年版。

［17］《毛泽东选集》，第 1 卷，人民出版社 1991 年版。

［18］漆多俊：《宏观调控法研究》，中国方正出版社 2002 年版。

［19］宋才发等：《中国民族自治地方经济社会发展自主权研究》，人民出版社 2009 年版。

［20］宋才发等：《中国少数民族经济法通论》，中央民族大学出版社 2006 年版。

［21］覃成林：《中国区域经济差异研究》，经济出版社 1997 年版。

［22］田艳、王瑛、宋玲：《民族经济法教程》，中央民族大学出版社 2008 年版。

［23］吴宗金：《民族区域自治法学》，中央民族大学出版社 2000 年版。

［24］韦伟：《中国经济发展中的区域差异与区域协调》，安徽人民出版社 1995 年版。

［25］王允平、田钒平：《西部开发背景下民族地区经济法制问题研究》，中央民族大学出版社 2008 年版。

［26］王文长：《民族贸易概论》，民族出版社 1989 年版。

［27］王小强、白南风：《富饶的贫困》，四川人民出版社 1982 年版。

［28］夏英编：《贫困与发展》，人民出版社 1995 年版。

［29］辛向阳：《百年博弈——中国中央与地方关系 100 年》，广东人民出版社 2000 年版。

[30] 熊文钊:《大国地方——中国民族区域自治制度的新发展》,法律出版社 2008 年版。

[31] 杨清震主编:《民族贸易学》,中央民族大学出版社 1994 年版。

[32] 周勇:《少数人权利的法理》,社会科学文献出版社 2002 年版。

[33] 周旺生:《立法学》,北京大学出版社 1988 年版。

[34] 周相卿:《台江县五个苗族自然寨习惯法调查与研究》,贵州人民出版社 2009 年版。

[35] [英] 米尔恩:《人的权利与人的多样性——人权哲学》,夏勇、张志铭译,中国大百科全书出版社 1995 年版。

[36] [法] 卢梭:《社会契约论》,商务印书馆 1982 年版。

[37] [美] 约翰·罗尔斯:《正义论》,何怀宏、何包钢、廖申白译,中国社会科学出版社 1988 年版。

[38] [美] 本尼迪克特·安德森:《想象的共同体:民族主义的起源与散布》,台北时报文化出版企业股份有限公司 1999 年版。

二、中文论文类

[1] 白丹丹、白阳:《关于民族贸易优惠政策的解析》,载《企业导报》2010 年第 7 期。

[2] 宾建成:《入世后民族自治地方发展边境贸易的政策及其机制研究》,载《世界贸易组织动态与研究》2004 年第 9 期。

[3] 宾建成:《加入 WTO 后我国民族自治地方发展边境贸易的政策及其机制探析》,载《当代财经》2004 年第 6 期。

[4] 蔡守秋:《论生物安全法》,载《河南省政法管理干部学院学报》2002 年第 2 期。

[5] 曹树青:《生态环境保护利益补偿机制法律研究》,载

《河北法学》2004 年第 8 期。

[6] 陈勇:《试论政策工具在对口支援西部地区高校实践中的作用及其选择》,载《湖北民族学院学报》2010 年第 6 期。

[7] 陈勃:《反贫困的若干法律思考》,载《现代法学》2002 年第 6 期。

[8] 陈志刚:《对口支援与散杂居民族地区小康建设——来自江西省少数民族地区对口支援的调研报告》,载《中南民族大学学报》2005 年第 3 期。

[9] 程建:《关于民族区域自治地方财税自治权的几点思考——兼论民族区域自治地方与中央的权限划分》,载《民族法学评论》第 5 辑,民族出版社 2011 年版,第 167 页。

[10] 董世举:《对口支援西藏发展的问题和对策》,载《广东技术师范学院学报》2009 年第 6 期。

[11] 代小菊:《民族贫困地区教育对口支援政策研究》,载《中国成人教育》2010 年第 12 期。

[12] 杜发春:《边境贸易与边疆民族地区的经济发展》,载《民族研究》2000 年第 1 期。

[13] 邓小刚:《对金融支持民族贸易和民族用品生产企业发展的思考》,载《新疆金融》2003 年第 3 期。

[14] 樊鸿雁:《民族企业的社会责任》,载《时事观察》2008 年第 4 期。

[15] 符跃兰:《加快少数民族人才培养的几点思考》,载《亚洲人才战略与海南人才高地——海南省人才战略论坛文库》2001 年,未刊稿,第 133—134 页。

[16] 胡超:《改革开放以来我国民族地区边境贸易发展的演变轨迹与启示》,载《国际贸易问题》2009 年第 6 期。

[17] 胡钦敏:《新时期民族贸易的地位和作用》,载《民族论坛》2002 年 10 月。

［18］胡晓进：《"肯定性行动"与逆向歧视——以美国最高法院的相关判决为中心》，载《南京大学学报》2008年第2期。

［19］黄颂文：《21世纪初西部民族地区农村反贫困法制保障研究》，中央民族大学2005年博士学位论文，第39页。

［20］胡钦敏：《新时期民族贸易的地位和作用》，载《民族论坛》2002年第10期。

［21］何娟：《加快民族地区基础设施建设的思考与对策》，载《达县师范高等专科学校学报》2004年第5期。

［22］何世学、梁必文：《现行金融体制对民族贫困地区经济金融的影响分析》，载《武汉金融》2000年第9期。

［23］黄勇：《民族地区财政转移支付制度研究》，中央民族大学2004年硕士学位论文。

［24］贾若祥、侯晓丽：《我国主要贫困地区分布新格局及扶贫开发新思路》，载《中国发展观察》2011年第7期。

［25］季卫东：《中国法治正处在历史的十字路口》，载《中国改革》2010年第1、2期。

［26］贾娅玲：《印度少数民族政策及其对我国的启示》，载《湖北民族学院学报》2007年第2期。

［27］姬红：《肯定性行动计划与少数族裔权益》，载《国际论坛》2004年第4期。

［28］郎维伟：《高考招生录取的民族政策与少数民族教育权利平等》，载《西南民族大学学报》（人文社科版）2008年5期。

［29］李昌麒：《中国实施反贫困战略的法学分析》，载《法制与社会发展》2003年第4期。

［30］李峰月：《入世后民族自治地方边境贸易政策研究》，中央民族大学2005年硕士学位论文。

［31］李甫春：《西部地区自然资源开发模式探讨》，载《民族研究》2005年第5期。

[32] 李娟：《政府和社会组织应进一步加强对少数民族就业权的保护——以〈就业促进法〉为视角》，载《经济研究导刊》2010 年第 34 期。

[33] 李俊杰、陈莉：《民族地区税收优惠政策调整方向和建议》，载《中南民族大学学报》2009 年第 1 期。

[34] 李丽：《公平 PK 效率：郎德苗寨在旅游大潮中的坚守（二）》，载《人与生物圈》2010 年第 1 期。

[35] 李伟：《文化边缘地带旅游业的发展选择》，载《民族研究》2004 年第 2 期。

[36] 李延成：《对口支援：对帮助不发达地区发展教育的政策与制度安排》，载《教育发展研究》2002 年第 10 期。

[37] 李盛全：《三峡库区移民工程的进展、问题及对策》，载《重庆商学院学报》1998 年第 3 期。

[38] 李忠斌、陈全功：《特殊扶贫开发政策助推少数民族脱贫致富：30 年改革回顾》，载《中南民族大学学报》2008 年第 11 期。

[39] 李甫春：《西部地区自然资源开发模式探讨》，载《民族研究》2005 年第 5 期。

[40] 李虎军：《基因污染威胁中国生物安全》，载《南方周末》2002 年 6 月 27 日。

[41] 李跃勇：《广西农行小额信贷扶贫工作的情况和问题》，载《广西农村金融研究》1999 年第 1 期。

[42] 梁福庆：《三峡库区移民对口支援的基本经验及其对策》，载《重庆社会科学》2008 年第 8 期。

[43] 林兴登：《产业政策立法初探》，载《经济与法》1999 年第 7 期。

[44] 林红：《民族自治地方财政转移支付的立法现状及对策研究》，延边大学 2009 年硕士学位论文。

[45] 刘宝存:《美国肯定性行动计划:发展·争论·未来走向》,载《新疆大学学报》(社会科学版)2002年第4期。

[46] 刘宝存:《肯定性行动计划与美国少数民族高等教育的发展》,载《黑龙江民族丛刊》2002年第3期。

[47] 刘斌、张国平:《对新税法中税收优惠政策的思考》,载《会计之友》2007年第10期。

[48] 刘建军:《对口支援政策研究——以广东省对口支援哈密地区为例》,新疆大学硕士学位论文。

[49] 刘秀玲、谭会萍、朱瑞雪:《绿色边境贸易与中国民族地区经济可持续发展》,载《经济问题探索》2005年第10期。

[50] 刘亚丛:《如何认识民族自治地方的经济自治权》,载《广播电视大学学报》2006年第1期。

[51] 吕白羽:《振兴民族贸易是民族地区经济发展的必由之路》,载《商业研究》1994年第10期。

[52] 龙小兰:《谈民族地区政策的深化与广西经济增长》,载《商业时代》2008年第24期。

[53] 路春城:《我国横向财政转移支付法律制度的构建》,载《财政监督》2009年第3期。

[54] 孟庆瑜:《反贫困法律问题研究》,载《法律科学》2003年第1期。

[55] 莫代山、莫彦峰:《发达地区对口支援欠发达民族地区政策实施绩效及对策研究——以来凤县为例》,载《湖北民族学院学报》2010年第4期。

[56] 毛海强、姚莉萍:《公司社会责任CSR:人力资源管理的新领域》,载《武汉冶金管理干部学院学报》2005年第2期。

[57] 马晓京:《西部地区民族旅游开发与民族文化保护》,载《旅游学刊》2000年第5期。

[58] 彭继芝:《浅谈新形势下民族贸易及民族用品生产》,

载《民族论坛》2004年8月。

[59] 庞元第：《市场经济与西藏对口支援》，载《西藏大学学报》1993年第7期。

[60] 祁进玉：《西部大开发与我国民族地区环境保护的法律思考》，载《甘肃理论学刊》2002年第6期。

[61] 邱小平：《法律的平等保护——美国宪法第十四条修正案第一款研究》，北京大学出版社2010年版。

[62] 秦放鸣：《新形势下我国西部地区边境贸易的调整与发展》，载《北京商学院学报》1998年第3期。

[63] 沈寿文：《重新认识民族区域自治权的性质——从〈民族区域自治法〉文本角度的分析》，载《云南大学学报》（法学版）2011年第6期。

[64] 沈寿文：《国际视野下的中国民族区域自治权》，载《云南大学学报》（法学版）2010年第1期。

[65] 桑卫国、马克平、魏伟：《国内外生物技术安全管理机制》，载《生物多样性》2000年第4期。

[66] 宋才发：《民族自治地方贸易管理自治权再探讨》，载《青海民族研究》2007年第1期。

[67] 沈红：《中国贫困研究的社会学综述》，载《社会学研究》2000年第2期。

[68] 舒曼：《金融危机影响下我国民族地区的边境贸易发展》，载《中南民族大学学报》（人文社会科学版）2010年第1期。

[69] 唐建光：《谁应该在怒江开发中获益？谁又有权参与决定怒江的命运？》，载《中国新闻周刊》2004年5月20日。

[70] 唐滢：《美国高等院校招生考试制度研究》，厦门大学2005年博士学位论文。

[71] 王学军等：《生态环境补偿费征收的若干问题及实施效

果预测研究》，载《自然资源学报》1996年第1期。

［72］王忠东、郭松朋：《论对口支援工作中的政府责任》，载《内蒙古农业大学学报》2009年第3期。

［73］王凡妹：《美国"肯定性行动"的历史沿革——从法律性文件的角度进行回顾与分析》，载《西北民族研究》2010年第2期。

［74］熊文钊、田艳：《对口援疆政策的法制化研究》，载《新疆师范大学学报》2010年第3期。

［75］谢逊：《促进我国民族经济发展的税收优惠政策研究》，华中师范大学2008年硕士学位论文。

［76］闫国智：《现代法律中的平等——平等的主体条件、法律平等的本体及价值》，载《法学论坛》2003年第5期。

［77］杨兆文、徐乃瑞：《关于民族文化村产业化发展的思考——兼对云南民族村的调查分析》，载《经济问题探索》2004年第1期。

［78］杨家娣、叶文：《云南人文旅游资源开发初探》，载《大理学院学报》2003年第6期。

［79］杨清震：《民族贸易与全面小康》，载《中南民族大学学报》2003年第5期。

［80］杨道波：《对口支援及经济技术协作的法律对策研究》，载《中央民族大学学报》2006年第1期。

［81］杨云：《人力资本视野下西部民族地区反贫困的路径选择》，载《思想战线》2007年第4期。

［82］杨花英：《民族贸易现行政策的弊端及其调整研究》，载《商场现代化》2008年第33期。

［83］杨秋宝：《反贫困的抉择：中国50年的实践、基本经验和历史意义》，载《陕西师范大学学报》（哲学社会科学版）1999年第12期。

[84] 杨花英：《民族贸易现行政策的弊端及其调整研究》，载《商场现代化》2008年第33期。

[85] 杨清震：《民族贸易与全面小康》，载《中南民族大学学报》（人文社会科学版）2003年第3期。

[86] 杨秋宝：《反贫困的抉择：中国50年的实践、基本经验和历史意义》，载《陕西师范大学学报》（哲学社会科学版）1999年第12期。

[87] 姚少华：《边境贸易与民族地区经济发展》，载《改革与战略》1994年第3期。

[88] 尤小菊：《黄姚故事》，载张海洋、杨筑慧编：《发展的故事——社会实践与人性回归》，中央民族大学出版社2006年版。

[89] 张志达、李世东：《德国生态林业的经营思想和主要措施》，载《中国林业》1999年第3期。

[90] 周竞红：《大型水电工程与西部民族地区经济与社会协调发展研究》，载《水利经济》2004年第4期。

[91] 周欣宜：《传统知识特殊保护制度之探讨》，载郑成思主编：《知识产权文丛》（第13卷），中国方正出版社2006年版。

[92] 周启萌：《少数民族学生高考招生优惠政策的实证分析——以长沙市为例》，载《招生考试研究》2011年第1期。

[93] 周海涛：《美国公立大学录取政策变革：百分比计划》，载《清华大学教育研究》2007年第6期。

[94] 周伟：《中华人民共和国反歧视法学术建议稿》，载《河北法学》2007年第6期。

[95] 钟子建：《中国少数民族地区边境贸易的风险及防范》，载《统计与决策》2004年第7期。

[96] 郑毅：《法制背景下的对口援疆》，载《甘肃政法学院学报》2010年第5期。

三、外文类

[1] Executive Order No. 10925. PART Ⅲ. SECTION 301. (1). The contractor will take affirmative action to ensure that applicants are employed, and that employees are treated during employment, without regard to their race, creed, color, or national origin.

[2] John H. Franklin and IsidoreStarr. The Negro in the 20th century America [M]. New York: Random House, 1967. p. 414.

[3] Civil Rights Act of 1964. TITLE VI. SEC. 601. No person in the United States shall, on the ground of race, color, or national origin, be excluded from participation in, be denied the benefits of, or be subjected to discrimination under any program or activity receiving Federal financial assistance.

[4] Kathryn Swanson. Affirmative action and preferential admissions in higher education [M]. Metuchen, N. J.: The Scarecrow Press, Inc., 1981. p. 25.

[5] Excutive Order No. 11246. PART I. Section 101. It is the policy of the Government of the United States to provide equal opportunity in Federal employment for all qualified persons, to prohibit discrimination in employment because of race, creed, color, or national origin, and to promote the full realization of equal employment opportunity through a positive, continuing program in each executive department and agency.

[6] Executive Order No. 11375. It is the policy of the United States Government to provide equal opportunity in Federal employment and in employment by Federal contractors on the basis of merit and without discrimination because of race, color, religion, sex or national origin.

[7] Executive Order No. 11246. Affirmative Action Requirements. Each Government contractor with 50 or more employees and $50,000 or more in government contracts is required to develop a written affirmative action program (AAP) for each of its establishments.

[8] Kathryn Swanson. Affirmative action and preferential admissions in higher education [M]. Metuchen, N. J.: The Scarecrow Press, Inc., 1981. p. 26 – 27.

[9] Strict scrutiny: The law or policy must be narrowly tailored to achieve that goal or interest. If the government action encompasses too much (overbroad) or fails to address essential aspects of the compelling interest, then the rule is not considered narrowly tailored.

[10] Strict scrutiny: The law or policy must be the least restrictive means for achieving that interest, that is, there cannot be a less restrictive way to effectively achieve the compelling government interest. The test will be met even if there is another method that is equally the least restrictive. Some legal scholars consider this "least restrictive means" requirement part of being narrowly tailored, though the Court generally evaluates it separately.

[11] Sen, Amaryta: "Poverty, Relatively Speaking", Oxford Economic Papers, New Series, 1983, 153 – 169.

[12] Townsend, Peter: "A Sociological Approach to the Measurement of Poverty ——ARejoiner to Professor Amartya Sen". Oxford Economic Papers, New Series, Vol. 37, No. 4 (Dec., 1985), 659 – 668.

[13] World Bank : Development Report 1990: Poverty. Oxford University Press, Oxford.

[14] Sen, Amaryta: Inequality Reexamined. Oxford University Press, Oxford.

[15] Arie Bloed and Pieter van Dijk, protection of minority rights through bilateral treaties, Kluwer law international 1999, p. 172, "most-favoured minority clause".

后　记

　　国内民族法理论研究历经二十余年，有一定的学术积累，产生了一批有影响的成果，形成了专业学术队伍。中国已经初步建立起以具有中国特色的民族区域自治法为核心的民族法理论体系，目前我们面临着在全球化、现代化背景下如何应对发展与创新的挑战。通过推出高水平的研究成果，宣传党的民族政策，增进世界各国对中国民族法制的了解，是民族法学研究的重要任务。与此同时，顺应民族地区法治建设以及国家对少数民族事务管理法治化的需求，培养出一批民族法制理论研究和应用的高级人才是整个民族法学学科的核心任务。当前民族工作的主题仍然是民族自治地方的发展问题，如何通过法治手段促进民族自治地方经济与社会又好又快地发展也就自然成为本书的价值追求。因而，在中央民族大学"211工程"三期建设的支持之下，本课题组全体成员对这一主题达成共识，我们从2009年元旦开始了本书的策划与提纲讨论工作，经过课题组全体成员的多次讨论，我们于2009年3月底最终确定了本书的写作大纲并进入具体撰写阶段。

　　经过为期两年多的田野调查与艰苦创作，课题组的大部分成员于2011年10月初完成了初稿，课题组的成员主要来自中央民族大学法学院、对外经济贸易大学法学院、云南大学法学院、北京第二外国语学院国际传播学院、通化师范学院、中国环境管理干部学院等高校，在主编和作者进行初步探讨并交换意见后，进入修改完善阶段。本书的撰写分工如下：

导论：傅智文
第一章：沈寿文、卫力思
第二章：周启萌、文诚公
第三章：王永才、田艳
第四章：张滨
第五章：李思川、田艳、李云芝
第六章：马璐、田艳、李云芝
第七章：李苗
第八章：田艳、韩华
第九章：田艳、益西央宗
第十章：王丽媛
第十一章：王禄、刘晖、董迎轩

在此基础上，本书由田艳博士进行统稿和审定。由于我们多为初涉民族法学学科的晚辈学人，对我国整个民族法制之路了解不够全面，所阅读的资料也还不够完备，对民族法这个综合性的学科的内涵和意蕴还把握得不是很准确，对我国政府的民族法制工作历史和前辈学者所付出的努力的梳理工作也还有待深入，因而疏漏之处，在所难免。因而，我们特别希望各位学者和朋友能给予批评和指正，那将是对本书最大的赞美和最高的礼遇。

作为一个民族法律学人，我们愿意挥洒汗水与热情，为中国民族法制的发展尽一分绵薄之力。喧嚣的尘世生活弥漫在天地之间，使我们不经意间忽略了许多真诚而美好的东西，但我们不会忽略民族法制在天空中划过而留下的彩虹，也不会忽略那些曾经帮助过我们一路走来的朋友。